Guide Complet EOS 450D
Canon EOS 1000D

Également utile aux utilisateurs d'EOS-400D, EOS-40D, EOS-30D et EOS-5D

JEAN-FRANÇOIS VIBERT

ma éditions

Copyright © 2008 Micro Application - 20-22, rue des Petits-Hôtels - 75010 Paris

1ᵉ Édition - Août 2008

Auteur Jean-François VIBERT

J'adresse mes très sincères remerciements aux personnes qui ont de près ou de loin contribué à la réalisation des images qui illustrent cet ouvrage et m'ont apporté leur soutien lors de sa réalisation
Sylvain et Arleen (Asiaaventure Philippines). Kim Bedall (Samana Republique Dominicaine). Sylvie Angel (MICS Québec). Dominique Deramé, Laetitia, Hervé et Loran (les Heures Saines Guadeloupe). Renato Rinaldi (Evasion tropicale Guadeloupe). Ahmet et Osman Diler (Kirkit Turquie). Joel Evrard, Edison Lopez et leurs guides (Vidatours Pérou). Jean-Pierre Prina et Michel (Découvrir Vietnam). Xuan Nguyen Jhi Minh et Miss Ying (Vietnam). Chewa Dendi Sherpa, Galden Sherpa et leurs amis (Ladakh).
Vincent Branchu, Yannick Lemaire, Frédéric Pichonat, Ariane Folts et Jean-claude Aguillon (Ucpa). Thomas Leufen (Destination poudreuse). Jean-Marc Duriaux (Imagesport). Gerard Neveu (Alibert). Alexandra Martin Laprade (Club Aventure). Maritxu Darrigrand et Caroline Sarran (Quiksilver). Michel Marreceau (Windrider). Caroline, Dean et Kelleth (Big Soul). JT & Marceen (San Francisco). Alice Brun Ney, Peggy Mahinga. Antonin Lieutaghi. Sandra Stavo Debauge.
Gérard Planchenault et Roland Serbielle (Nikon School), Denis Boyard (Déclicphoto). Philippe Chaudré (Club Photoshop), Patrick Fletcher (Captures 15), Jose Branchard et Raphael Rimoux (Canon). Valérie Navon (Micro Application).
Ma sœur Cécile et mes parents. Sharon pour sa patience et sa maman pour son accueil à Hong-Kong

Toute représentation ou reproduction, intégrale ou partielle, faite sans le consentement de MICRO APPLICATION est illicite (article L122-4 du code de la propriété intellectuelle).

Avertissement aux utilisateurs

Cette représentation ou reproduction illicite, par quelque procédé que ce soit, constituerait une contrefaçon sanctionnée par les articles L335-2 et suivants du code de la propriété intellectuelle.
Le code de la propriété intellectuelle n'autorise aux termes de l'article L122-5 que les reproductions strictement destinées à l'usage privé et non destinées à l'utilisation collective d'une part, et d'autre part, que les analyses et courtes citations dans un but d'exemple et d'illustration.
Les informations contenues dans cet ouvrage sont données à titre indicatif et n'ont aucun caractère exhaustif voire certain. A titre d'exemple non limitatif, cet ouvrage peut vous proposer une ou plusieurs adresses de sites Web qui ne seront plus d'actualité ou dont le contenu aura changé au moment où vous en prendrez connaissance.

Aussi, ces informations ne sauraient engager la responsabilité de l'Editeur. La société MICRO APPLICATION ne pourra être tenue responsable de toute omission, erreur ou lacune qui aurait pu se glisser dans ce produit ainsi que des conséquences, quelles qu'elles soient, qui résulteraient des informations et indications fournies ainsi que de leur utilisation.

Tous les produits cités dans cet ouvrage sont protégés, et les marques déposées par leurs titulaires de droits respectifs. Cet ouvrage n'est ni édité, ni produit par le(s) propriétaire(s) de(s) programme(s) sur le(s)quel(s) il porte et les marques ne sont utilisées qu'à seule fin de désignation des produits en tant que noms de ces derniers.

ISBN : 978-2-300-013782

MICRO APPLICATION
20-22, rue des Petits-Hôtels
75010 PARIS
Tél. : 01 53 34 20 20
Fax : 01 53 34 20 00

Support technique
disponible sur www.microapp.com
http://www.microapp.com

Retrouvez des informations sur cet ouvrage !
Rendez-vous sur le site Internet de **Micro Application** www.microapp.com. Dans le module de recherche, sur la page d'accueil du site, entrez la référence à 4 chiffres indiquée sur le présent livre. Vous accédez directement à sa fiche produit.

Table des matières

EOS 450D et EOS 1000D, des jumeaux presque parfaits 7

1 Fondamentaux de la photo au reflex 15

1. Réponses rapides à quelques questions fréquentes 16
2. Pourquoi passer au reflex numérique 21
3. Quand et comment choisir son reflex numérique 25
4. La galaxie Canon, historique et détails de la gamme reflex . 34
5. Réussir immédiatement vos premières photos 56
6. Programme résultat Paysage 72
7. Programme résultat Sports 75
8. Programme résultat Portrait 79
9. Programme résultat Portrait de nuit 84
10. Programme résultat Flash Annulé 87
11. Programme Résultat rapproché (Gros plan) 89
12. Déchargez vos images et obtenez rapidement des tirages 92

2 · Réglez au mieux votre reflex numérique 103

13. Visite guidée des commandes de l'EOS 450D 104
14. Paramétrages avancés de votre reflex 120
15. Réglez (si nécessaire) les fonctions personnalisées 128
16. Comprendre et optimiser les Picture Style
(Style d'image). 138
17. Choisissez la taille de vos photos, leur compression,
leur format 158

3 · Améliorez vos prises de vue en 10 étapes 169

18. Notions photographiques générales 170
19. Profondeur de champs : gérez la netteté
de vos images 175
20. Choisissez la bonne focale et le bon objectif 180
21. Découverte des Programmes experts et du Live View .. 204
22. Les cinq Programmes experts et la gestion du flash 212
23. Réglage de la sensibilité ISO 230
24. Choisissez l'un des trois modes Autofocus 234
25. Changez la cadence Moteur 241
26. Mesure d'exposition et Priorité Hautes lumières 243
27. Réglez la Balance des blancs 253
28. Photos en voyage, conseils, astuces et réflexions 261

4 Sur l'ordinateur. Visualisez, classez et stockez vos images .. 273

29. Organisation de votre photothèque 274
30. Équipement informatique et conseils de stockage 280
31. Les logiciels de gestion de photo classiques 290
32. Les logiciels de gestion et de traitement des fichiers RAW 293
33. Nettoyage du capteur et upgrade de firmware 302

Index 309

EOS 450D et EOS 1000D, des jumeaux presque parfaits

◄ Le secret d'une photo réussie réside souvent dans le choix d'un objectif adapté au sujet… Une focale de 140 mm m'a permis de confronter idéalement le premier plan (ces moines du monastère de Karsha au Ladakh) et l'arrière-plan (le Mont Zim culminant à 5 286 m)… Bien que les APN compacts aient fait de réels progrès, seuls les reflex à objectifs interchangeables permettent aux photographes de choisir rapidement leur focale afin de cadrer parfaitement leur sujet…
Canon EOS et zoom EF70-200 mm f/2.8L IS USM. Mode Priorié vitesse, 320ᵉ de seconde, f/9. Sensibilité, 100 ISO.
Photo Vibert/Actionreporter.com.

EOS 450D et EOS 1000D, des jumeaux presque parfaits

Annoncé en janvier 2008 au prix de 949 € (en kit avec son objectif stabilisé), le Canon EOS 450D a succédé à l'EOS 400D apparu en septembre 2006... Salué par la presse spécialisée quasiment unanime, ce nouveau modèle de 12 mégapixels perpétue la tradition des reflex Canon grand public, initiée en 2003 avec l'EOS 300D et renouvelée depuis, au rythme imperturbable d'un modèle tous les 18 mois.

C'est donc à la surprise générale qu'est annoncée l'EOS 1000D en juin 2008, seulement 5 mois plus tard... Disponible en août 2008 pour seulement 699 € en kit (599 € boîtier nu), cette version allégée du 450D ajoute un nouveau palier tarifaire à la gamme Canon et signe le retour des EOS à 4 chiffres (lire au chapitre 4 la composition de la gamme Canon qui est la plus complète avec cinq niveaux de prix). Ne considérez pas l'EOS 1000D comme un EOS 450D *low cost*, ce ne serait pas faire justice à sa fiche technique très complète et aux excellentes images produites par son capteur CMOS de 10 mégapixels.

Les Canon EOS réussissent l'exploit d'offrir des performances un peu plus professionnelles à chaque génération, tout en restant très faciles d'accès. Comme leurs ancêtres, les EOS 1000D et 450D sont aussi faciles à utiliser que de simple compacts dès que vous optez pour le mode Automatisme total (le fameux mode Carré vert)... Sans rien connaître à la théorie, il est désormais possible à chacun de s'exprimer librement en photo voire d'égaler le travail des professionnels. Il s'agit de l'une des avancées que l'on doit aux reflex numériques de nouvelle génération... Changement radical qui ne fait pas que des heureux parmi les photographes ayant passé des années à se former ! Le bon côté de cette démocratisation est que l'œil des photographes compte dorénavant autant que leur technique.

◀ *Plus léger et plus performant que ses ancêtres, le Canon EOS 1000D est un petit boîtier doté d'un capteur CMOS de 10 mégapixels, aux caractéristiques équilibrées et au tarif très raisonnable. On devrait le trouver sur Internet à moins de 500 € d'ici fin 2008, de quoi démocratiser vraiment la photo au reflex.*

Introduction

◀ *Dans cette gamme de prix, le Canon EOS 450D est le seul reflex capable de séduire les débutants autant que les experts, grâce à son capteur CMOS de 12 mégapixels et à sa fiche technique hyper complète... Autant de qualités qui devraient conforter une fois de plus Canon à la première place des ventes de reflex.*

EOS 450D ou EOS 1000D, lequel choisir ?

Equipé d'un capteur CMOS de 12,2 mégapixels, d'une puce travaillant sur 14 bits, d'un écran de 3 pouces, d'un viseur confortable et d'innombrables améliorations, l'EOS 450D est un concentré du meilleur de la technologie actuelle et s'affirme comme le reflex le plus intéressant de sa génération. Proposé en kit avec le zoom stabilisé **EF-S 18-55 mm f/3.5-5.6 IS**, il offre des caractéristiques très équilibrées comme c'est souvent le cas chez Canon, passé maître dans le panachage des caractéristiques et des fonctionnalités.

Aucun reflex concurrent n'en offre autant pour le même prix ; l'EOS 450D bénéficie de l'un des meilleurs rapports qualité prix actuel bien qu'il ne soit plus le reflex le moins cher du marché (comme l'ont été ses ancêtres d'avant 2007) ; d'autres fabricants attaquant par le bas la domination de Canon sur le marché des reflex. Raison qui a poussé Canon à proposer l'EOS 1000D pour contrer cette offensive. Celui-ci doit son prix serré à quelque concessions sur ses composants : un écran un peu plus petit (2,7 pouces au lieu de 3), un viseur un peu moins confortable (dans la norme du marché), un capteur de 10 mégapixels au lieu de 12, et un traitement de l'image traditionnel sur 12 bits au lieu de 14.

Les amateurs hésiteront entre ces deux modèles car les handicaps de l'EOS 1000D n'ont rien d'éliminatoires... Plus que la différence de qualité d'image qui n'est pas énorme, c'est plutôt la qualité du viseur et le confort de l'écran qui vous pousseront à préférer l'EOS 450D, d'autant que son prix devrait baisser rapidement sur Internet ! S'il vous fait rêver mais que son tarif reste au-delà de votre budget, patientez encore quelques mois... L'EOS 450D reste mon préféré, car il est le premier reflex miniature capable de satisfaire à la plupart des besoins d'un photographe expert ou d'un professionnel.

Au cours des chapitres suivants, nous nous concentrerons donc sur l'EOS 450D, qui partage 95 % de ses fonctionnalités avec son petit frère. En cas de doutes sur une fonction, les utilisateurs de l'EOS 1000D se reporteront au tableau suivant qui liste les rares différences avec son grand frère. Pour être complet, j'ai ajouté l'EOS 400D au tableau (l'ancêtre des deux) qui reste un excellent choix entre 300 et 400 €.

EOS 450D et EOS 1000D, des jumeaux presque parfaits

Différences entre : EOS 450D, 1000D et 400D			
	EOS 450D	EOS 1000D	EOS 400D
Grossissement viseur (chapitre 13)	x0,87	x0,81	x0,80
Collimateurs autofocus (chapitre 24)	9	7	9
Mesure Spot (chapitre 26)	Oui	Non	Non
Cadence moteur (chapitre 25)	3,5 IPS	3 IPS	3 IPS
Live View (chapitre 21)	Oui	Oui	Non
Taille de l'image (chapitre 12)	12,2 MP	10,1 MP	10,1 MP
Traitement image et RAW	14 bits	12 bits	12 bits
Priorité Hautes Lumières (chapitre 26)	Oui	Non	Non
Correction Auto Luminosité (chapitre 26).	Oui	Oui	Non
Taille du LCD	3 pouces	2,5 pouces	2,5 pouces
Poids avec batterie	524 g	502 g	556 g

Deux reflex poids plume

Le 450D a perdu une cinquantaine de grammes par rapport au 400D. Quant à l'EOS 1000D, il est encore un peu plus léger, ce qui ravira les voyageurs. Si le poids de votre fourre-tout vous dissuade d'emmener partout votre appareil, c'est qu'il est temps de changer pour un de ces mini reflex ! C'est bien en allant sur le terrain que l'on réalise les photos les plus intéressantes…

Leur ancêtre, l'EOS 400D, était déjà relativement léger mais entre-temps, les Olympus E-410 et Nikon D40 avaient poussé plus loin la miniaturisation, inaugurant un réel intérêt pour les mini reflex. Canon s'efforce de rattraper ces deux concurrents en adoptant une nouvelle batterie réputée plus endurante et en abandonnant les cartes CF au profit des minuscules SD ; standard qui s'impose progressivement sur les modèles amateurs depuis 2007 alors que les reflex haut de gamme restent fidèles aux cartes CF. Si le passage au SD fait grogner les utilisateurs historiques de reflex (qui possèdent déjà des cartes CF), il arrange en revanche la plupart les utilisateurs d'APN bridge ou compact…

◀ Optez via le sélecteur de mode pour l'automatisme total ou l'un des Programmes résultats. Cadrez grâce à l'excellent viseur, c'est bien plus efficace que d'utiliser un médiocre écran tenu à bouts de bras (surtout en plein soleil). Déclenchez : la photo est parfaite. Utiliser un reflex comme l'EOS 450D est encore plus facile que d'employer un compact !

Des capteurs de 12 et 10 mégapixels de technologie CMOS

Atout majeur de l'EOS 450D et de l'EOS 1000D : leurs capteurs de technologie CMOS qui bénéficient de toute l'expérience acquise par Canon avec ce type de surfaces sensibles depuis l'an 2000.

Canon a d'ailleurs été longtemps le seul fabricant à proposer des capteurs CMOS sur toutes ses gammes de boîtier, y compris sur ses modèles d'entrée de gamme, garantissant aux amateurs une qualité d'image identique à celle de ses modèles professionnels valant plusieurs milliers d'euros. C'était du moins le cas jusqu'à très récemment. Depuis fin 2007, d'autres constructeurs ont en effet progressivement adopté la technologie CMOS en lieu et place des capteurs CCD traditionnellement fournis par Sony à une partie de l'industrie.

Ainsi Nikon – le rival de toujours – vient de doter ses boîtiers professionnels D3 et D300 de capteurs CMOS, ce qui tendrait à prouver que Canon avait vu juste dès le début… Quant à Sony, Samsung et Pentax qui ne disposent pas encore de gammes professionnelles, ce sont désormais leurs modèles Experts qui shootent en CMOS… Il faut tout de même souligner qu'à ce jour : seul Canon, Olympus et Panasonic offrent du CMOS aux amateurs dès l'entrée de gamme (mais au format 4/3 pour ce qui est de Olympus et Panasonic).

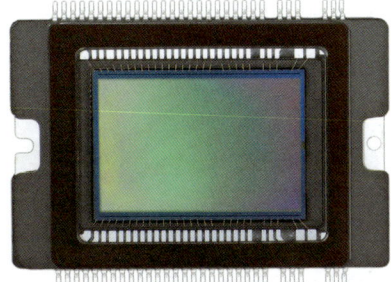

▲ *Bien que destiné aux photographes amateurs, le Canon EOS 450D est équipé d'un exceptionnel capteur CMOS de 12 mégapixels, ce qui lui permet de délivrer une qualité d'image résolument professionnelle.*

La stabilisation enfin en kit chez Canon

Autre point d'importance à considérer, les EOS 450D et 1000D sont les premiers EOS grand public a bénéficier de la stabilisation dès le kit de base. Précédemment, il fallait acheter le boîtier nu et investir dans un zoom stabilisé assez coûteux… Ou apprendre à ne pas trembler !

Le nouveau zoom stabilisé **EF-S 18-55 mm f/3.5-5.6 IS** fait oublier le précédent modèle de base, qui n'était pas stabilisé et dont les performances n'avaient pas marqué les esprits…

Cette évolution constitue un progrès majeur, tant la stabilisation est un atout précieux pour les photographes débutants qui ne savent pas maîtriser la vitesse d'obturation en fonction de la focale. Quant aux experts, ils profiteront de ce nouvel atout pour réaliser des images qui étaient impossibles auparavant… Ici encore, Canon a fort opportunément réagi à l'heure ou d'autres fabricants intègrent leurs dispositifs de stabilisation directement dans les boîtiers. Pas de doutes, la concurrence a du bon et oblige les leaders à innover !

Des optiques variées et accessibles.

Spécificité fondamentale pour les "Canonistes" historiques (ils sont nombreux), les EOS 450D et 1000D restent 100 % compatible avec tous les objectifs EF et EF-S produits depuis 1987, année de naissance du système EOS qui a largement démocratisé la mise au point autofocus.

Le coup de génie de Canon a été en effet d'abandonner toute compatibilité avec l'existant afin d'embarquer un moteur électronique circulaire dans l'objectif, plutôt que dans le boîtier (une solution moins judicieuse retenue par Minolta qui a été le premier à promouvoir l'autofocus dès 1985). On peut attribuer à ce choix audacieux, la véritable clef du succès des reflex EOS depuis plus de 20 ans. Ce n'est qu'assez récemment que les autres fabricants ont fini par suivre cet exemple…

EOS 450D et EOS 1000D, des jumeaux presque parfaits

Canon propose actuellement le plus large choix d'objectifs accessibles financièrement du marché, réalité incontournable que les photographes amateurs sont les premiers à prendre en compte au moment de choisir une marque. Ce sont évidemment les objectifs de la gamme EF-S (dont beaucoup embarquent la stabilisation), qui intéresseront les utilisateurs de Canon EOS 450D. Car la récente gamme EF-S a été spécialement conçue pour leurs petits capteurs CMOS, ainsi que pour les modèles Experts, EOS 40D, 30D, 20D... Pour vous en convaincre, je vous recommande d'essayer le génial zoom grand-angle **EF-S 10-22mm f/3.5-4.5 USM** qui reste sans équivalent chez les autres constructeurs (à l'exception de Sigma).

Si malgré tout, vous ne trouviez pas votre bonheur parmi les gammes EF et EF-S Canon (ce serait étonnant), n'hésitez pas à consulter les catalogues d'objectifs compatibles proposés par Sigma, Tamron ou Tokina. Leurs prix sont plus doux et la qualité est souvent au rendez-vous. L'existence de ces optiques compatibles démultiplie les possibilités de l'écosystème EOS, ce qui le rend d'autant plus intéressant.

◄ Le nouveau zoom stabilisé EF-S 55-250 mm f/4,5-5,6 IS, présenté en août 2007 à l'occasion de la sortie du boîtier expert EOS 40D. Très accessible (329 €), ce téléobjectif léger constitue un complément idéal à l'optique fournie en kit (le EF-S 18-55 mm f/3.5-5.6 IS stabilisé). La généralisation de la stabilisation en entrée de gamme change radicalement la donne pour les photographes peu aguerris.

La Visée Live en question

Dernière innovation proposée par les EOS 450D et 1000D, la fonction LiveView autorise la visée par l'écran arrière. Un gadget aux yeux de la plupart des photographes qui préfèrent cadrer à l'ancienne par le viseur ! Car – à l'exception du travail sur pied – c'est bien dans la visée reflex que réside l'intérêt d'un appareil équipé d'un miroir à remontée reflex et d'un pentaprisme (ou d'un pentamiroir comme l'EOS 450D). J'ai à plusieurs reprises essayé de l'utiliser en extérieur, notamment sur une plage, et j'y ai renoncé rapidement...

Mais cette fonctionnalité Live View quelque peu décevante est une des rares critiques que l'on puisse faire à ces deux EOS. Pour le reste, ils ont tout du reflex idéal comme vous le découvrirez au cours de votre lecture... Cela ne nous empêchera pas de souligner les petits défauts qu'ils ont hérités de leurs ancêtres ; nous les pointerons systématiquement et verrons comment les contourner ou s'en accommoder !

Ils sont heureusement rares, Canon ayant disposé de tout le temps nécessaire pour peaufiner le concept de reflex d'entrée de gamme dont il reste le champion incontesté... Il est par conséquent fort probable que ces deux modèles s'affirment comme les prochains best-sellers des reflex, en dépit d'une concurrence de plus en plus aiguisée de Nikon, de Sony, de Pentax et d'Olympus... Nous pouvons d'ailleurs nous réjouir de ce que cette concurrence pousse les fabricants à nous proposer chaque année des appareils plus légers, plus performants et plus agréables à utiliser !

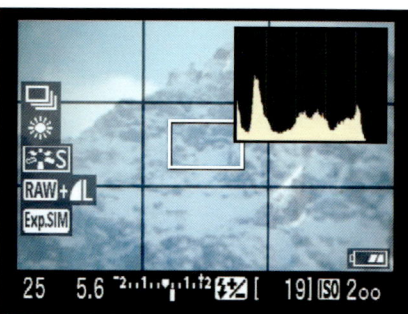

▲ L'écran arrière de l'EOS 450D, tel qu'il se présente durant la Visée Live. L'affichage de l'histogramme et des infos de prise de vue peut être désactivé rapidement... Il faut bien le reconnaître : à l'heure où d'autres fabricants tentent d'innover dans ce domaine, la mise en œuvre du mode Live View déçoit quelque peu...

Introduction

Lisez ce guide dans l'ordre qui vous plaira

Afin de vous accompagner dans la découverte de votre reflex, je vais tenter au cours des 33 chapitres suivants de m'en tenir à un point de vue très pratique…

L'ambition de ce guide est de vous amener à réviser les grands principes de la photo, autant que de maîtriser les nouvelles fonctions numériques de votre appareil. Pour cela, cet ouvrage est structuré en quatre parties qui sont ponctuées de doubles pages didactiques afin d'étudier des exemples concrets de prises de vue.

- La première partie intéressera particulièrement les débutants. Je l'ai rédigée avec le souci de leur mettre le pied à l'étrier. Mais les photographes expérimentés et ceux qui cherchent un boîtier d'occasion y découvriront certainement quelques astuces pratiques et l'occasion de consolider leur connaissance de la gamme Canon.
- La deuxième partie passe en revue les spécificités de votre EOS. Nous verrons comment le régler parfaitement afin d'exploiter toutes ses subtilités et ses fonctions avancées.
- Nous reviendrons ensuite dans la troisième partie sur quelques notions traditionnelles qu'il serait dommage d'ignorer ; même si les fabricants nous promettent des appareils capables de prendre des photos seuls grâce à leur intelligence artificielle. Nous revisiterons les grands classiques : la sensibilité, la profondeur de champ, la focale, la vitesse, l'ouverture et nous parlerons un peu de composition…
- La quatrième partie de ce guide traite de l'éditing, de l'ajustement et de l'archivage de vos images. Elle devrait notamment vous aider à choisir le logiciel le mieux adapté à vos besoins. Ces questions posent de nombreux problèmes aux photographes récemment passés au numérique. En 2008, la qualité d'une photo se joue autant sur l'écran de l'ordinateur qu'à la prise de vue… Et c'est bien au niveau de la sélection des images et de leur ajustement que les meilleurs photographes (ceux qui ont l'œil) peuvent faire la différence avec les autres.

Considérez ce guide comme un complément au mode d'emploi de l'appareil, plutôt qu'une tentative de s'y substituer. Il s'avèrera également précieux aux utilisateurs d'EOS 400D, 350D, 40D, 30D, 20D et 5D, puisque tous ces modèles partagent dans les grandes lignes les mêmes fonctionnalités que les EOS 450D et 1000D.

Encore quelques mots pour préciser que cet ouvrage a été réalisé à la seule initiative de son éditeur et de son auteur, lesquels n'entretiennent aucun lien particulier avec Canon. Soyez donc assuré que tout son contenu a été rédigé en parfaite indépendance et en respectant scrupuleusement la déontologie de notre métier.

J'espère enfin que les nombreuses photos qui illustrent ces pages vous inspireront et vous donneront envie d'en réaliser autant vous-même… Ce n'est pas si difficile ; il suffit d'être au bon endroit, au bon moment. Au cours de votre lecture, n'oubliez jamais que c'est en passant beaucoup de temps à faire des photos – et pratiquement autant à les trier – que l'on devient photographe…

▲ Passionné de voyages, j'apprécie les reflex très compacts et légers. Comme le Canon EOS 450D, mais aussi le Nikon D60 ou l'Olympus E410 (testé ici en conditions tropicales dans un canyon de Guadeloupe)…

1

Fondamentaux de la photo au reflex

Commençons ce guide avec une introduction générale à la notion d'appareil reflex, outil de prédilection de la plupart des photographes professionnels depuis plus de quarante ans. Qu'est-ce qu'un reflex ? En quoi un reflex est-il plus performant qu'un APN Bridge ou un Compact ? Comment tirer parti de ses avantages spécifiques...

◀ Cet iguane ne pourra pas échapper aux photographes équipés d'un appareil reflex et d'un petit téléobjectif... Ce ne sont pas les appareils qui font les belles photos mais bien les photographes, plus ou moins talentueux. Il est toutefois bien connu que les bons ouvriers choisissent avec soin les meilleurs outils.
Canon EOS et zoom EF 70-200 mm f/2,8L IS USM. Mode Priorité vitesse, 150e de seconde, f/5,6. Sensibilité, 200 ISO.
Photo Viber/Actionreporter.com

Fondamentaux de la photo au reflex

1. Réponses rapides à quelques questions fréquentes

Il semble indispensable, en guise d'introduction, de répondre à quelques questions qui sont souvent posées par les photographes de tradition argentique, lorsqu'ils passent au reflex numérique…

Il est possible que certains lecteurs jugent les lignes suivantes inutiles, mais mon expérience de formateur me démontre chaque semaine que ces questions ne sont pas évidentes pour tout le monde. Quelques révisions ne font pas de mal.

Oui, les reflex numériques sont aussi faciles à utiliser que les compacts

Vous pouvez utiliser votre reflex numérique de la même façon que vous utilisez votre appareil compact : grâce au mode Automatisme total qui est diaboliquement efficace. Il en est de même avec les autres modes automatiques : Paysage, Sport, Portrait, etc. Ces modes sont encore plus efficaces que ceux des compacts ; vous aurez seulement à cadrer puis déclencher. Pour autant, il serait dommage de ne pas essayer d'utiliser plus sérieusement les possibilités créatives de votre boîtier, car elles sont immenses…

▲ La magie des reflex numériques est qu'il suffit de basculer sur le mode Automatique pour qu'ils deviennent aussi faciles à utiliser que des compacts. Et vous partagez la magie de la photo avec tout le monde : cadrez, déclenchez ; c'est gagné…

Réponses rapides à quelques questions fréquentes

Oui, les reflex numériques sont moins encombrantsque les reflex argentiques

Dans le cas d'un appareil de 10 mégapixels, vous logez plus de 6 rouleaux de films dans une carte Compact Flash de 1 Go (mesurant 42,8 x 36,4 x 3,3 mm). Vous logez donc presque 100 rouleaux de films dans les dernières cartes de 16 Go. Enfin, dans le volume d'un seul rouleau de film 24 x 36 (sans sa boîte), vous logez une bonne dizaine de cartes Compact Flash.

◀ À fonctionnalités équivalentes, les reflex numériques sont plus miniaturisés que n'importe quel reflex argentique (dont la production a cessé depuis longtemps). La différence se creuse lorsque vous pensez à l'encombrement des films nécessaires au stockage des milliers d'images qu'accueille une carte de quelques gigaoctets.

Oui, les reflex numériques sont aussi performants que les reflex argentiques

Le temps de réaction des reflex numériques est quasi instantané ; vous ne ressentirez presque aucune différence au déclenchement par rapport à votre reflex argentique. Par ailleurs, grâce aux 10 à 12 mégapixels du capteur, la taille maximale de vos tirages et impressions sera équivalente à celle autorisée par un film 24 x 36 mm. Lorsqu'il s'agit de photographier en basse lumière, votre reflex numérique bat les meilleurs films de haute sensibilité (800 à 1 600 ISO). Les meilleurs reflex professionnels peuvent même atteindre les 32 000 ISO…

◄ Ce panda dans la pénombre aurait été bien difficile à photographier sans l'extraordinaire qualité d'image délivrée par les 1 600 ISO de mon EOS. Les reflex numériques offrent l'avantage de pouvoir changer de sensibilité à la demande… Alors qu'en argentique, il fallait obligatoirement changer de film.

Oui, la photo numérique est plus économique que la photo argentique

Surtout si vous ne tirez qu'une partie de vos images… À l'extrême, vous pouvez même n'en imprimer aucune, en attendant de trouver la solution la plus économique pour faire imprimer uniquement les meilleures (la faillite des labos de quartier en est malheureusement la conséquence directe). Dans ce cas, vous n'aurez pour seul investissement que l'appareil, les cartes mémoire et les supports de stockage de vos images : CD, DVD et disques durs.

Non, posséder un ordinateur n'est pas obligatoire pour passer au numérique

Il existe diverses solutions permettant de vous passer d'ordinateur… Vous pouvez confier votre carte mémoire à un magasin (comme vous le faisiez avec vos films) qui gérera leur impression et leur sauvegarde sur CD ou DVD. Vous pouvez aussi connecter votre appareil directement à une imprimante pour réaliser vos tirages à domicile. En voyage, vous pouvez utiliser un lecteur multimédia à disque dur (Archos, Epson P-5000, Canon M80, Giga Vue Pro, etc.), pour décharger vos cartes… Cependant, vous vous rendrez compte rapidement qu'il est plus efficace de gérer vos images vous-même sur votre ordinateur. Ce que nous vous encourageons à faire dès le début.

◄ Imprimer vos images depuis votre reflex est possible… Pourtant, il serait idiot de vous priver des possibilités offertes par les logiciels de gestion et de retouche d'images. Sans oublier l'exportation de vos images sur Internet, qui leur donne une nouvelle vie…

Réponses rapides à quelques questions fréquentes

Oui, les reflex numériques sont adaptés à la photo de voyage et d'aventure…

Les premiers reflex numériques avaient beaucoup inquiété les photographes aventuriers. La question du voyage est directement liée à l'autonomie des batteries et celle-ci dépend de l'utilisation que vous faites de votre boîtier et de ses réglages (durée d'allumage de l'écran, délais de mise en veille, utilisation d'objectifs stabilisés). Il est donc recommandé d'emporter un chargeur, dès que vous vous éloignez plus de deux jours. L'achat d'une seconde batterie peut s'avérer indispensable, notamment si vous travaillez par basses températures. Avec quelques batteries en poche, vous ferez face à toutes les situations, y compris dans les endroits les plus reculés.

◄ Même dans les coins les plus lointains de la planète, il est rare de ne pas croiser de groupe électrogène et l'on trouve toujours à recharger ses batteries contre quelques dollars (c'est d'ailleurs l'occasion de faire des rencontres intéressantes). Seuls les aventuriers les plus baroudeurs qui voyagent en autonomie totale plusieurs semaines auront besoin d'emporter des panneaux solaires, comme lors de ce trek au Pérou.

Non, les reflex numériques ne sont pas plus fragiles que les reflex argentiques

Quelques rares modèles experts sont tropicalisés, comme le Nikon D300 ou le Pentax K20D qui ne craignent ni les projections d'eau, ni le sable. Tous les autres reflex exigeront quelques précautions élémentaires. Mais après des années d'utilisation d'appareils divers dans des conditions difficiles, je puis vous assurer que la résistance des reflex numériques est étonnante. Votre reflex est un outil de prise de vue : ne craignez pas de l'emmener partout. Une fois stockées sur une carte, vos images y sont plus en sécurité que sur un film argentique. Les cartes mémoire résistent à tout : aux chutes, aux changements de température, aux rayons X des aéroports et même aux machines à laver.

Oui, le RAW c'est mieux, mais il n'est pas obligatoire pour autant…

Il est malheureusement impossible de définir le format RAW en quelques lignes (il vous faudra patienter jusqu'à la fin de ce livre)… Dans l'immédiat, simplifions : si vous ignorez totalement ce que signifie le terme RAW, commencez par réaliser des images en JPEG ; vous viendrez au RAW progressivement… Si vous avez pour ambition de faire de "la belle image" et de peaufiner vos tirages, lancez-vous en RAW… Si le RAW vous tente mais vous effraye : optez pour le double enregistrement RAW + JPEG et achetez des cartes mémoire plus performantes ; cette solution prend de la place mais elle préserve les avantages des deux formats… Si vous êtes professionnel, vous devrez maîtriser le RAW tôt ou tard. L'enregistrement en RAW + JPEG peut être une solution provisoire commode.

Fondamentaux de la photo au reflex

◀ Depuis des années, j'ai baladé mes reflex, dans les conditions les plus diverses. Mer, montagne, désert, jungle, sans jamais connaître de panne (ici en Haute-Savoie par moins 10°C). J'ai toujours été surpris de la bonne résistance à la neige de mes boîtiers. J'ai toujours préféré travailler léger avec des reflex peu coûteux, plutôt qu'avec des boîtiers pros, lourds et repérables.

Oui, le noir et blanc numérique est aussi beau que le noir et blanc argentique

Tous les reflex numériques proposent aujourd'hui des modes Noir et blanc performants… Il vous sera même possible de simuler l'emploi de filtres jaunes pour renforcer les contrastes. Grâce au format RAW, une image shootée en noir et blanc pourra même retrouver ses couleurs. Le noir et blanc numérique est donc bien plus souple à utiliser que l'argentique. Le seul problème qu'il reste à régler est d'obtenir d'excellents tirages papier, mais en l'occurrence, ce ne sont ni l'appareil ni l'image numérique qui sont en cause… Des progrès sont toujours en cours du côté des imprimantes, des encres et des papiers, qui sont arrivés à une certaine maturité pour la couleur mais peuvent encore progresser en ce qui concerne le noir et blanc.

▲ Depuis l'avènement du numérique, le noir et blanc n'a jamais été si populaire… Réelle quête artistique ou simple nostalgie rétro ? Conséquence paradoxale d'une perpétuelle fuite en avant technologique…

■ Non, la course aux mégapixels n'est pas une fatalité

Génération après génération, la résolution des capteurs des reflex numériques n'a cessé d'augmenter. Si l'ergonomie d'un EOS 450D a largement progressé face à celle d'un 400D, il faut rester conscient que la différence est beaucoup plus mince concernant la progression de la qualité des images. En d'autres termes, passer de 10 à 12 mégapixels ne constitue pas un saut qualitatif aussi énorme que vous l'imaginez. Beaucoup moins important, en tous cas, qu'il ne l'était entre la génération 6 et 8 mégapixels

Soyez assuré que les 8 mégapixels de l'EOS 30D et de l'EOS 350D délivrent des images excellentes, qui conviennent à des tirages jusqu'à 70 cm de côté. Grâce à un traitement adéquat, elles pourront même être exploité en beaucoup plus grand. Le capteur de technologie CMOS adopté par Canon il y a 7 ans y est évidemment pour quelque chose et ces remarques ne s'appliquent pas forcément à certains boîtiers équipés de l'ancien CCD Sony de 6 mégapixels, qui s'avère relativement dépassés en 2008 (encore que certains modèles l'exploitent très habilement à force d'algorithmes bien conçus).

Précisons que pour réellement tirer parti du gain de définition entre l'EOS 400D (10 mégapixels) et le 450D (12 mégapixels), il faut utiliser une optique plus ambitieuse que la simple **EF-S 18-55 mm f/3,5-5,6 IS** livrée dans le kit de base. Les amateurs de tirages géants ont intérêt à acheter leur boîtier nu et à choisir une optique Expert à la hauteur d'un capteur aussi ambitieux que le CMOS de 12 mégapixels. Ce n'est pas le choix qui manque dans les gammes EF et EF-S. Voilà pourquoi il est assez surprenant de voir Sony vendre au grand public des reflex d'entrée de gamme de 14 mégapixels, avec des optiques incapables d'exploiter une telle définition.

Par ailleurs, conserver une taille en pixels raisonnable (10 mégapixels seulement pour l'EOS 40D ou pour le très professionnel l'EOS 1D mark III) présente de nombreux avantages. Celui notamment d'autoriser des rafales à très haute vitesse (6,5 images par seconde (IPS) pour l'EOS 40D)... Ou encore de ne pas "mettre à genoux" les configurations informatiques modestes. Sur le terrain, les reporters doivent travailler dans l'urgence sur des ordinateurs portables ; cela explique que beaucoup utilisent des reflex de 10 mégapixels seulement... Afin de gérer confortablement des photos de 12 mégapixels, vous serez peut-être obligé de "muscler" votre ordinateur : 2 Go de mémoire vive seront un minimum et l'espace de stockage sur vos disques durs devra augmenter. Tout comme le nombre de cartes mémoire durant vos prises de vue...

Mieux vaut par ailleurs être équipé d'un écran de grande taille afin de visionner vos photos à la taille écran de 50 %... Dans le cas d'un écran de bureau, préférez un 24 pouces panoramique affichant au moins 1 920 pixels en largeur (accessible de 500 à 800 €). Dans le cas d'un portable, choisissez un 15 pouces panoramique de 1 440 pixels. En effet pour évaluer les photos, mieux vaut privilégier les tailles d'affichage de 25 %, 50 % ou 100 % et éviter les tailles intermédiaires de 33 % et 66 % qui génèrent des artefacts, notamment dans Photoshop.

Ce sujet est développé dans la partie 4.

2. Pourquoi passer au reflex numérique

Si vous utilisez un appareil compact, vous allez découvrir une nouvelle façon de prendre des clichés en passant au reflex. Votre univers photographique va s'ouvrir à de nouvelles dimensions...

Le terme reflex trouve son origine dans le mouvement aller-retour rapide du miroir assurant la visée, qui se relève juste au moment de l'exposition, afin de laisser passer la lumière vers la surface sensible... L'avantage de la visée reflex est l'exacte conformité entre la scène perçue dans le viseur et la scène qui illuminera le film ou le capteur numérique.

Fondamentaux de la photo au reflex

Cette confortable visée permet un cadrage précis, une mise au point rapide et pointue. Voilà sans doute quelques-unes des raisons qui ont amené la plupart des photographes à abandonner leurs appareils télémétriques dans les années 60 au profit de boîtiers reflex d'origine japonaise.

Le premier reflex (au sens actuel du terme, c'est-à-dire avec miroir basculant) est l'Exakta, produit dès 1936 à Dresde par l'Allemand Ihagee. Une entreprise qui connaît une fin tragique : d'abord nationalisée par les nazis, elle est rasée lors des bombardements de Dresde… Par la suite, le développement des reflex est principalement l'œuvre des constructeurs japonais. Dès 1952, Asahi Optical Co (Pentax) produit l'Asahiflex 1, qui deviendra le Pentax en 1957 (de la contraction de penta prism et de reflex).

▲ *Le retard au déclenchement de la plupart des compacts empêche de capter ce genre de scènes. Pour cadrer ces femmes en pèlerinage, la focale d'un compact aurait été trop courte et le temps nécessaire à l'activation du zoom électronique trop long.*

Asahi introduit par la suite deux innovations majeures : le penta prisme, améliorant la visée et le miroir reflex évitant l'obscurcissement de la visée après le déclenchement. En 1959, Canon propose son Canonflex et Nikon son fameux Nikon F, utilisé par la plupart des reporters durant la Guerre du Vietnam. Le légendaire Nikon F connaît des évolutions constantes jusqu'au F6 qui restera sans doute le plus sophistiqué de tous les reflex argentiques. En effet, Nikon a arrêté la production d'appareils argentique en 2006.

Si depuis plusieurs années, vous possédez un reflex argentique, vous allez rapidement retrouver vos habitudes en passant au reflex numérique. Votre temps d'adaptation sera réduit au seul apprentissage des spécificités propres au numérique. Tout au long de ce livre, nous tenterons de vous faire comprendre en quoi la prise de vue au reflex "fait la différence"… Sans vous assommer de données techniques, voici quelques arguments classiques en faveur de l'utilisation d'appareils reflex :

- **Choix des objectifs.** La possibilité de changer d'objectif en fonction des besoins et des envies est un immense avantage qui autorise une fabuleuse créativité. Vous pouvez choisir non seulement parmi les gammes pléthoriques proposées par le constructeur de votre appareil mais également parmi les solutions des fabricants d'optiques compatibles que sont Sigma, Tamron ou Tokina. Les objectifs de ces marques sont généralement très performants et accessibles financièrement…
- **Visé reflex.** C'est au niveau de la clarté de la visée et de la précision du cadrage que les reflex font la différence avec les bridges et les compacts. Le viseur d'un reflex permet de distinguer clairement la scène que vous photographiez dans 100 % des cas… Contrairement aux écrans LCD des compacts, trop souvent illisibles.
- **Confort.** La prise en main solide d'un boîtier reflex garantit une bonne stabilité, ce qui permet d'utiliser des vitesses plus lentes sans risque de "flou de bougé". Il suffit de passer quelques heures avec un reflex pour apprécier son confort et ne plus jamais vouloir revenir en arrière.
- **Stabilité.** Le fait de caler votre reflex contre votre visage limite les risques de bougé, car vous disposez de trois points d'appui, les avant-bras et le visage forment un triangle. Alors qu'en tenant un compact à bout de bras, l'instabilité est inévitable. Voilà qui conduit les modes automatiques des compacts à utiliser des vitesses rapides et des sensibilités élevées afin d'éviter le flou de bougé (même en présence d'un stabilisateur d'image). Autant de paramètres qui ont un impact négatif immédiat sur l'image.

Pourquoi passer au reflex numérique

▲ *La stabilité offerte par la visée reflex fera toujours la différence, surtout lorsque la visée à bout de bras devient pénible par forte luminosité… N'oubliez pas, au passage, de visser un pare-soleil sur votre objectif. Votre image gagnera beaucoup en contraste…*

- **Réactivité.** Les reflex numériques sont plus réactifs que la plupart des APN. Leur temps de mise en route, leur temps de réveil et leur retard au déclenchement sont quasiment instantanés.
- **Autofocus.** Les systèmes autofocus qui équipent les objectifs des reflex sont plus performants et reposent sur l'utilisation de capteurs multiples. La meilleure luminosité des objectifs permet à l'appareil de faire le point par faible lumière.
- **Stabilisation.** De plus en plus de reflex embarquent des dispositifs de stabilisation d'image, grâce auxquels la gamme des vitesses utilisables peut descendre très bas, ce qui ouvre de larges perspectives créatives. Avec un peu d'habitude, le quinzième de seconde n'est plus impossible.
- **Qualité d'image.** Si les bridges et les compacts haut de gamme sont capables de produire des photos honorables lorsque la lumière est généreuse, leurs performances se détériorent lorsque la lumière manque. En conséquence, leur *bruit numérique* augmente, à mesure que la sensibilité monte pour compenser l'absence d'éclairage. Un phénomène causé par la taille réduite des *photosites* de leurs capteurs miniaturisés au-delà du raisonnable. Des considérations purement marketing poussent en effet les fabricants à augmenter la résolution des compacts (le grand public n'étant sensible qu'au nombre de mégapixels), sans malheureusement agrandir la taille "physique" de leurs capteurs…

Fondamentaux de la photo au reflex

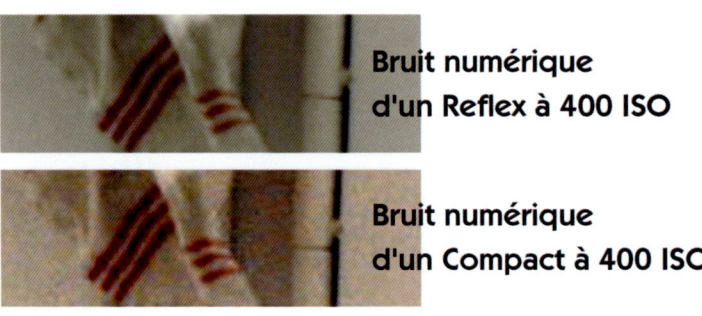

◀ On constate sur ce détail agrandi que les images des compacts se dégradent rapidement à 400 ISO... Alors que la plupart des reflex restent très performants y compris à 800 ISO et même à 1 600 ISO. Les reflex Canon sont particulièrement reconnus pour leur bonne maîtrise du bruit numérique à haute sensibilité grâce aux capteurs CMOS fabriqués par Canon lui-même.

- **Autonomie.** D'un point de vue général, l'autonomie des reflex numériques est souvent supérieure à celle des compacts et des bridges. Leur volume plus généreux permet d'emporter des batteries plus performantes, leur écran sert uniquement au visionnage des images et peut rester éteint lors des prises de vue.
- **Personnalisation extrême.** Bien qu'il soit possible de les utiliser en mode Automatique, les reflex proposent aux photographes qui le désirent une personnalisation extrême de l'image et des réglages du boîtier.
- **Cartes CF ou cartes SD.** De nombreux reflex utilisent des cartes Compact Flash (CF card) dont les capacités maximales sont supérieures (jusqu'à 16 Go) à celles d'autres cartes. Ce point intéressera uniquement les photographes les plus acharnés ; l'encombrement minimal des cartes SD satisfait le plus grand nombre. Canon l'a bien compris : ses reflex Experts et Professionnels utilisent des cartes CF alors que le Canon EOS 450D, destiné aux amateurs, emploie des cartes SD.

▲ Lecteur de cartes USB. À gauche une Compact Flash (CF card) de 8 Go. Ce standard créé en 1994 par Sandisk est le préféré des pros, ses dimensions (42,8 x 36,4 x 3,3 mm) lui autorisent les plus grosses capacités. Au centre, une Secure Digital (SD card) de 2 Go. Créé en 2000, ce standard (40 x 32 x 2,1 mm) est un bon compromis pour les amateurs. À droite une Memory Stick (MS Card) de 2 Go, standard créé en 2000 par Sony et Sandisk (21,5 x 50 x 2,8 mm).

Le prix de la définition des images en chute libre

Les mêmes lois semblent s'appliquer à la photo et à l'informatique (la puissance des ordinateurs double environ tous les 18 mois selon la loi de More). Les prix relatifs des capacités de calcul et des espaces de stockage chutent vertigineusement, il en est de même du prix des pixels (comprenez la définition de vos photos). À coût égal, vos photos sont beaucoup plus définies qu'il y a 10 ans : elles comprennent plus d'informations, leurs couleurs sont plus fidèles et naturelles, leurs possibilités d'ajustement et de correction sont décuplées, il est possible de photographier en très basse lumière…

Avec la photo numérique, nous avons véritablement changé d'ère. Il y a beaucoup moins de différence entre un papyrus égyptien et un tirage argentique qu'entre un tirage argentique et une photo numérique. Évidemment, celle-ci peut être imprimé comme l'était son ancêtre, mais elle est surtout dématérialisée. C'est ici que réside l'incroyable révolution. Reproductible à l'infini, elle peut être transmise à la vitesse de la lumière, à des milliers de correspondants, tout autour du monde… Cela signifie qu'à la seule condition d'être stockée à plusieurs endroits et que l'électricité ne disparaisse pas de la surface de la terre ; une photo numérique devient virtuellement indestructible…

3. Quand et comment choisir son reflex numérique

Ce chapitre a été rédigé à l'attention de ceux qui hésiteraient entre plusieurs modèles de reflex, ou même envisageraient un achat d'occasion… Il faut dire qu'avec une avalanche d'appareils novateurs, l'année en cours restera comme un véritable tournant dans l'histoire de la photo.

En effet, ce ne sont plus deux ou trois modèles accessibles et performants qui sont proposés aux amateurs débutants ou experts, mais bien une dizaine de marques qui proposent une avalanche de modèles accessibles entre 500 et 1 400 €. Et parmi la trentaine de modèles, il en existe sans doute un qui vous convient. Voici quelques conseils pour vous décider.

▌ Une question de timing

Le meilleur moment pour vous offrir un reflex numérique est évidemment le moment où vous en avez le plus envie et surtout le moment où vous aurez l'occasion de l'utiliser. Pour beaucoup de gens, cela correspond aux fêtes de Noël ou à la période précédant leur départ en vacances…

Mais les photographes les plus malins attendent le meilleur moment pour s'offrir l'appareil de leurs rêves. Ceux qui apprécient la technologie dernier cri attendent la présentation des nouveaux modèles, qui se succèdent invariablement tous les 18 ou 24 mois… Alors que les plus économes visent la disponibilité des ultimes exemplaires d'une série en fin de vie, qui sont systématiquement soldés avant leur retrait… Les gammes de reflex connaissent des mises à jour à rythme régulier qu'il suffit d'anticiper. Ce sont les grands salons de l'image qui fixent le calendrier :

- **La PMA américaine** (*Photo Marketing Association Show*) se tient annuellement en février mars.
- **La Photokina allemande** se déroule tous les deux ans à Cologne, en septembre.

Si vous envisagez de vendre votre appareil, tentez de le faire avant que la cote de celui-ci ne chute immédiatement après l'annonce d'un nouveau modèle qui le remplace.

Quoiqu'il en soit, retenons qu'à prix constant, les reflex sont chaque année plus performants, plus faciles et plus agréables à utiliser... À l'image de l'informatique et d'Internet, la photo a connu en 10 ans une fulgurante progression que personne n'avait osé imaginer. Il suffit pour vous en convaincre de comparer la qualité d'image obtenue il y a 10 ans en scannant une image argentique, avec le résultat obtenu de nos jours avec n'importe quel appareil numérique de moins de 3 ans et d'au moins 6 mégapixels

Ne négligez pas le marché de l'occasion

Le marché de l'occasion est devenu intéressant pour s'équiper, à condition d'identifier les modèles qui ne se démodent pas. Un récapitulatif complet des gammes des divers fabricants se révèle donc indispensable. Plongez-vous dans notre Guide des reflex numériques 2008 qui a été rédigé pour cela. Quelques conseils et précautions :

- Vérifiez l'état général du boîtier. Un appareil propre, dépourvu de rayures a probablement peu vécu. Testez les différents modes et plusieurs vitesses d'obturation, des plus rapides au plus lentes...
- Vérifiez la qualité des images en réalisant des essais (éventuellement sur votre propre carte, c'est l'avantage du numérique). En cas de doute, vous pouvez vérifier les images chez vous et procéder à l'achat par la suite...
- Vérifiez si possible que le capteur est propre en réalisant une image du ciel (ou d'un fond uni) en fermant le diaphragme au maximum (lire chapitre 30). Pas de panique : un capteur sale se nettoie.
- Renseignez-vous si possible sur le nombre d'images réalisées, ce qui est possible à condition que le système de nommage soit resté sur Continu. Toutefois le propriétaire peut avoir changé de mode en cours d'utilisation.
- Évitez d'acheter votre boîtier à un pro ; il risque d'avoir souffert. Les annonces de *Chasseur d'image* et *Réponse Photo* sont une mine d'utilisateurs sérieux. Les sites du type ebay.fr peuvent aussi être intéressants.
- Pour évaluer le prix d'un boîtier, trouvez le modèle neuf qui s'en rapproche le plus. Et divisez son prix par deux (au moins). Voilà qui est intéressant pour les acheteurs plus que pour les vendeurs.
- Il existe des cotes de l'occasion sur Internet qui peuvent vous guider... Notamment celle d'*Argus Photo* : http://argus-photo.fr.

Le rythme d'évolution soutenu des reflex numériques déçoit évidemment pas mal d'acheteurs qui déplorent l'obsolescence rapide de leur matériel... Mais inversement, cette course folle permet à de nombreux amateurs de s'offrir des modèles qui leur étaient inaccessibles une dizaine de mois auparavant... Tout particulièrement les modèles experts (Nikon D200, Canon EOS 30D, Pentax K10D, etc.) qui résistent à tous les traitements. Leurs prix neuf parfois élevés justifient de se rabattre sur l'occasion, alors que les modèles d'entrée de gamme sont plus régulièrement soldés. Ces derniers sont par ailleurs moins résistants ; il est donc plus tentant de les acheter neufs.

Caractéristiques à étudier avant d'acheter

Tous les reflex modernes produisent d'excellentes images. Pourtant tous ne se valent pas et ne sont pas adaptés à tous les photographes... Nous allons passer en revue quelques caractéristiques importantes qu'il est intéressant de comparer. Ne soyez pas obnubilé par le nombre de mégapixels, cela ne fait pas tout. Pensez également au poids, à l'agrément d'utilisation et à la qualité du viseur de votre boîtier.

Quand et comment choisir son reflex numérique

- **Taille et poids.** C'est sans doute la première qualité que vérifient les "nouveaux utilisateurs" de reflex. Et le "détail gênant" qui fait hésiter pas mal d'amateurs de compacts au moment de franchir le pas. Rien ne sert de vous embarrasser d'un appareil lourd et encombrant si vous hésitez à le charger dans votre sac... Car le meilleur reflex est encore celui qui vous accompagne fidèlement sur le terrain. L'EOS 450D fait partie des plus légers.

▲ Les reflex ultra légers plaisent beaucoup aux femmes… Et à tous les photographes qui ne mesurent pas forcément leur virilité à la taille de leur zoom.

- **Qualité de la visée.** N'hésitez pas à comparer (dans le magasin) la visée de plusieurs appareils. Le grossissement est l'aspect le plus visible, ensuite la clarté de la visée, puis le dégagement oculaire (êtes-vous obligé de coller votre œil contre le viseur pour distinguer les bords de l'image). L'affichage des informations dans le viseur est important pour les experts, particulièrement l'affichage de la sensibilité. L'EOS 450D est bien loti en la matière.

▲ Bien avant la prise en main, c'est le viseur qui procure le plus grand plaisir pour cadrer et faire des photos. J'en ai vraiment pris conscience le jour où je suis passé du Canon EOS 30D à l'EOS 5D… C'était à l'occasion d'un voyage de 2 mois aux Philippines. Le monde m'est apparu soudain tellement plus lumineux et plus beau à travers son magnifique viseur qu'il m'a semblé impossible de revenir en arrière…

- **Taille de l'image en pixels.** La taille standard en 2006-2007 était de 10 mégapixels, largement suffisant pour imprimer en A3 et plus. Quant à la génération 2008-2009, elle est appelée à passer à 12 mégapixels comme L'EOS 450D ou 14 mégapixels comme certains Sony. Quelques modèles de 6 et 8 mégapixels font de la résistance à petit prix. Ne les négligez pas ; la différence de qualité avec les 10 mégapixels n'est pas si importante.
- **Taille et ratio** du capteur. Tous les reflex amateurs possèdent de petits capteurs imposant une correction de focale apparente de x1,6 (Canon), ou de x1,5 (Nikon, Pentax, Samsung, Sony notamment). De rares modèles pros (Nikon D3, Canon EOS 5D et 1Ds) offrent des capteurs Full-Frame respectant la focale des appareils argentiques. L'image de tous les reflex est au ratio 3/2 issue du film argentique, sauf les Olympus, Panasonic qui sont au format 4/3.

▲ Le cadre extérieur représente ce que "voyait" un grand-angle de 35 mm en argentique. Le cadre intérieur vous donne une idée de que "voit" ce même objectif sur un numérique à petit capteur... Le développement de nouvelles optiques est donc une nécessité.

- **Rapidité de l'autofocus.** Dans ce domaine, les deux leaders Canon et Nikon conservent pas mal d'avance, qu'ils doivent à la richesse de leurs gammes d'objectifs équipés de moteurs Ultra Sonic dans les optiques... C'est d'ailleurs l'un des meilleurs arguments de l'EOS 450D. Les autres fabricants s'y mettent progressivement mais construire des gammes optiques cohérentes ne se fait pas en un jour ni en un an...
- **Détectivité de l'autofocus.** Autre facteur améliorant la détectivité : la présence de collimateurs "en croix" qui détectent les contrastes verticaux aussi bien qu'horizontaux. Les derniers Canon EOS 450D et 40D voient ainsi leurs performances autofocus progresser de façon spectaculaire grâce à leurs collimateurs en croix.
- **Nombre de collimateurs autofocus.** Plus ils sont nombreux, plus ils sont efficaces. Les modèles professionnels montent jusqu'à 45 (Canon EOS 1D mark III) et même 51 collimateurs (Nikon D300 et D3). Pour ce qui est de l'entrée de gamme, ils vont de 3 pour les plus modestes (Nikon D60, Olympus E-420, E-510 et Lumix L10), à 11 pour les mieux lotis (Pentax, Sony). L'EOS 450D en propose 9, tout comme l'EOS 40D, ce qui est largement suffisant.

Quand et comment choisir son reflex numérique

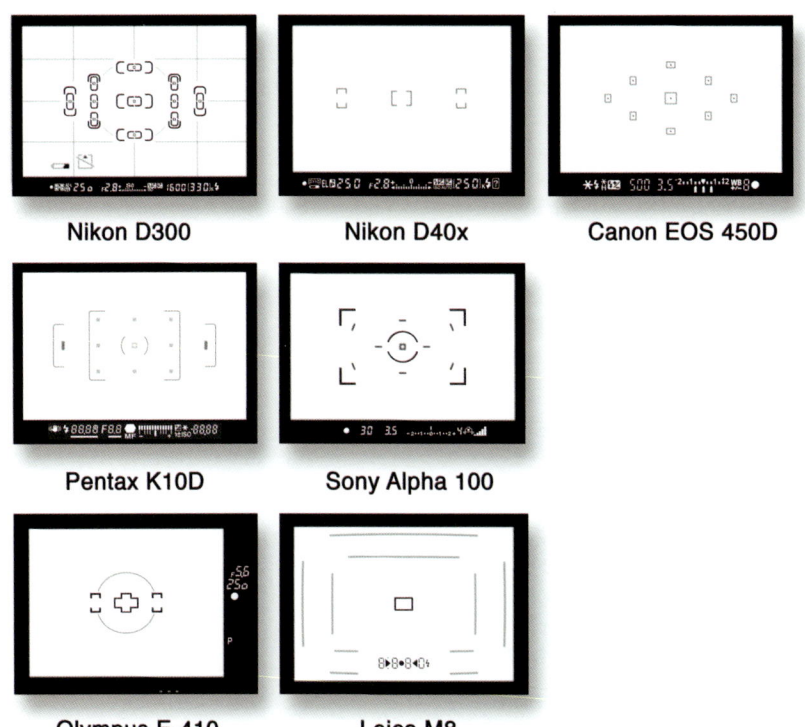

▲ Un grand nombre de collimateurs autofocus est avantageux, notamment s'ils sont très décentrés. Ils garantissent plus de sécurité aux débutants dans les modes automatiques et plus de flexibilité aux professionnels dans les modes avancés. Sur ce diagramme (pas forcément à l'échelle), on constate la variété de disposition des collimateurs selon les marques et le niveau de sophistication des modèles.

■ **Dispositifs antipoussière**. La généralisation des systèmes antipoussière a fait sensation en 2007. S'ils représentent une solution de confort, ils ne doivent pas constituer un argument décisif… Du moins pour ceux qui sont prêts à nettoyer eux-mêmes leur capteur. La gravité du problème des taches sur les images doit être également relativisé ; celles-ci disparaissent progressivement en dessous de f/11 ou f/8 (voir chapitre 33).

Le dispositif antipoussière de l'EOS 450D est constitué d'un verre ▶ de protection qui vibre sous l'effet d'un dispositif piézo-électrique. Les poussières se détachent et se collent sur une surface collante. Nous en sommes encore aux premières générations de ce genre de dispositifs qui seront sans doute appelés à progresser.

- **Qualité des optiques en kit**. Souvent, les optiques en kit sont peu convaincantes en termes d'ouverture, de piqué, de déformations géométriques ou de construction. Les photographes experts préfèrent acheter leur boîtier nu… Au moins ont-elles le mérite de permettre de s'initier à moindre coût. Certaines marques font l'effort de fournir d'assez bonnes optiques en kit, notamment Nikon, Olympus et depuis peu Canon (avec l'optique stabilisée de l'EOS 450D).
- **Amplitude focale des optiques en kit**. Si vous achetez votre appareil avec son zoom trans-standard en kit, ne vous précipitez pas sur celui qui offre la plus grande amplitude de focale. Cela se paye souvent par une forte dégradation de la qualité de l'image. Les offres en double kit (malheureusement rares) sont fréquemment plus intéressantes : mieux vaut deux focales raisonnables qu'une focale trop ambitieuse…
- **Cadence de prise de vue**. Le standard en entrée de gamme est de 3 IPS. L'EOS 450D monte lui à 3,5 IPS. Passer à une cadence de 5 ou 6,5 IPS coûte cher. Le Canon EOS 40D propose le meilleur rapport vitesse/prix du marché avec 6,5 IPS pour 1 350 €. Les photographes désirant accéder à la haute vitesse sans se ruiner devront se tourner vers le marché de l'occasion, notamment les Nikon D200 et Canon EOS 30D.

▲ Certains types d'images (sports mécaniques, photo animalière…) sont impossibles à réaliser sans une cadence minimale de 5 IPS. Pour y accéder, vous devrez passer aux gammes de reflex experts, dont le ticket d'entrée dépasse rapidement les 1 300 €.

- **Qualité de construction du boîtier**. Pas facile d'évaluer la solidité d'un boîtier en regardant son look. Certains boîtiers d'aspect "plastique" se révèlent increvables au fil des années ; d'autres plus lourds et rassurants accumulent les pannes. Les Canon EOS sont réputés pour leur fiabilité et leur solidité, c'est d'ailleurs également le cas des reflex Nikon (les Nikon F avaient acquis une réputation de baroudeurs durant la Guerre du Vietnam).

- **Tropicalisation**. Une caractéristique jusqu'à présent coûteuse et réservée aux boîtiers pros qui débarque progressivement sur de certains modèles amateurs (le Pentax K10D fut pionnier en la matière). Ces boîtiers résistent aux projections d'eau et à la poussière : des caractéristiques utiles aux photographes travaillant en environnement hostile (mer, neige, jungle) mais une dépense inutile pour ceux qui ne prennent pas de photos sous la pluie.

- **Testeur de profondeur de champ.** Sa présence est jugée préférable par les "vrais" photographes, même s'ils l'utilisent rarement. Les débutants devraient s'y forcer de temps à autre, afin de mieux comprendre les conséquences de leurs choix d'ouverture et la notion de profondeur de champ. La visée live propose une sorte de test de profondeur de champ très pédagogique. L'EOS 450D en dispose évidemment.

- **Pilotage sans fil de flashs par le boîtier.** Le déclenchement piloté par le flash pop up embarqué est pratique et assez largement répandu sur les derniers reflex (Sony, Pentax, Samsung, Nikon, Fuji, Sigma…). C'est Minolta qui avait montré la voie bien avant les autres. Canon vous oblige à investir dans un déclencheur à distance STE-2 (efficace mais coûteux) ou à immobiliser un flash haut de gamme converti en flash maître.

CCD, CMOS, quel type de capteurs choisir

Les constructeurs utilisent diverses technologies de capteurs. Au final, cela a peu d'importance pour le photographe qui ne s'inquiète pas du type de moteur qu'il y a sous le capot…

Les forces en présence :

- **Les capteurs CCD** (*Charge Couple Device*). Il s'agit de la technologie la plus ancienne et la plus répandue jusqu'à présent. Le principe du CCD a été inventé en 1969 par Willard Boyle et George Smith aux laboratoires AT&T Bell (une division de Lucent Technologie qui détient plus de 50 brevets concernant les CCD). Pour autant, il semble que le vent soit en train de tourner pour le CCD et que le CMOS soit appelé à le concurrencer sérieusement.

- **Les CMOS** (*Complementary Metal-Oxyde Semiconductor*). Autrefois considérés comme des composants bas de gammes, ils ont gagné leurs lettres de noblesse grâce à Canon qui fut longtemps le seul à les utiliser, fabriquant ses propres CMOS en vue d'une intégration parfaite à l'appareil. Ils ont l'avantage de coûter moins cher, de consommer et de chauffer moins que les CCD tout en produisant moins de bruit numérique, notamment à haute sensibilité.

- **Les Live MOS.** Directement dérivés des capteurs CMOS, ils permettent la visée directe par l'écran arrière et proposent une assez bonne qualité d'image qui permet de compenser la petite taille des capteurs au format 4/3. Fabriqués par Panasonic (groupe Matsushita), ils ont équipé en premier les Olympus E-410 et E-510, puis le Panasonic Lumix L10, autant d'appareils répondant au standard FourThirds.

- **Les capteurs Foveon.** Ces capteurs d'un nouveau genre sont utilisés pour l'instant uniquement par Sigma sur le reflex SD 14 et sur un compact, le DP1. Fonctionnant à la façon d'un film argentique avec trois couches (une par couleur), ces capteurs ne nécessitent pas de *filtre de Bayer*. Malheureusement, leur succès commercial est inversement proportionnel au nombre de pages que la presse spécialisée leur a consacrées.

Canon a démontré ces dernières années que la qualité d'image issue de ses CMOS surpassait régulièrement celle des CCD fabriqués par Sony, ce qui a poussé le géant de l'électronique à se lancer lui aussi dans la technologie CMOS récemment. Ajoutez à cela que les CMOS de dernière génération autorisent la visée *via* l'écran arrière. Voilà peut-être annoncé le déclin progressif du CCD…

Le type de capteur employé revêt donc une certaine importance dans la qualité de l'image finale (notamment en haute sensibilité), mais les capteurs ne font pas tout. Ils ne sont qu'un petit maillon d'une longue chaîne et les algorithmes qui traitent l'information dans l'appareil sont encore plus déterminants… Cela permet à certains appareils équipés de capteurs CCD de produire eux aussi d'excellentes images.

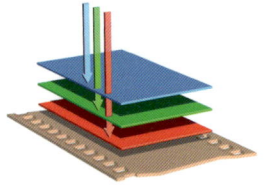  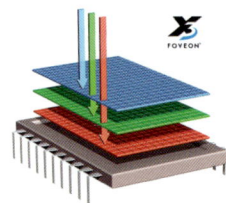

Film couleur argentique　　　CCD et CMOS traditionnels　　　Capteur Foveon X3

▲ Dans le cas des capteurs CCD et CMOS, l'image est reconstituée à partir d'informations réparties sur plusieurs pixels. Au contraire, les capteurs Foveon enregistrent directement, pour chaque pixel, les trois couleurs qui composent la lumière : le bleu, le vert et le rouge. Exactement comme le faisaient les films argentiques.

◀ Des capteurs CCD identiques, produits par quelques géants de l'électronique (Sony, Sanyo, Fuji, Sharp notamment) équipent des APN de marques concurrentes, l'effet d'échelle ayant l'énorme avantage d'abaisser les coûts de production… Mais les résultats obtenus par ces différents appareils sont loin d'être équivalents. Le capteur ne fait donc pas tout et les algorithmes de traitement de l'image sont déterminants.

Est-il raisonnable de craquer pour un boîtier professionnel

Un petit mot à l'adresse des professionnels que les boîtiers pros font rêver. Je pense particulièrement au fabuleux EOS 1D mark III de Canon ou à son pendant, le Nikon D3… Avant de casser votre tirelire, demandez-vous s'il est indispensable d'investir autant d'argent (environ 4 500 €) dans un boîtier ? Même si ses caractéristiques et ses performances sont exceptionnelles.

L'EOS 5D possède un gabarit ▶ idéal pour les photographes spécialistes du voyage. Outre leur légèreté (relative), les boîtiers experts sont beaucoup moins coûteux que les boîtiers pros, il est donc réaliste pour les photographes professionnels de les renouveler tous les 18 mois, afin de suivre au plus près les progrès technologiques. Alors qu'ils hésitent parfois à changer leurs boîtiers professionnels, faute de les avoir suffisamment amortis.

Quand et comment choisir son reflex numérique

J'ai pour ma part toujours préféré utiliser deux reflex experts : un sur chaque épaule... Comme les Canon EOS 30D, EOS 5D ou le Nikon D200. D'ailleurs, depuis la sortie des EOS 40D et D300, ce type de modèle est arrivé à un tel niveau de perfection que l'on se demande : Que rêver de plus ? Sony l'a compris, qui cible son Alpha 700 sur le segment occupé par le Canon EOS 40D.

- J'apprécie d'avoir deux boîtiers identiques (ou très proches comme les EOS 30D et 5D), afin de partager cartes, batteries, chargeurs et grip (1 pour 2 boîtiers)... Et ne pas me mélanger les pinceaux avec des ergonomies différentes.
- L'économie réalisée me permet d'investir dans les meilleures optiques. Elles se démodent beaucoup moins vite que les boîtiers et je peux les revendre facilement car j'en prends soin en les protégeant avec du "gaffer"...
- Sur mes 2 boîtiers, je monte 2 zooms complémentaires : par exemple un 16-35 mm f/2,8 et un 70-200 mm f/2,8 IS... Ceci afin de varier plus souvent les points de vue et disposer d'une grande plage de focale... Car les scènes intéressantes disparaissent aussi vite qu'elles apparaissent et l'on a jamais le temps de changer d'optique.
- L'autre avantage de travailler avec deux boîtiers est que j'évite de démonter mes optiques trop souvent, ce qui limite le "risque poussières". Ce n'est pas négligeable dans certains environnements.

▲ Avec un boîtier coûtant moins de la moitié d'un boîtier pro, je n'hésite pas à prendre certains risques pour ramener des images originales... Embarquer dans un zodiac, prêter mon appareil à n'importe qui ou même le glisser dans un sac étanche pour l'emmener en canyoning...

Pour un professionnel "en commande" sur un événement ou en déplacement à l'autre bout du monde, travailler avec deux boîtiers est une sécurité indispensable. En argentique, j'utilisais un Canon de la série 1 (EOS1n), secondé d'un boîtier intermédiaire (EOS 5 puis EOS 3). Depuis mon passage au digital en 2001, j'ai cessé d'investir dans les EOS 1D et je trouve mon bonheur (y compris en sport) avec les modèles intermédiaires et leur cadence de 5 IPS, suffisante dans la plupart des cas.

Depuis que les D200 et 40D s'envolent à 6,5 et même 8 IPS, on peut se demander : Mais que reste-t-il aux grands ? Une cadence supérieure de 9 à 10 IPS est certes un plus dans certains domaines (sport automobile, photo animalière). Mais si ce genre d'images ne représente qu'un faible pourcentage de votre travail, ne serait-il pas raisonnable de louer ce genre de matériel... Plutôt que de l'acheter ?

◀ Le Canon EOS 5D équipé de son grip optionnel BG-E4. Les boîtiers experts peuvent êtres dissociés de leur grip afin de voyager plus léger, ce que ne permettent pas les boîtiers pros qui restent monolithiques, alors que l'on utilise souvent qu'une infime partie de leur puissance.

4. La galaxie Canon, historique et détails de la gamme reflex

Avant d'explorer la gamme des reflex EOS, leurs points forts et leurs faiblesses, je vous invite à découvrir rapidement l'histoire de canon… Mais si vous êtes vraiment impatient d'utiliser votre 450D, n'hésitez pas à passer directement au chapitre 5, vous pourrez revenir ici un peu plus tard.

▲ 20 ans ont passé et le standard EF (pour Electro Focus) n'a pas pris une ride. Il est toujours utilisé sur les EOS numériques. Depuis sa création en 1937, Canon a vendu près de 200 millions d'appareils photo dont 27 millions de reflex EOS depuis la création du système en 1987. Canon a également vendu 30 millions d'objectifs EF.

▌ Petite histoire des reflex Canon.

S'inspirant directement des appareils télémétriques allemands de référence de l'époque (Leica II de 1932 et Contax I de 1933), un premier prototype d'appareil photo est assemblé par Goro Yoshida en 1934 à Tokyo. Il le baptise Kwanon, du nom d'une déesse bouddhiste de la charité, Guan Yin.

En 1935, la future entreprise Canon demande à la Nippon Kogaku (Optique japonaise S.A., qui deviendra plus tard Nikon) de fabriquer des objectifs pour son premier Hansa Canon (modèle standard). En 1937, année de naissance de la société Canon, le but des ingénieurs japonais est de rivaliser avec les productions allemandes pour un prix très inférieur. En 1940, la société met au point le premier appareil à rayons X japonais et contribue ainsi à la lutte contre la tuberculose. La production d'appareils photo doit s'arrêter durant la guerre, mais elle reprend en 1946, année où Canon fabrique ses premiers objectifs Serenar. Un an plus tard, la société est renommée Canon Camera Co, Inc. Ses premiers clients seront les troupes américaines, ce qui contribuera à faire connaître la marque aux États-Unis. En 1956, Canon produit la première caméra 8 mm à objectif zoom.

Au cours des années suivantes, Canon investira le marché des appareils grand public. En mai 1959 sort le Canonflex, premier reflex de Canon accompagné de ses optiques R. Son alter ego, le Nikon F, sort en juin de la même année. Il connaîtra le succès que l'on sait, éclipsant quelque peu les productions Canon... Plusieurs excellents Canon marquent toutefois les décennies suivantes : les télémétriques S et leur gamme optique (un 50 mm ouvrant à f/0,95) et le système reflex Canon F1 de 1971...

Mais c'est surtout le Canon AE-1 qui fera date à partir de 1976, en démocratisant la prise de vue grâce au mode Priorité ouverture. L'exposition étant réglée automatiquement, les amateurs réussissent leurs photos presque aussi facilement que les professionnels. Une campagne de publicité géante est lancée, y compris à la télévision ; une première pour un appareil photo.

Canon devient Canon Inc. en 1969 et diversifie ses activités. Il se lance sur le marché des photocopieurs et dans la bureautique, rivalisant avec IBM dans les machines à traitement de texte, distribuant les premiers Macintoshs en Asie et investissant dans NEXT en 1989 (le nouveau projet de Steve Jobs, qui permettra à son fondateur de revenir dans le giron d'Apple en 1997 et de sauver l'écosystème Mac OS d'un lent déclin)...

En 1985, Canon perd sa position de leader de la photo. Le Canon T-80, son premier autofocus est un cuisant échec, ses performances sont inférieures à celles du Minolta Dynax 7000 lancé la même année (dont l'héritier est aujourd'hui le Sony Alpha), ainsi qu'à celles du Nikon F-501. Il est temps de changer de stratégie, avec en ligne de mire les JO de 1988 et le cinquantenaire de la marque... Deux années sont nécessaires à la création du système EOS (*Electro Optical System*) qui s'appuie sur une nouvelle monture : les optiques EF (*Electro Focus*) animées par les moteurs circulaires USM (*Ultrasonic Motor*). Ces objectifs possèdent le plus grand diamètre (54 mm) de tous les reflex, ce qui permet aux opticiens de Canon de créer le EF50 mm f/1,0L USM en 1989, un objectif exceptionnel à l'incroyable ouverture de f/1,0.

Présenté en mars 1987, le Canon EOS 650 est plébiscité par les utilisateurs et marque le début de la reconquête. En 1989, l'EOS 1 professionnel inaugure un bio design novateur ainsi qu'une remise à plat complète de l'ergonomie des reflex. Toutes les bases du système Canon actuel sont dès lors établies et peu de choses changeront au cours des 20 années suivantes en ce qui concerne l'ergonomie des EOS... Grâce à ses jetables, Fuji devient pourtant le premier fabricant mondial d'appareils photo en 1992. La photo ne représente plus que 20 % des activités de Canon à cette époque tant la diversification aura été profitable, alors qu'à la même époque, plus de 40 % des activités de Nikon ou de Minolta sont encore liées à la photo.

C'est en 1995 que le premier reflex numérique Canon est réalisé en partenariat avec Kodak, il ne délivre que 1,3 petits mégapixels et coûte près de 2 millions de yens, soit près de 17 200 €. Rendez-vous compte du chemin parcouru depuis... Le tout premier reflex numérique accessible est le Canon EOS D30, présenté en mai 2000. Pour environ 3 700 €, il est équipé d'un capteur CMOS de 3,25 mégapixels et autorise l'enregistrement en JPEG ou en RAW non simultanément. Son ergonomie rassure les utilisateurs d'EOS argentique et il reste 100 % compatible avec les optiques EF produites depuis 1987, à ceci près que leurs focales subissent une correction de x1,6 (nous y reviendrons).

Son successeur le Canon EOS D60 (mon premier reflex numérique) puis ses descendants les EOS 10D, 20D, 30D et 40D, conservent la même ergonomie. Tout comme les EOS 300D, 350D, 400D et 450D, une gamme de reflex compacts et peu coûteux lancée en 2003, qui ont été autant de best-sellers sur un marché renaissant.

Les capteurs CMOS fabriqués par Canon expliquent en partie ce formidable succès… Moins coûteux que les CCD, ils génèrent moins de bruit numérique et consomment peu… Sony et Nikon viendront partiellement au CMOS fin 2007. À partir de 2005, la qualité d'image produite par les reflex numériques égale puis dépasse finalement celle des films argentiques dès lors que le format RAW est privilégié.

Du côté du matériel professionnel, c'est le Canon EOS 1D (4,15 mégapixels) présenté assez tardivement en décembre 2001 qui achève de convaincre les reporters canonistes de basculer en numérique. Alors que pour les nikonistes, c'était chose faite depuis longtemps, grâce au D1 sorti en juin 1999, secondé par le D1X (de 5,3 mégapixels) en 2001. Nikon avait anticipé bien plus tôt la course au numérique professionnel… Durant toutes ces années, ce fut le quasi-néant du côté des autres fabricants, ce qui explique l'avance relative dont disposent encore Canon et Nikon aujourd'hui.

Canon écoule entre 1996 et 2006 près de 63 millions d'APN. Quant à la part de la photo dans les activités du groupe, elle repasse de 9 % en 1997 à 25 % en 2006.

◂ *Nous mesurons chaque jour les bénéfices des extraordinaires évolutions des reflex numériques de dernière génération et l'on peut imaginer la surprise qui saisirait monsieur Goro Yoshida s'il était possible de lui expédier un EOS 450D, dans le Tokyo de 1934…*

■ Forces et faiblesse des reflex Canon EOS

Riches d'une expérience des reflex amateurs et professionnels ininterrompue depuis plusieurs décennies, les gammes reflex de Canon comptent parmi ce qui se fait de mieux, de plus varié et de plus fiable...

Un des points forts de la marque depuis 1987 est certainement l'efficacité et la facilité d'utilisation de son autofocus. C'est particulièrement remarquable en entrée de gamme, grâce aux nombreuses optiques EF-S qui restent très accessibles. Seul l'autofocus de Nikon rivalise et parfois dépasse celui de Canon. C'est notamment le cas des reflex professionnels Nikon D3 et D300 qui sont devenus la nouvelle référence en ce domaine. Mais les nikonistes sont parfois frustrés de ne pas disposer d'un plus large choix d'optiques efficaces et peu coûteuses, telles que Canon les propose avec sa gamme EF-S.

Une autre force de Canon réside dans la cohérence de ses gammes qui sont très étagées et dont les caractéristiques sont particulièrement cohérentes et adaptées à tous les styles de photo et de photographes : de l'amateur débutant au professionnel averti.

Canon a été l'un des premiers constructeurs d'appareil photo à s'intéresser au design et à innover du côté de l'ergonomie. Les reflex, objectifs et accessoires sont généralement mis en valeur par un design moderne et soigné. Sans oublier la qualité de fabrication et de finition qui est très correcte, sans égaler toutefois Nikon qui reste le champion en la matière.

Grâce à un réseau de distribution implanté dans le monde entier, il est facile de faire réviser son matériel où que l'on soit. Une remarque qui s'applique aussi à Nikon bien évidemment, mais qui reste à vérifier dans le cas d'autres marques revenues très récemment sur le marché des reflex. Le Canon Pro Service (carte CPS) recense d'ailleurs 30 000 photographes professionnels équipés en Canon tout autour du globe.

Mais au milieu d'un concert de louanges, on doit tout de même faire quelques reproches aux reflex Canon. Depuis deux ou trois ans, Canon déçoit les fans de gadgets et de paramétrages pointus, car c'est un peu le "service minimum" en ce qui concerne les options numériques et logicielles...

Quelques exemples :
- Impossible de travailler en RAW dans les modes résultats, c'est vraiment dommage.
- Pas d'effacement sélectif des RAW ou JPEG ; une option utile si la place manque sur la carte.
- Pas de bouton permettant de basculer rapidement et ponctuellement en format RAW.
- Pas de format ouvert DNG pour les RAW (existe sur certain Pentax K, Leica et Panasonic).
- Ni retouche d'image ni recadrage, alors que la plupart de marques multiplient ces options.
- Un mode Live View trop limité, ce qui n'est pas si grave en soit... Mais tout de même...
- Pas de mode de comparaison d'images deux à deux, une fonction proposée par Olympus.
- Les baroudeurs déploreront que seule la gamme professionnelle soit tropicalisée.
- Toujours l'obligation d'acheter le boîtier ST-E2 pour piloter sans fil des flashs distants...

Il est vrai que les nouveaux entrants sur le marché du reflex font feu de tout bois afin de concurrencer les marques installées... De nouveaux fabricants multiplient les options et les gadgets, mais ils proposent aussi d'authentiques innovations qui contribuent favorablement à l'évolution des techniques photographiques... J'en veux pour preuve l'ajustement automatique de la sensibilité ISO, qui a été introduit par d'autres fabricants bien avant que Canon le reprenne à son compte.

Canon aurait-il tendance à se reposer quelque peu sur ses lauriers de N°1 du marché ? Sachant qu'ils possèdent encore l'avantage question autofocus, gamme optique et même qualité d'image grâce à leurs capteurs CMOS... Ce positionnement quelque peu conservateur de Canon est assez surprenant car années après années, l'écart se resserre doucement entre la dizaine de marques qui s'impliquent sur le marché du reflex. Il n'existe plus de reflex vraiment mauvais en 2008 et l'avance de Canon n'est plus ce qu'elle était il y a deux ou trois ans.

- Concurrent le plus sérieux, Nikon est reconnu pour la qualité des optiques livrées en kit, la qualité d'image, les performances élevées et les nombreuses options de paramétrage de ses boîtiers. Sans oublier la qualité exceptionnelle de ses viseurs et une gamme d'optiques aussi exceptionnelle que celle de Canon.

- Sony possède l'avantage de fabriquer ses propres capteurs CCD et CMOS et les boîtiers qui vont autour (comme Canon). Sony offre également la compatibilité avec les optiques et les accessoires hérités du système Minolta qu'il a repris lorsque, à la surprise générale, cette marque a abandonné la photo après 78 ans d'excellence.

- Pentax et Samsung proposent des fiches techniques très complètes en regard des prix serrés. Leurs boîtiers solides et bien conçus offrent une bonne prise en main, sans oublier des viseurs à la hauteur. Le géant coréen fabrique dorénavant ses propres capteurs CMOS, suivant fidèlement en cela l'exemple de Canon.

- Adoptant le minuscule standard de capteur 4/3, Olympus a tout misé sur une compacité record et l'efficacité de son système antipoussière qu'il a adopté avant tout le monde et qui reste inégalé. Ce fabricant japonais extrêmement innovant est le seul à fabriquer des caissons étanches pour ses boîtiers reflex.

Un premier avertissement ne s'est pas fait attendre. C'est en effet Nikon qui a – ponctuellement – trusté la première place des ventes de reflex en janvier 2008 pour la première fois en France grâce notamment à ses modèles professionnels D3 et D300. Un événement sans précédent ; à relativiser cependant puisque intervenu avant la commercialisation de l'EOS 450D, vaisseau amiral de Canon d'un point de vue commercial…

◀ Les EOS sont des appareils solides. Mon EOS 5D a passé de longues journées en mer sans se plaindre, suspendu aux mats de cette banca philippine. Un peu de duck tape collé aux endroits stratégiques (embase inférieur, capot supérieur, angles et pare-soleil) évite de rayer le plastique et amortit les chocs…

Quels modèles, à quel prix et pour qui

Canon propose un choix de plus de 60 optiques EF et EF-S, qui accompagnent une gamme de boîtiers très diversifiée avec pas moins de 5 modèles de reflex répartis en 5 niveaux de prix. Les canonistes ont semble-t-il l'embarras du choix...

Pourtant, nous allons voir que les gammes EOS sont assez clairement structurées et qu'il est facile de s'y retrouver années après années. Les reflex Canon se répartissent en trois gammes distinctes :

- Les reflex d'entrée de gamme sont reconnaissables à leur numéro à trois chiffres. Le Canon EOS 450D (lancé à 949 € en kit) est le plus récent. Il a été précédé des EOS 400D, 350D et 300D (du plus récent au plus ancien).
- Les reflex Experts sont reconnaissables à leurs numéros à deux chiffres (à l'exception de l'EOS 5D). Le Canon EOS 40D (lancé à 1 350 € nu) est le plus récent. Il a été précédé des EOS 30D, 20D, 10D et des EOS D60 et D30.
- Unique en son genre l'EOS 5D appartient à la gamme Expert (il existe 3 gammes), bien que son nom et son capteur le rapprochent de la gamme pro. Lancé en 2005 aux alentours de 3 000 €, il coûte environ 2 200 € en 2008.
- Les reflex Professionnels sont reconnaissables à leur numéro à un chiffre : Le Canon EOS 1D mark III (vendu plus de 4 000 € mi 2008) et l'EOS 1Ds mark III (environ 7 500 €) en sont les plus récentes évolutions.

Visitons rapidement ces trois gammes afin de les mettre en perspective avec le petit EOS 450D, qui représente la clef d'accès à cet exceptionnel univers technologique...

▲ Le flash d'appoint présent sur les EOS amateurs et experts est pratique pour déboucher un portrait à contre-jour (ici lors d'un défilé à Hong-Kong). Dommage que la plupart des boîtiers professionnels en soient privés (le prisme de visée occupe tout l'espace sur le haut du boîtier).

Entrée de gamme : EOS 400D, 450D et 1000D (petit capteur APS-C)

Canon est depuis 2003 le leader incontesté des reflex amateurs. Jusqu'à présent, cette gamme de boîtiers a suivi un cycle d'évolution parfaitement régulier de 18 mois, gagnant 2 mégapixels à chaque génération. Le successeur de l'EOS 450D n'est donc pas attendu avant la fin de l'été 2009. Voici d'ailleurs la *roadmap* prévisionnelle de cette gamme (à trois chiffre) qui vous aidera à anticiper vos achats :

- EOS 300D (6,3 MP), août 2003 (longévité de 18 mois) ;
- EOS 350D (8,0 MP), février 2005 (longévité de 18 mois) ;
- EOS 400D (10,1 MP), août 2006 (longévité de 18 mois) ;
- EOS 450D (12,2 MP), janvier 2008 ;
- EOS 500D (14 MP ?), juillet 2009 ?

Dès son annonce, les caractéristiques et l'analyse d'un éventuel EOS 500D seront disponibles sur notre site : sosphotonumerique.com (rubrique Canon). Parallèlement, une gamme *low cost* à 4 chiffres vient d'être inaugurée avec l'EOS 1000D. Celle-ci connaîtra probablement un rythme d'évolution de 18 mois.

Nous n'évoquerons pas dans ce guide les EOS 300D et 350D (ancêtres du 400D), deux modèles franchement dépassés en 2008, particulièrement l'EOS 300D dont l'ergonomie est assez indigente... Les amateurs d'occasion s'en détourneront donc et je leur conseillerai d'investir 100 ou 200 € de plus, afin de dénicher un EOS 400D, ou pour les plus exigeants un EOS 30D (avant-dernier modèle de la catégorie supérieure).

▲ *Le Canon EOS 350D est un véritable tournant qui a largement contribué à la démocratisation des reflex numériques auprès des photographes amateurs...*

Canon EOS 400D (petit capteur APS-C)

Lors de sa commercialisation à l'automne 2006, le Canon EOS 400D de 10 mégapixels présentait une combinaison parfaite de tout ce qu'un amateur exigeant pouvait espérer trouver de mieux dans un reflex. Équipé du premier dispositif antipoussière Canon, il a été avec le Nikon D80, l'un des premiers reflex amateurs à dépasser 10 mégapixels

L'EOS 400D restera donc longtemps un appareil très apprécié, notamment en fin de série ou d'occasion. Son handicap le plus sérieux face à son successeur reste à mon avis son objectif non stabilisé. Mais rien ne vous empêche de lui adjoindre une optique plus ambitieuse et stabilisée (lire le chapitre 20) ; il révélera alors toutes les qualités de son excellent capteur CMOS.

Ses autres petits défauts ne me semblent pas rédhibitoires. Son viseur est plus étroit que celui du 450D. Son écran de 2,5 pouces est plus petit et l'absence de Visée Live ne gênera pas grand monde...

◀ *Les 10 mégapixels de l'EOS 400D restent dans le coup en 2008. Sa cote en occasion est de 350 à 450 €, selon l'état, avec son optique d'origine non stabilisée.*

La galaxie Canon, historique et détails de la gamme reflex

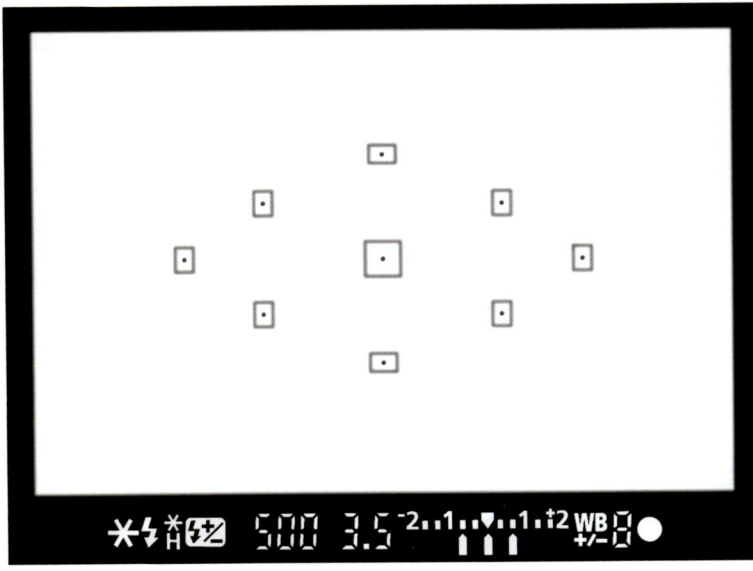

◄ Le viseur du Canon EOS 400D et ses 9 collimateurs autofocus. Celui du 450D ne change guère, il est juste un peu plus grand et gagne l'affichage de la sensibilité ISO...

Canon EOS 450D (petit capteur APS-C)

La première chose que l'on remarque est son grand écran et son design plus arrondi. De face, il ressemble presque à un EOS 1D... Il a vraiment une "belle petite gueule" cet EOS 450D, d'autant que sa prise en main est particulièrement agréable. Son fonctionnement est quasiment identique à celui du 400D, mais ses résultats sur le terrain sont encore meilleurs grâce à quelques avancées technologiques importantes. Celles-ci lui permettent de se rapprocher des meilleurs reflex Experts :

- **Capteur CMOS de 12 mégapixels.** Un luxe. En passant de 10 à 12 mégapixels sans augmentation notable du bruit grâce à une technologie améliorée, vous gagnez en possibilités de recadrage et agrandissement.

Voir chapitre 17.

- **Processeur DIGIC III.** Comme sur les reflex pros de la marque, il travaille dorénavant sur 14 bits au lieu de 12 et propose une image excellente avec malheureusement pour conséquence, des fichiers RAW un peu plus lourds.

- **Viseur en très gros progrès.** Son Penta miroir montre 95 % de l'image et le grossissement passe à x0,87 contre x0,80 pour l'EOS 400D. Il affiche la sensibilité ISO et un avertissement si vous travaillez en monochrome.

- **Stabilisation en kit.** Le nouvel EF-S 18-55 mm f/3,5-5,6 IS offre la stabilisation (enfin), mais une plage de focale et une ouverture modestes. Les experts se tourneront éventuellement vers un modèle plus ambitieux.

Voir chapitre 20.

- **Écran géant.** Il passe de 2,5 pouces à 3 pouces (7,6 cm de diagonale) pour une résolution de 230 000 pixels. Des valeurs standard en 2008 sur les reflex amateurs (seuls Nikon et Sony font mieux sur leurs modèles pros).

- **Autofocus**. Son efficacité semble avoir été légèrement améliorée par rapport à son ancêtre. Son collimateur central est dorénavant en croix pour une meilleure détectivité à f/2,8.

Voir chapitre 21.

- **Sensibilité ISO Auto**. Elle fait son apparition comme sur l'EOS 40D. Dommage qu'elle reste trop peu configurable et limitée à 800 ISO maximum ; bien peu en regard des capacités du capteur.

Voir chapitre 23.

- **Bouton de réglage ISO**. Il fait son apparition idéalement, placé près du déclencheur. Plus généralement, Canon a eu la très bonne idée de proposer plus de boutons de commandes directes sur ce reflex.
- **Système antipoussière**. Hérité de l'EOS 400D, il est relativement efficace. Mais au bout d'un temps variable selon les utilisateurs, certaines taches sur le capteur devront inévitablement êtres nettoyées à la main.

Voir chapitre 33.

- **Visée Live View**. Elle propose pour la première fois deux types d'autofocus, l'AF classique (le miroir se relève) et l'AF à détection de contraste (dont étaient privés les 40D et 1D), comme sur les compacts.

Voir chapitre 22.

- **Menus améliorés**. Analogues à ceux de l'EOS 40D, ils sont désormais communs à tous les nouveaux EOS. Notons l'arrivée d'un menu personnalisable, extrêmement pratique, qui offre 6 raccourcis personnalisés.

Voir chapitre 14.

- **Priorité haute lumière**. Dans ce mode qui améliore la dynamique, la sensibilité mini passe de 100 à 200 ISO. Comme il est caché dans les fonctions personnalisées, pensez à l'ajouter au menu personnalisé.

Voir chapitre 15.

- **Correction Auto de luminosité**. Accessible via les fonctions personnalisées, cette fonction (*Auto Lighting Optimiser*) peut être combinée avec la précédente et ressemble au D-Lighting actif de Nikon.

Voir chapitre 15.

- **Vitesse de prise de vue**. La vitesse des rafales progresse peu avec 3,5 IPS sur 53 JPEG, mais sur 6 RAW seulement, ce qui n'est pas énorme. Les amateurs de sport préféreront l'EOS 40D.

Voir chapitre 25.

- **Retardateur amélioré**. Celui-ci évolue un peu et dispose maintenant d'une option « vues multiples »... Comme quoi, on peut encore inventer de petites choses en photo.

Voir chapitre 25.

- **Mesure spot**. Avec une zone de 4 %, les photographes exigeants seront ravis car celle-ci fait son apparition pour la première fois dans cette gamme chez Canon.

Voir chapitre 26.

- **Nouvelle batterie LP-E5**. Plus endurante que son ancêtre, elle est accompagnée d'un nouveau grip BG-E5 qui accepte deux batteries ou 6 piles AA. Il est malheureusement incompatible avec l'EOS 400D.

La galaxie Canon, historique et détails de la gamme reflex

- **Carte SD.** Adieux les cartes CF, le 450D passe aux cartes SD et SDHC. Dommage de ne pas avoir prévu un double slot à l'attention des utilisateurs historiques de Canon EOS, il faudra s'y faire.
- **Un peu plus léger.** Cela plaira à un large public, il pèse seulement 750 g avec son objectif et 518 g nu avec sa batterie. L'EOS 450D est un peu plus léger que son ancêtre qui pesait 556 g avec sa batterie.

Pour résumer : ce boîtier propose une des meilleures qualités d'image du marché (notamment en haute sensibilité), rivalisant avec celle d'appareils professionnels coûtant plusieurs fois son prix. Un véritable exploit des ingénieurs de Canon qui réussissent à maintenir un niveau de bruit numérique extrêmement bas jusqu'à 1 600 ISO, en dépit de photosites de plus en plus petit (de 5,2 microns).

L'EOS 450D est un boîtier très homogène et polyvalent, qui présente un compromis idéal entre performances et agrément d'utilisation. Voilà qui justifie un prix légèrement supérieur à celui de ses concurrents directes. En cherchant bien, on trouve toutefois quelques regrets à formuler, qui s'ajoutent aux reproches (listés précédemment) faits à l'ensemble des EOS :

- **1 600 ISO seulement.** Au vu de sa maîtrise du traitement de l'image et du bruit numérique, Canon aurait pu se permettre de monter la sensibilité au-delà de 1 600 ISO. D'autres n'hésitent pas à le faire…
- **Des images lourdes.** Le gain en pixels et le passage de 12 à 14 bits limitent les progrès de la vitesse. De nombreux photographes auraient préféré 10 mégapixels afin de monter à 4,5 IPS ou plus.
- **Le testeur de profondeur de champs.** Il est bien là heureusement, mais reste assez peu accessible à main gauche. Le Canon EOS 40D est un peu plus gâté avec un testeur plus pratique positionné à main droite.
- **L'offre logicielle.** Elle est peu surprenante… Les très classiques Canon Digital Photo Professionnal, EOS Utility, Zoom Browser et Photostitch n'ont guère progressé.

Le Canon EOS 450D est l'aboutissement de 6 générations d'EOS numériques, eux-mêmes issus de la lignée initiée par l'EOS 650 de 1987, premier Canon à monture EF.

Canon EOS 1000D (petit capteur APS-C)

Annoncé le 10 juin 2008, le petit dernier est une déclinaison moins coûteuse de l'EOS 450D auquel il ressemble comme un frère. Il inaugure le retour des EOS grand public à 4 chiffres qui avaient disparu de la gamme Canon avec les derniers modèles grands publics argentiques. Toutes ses caractéristiques sont identiques à celle du 450D à l'exception de :

- **Capteur CMOS de 10,1 mégapixels.** Comme sur l'ancêtre EOS 400D, cette taille raisonnable est identique à celle des modèles concurrents Nikon D60, Sony Alpha 200, Olympus E-420 et E-520.

Voir chapitre 17

- **Processeur DIGIC III sur 12 bits**. Le processeur de l'EOS 1000D ne travaille que sur 12 bits au lieu de 14. Le bon côté des choses est que cela lui permet des rafales illimitées en JPEG.
- **Viseur quasi identique à celui du 400D**. Son Penta miroir montre 95 % de l'image, le grossissement reste à x0,81 proche des x0,80 de l'EOS 400D. Il affiche également la sensibilité et un avertissement en monochrome.
- **Écran standard**. Il reste à 2,5 pouces au lieu de 3 pouces (7,6 cm de diagonale) pour une résolution de 230 000 pixels. Des valeurs standard en 2008 sur les reflex amateurs.
- **Autofocus**. On est ici en retrait par rapport aux 400D et 450D avec seulement 7 collimateurs AF. Le collimateur central est en croix pour une meilleure détectivité à f/5,6.

Voir chapitre 24.

- **Pas de priorité haute lumière**. Cette absence est causée par le travail du processeur sur 12 bits au lieu de 14. Seuls les photographes les plus pointilleux la regretteront vraiment.

Voir chapitre 15.

- **Vitesse de prise de vue**. La vitesse des rafales revient classiquement à 3 IPS sur un nombre illimité de JPEG et 5 RAW. Des performances correctes au vu du prix de ce boîtier.

Voir chapitre 25.

◀ Le petit Canon EOS 1000D sera certainement le premier EOS à descendre sous la barre des 500 € neuf d'ici 2009...

Gamme Expert : EOS 30D et 40D (petit capteur APS-C)

Plus de vitesse, plus de paramétrages avancés, plus de boutons, cette gamme intermédiaire Canon en offre beaucoup plus tout en restant relativement accessible ; le Canon EOS 40D est en effet proposé à 1 350 € nu. Comme la gamme amateur, la fréquence de mise à jour de cette gamme est de 18 mois et le gain en définition est de 2 mégapixels à chaque génération depuis 2003 :

La galaxie Canon, historique et détails de la gamme reflex

- EOS D30 (3,3 MP), 17 mai 2000 (longévité de 21 mois) ;
- EOS D60 (6,3 MP), 22 février 2002 (longévité de 12 mois) ;
- EOS 10D (6,3 MP), 27 février 2003 (longévité de 18 mois) ;
- EOS 20D (8,2 MP), 19 août 2004 (longévité de 18 mois) ;
- EOS 30D (8,2 MP), 21 février 2006 (longévité de 18 mois) ;
- EOS 40D (10,1 MP), 20 août 2007 (changement en février 2009 ?) ;
- EOS 50D (12 MP ?), annoncé en février 2009 ?

Sur les EOS 400D et 350D les ingénieurs avaient choisi de supprimer quelques boutons, il fallait donc parfois utiliser l'écran LCD arrière pour régler certaines fonctions photo (l'EOS 450D a heureusement regagné quelques boutons très utiles)… Mais les EOS 40D, 30D, 20D et 5D sont beaucoup plus richement dotés en boutons et commandes directes afin de satisfaire les pros et les amateurs experts. Ces modèles sont notamment équipés d'une *Molette arrière* très pratique en lieu et place du *Joypad*. Sans oublier un génialissime *Joystick* dont on ne peut plus se passer après l'avoir essayé.

Cette gamme Expert Canon, est ciblée moins professionnelle que la gamme équivalente chez Nikon. Proposé à 1 950 €, le Nikon D300, coûte en effet 600 € de plus que l'EOS 40D… En conséquence de quoi il offre logiquement un peu plus (lire à ce propos notre comparatif Canon EOS 40D versus Nikon D300 sur sosphotonumerique.com).

Il faut aller chez Sony pour trouver un concurrent direct à l'EOS 40D. Le Sony Alpha est en effet proposé aux alentours de 1 400 €. Toutefois, malgré de très nombreuses qualités, cet Alpha 700 ne parvient pas à rivaliser tout à fait avec l'exceptionnel EOS 40D, qui a l'avantage de disposer d'une gamme d'objectifs à motorisation ultrasonic, exceptionnellement variée et financièrement accessible.

▲ *Il arrive que je regrette le fait que la gamme Expert ne soit pas tropicalisée (résistante aux projections d'eau) comme le sont les Nikon D200 ou les Pentax K10D. Il faut juste éviter de trébucher sur du corail…*

Fondamentaux de la photo au reflex

Canon EOS 30D (petit capteur APS-C)

Le Canon EOS 30D n'est hélas plus en vente. Pourtant, son excellent CMOS de 8 mégapixels reste diablement intéressant. De nombreux amateurs auraient apprécié que Canon poursuive sa commercialisation à un prix raisonnable… Il aurait pu devenir la Logane des reflex numériques.

Héritier d'une longue lignée de reflex experts (EOS D30, D60, 10D et 20D), il produit des images de très belle qualité, reste très fiable et très polyvalent… Il possède des caractéristiques particulièrement équilibrées avec un excellent rapport qualité/prix. De nombreux professionnels l'avaient adopté en tant que second boîtier car il offrait une cadence de 5 IPS. Avec sa fonction *Picture Style* très pratique et son écran de 2,5 pouces, il ne lui manque qu'un dispositif antipoussière pour séduire les amateurs en quête de confort d'utilisation… C'est l'occasion de réaliser de bonnes affaires, si vous vous donnez la peine de nettoyer vous-même votre capteur.

Voir chapitre 33.

On peut regretter qu'il ne soit pas équipé de quelques fonctionnalités novatrices proposées par des boîtiers plus récents. À vous de voir si elles s'avèrent vitales en fonction du type d'image que vous pratiquez. Pour ma part, aucun de ses manques ne me semble vraiment éliminatoire…

Le Canon EOS 30D, à ne pas confondre avec le Canon EOS D30

Pour nommer ses premiers reflex numériques, Canon a adopté une syntaxe *EOS D* suivi d'un chiffre (D comme *EOS Digital*)… On a ainsi connu l'*EOS D30* en l'an 2000 puis l'*EOS D60* sorti en 2002.

Malheureusement, Nikon a eu exactement la même idée et produit les *Nikon D100, D70, D200, D40*, etc. Jusqu'au *Nikon D60* dernier arrivé en 2008. Le risque de confusion est énorme. Cela a conduit Canon a inverser sa syntaxe. Les EOS ont vu leur D partir à la fin.

Sont apparus alors les Canon *EOS 350D, EOS 20D, EOS 30D, EOS 400D, EOS 40D, EOS 450D*, etc. Donc méfiance : amateurs de boîtiers d'occasion, ne confondez pas l'*EOS 30D* (sorti en 2006 qui fait 8 mégapixels) avec l'*EOS D30* (sorti en 2000 qui fait 3 mégapixels). Ou encore le Canon *EOS D60* (de 6 mégapixels) avec le *Nikon D60* (de 10 mégapixels)…

▲ L'*EOS 30D* est souvent une bonne affaire d'occasion… Il est plus professionnel et plus costaud que les boîtiers d'entrée de gamme comme l'*EOS 450D*. Il plaît beaucoup aux photographes expérimentés qui apprécient sa prise en main et sa réactivité.

Canon EOS 40D (petit capteur APS-C)

C'est le 20 août 2007 que le Canon EOS 40D a remplacé l'EOS 30D, 18 mois exactement après la présentation de son ancêtre. Il a bien sûr conservé toutes ses qualités et hérité de certaines caractéristiques du modèle professionnel EOS 1D mark III, présenté 6 mois auparavant.

Cela fait de lui un des meilleurs choix en 2008 pour les amateurs exigeants et les professionnels ne désirant pas se ruiner… Les amateurs passionnés qui touchent à l'image sportive et au reportage le préféreront

La galaxie Canon, historique et détails de la gamme reflex

évidemment à l'EOS 450D. Pour 1 349 € (au moment de sa sortie le 20 août 2007), tout y est ou presque. Cet EOS 40D est une excellente affaire et distance toute concurrence dans cette gamme de prix (à l'exception du Nikon D300, coûtant 1 949 € lors de son lancement, ciblé un peu plus professionnel)...

L'EOS 40D a été conçu pour séduire les experts tout en restant à portée des amateurs. Comme souvent chez Canon, le dosage est remarquablement équilibré entre fonctionnalités avancées et coûts de fabrication maîtrisés. Il me semble important de rentrer un peu dans les détails, puisque nombre d'entre vous hésiteront entre l'EOS 450D et cet EOS 40D, dont la fiche technique est très impressionnante :

- **CMOS de 10,1 mégapixels.** Il produit une qualité d'image sensationnelle, bien que de taille APS-C, il soit différent de celui du Canon EOS 400D et de celui de l'EOS 1D mark III (ce dernier est plus grand en taille APS-H).
- **Processeur DIGIC III.** Il autorise un traitement sur 14 bits au lieu de 12, progrès qui offre une fonction *haute lumière* améliorant la dynamique. Une petite taille sRAW est aussi proposée comme sur le 1D mark III.
- **Viseur à Pentaprisme.** Il affiche la sensibilité et passe d'un grossissement de x0,90 à x0,95. Pas aussi beau que celui du 5D ou du Nikon D300 mais meilleur que celui du 30D. Trois verres de visée interchangeables sont disponibles.
- **Vitesse de 6,5 IPS sur 75 JPEG.** Unique dans cette gamme de prix, elle permet à l'EOS 40D de répondre à 95 % des besoins de 95 % des pros. Les photographes animaliers apprécieront le mécanisme du miroir peu bruyant.
- **Fonction antipoussière.** Elle fait son apparition comme sur l'ensemble de la gamme EOS, afin de rassurer ceux qui hésitent à nettoyer leur capteur (l'EOS 5D est le dernier à ne pas en disposer).
- **9 collimateurs autofocus croisés.** Ils réagissent aux contrastes verticaux et horizontaux, alors que l'EOS 30D ne disposait que d'un seul collimateur croisé. Ce progrès lui permet de rattraper l'avance relative du Nikon D200.
- **Écran 3 pouces de 230 000 pixels.** Plus lumineux que celui de son prédécesseur de 2,5 pouces (le Nikon 300D fait encore mieux, puisque la définition de son écran monte à 922 000 pixels).
- **Amélioration de la protection tous temps.** Les trappes de batteries et carte sont étanches et la griffe de flash est semblable à celle du 1D mark III. Toutefois, l'EOS 40D ne bénéficie pas du label "Tropicalisation".
- **Ergonomie en progrès.** Il est possible de configurer trois modes User, C1, C2 et C3, accessibles via le sélecteur de modes. Il bénéficie de davantage de boutons d'accès direct aux réglages (par exemple aux styles d'image).
- **Ajustement auto de la sensibilité.** Très apprécié par les débutants, il est enfin disponible dans les modes Experts et plus seulement dans les modes Résultats.
- **Contrôle par l'écran.** Comme avec l'EOS 450D, il est possible de contrôler tous les paramétrages du boîtier en temps réel sur l'écran arrière (pratique quand l'appareil est sur pied).
- **Ergonomie des menus.** Elle a été unifiée avec la gamme EOS 1D. Les fonctions personnalisées ont elles aussi été rationalisées, ce qui laisse à penser que ce boîtier a été conçu comme un complément idéal de l'EOS 1D mark III.
- **Visée Live View.** Comme sur l'EOS 450D, elle autorise la visée par l'écran arrière et la mise au point autofocus (une pression sur le bouton AF/ON relève rapidement le miroir). Un affichage zoomé permet de vérifier la netteté.
- **Système Wi-Fi.** Via une version spéciale de la poignée (WFT-E3/E3A), elle offre diverses options de connexions : FTP, PTP (pilotage du boîtier depuis l'ordinateur) et même HTTP (visualisation des images par navigateur Internet).
- **Connexion directe de disque USB.** Il est possible de connecter des disques durs USB auto alimentés à la poignée (WFT-E3/E3A) afin d'y décharger les images. Cela peut s'avérer pratique en studio.

Pour conclure, l'EOS 40D est un boîtier expert (et même semi pro) idéalement polyvalent. Ses points forts sont la qualité d'image (travail sur 14 bits), l'écran 3 pouces, la vitesse de 6,5 IPS et son ergonomie optimale. Il partage sans aucun doute le meilleur équilibre performances-prix du marché avec le Nikon D300. Ce dernier le domine légèrement mais coûte tout de même 600 € de plus...

Fondamentaux de la photo au reflex

◄ Le Canon EOS 40D, un reflex très efficace qui établit un nouveau standard, en restant pourtant accessible. Sa construction est plus charpentée que celle de ses ancêtres 20D et 30D. Il est à peine plus encombrant, mais fait beaucoup plus costaud sans être beaucoup plus lourd…

▲ Chargé de "décrocher" les poussières du capteur lors de chaque mise sous tension de l'appareil, un dispositif antipoussière semblable à celui du 400D est maintenant généralisé à toute la gamme EOS. Seul l'EOS 5D en est encore privé mais certainement plus pour longtemps.

Canon EOS 5D (grand capteur Full-Frame)

Le Canon EOS 5D fait sensation lors de sa présentation le 22 août 2005. En effet, depuis le premier EOS D30 sorti en 2000, tous les reflex subissaient encore la dictature des corrections de focale de x1,5 (Nikon, Sony, Pentax) ou x1,6 (Canon), à l'exception notable du Canon EOS 1Ds (et ses diverses versions)… Un modèle professionnel hors norme, autant qu'hors de prix qui ne connaît aucun concurrent (lire paragraphe suivant).

L'EOS 5D appartient à la gamme Expert dont il reprend les formes générales et l'ergonomie générale, mais il partage avec le fabuleux EOS 1Ds la caractéristique unique de posséder un capteur full-Frame. Il restera le premier reflex *full-frame* financièrement accessible, lancé aux alentours de 3 000 €. On le trouve mi 2008 aux alentours de 2 200 €.

Au bout de presque 2 ans et demi de commercialisation, l'EOS 5D et ses 12,9 mégapixels *full-frame* restent toujours sans concurrence. Canon n'a toujours pas annoncé son successeur à l'heure où j'écris ces lignes. Une espérance de vie anormalement longue prouvant le caractère très exceptionnel de cet appareil qui est le premier (et pour le moment unique) représentant de sa lignée.

Toutefois Sony ou Nikon, (deux fabricants venus un peu sur le tard au capteur *Grand format*) devraient tôt ou tard tenter de le concurrencer... Pour l'instant, l'unique reflex *full-frame* de Nikon (le D3 qui a l'avantage d'alterner *Format DX* et *Format FX*) ne se bat pas dans la même catégorie : il coûte en effet 4 599 €.

Si la relève de l'EOS 5D se fait attendre à ce point, c'est peut-être parce que développer une gamme *full-frame* est loin d'être une obligation pour les fabricants. Une solution plus simple consiste en effet à produire des optiques de plus grand diamètre, spécialement adaptées aux petits capteurs. Les gammes Canon EF-S (x1,6) et Nikon DX (x1,5) sont d'ailleurs une brillante illustration de la réussite de cette stratégie. Il reste pourtant trois avantages indiscutables aux capteurs *full-frame* :

- Un objectif de 24 mm conserve une focale de 24 mm : les habitudes des photographes ne changent donc pas. Il s'agit évidemment d'un avantage plutôt psychologique que véritablement rationnel, mais il achève souvent de convaincre les photographes les plus réticents à faire évoluer leur parc optique vers le numérique.
- La profondeur de champs d'un appareil à capteur *full-frame* ressemble beaucoup à celle d'un reflex argentique. Il est facile d'obtenir un joli flou d'arrière-plan à l'aide d'un objectif à grande ouverture, contrairement aux reflex à petit capteur qui entraînent plus de netteté à l'arrière-plan.
- Troisièmement avantage (le plus déterminant) : la taille importante du capteur (24 x 36 mm) permet, à résolution égale, de conserver des *photosites* plus grands. Cela garantit une excellente maîtrise du bruit numérique ; plus les photosites sont larges, plus il leur est facile de récolter la lumière.

Au-delà de la qualité de l'image, c'est également le viseur du 5D qui est exceptionnel. Grand, clair et confortable, il est certainement l'un des meilleurs sur le marché. Depuis l'arrivée des reflex numériques, les photographes n'avaient pas étés gâtés de ce côté-là. L'EOS 5D n'est toutefois pas un appareil parfait et l'on peut émettre quelques regrets :

- Certains grands-angles et objectifs anciens révèlent leurs faiblesses sur ce boîtier exigeant en générant du vignettage aux grandes ouvertures. L'EOS 5D exige des optiques de haut niveau.
- Sa cadence est bridée à seulement 3 IPS, ce qui est un peu juste. Les professionnels devront le compléter d'un EOS 30D ou d'un EOS 40D pour ne pas se trouver coincés (en sport, notamment).
- Comme la plupart des reflex professionnels, l'EOS 5D ne possède pas de flash embarqué car le prisme de visée prend beaucoup de place. Cela limite un peu sa polyvalence...
- L'EOS 5D ne possède pas de dispositif antipoussière, ce qui ne gênera pas trop les photographes avertis sachant nettoyer leur capteur.
- Ces derniers regretteront l'absence de tropicalisation. Par ailleurs, c'est toujours le "service minimum" du côté des fonctions logiciels embarquées (une fois de plus chez Canon)...

Le Canon EOS 5D restera parmi les appareils les plus appréciés des canonistes grâce à son prix relativement accessible et à son excellente qualité d'images, dont le rendu se rapproche beaucoup d'un film argentique (plus que n'importe quel numérique avant lui).

Fondamentaux de la photo au reflex

▲ Le Canon EOS 5D avec le zoom stabilisé EF 24-105 mm f/4 L IS USM, qui est sans doute l'objectif idéal pour cet appareil. C'est tout particulièrement la douceur des arrière-plans flous à pleine ouverture qu'apprécient les photographes possédant une longue expérience de l'argentique. C'est à son capteur full-frame que l'EOS 5D doit cette caractéristique fort rare en numérique.

Gamme professionnelle : EOS 1D mark III et EOS 1Ds mark III

Nous n'allons pas traiter en détail ces deux boîtiers exceptionnels dans le présent guide. Ils restent financièrement inaccessibles à la plupart des photographes amateurs. Seuls les professionnels auront l'occasion d'exploiter véritablement leurs caractéristiques exceptionnelles.

Le poids et le look de ce type de boîtiers les rendent peu adaptés à la photo loisir, pas plus qu'aux voyages (une remarque qui s'applique également au Nikon D3). Mis à part cela, il n'y a pas grand-chose à reprocher à ces boîtiers extraordinaires, dont l'agrément d'utilisation a été décuplé depuis que la navigation de leurs menus a été revue pour s'approcher de celle des boîtiers amateurs.

Pour plus d'informations, reportez-vous à notre *Guide des reflex numériques 2008 (édition Micro Application)*, où les gammes de tous les fabricants sont détaillées.

La galaxie Canon, historique et détails de la gamme reflex

◀ Lorsqu'il s'agit de figer le geste parfait d'un snowboarder en plein vol, les 10 IPS de l'EOS 1D mark III font la différence avec un boîtier comme l'EOS 30D, limité à 6,5 IPS (une cadence déjà très rapide)...

Canon EOS 1D mark III (capteur intermédiaire APS-H)

Il produit des images de 10 mégapixels à la vitesse folle de 10 IPS. Une véritable machine de guerre, conçue pour résister aux pires traitements. Un concentré de technologie offrant les plus hautes performances dans presque tous les domaines. Il est destiné aux professionnels peu gênés par le poids, à la recherche d'un reflex hyper performant. Il coûtait environ 4 500 € au moment de sa sortie en février 2007. Cette gamme d'appareils est renouvelée tous les 18 mois environ :

- EOS 1D (4,1 MP), 25 septembre 2001 (longévité de 16 mois) ;
- EOS 1D Mark II (8,2 MP), 29 janvier 2004 (longévité de 19 mois) ;
- EOS 1D Mark II N (8,2 MP), 22 août 2005 (longévité de 18 mois) ;
- EOS 1D Mark III (10,1 MP), 22 février 2007 (changement en septembre 2009 ?).

La commercialisation des premières séries d'EOS 1D mark III a été entachée par des problèmes d'autofocus, ayant nécessité leur retour en atelier. Si vous étiez tenté par ce modèle d'occasion, assurez-vous qu'il est bien accompagné d'un certificat du SAV Canon précisant que la réparation de l'autofocus été effectuée.

Le fabuleux EOS 1D mark III, vaisseau amiral de la gamme Canon ▶ pour les photoreporters de terrain. 10 mégapixels à la cadence extrême de 10 IPS même en RAW...

Canon EOS 1Ds mark III (grand capteur Full-Frame)

Celui-ci produit des images géantes de 21 mégapixels, un record absolu dans le monde du reflex, à la date à laquelle je rédige ces lignes. L'EOS 1D mark III a l'ambition de conquérir les plateaux et les studios de publicité ; il offre pour cela une qualité d'image exceptionnelle aux professionnels désirant se passer d'investir dans un dos numérique moyen format. Il coûtait environ 8 650 € au moment de sa sortie en août 2007, ce qui en fait le reflex le plus cher du marché. Cette gamme d'appareil n'est renouvelée que tous les 24 à 36 mois :

- **EOS 1Ds** (11 MP), 24 septembre 2002 (longévité de 24 mois) ;
- **EOS 1Ds Mark II** (16,6 MP), 21 septembre 2004 (longévité de 35 mois) ;
- **EOS 1Ds Mark III** (21,1 MP), 20 août 2007 (changement en août 2010 ?).

On peut tout de même s'interroger : au rythme d'évolution des reflex numériques, un tel investissement est-il vraiment raisonnable ? Surtout lorsque l'on apprend que Sony préparerait la commercialisation d'un reflex de 24 mégapixels en 2008, dont le coût serait très inférieur…

◀ *Le très spécifique EOS 1Ds mark III de 21,1 mégapixels ne s'adresse qu'aux professionnels… Ils devront vendre beaucoup d'images afin de l'amortir.*

La galaxie Canon, historique et détails de la gamme reflex

■ Tableaux récapitulatifs gammes Amateurs et Experts

Ces 7 reflex EOS appartiennent à deux gammes distinctes et à trois générations différentes. Leurs performances sont donc assez variées : un vrai casse-tête pour l'amateur d'appareils d'occasion, que seuls quelques tableaux permettent de résumer simplement.

	EOS 450D	**EOS 1000D**	**EOS 400D**	**EOS 350D**	**EOS 40D**	**EOS 30D**	**EOS 20D**	**EOS 5D**
Photo								
Date de présentation	Janv 2008	Juin 2008	Sept 2006	Août 2003	Août 2007	Février 2006	Août 2004	Août 2005
Décryptage	L'évolution logique de l'EOS 400D avec un écran de 3 pouces, un capteur de 12 MP et la stabilisation en kit. Mais que reste-t-il aux reflex pros ?	Synthèse entre l'EOS 400D et l'EOS 450D avec un écran de 2,5 pouces, un capteur de 10 MP et la stabilisation en kit. Un équilibre idéal.	Remplace le 350D et donne un coup de vieux à ses ancêtres grâce à son écran, son système antipoussière et son capteur 10,1 MP.	Appareil d'entrée de gamme, de 8 MP, léger et compact. Démodé à cause de son minuscule écran et l'absence des *Picture Style*.	Successeur du 30D équipé d'un capteur de 10 MP. Son écran passe à 3 pouces et la vitesse en rafales passe à la valeur fabuleuse de 6,5 IPS.	Successeur du 20D de 8 MP avec un écran de 2,5 pouces et les *Picture Style*. Il garde l'avantage sur le 400D et le 5D de rafales à 5 IPS.	Reflex amateur expert de 8 MP de très bon niveau mais handicapé par un écran 1,8 pouce. Il garde l'avantage de rafales à 5 IPS.	Appareil semi-pro de haut niveau grâce à un capteur *full frame* de 12,8 MP. Construction robuste, mais pas de flash et seulement 3 IPS.
Système antipoussière	Oui	Oui	Oui	Non	Oui	Non	Non	Non
Picture Style.	Oui. Accès direct par touche dédiée.	Oui. Accès direct par touche dédiée.	Oui. Accès direct par la touche **Set**.	Non, car trop ancien.	Oui. Accès direct par touche dédiée.	Oui. Accès indirect par les menus.	Non, car trop ancien.	Oui. Accès indirect par les menus.
Programmes résultats	Oui	Oui	Oui	Oui	Oui	Oui	Oui	Non, appareil semi-pro.
Coefficient multiplicateur de focale.	Coeff. x1,6 votre 50 mm devient 80 mm.	Coeff. x1,6 votre 50 mm devient 80 mm.	Coeff. x1,6 votre 50 mm devient 80 mm.	Coeff. x1,6 votre 50 mm devient 80 mm.	Coeff. x1,6 votre 50 mm devient 80 mm.	Coeff. x1,6 votre 50 mm devient 80 mm.	Coeff. x1,6 votre 50 mm devient 80 mm.	Coeff. x1. 50 mm reste 50 grâce au full frame.
Taille du capteur.	12,2 méga-pixels	10,1 méga-pixels	10,1 méga-pixels	8,0 méga-pixels	10,1 méga-pixels	8,2 méga-pixels	8,2 méga-pixels	12,8 méga-pixels
Taille des images.	4 272 x 2 848 pixels	3 888 x 2 592 pixels	3 888 x 2 592 pixels	3 456 x 2 304 pixels	3 888 x 2 592 pixels	3 504 x 2 336 pixels	3 504 x 2 336 pixels	4 368 x 2 912 pixels
Vitesse max. JPEG et nbr. de vues	3,5 IPS sur 53 JPEG. Le buffer est confortable (du moins en JPEG).	3 IPS sur un nombre illimité de JPEG. Le buffer est très confortable.	3 IPS sur 27 JPEG. Le buffer est beaucoup plus confortable que sur le 350D.	3 IPS sur 14 JPEG. Les rafales sont assez courtes, vu le modeste buffer.	6,5 IPS sur 8 JPEG. Choisir une cadence plus réduite pour longues rafales.	5 IPS sur 30 JPEG. Reflex intéressant pour le sport par ses rafales très longues.	5 IPS sur 23 JPEG. Appareil très intéressant pour le sport grâce à un buffer large.	3 IPS sur 60 JPEG. Belle endurance. Dommage qu'il ne shoote pas plus vite.
Vitesse max. en RAW	3,5 IPS sur 6 RAW	3 IPS sur 5 RAW	3 IPS sur 10 RAW	3 IPS sur 4 RAW	6,5 IPS sur 7 RAW	5 IPS sur 11 RAW	5 IPS sur 6 RAW	3 IPS sur 17 RAW
Taille de l'écran.	3 pouces. Écran de nouvelle génération.	2,5 pouces	2,5 pouces	1,8 pouce. Écran petit et peu lisible.	3 pouces. Écran de nouvelle génération.	2,5 pouces	1,8 pouce. Écran petit et peu lisible.	2,5 pouces
Définition écran.	230 000 pixels	230 000 pixels	230 000 pixels	115 000 pixels	230 000 pixels	230 000 pixels	118 000 pixels	230 000 pixels
Autofocus	9 collimateurs dont un croisé	7 collimateurs	9 collimateurs	7 collimateurs	9 collimateurs croisés	9 collimateurs	9 collimateurs	9 collimateurs + 6 invisibles

Comparatif des fonctions avancées

Les amateurs avertis et les pros s'intéresseront à ces caractéristiques techniques pointues. Les fonctions avancées permettent une personnalisation complète du boîtier, ce qui est indispensable à un professionnel.

	EOS 450D	EOS 1000D	EOS 400D	EOS 350D	EOS 40D	EOS 30D	EOS 20D	EOS 5D
Photo								
Décryptage	Un must. La distance le séparant les boîtiers amateurs des pros diminue à chaque génération.	Il comble toutes les attentes des amateurs économes amoureux de visée reflex.	Les pros l'accepteront-ils comme second boîtier ? Possible grâce à son capteur de compétition.	Son ergonomie est trop limitée pour satisfaire les experts. Dommage car son capteur est correct.	De nombreux professionnels le préféreront à l'EOS 1D. Un seul adversaire est à sa hauteur : le Nikon D300.	Un excellent second boîtier qui a tout d'un grand pour seconder un 5D ou un 1D, notamment pour la vitesse.	Il ne lui manque que les Picture Style et un plus grand écran pour rester dans la course.	L'excellence accessible, sa qualité d'image superlative est comparable à celle d'un EOS 1Ds. Unique en son genre.
Test de profondeur de champ	Oui	Oui	Oui	Oui	Oui	Oui	Oui	Oui
Couverture du viseur	95 % environ. Visée correcte	95 % environ. Visée correcte	95 % environ. Petit et sombre	95 % environ. Petit et sombre	95 % environ. Visée très correcte	95 % environ. Visée juste correcte	95 % environ. Visée juste correcte	96 % environ. Très clair et confortable
Grossissement du viseur	x 0,87	x 0,81	x 0,80	x 0,80	x 0,95	x 0,90	x 0,90	NC
Mesure évaluative	35 zones	35 zones	35 zones	35 zones	35 zones	35 zones	35 zones	35 zones
Mesure sélective	Centrée : 9 %	Centrée : 9 %	Centrée : 9 %	Centrée : 9 %	Centrée : 9 %	Centrée : 9 %	Centrée : 9 %	Centrée : 8 %
Mesure spot	Centrée 4 %	Non	Non	Non	Centrée 3,8 %	Centrée 3,5 %	Non	Centrée 3,5 %
Nombre de fonctions personnalis	13	13	11	9	24	19	18	21
Cycle de vie théorique de l'obturateur	Non spécifié	Non spécifié	Non spécifié	Non spécifié	100 000 photos	100 000 photos	Non spécifié	250 000 photos

Poids et taille des boîtiers

Des appareils de poids et de tailles très variés. Tous sont bien plus légers et discrets que les séries professionnelles EOS 1D, c'est pourquoi de nombreux professionnels apprécient beaucoup les EOS 30D, 40D et surtout les EOS 5D.

La galaxie Canon, historique et détails de la gamme reflex

	EOS 450D	EOS 1000D	EOS 400D	EOS 350D	EOS 40D	EOS 30D	EOS 20D	EOS 5D
Décryptage	Environ 50 g, plus léger que son ancêtre directe le 400D.	Encore 20 g de gagné par rapport à l'EOS 450D. Le Canon EOS le plus léger.	Sensiblement le même encombrement que son ancêtre le 350D.	À son arrivée, le 350D était le plus petit et le plus léger reflex numérique.	Il grossit de quelques millimètres par rapport au 30D et pèse 37 g de plus.	Même encombrement que son ancêtre le 20D. Pèse 20 g de plus.	Le polyvalent idéal avec une taille intermédiaire entre le 5D et le 400D.	Une belle bête qui tient bien dans la main comme les aiment les pros.
Poids avec batterie	520 g	500 g	556 g	540 g	822 g	785 g	764 g	895 g
Largeur	128,8 mm	126 mm	127 mm	127 mm	146 mm	144 mm	144 mm	152 mm
Hauteur	97,5 mm	98 mm	94 mm	94 mm	108 mm	106 mm	106 mm	113 mm
Profondeur	61,9 mm	62 mm	65 mm	64 mm	74 mm	74 mm	72 mm	75 mm

Flash intégré, compatibilité des batteries, poignées et objectifs

Faites attention aux questions de compatibilité avant d'acheter un matériel d'occasion. Il existe par exemple quatre sortes de poignées BG (*Batterie Grip*) parfaitement incompatibles. Pour les objectifs, c'est plus simple : tous les boîtiers EOS sans exception (argentiques et numériques) acceptent tous les objectifs EF sortis depuis 1987 (construits par Canon ou d'autres marques). Seule exception, les nouveaux objectifs EF-S qui ont été spécialement conçus pour les EOS numériques à petits capteurs APS : ils ne sont donc pas compatibles avec les boîtiers *full frame*, c'est-à-dire les séries 5D et 1D (ni évidemment avec les EOS argentiques).

	EOS 450D	EOS 1000D	EOS 400D	EOS 350D	EOS 40D	EOS 30D	EOS 20D	EOS 5D
Décryptage	Nouveaux modèles de grip et de batteries incompatibles avec tous les autres	Même batteries et grip que l'EOS 450D, incompatible avec les EOS précédents	Le frère jumeau du 350D avec qui il partage une compatibilité totale (bonne nouvelle)	Les batteries sont plus petites que celles des autres EOS pour alléger l'ensemble.	Le successeur des 30D et 20D avec lesquels il partage une compatibilité totale	Le frère quasi jumeau du 20D, avec lequel il partage une compatibilité totale	Relativement semblable aux 10D et D60 à l'exception des poignées BG qui sont incompatibles	Il diffère beaucoup des autres, sauf par ses batteries communes avec les 20D, 30D et 40D.
Piles non rechargeables	LR6 ou accus	LR6 ou accus	LR6 ou accus	LR6 ou accus	LR6 ou accus	LR6 ou accus	LR6 ou accus	LR6 ou accus
Accus Canon rechargeables	LP-E5	LP-E5	NB-2LH	NB-2LH	BP-511, BP-511A, BP-512, BP514	BP-511, BP-511A, BP-512, BP514	BP-511, BP-511A, BP-512, BP514	BP-511, BP-511A, BP-512, BP514
Nombre d'images avec une batterie.	500 environ	500 environ	500 environ	600 environ	1 000 environ	1 000 environ	1 000 environ	800 environ
Type de poignée Grip	BG-E5	BG-E5	BG-E3	BG-E3	BG-E2	BG-E2	BG-E2	BG-E4 unique à ce modèle
Objectifs Canon compatibles.	Tous les EF sortis depuis 1986, ainsi que les EF-S récents	Tous les EF sortis depuis 1986, ainsi que les EF-S récents	Tous les EF sortis depuis 1986, ainsi que les EF-S récents	Tous les EF sortis depuis 1986, ainsi que les EF-S récents	Tous les EF sortis depuis 1986, ainsi que les EF-S récents	Tous les EF sortis depuis 1986, ainsi que les EF-S récents	Tous les EF sortis depuis 1986, ainsi que les EF-S récents	Seuls les EF classiques. EF-S interdits à cause du *full frame*
Flash intégré et nbr. guide	Oui. Nombre guide 13	Oui. Nombre guide 13	Oui. Nombre guide 13	Oui. Nombre guide 13	Oui. Nombre guide 13	Oui. Nombre guide 13	Oui. Nombre guide 13	Pas de flash intégré

Fondamentaux de la photo au reflex

5. Réussir immédiatement vos premières photos

Quelques minutes sont nécessaires au déballage et à la mise en route de votre boîtier. Nous allons voir comment réaliser des photos aussi simplement que possible. Pour l'instant, il ne s'agit pas d'avoir de grandes ambitions artistiques, juste de vous faire plaisir immédiatement avec votre EOS.

▲ *Dès l'achat de votre appareil, vous pouvez réussir de superbes clichés en utilisant les modes automatiques. Réaliser de belles photos ne nécessite pas obligatoirement de grandes connaissances techniques ; il est plus important de se trouver au bon endroit, au bon moment...*

Détaillez le contenu de la boîte et commencez par mettre de côté les éléments qui ne vous seront pas utiles immédiatement : facture, mode d'emploi en langues étrangères, etc. Après ce petit ménage, on y voit plus clair. Gardez l'installation des logiciels pour un peu plus tard. Vous ne serez d'ailleurs pas obligé de les utiliser, car vous avez peut-être vos habitudes avec certaines applications spécialisées, telles qu'Adobe Lightroom, Bridge, Expression Media, Aperture ACDSEE, etc.

Voir chapitres 29 à 33.

N'oubliez pas d'acheter quelques accessoires utiles en même temps que votre EOS 450D. Notamment une carte SD si vous voulez réaliser immédiatement des photos, Canon n'en livre pas avec ses reflex. 2 Go sont un minimum, 4 ou 8 Go sont bien plus confortables...

Réussir immédiatement vos premières photos

Pensez également à acheter un filtre neutre pour protéger la lentille frontale de votre optique : une simple rayure et celui-ci deviendrait invendable. Moins indispensable mais rassurant, offrez une pellicule de protection au large écran LCD de 3 pouces (Canon ne fournit pas de protège écran comme le fait astucieusement Nikon sur certains modèles).

Canon propose de nombreux accessoires pour optimiser votre expérience photographique. Une seconde batterie LP-E5 coûte 45 €. Il est conseillé de s'en offrir une dès que l'on part quelques jours en voyage. La poignée optionnelle BG-E5 est proposée à 169 € ; elle intéressera les amateurs de longues focales et tous ceux qui veulent impressionner l'adversaire. Un second chargeur de batterie EC-E5E vous coûtera 50 €. Un adaptateur secteur ACK-E5 coûte 85 €. Enfin, une télécommande RC-1 coûte 28 €.

Pour les flashs, reportez-vous au chapitre 22 et pour les optiques au chapitre 20.

▲ 1.42 Une fois mis de côté tout ce qui n'est pas utile à la prise de vue, il devrait rester sur la table l'appareil, la courroie, la batterie, le chargeur, le mode d'emploi et l'objectif.

Lecteur de cartes

Pas obligatoire mais fortement conseillé, n'oubliez pas un lecteur de cartes USB2 ou mieux FireWire 400 qui est un peu plus rapide… Plus coûteux mais plus rapide encore, les experts choisiront un lecteur FireWire 800, à condition que leur ordinateur propose ce type de connexion (la plupart des Macintoshs en disposent). Il est en effet bien plus pratique et rapide d'extraire la carte de l'appareil pour l'insérer dans un lecteur de cartes, que de brancher l'appareil directement sur l'ordinateur à l'aide de son câble USB (cette dernière méthode ayant l'inconvénient de vous obliger à installer les logiciels Canon).

Fondamentaux de la photo au reflex

◀ La poignée BG-E5 permet l'utilisation de deux batteries LP-E5 et améliore la prise en main grâce à un second déclencheur pour les prises de vue verticales. Il s'agit ici de la version US de l'EOS 450D appelée là-bas EOS Rebel XSi.

■ Installez l'objectif en évitant la poussière

Pour installer l'objectif, ôtez les caches en plastique et faites coïncider les repères blancs entre eux (repère rouge sur repère blanc dans le cas d'un objectif EF). Engagez l'objectif puis tournez jusqu'au clic. Pour le démontage, procédez de la même façon en sens inverse après avoir appuyé sur le bouton de déverrouillage.

- Pour ne pas faire rentrer de corps étrangers, évitez de démonter et de remonter l'objectif sans raison.
- Ne touchez pas à l'intérieur de la chambre reflex, même si votre boîtier est équipé d'un antipoussière.

Lors de cette opération, l'appareil doit être de préférence éteint pour éviter que l'électricité statique du capteur n'attire les poussières de l'air. Mais ce n'est pas obligatoire… Si une belle photo se présente qui nécessite un changement d'optique urgent, mieux vaut risquer un peu de poussière que de rater un bon cliché. En cas de taches persistantes sur le capteur, il sera toujours possible de nettoyer le capteur grâce au dispositif antipoussière ou même à la main.

Voir chapitre 33

Le montage et le démontage de l'objectif sont enfantins. ▶
Appuyez sur le bouton de déverrouillage et tournez. Procédez
en vous tenant aussi loin que possible du sable, de l'humidité,
des poussières et des courants d'air.

Réussir immédiatement vos premières photos

▌ Installez la batterie LP-E5

Insérez la batterie dans l'appareil puis tournez le bouton de mise en marche sur **On**. L'appareil vous propose de régler la date et l'heure. N'hésitez pas à le faire immédiatement ; la date de prise de vue sera très utile au classement de vos images sur l'ordinateur. Vous pouvez maintenant prendre vos premières photos, le plus simple étant d'opter pour le mode Automatisme Total (le carré vert).

Si le déclenchement s'avère impossible, mettez en place une carte SD dans l'appareil... Si vous n'en avez pas sous la main, il est possible de choisir l'option *Déclenchement sans carte* dans le menu rouge. Cela vous permettra de déclencher et de consulter les images sur l'écran arrière afin de vous familiariser avec l'appareil. Les photos ne seront évidemment pas sauvegardées dans cette configuration :

- Lors de l'achat, la batterie est suffisamment chargée pour vous permettre de découvrir l'appareil. Mais essayez de la mettre en charge dès que possible. Deux heures environ sont nécessaires pour charger complètement une batterie vide.
- Les batteries se déchargent lentement lorsqu'elle ne sont pas utilisées. J'ai remarqué qu'une dizaine de jours après la charge, les batteries BP-511 de mon EOS 40D restaient opérationnelles et utilisables durant plusieurs jours. Si je voyage loin de toutes prises électriques, je n'hésite pas à emporter plusieurs batteries chargées dans mes bagages.
- Stocker trop longtemps une batterie complètement chargée sans l'utiliser peut réduire ses performances. Pensez-y si vous laissez votre appareil de longs mois sans l'utiliser. Dans ce cas, retirez si possible la batterie de l'appareil (personnellement, je n'y pense pas et ne le fais jamais)...

◀ *L'EOS 450D utilisant des accus LP-E5 entièrement nouveaux, il ne peut recevoir ni les batteries, ni la poignée d'alimentation de l'EOS 400D.*

▌ Découverte des menus et petits réglages pour commencer

Dès l'appareil mis sous tension, vous pouvez explorer les menus de l'EOS 450D qui sont un modèle de simplicité. La nouvelle ergonomie unifiée de la gamme EOS repose sur des onglets horizontaux qui permettent d'éviter les interminables liste déroulantes des anciens modèles : on a immédiatement tout sous les yeux ; c'est vraiment pratique.

Pour accéder à une fonction, pressez la touche **Menu** et déplacez-vous latéralement, puis verticalement grâce au *Joypad* (les quatre touches disposées en cercle à droite de l'écran). Il suffit de confirmer la fonction grâce au bouton **Set** situé au centre du *Joypad*. Facile ! On aurait touché à la perfection si en plus, ces menus

Fondamentaux de la photo au reflex

savaient basculer à 90° lorsque l'on cadre verticalement (comme le font ceux du Nikon D60). Bon, on ne peut tout avoir à la fois.

Choisissez la langue de votre choix en allant dans la seconde colonne de menus *Orange*. Sur tous les EOS, les fonctions sont réparties en trois familles de couleurs. Cela permet de s'y retrouver d'autant plus facilement que les menus sont dorénavant unifiés sur toutes les gammes de reflex Canon :

- Les fonctions *Rouges* sont dédiées au réglage des images.
- Les fonctions *Bleues* sont dédiées à l'affichage ou à l'impression.
- Les fonctions *Oranges* sont dédiées aux réglages de l'appareil.
- Un menu *Vert* personnalisable affiche des raccourcis vers vos fonctions préférées.

Durant la prise de vue, le bouton **DISP** sert à afficher ou à masquer les réglages de prise de vue, remplaçant l'écran monochrome traditionnel des anciens EOS. Vous avez d'ailleurs le choix entre quatre styles d'affichages (très lisibles et élégants) pour cet écran. Timide innovation de Canon vers un peu plus de fun, mais il n'est pas encore possible de choisir ses fonds d'écran comme sur le Nikon D60. Afin d'économiser la batterie, le dispositif Eye Start éteint automatiquement l'écran lorsque vous approchez le viseur de votre œil et le rallume lorsque vous éloignez l'appareil de votre visage.

Ultime réglage avant de commencer vos photos, optez pour la *Numérotation continue* plutôt que pour la *Réinitialisation automatique*. Cette précaution a l'avantage de numéroter vos images de façon continue, y compris lorsque vous reformatez ou changez votre carte. Une fois celles-ci rapatriées sur l'ordinateur, vous ne serez pas gêné par d'innombrables images portant le même nom.

▲ La mise en place de la carte SD est fort pratique mais manipulez cette petite porte avec précaution.

▌ Choisissez votre carte mémoire

Il existe des cartes de différentes tailles, de 1 Go à 16 Go. Pour travailler confortablement avec un appareil de 10 mégapixels, choisissez une carte de 2 Go minimum qui vous permettra d'enregistrer 455 images JPEG ou 125 images RAW (seulement). Reportez-vous au tableau ci-après qui vous donne une estimation du nombre d'images que vous pourrez enregistrer sur une carte de 2 Go.

Il existe diverses qualités de cartes, plus ou moins rapides pour enregistrer vos images. Les photographes travaillant en RAW et plus encore RAW + JPEG auront intérêt à choisir des cartes rapides et de capacité importante, mais c'est évidemment une question de budget. Le prix des cartes augmente avec leur vitesse mais décroît avec les années…

- Les Standard (6x) : les moins chères, elles sont très lentes (vitesse environ 1 Mo/s) ;
- Les Type II (60x) : suffisantes pour une utilisation normale (vitesse environ 10 Mo/s) ;
- Les Type III (133x) : deux fois plus rapides et adaptées au sport (environ 20 Mo/s) ;
- Les Type IV (266x) : encore plus rapides, utiles aux professionnels (jusqu'à 40 Mo/s).

Format de fichier choisi	Poids approximatif par photo	Nombre approximatif de photos sur une carte de 2 Go
JPEG (haute qualité) Large	4,3 Mo	455 images
JPEG (haute qualité) Medium	2,5 Mo	763 images
JPEG (haute qualité) Small	1,6 Mo	1 175 images
RAW (sans JPEG)	15,3 Mo	125 images
RAW + JPEG (haute qualité) Large	19,6 Mo (au total)	97 images
RAW + JPEG (haute qualité) Medium	Fonction absente	Fonction absente
RAW + JPEG (haute qualité) Small	Fonction absente	Fonction absente

Combien d'images sur une carte de 2 Go avec l'EOS 450D de 12 mégapixels ?

Insérez et formatez votre carte mémoire

Avant de commencer une série de photos, insérez votre carte mémoire et formatez-la sans omettre de vérifier qu'aucune image non sauvée ne s'y trouve déjà. D'une façon générale : après avoir déchargé vos images sur l'ordinateur, je vous recommande de formater systématiquement votre carte dans l'appareil, plutôt que d'effacer toutes les photos via le menu **Effacer toutes les photos**. C'est plus rapide et plus sûr…

- Il est important que la carte soit toujours (et aussi régulièrement que possible) formatée par votre EOS et en aucun cas par un autre modèle d'APN ou un ordinateur. Si vous vous en tenez à cela, vous échappez aux erreurs d'écriture (*Err CF*) et ne courez quasiment aucun risque de perdre vos images.
- Grâce à cette méthode, je n'ai pour ma part jamais perdu la moindre image depuis 2001, année où j'ai définitivement arrêté le film argentique. Je n'hésite donc pas à utiliser des cartes de grosse capacité (8 Go actuellement), ce qui m'évite des manipulations fastidieuses à chaque fois que je dois changer de carte…
- Toutefois, certains photographes recommandent de multiplier les cartes de petite capacité (1 ou 2 Go), afin de limiter les risques de perte. En théorie cela se tient. En pratique, les photographes experts qui produisent beaucoup d'images finissent par préférer les cartes de grosse capacité.

L'EOS 450D propose une nouvelle façon de formater votre carte. Elle est bizarrement appelée *Formatage simple*, bien qu'il s'agisse d'un formatage plus long au cours duquel l'appareil efface un par un tous les secteurs enregistrables de la carte. Ce formatage simple peut s'avérer nécessaire si la carte est lente ou provoque des erreurs d'écriture. Procédez comme pour un formatage standard jusqu'au menu **Formater** mais appuyez sur la touche [Corbeille] au lieu de confirmer avec la touche [SET].

Réalisez quelques images en mode Tout auto, vous constaterez qu'un voyant rouge situé à proximité de la trappe de la carte s'allume brièvement pendant leur enregistrement. Évitez d'ouvrir la trappe et de retirer la carte à ce moment ; des images seraient irrémédiablement perdues… Pour vous éviter cette fausse manipulation, une alarme sonore retentit et un message d'avertissement apparaît sur l'écran.

Fondamentaux de la photo au reflex

◄ Pour formater rapidement votre carte, appuyez sur le bouton Menu et naviguez jusqu'au premier onglet orange. Descendez jusqu'à Formater. Confirmez avec Set. Toutes les données présentes sur la carte seront effacées ; soyez attentifs. Formater régulièrement vos cartes garantit leur parfait fonctionnement.

Images illisibles

Si vos images ne sont plus lisibles après un formatage de la carte, elles ne sont pas pour autant effectivement et définitivement effacées. Du moins, pas avant que d'autres images soient "écrites" au même emplacement... C'est le même principe qu'avec les disques durs d'ordinateurs ; il est possible de les faire "parler" bien après que leur contenu ait été effacé.

En d'autres termes, il subsiste une probabilité aléatoire de "récupérer" tout ou partie du contenu d'une carte formatée grâce à un logiciel spécialisé (les images JPEG sont plus faciles à récupérer que les fichiers RAW). Même principe si vous effacez par mégarde une ou quelques images. Cessez immédiatement toute prise de vue avec cette carte afin de préserver vos chances de récupérer les images... Vous trouverez sur Internet de nombreux logiciels gratuits ou payants qui vous permettront de tenter une récupération. Parmi les plus connus : *Data rescue*, *Lexar Image Rescue*, *Media recover*, *Flash File Recovery*, *File Salvage* ou *Sandisk Rescue Pro*...

▎ Quel format d'image pour vos premiers pas

La question ne se pose pas si vous choisissez le Mode Tout auto (le fameux mode Carré Vert) ou l'un des *Programmes résultats* (Paysage, Portrait, etc.). Canon vous impose en effet le seul format JPEG. Il serait plus adapté aux débutants selon une explication de Canon France...

Voilà un avis qui se discute. Je considère personnellement cette limitation comme un anachronisme en 2008, alors que des solutions pratiques sont accessibles pour aider les amateurs à gérer leurs fichiers RAW (notamment Aperture et Lightroom)... D'ailleurs, Nikon et la plupart des autres marques vous offrent le choix du format, quel que soit le programme de prise de vue utilisé. Heureusement, les photographes qui opteront pour les *Programmes Experts* (Av, Tv, P, M) disposeront sans surprise des trois choix habituels :

- **JPEG** seul : chaque image pèse environ 4,3 Mo.
- **RAW** seul : chaque image pèse environ 15,3 Mo.
- **JPEG + RAW** : le total de deux images pèse environ 19,6 Mo.

Les photographes utilisant des programmes modernes tels qu'Aperture ou Lightroom (programmes tout en un décrit au chapitre 32) auront bien sûr intérêt à choisir le format RAW et se passeront du JPEG.

Les autres seront confrontés à un dilemme. Dans le doute, je leur conseille d'opter provisoirement pour le double enregistrement RAW + JPEG. Ainsi, pas de risque de faire le mauvais choix.

Malheureusement, ce non-choix présente aussi l'inconvénient de remplir votre carte rapidement (d'où l'intérêt d'opter pour une carte avec une grande capacité). Ceci est d'autant plus vrai que les RAW de l'EOS 450D sont devenus plus lourds depuis qu'ils sont codés sur 14 bits afin de délivrer une image encore meilleure (ceux de l'EOS 400D l'étaient sur 12 bits). Il faudra donc tôt ou tard apprendre à choisir entre ces trois possibilités.

Cette question est traitée en détail au chapitre 17.

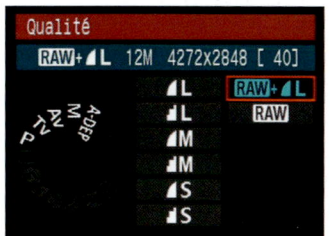

◄ Le format JPEG est imposé aux débutants dans les Programmes Résultat, ils n'auront donc pas à s'encombrer de cette question… Seuls les Programmes de prise de vue avancés vous donnent accès au RAW, ou au RAW + JPEG (sur notre exemple (le L signifie JPEG Large)… Tout aussi discutable, le fait que l'espace coloré Adobe RVB soit interdit aux Programmes résultats. Les débutants devront se contenter du sRVB.

▌ Mettez en place la courroie : tout un art

Pour un photographe chevronné, mettre en place la courroie du boîtier n'est pas une opération anodine. Je me suis habitué au fil des années à une longueur assez courte. Cela évite à l'appareil de trop se balancer…

J'ai en effet l'habitude de le porter à l'épaule droite, plutôt que sur le ventre, avec la courroie autour du cou. Je peux ainsi le saisir plus rapidement et je trouve cette solution plus confortable lorsqu'un gros objectif alourdit mon boîtier. Si je dois marcher longtemps, j'oriente le dessous de l'appareil vers l'extérieur afin de protéger l'objectif des chocs. Attention, il peut arriver que la sangle glisse de l'épaule, prenez-y garde. J'y suis instinctivement attentif. En près de quinze ans, je n'ai jamais laissé tomber d'appareil au sol…

Une autre raison pour laquelle je préfère un réglage avec une courroie assez courte est que j'ai l'habitude de garder longtemps (des heures) l'appareil à la main, avec la courroie enroulée autour du poignet. C'est idéal en voyage si l'on veut rester discret afin de ne pas troubler le naturel d'une scène. On peut cacher l'appareil au niveau de sa hanche et ne viser que de courts instants, discrètement… Bien évidemment, tous ces conseils n'ont rien d'universel. À vous de trouver la solution qui vous convient.

▲ En portant l'appareil ainsi sur une épaule, je le cogne moins souvent et moins gravement. Et je garde souvent une main dessus pour le protéger lorsque je me penche en avant.

Fondamentaux de la photo au reflex

Passer la courroie autour du cou pour porter l'appareil sur la poitrine est plus classique, c'était d'ailleurs la seule solution pour avoir les deux mains libres lorsqu'il fallait changer rapidement son film toutes les 36 photos (on a d'ailleurs du mal aujourd'hui à imaginer comment on pouvait se débrouiller avec de minuscules films de 36 pauses). En ce qui me concerne, je déteste avoir une courroie autour du cou, cela m'irrite la peau. Mais si vous utilisez deux appareils simultanément, vous serez obligé d'en porter un sur la poitrine et l'autre à l'épaule. Dans ce cas, pensez à régler les courroies à des longueurs différentes pour éviter que les boîtiers ne s'entrechoquent si vous devez partir en courant.

▲ Voilà une façon d'autant plus discrète de transporter son appareil que celui-ci est petit et léger comme l'EOS 450D.

◄ La prise en main est plus rapide si une photo se présente à l'improviste. Le cadrage vertical est aussi facile que le cadrage horizontal, ce qui n'est pas le cas avec la sangle autour du cou.

Visionnez vos premières images

Immédiatement après la prise de vue, les images sont affichées quelques secondes sur l'écran arrière puis disparaissent. Cette durée est paramétrable pour plus de confort ou pour économiser les batteries.

Sur tous les EOS, la visualisation des images se fait grâce au bouton **Play**. Le zoom et la navigation se font ensuite instinctivement avec les boutons **Loupe avant**, **Loupe arrière** et le **Joypad**. Inutile de détailler cela, vous verrez que c'est enfantin (consultez éventuellement le manuel pages 38 et 39). Si vous désirez obtenir plus de détails, plusieurs pressions sur le bouton **DISP** permettent d'alterner quatre types d'affichage :

- l'image en grand, avec le minimum d'informations pour mieux la lire ;
- l'image en grand, avec le type de format en surimpression ;
- l'image en petit, avec toutes les infos de prise de vue et un histogramme simple ;
- l'image en petit, avec l'histogramme en RVB et moins d'infos de prise de vue.

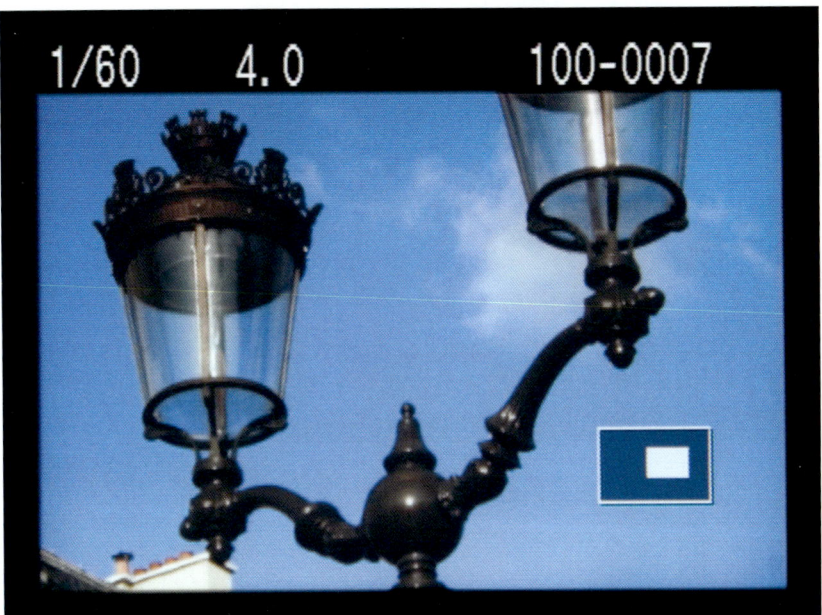

▲ *S'assurer de la netteté d'une image sur l'écran arrière n'était pas toujours évident sur les précédentes générations de reflex. Heureusement, la loupe permet un affichage très agrandi et le généreux écran de 3 pouces rend la consultation des images extrêmement agréable...*

Effacez des images : une par une, en lots ou toutes

Pour effacer les images une par une, il suffit de les afficher puis d'appuyer sur la touche **Effacement**. Vous pouvez annuler votre action car une confirmation est nécessaire.

Pour vous débarrasser d'un lot d'images, cochez-les individuellement en utilisant le menu **Sélectionner et effacer** situé dans le menu **Effacer images**. Appuyez ensuite sur la touche **Effacement**.

Pour effacer toutes les images, appuyez sur la touche [Effacement] puis sélectionnez **Tout effacer** et confirmez. On vous demandera une confirmation supplémentaire. Si vous désirez vraiment supprimer toutes les images, optez de préférence pour le formatage de la carte, c'est encore mieux…

Il est possible de protéger certaines images afin d'éviter les fausses manipulations. N'effaçant que rarement mes images sur l'appareil, je n'ai jamais ressenti le besoin d'utiliser cette fonction.

▲ Il est très facile d'effacer des images mais faites-le uniquement si vous manquez de place sur la carte. Souvent, des images qui semblent mauvaises sur l'écran de l'appareil se révèlent exploitables sur l'ordinateur. Surtout si elles avaient été enregistrées au format RAW.

Vos premières photos en mode Tout Auto

Dans ce mode, il suffit de viser, de zoomer et de déclencher. Rien de plus… Votre appareil est plus facile à utiliser que le plus pratique des compacts numériques destinés aux débutants.

Oui, plus facile. Car le cadrage est optimal grâce à l'excellent viseur, bien plus large et plus clair que l'écran arrière d'un APN compact. Vous bénéficiez de la technologie la plus avancée du moment, sans vous en rendre compte : autofocus performant, objectif de haute qualité, mesure de la lumière parfaite. Tout cela mis en œuvre par la plus avancée des "intelligences artificielles". L'appareil analyse la scène et se charge de tous les réglages, aussi bien que le ferait un photographe professionnel.

Si vous ne voulez pas réfléchir ou si vous n'en avez pas le temps, n'hésitez pas à utiliser le programme *Automatisme total*. Il ne se trompe quasiment jamais, c'est le mode "anti-panique" idéal…

- Vitesse : il adopte une vitesse suffisante pour éviter le flou de bougé en tenant compte de la focale.
- Ouverture : il adopte une ouverture moyenne et pour cela doit monter parfois la sensibilité ISO.
- Sensibilité ISO : elle s'adapte automatiquement de 100 à 800 ISO (seulement).
- Balance des blancs automatique (Canon est connu pour sa balance automatique très fiable).
- Activation du flash : automatique (parfois gênante car on ne peut pas l'éviter).
- Mode Autofocus : le mode AI Focus est un mode One-Shot qui passe en AI-Servo si le sujet bouge.
- Cadence de prise de vue : Vue par vue (dommage pour la Vue continue, cela n'aurait rien gâché).
- Correction automatique de luminosité activée.
- Priorité hautes lumières : interdite.
- Picture Style : impossible de le choisir ; il est fixé par l'appareil sur Standard.
- Format JPEG obligatoire (impossible de choisir le format RAW).
- Espace colorimétrique : sRVB (impossible d'opter pour Adobe RGB).

Le revers de la médaille est que vous perdez évidemment tout contrôle sur l'appareil : celui-ci aurait tendance à adopter une sensibilité ISO plus élevée que nécessaire et à sortir le flash un peu trop souvent au goût des amateurs de belles lumières…

Malgré une "intelligence artificielle" avancée, l'appareil est contraint à faire des choix prudents et des concessions à la sécurité lorsque vous utilisez le programme *Tout Auto*, ce qui revient un nivellement par le bas de vos ambitions photographiques… Raisons pour lesquelles les *Programmes Résultat* ont été développés. Ils permettent au boîtier d'opérer des choix plus précis et mieux adaptés à certaines conditions.

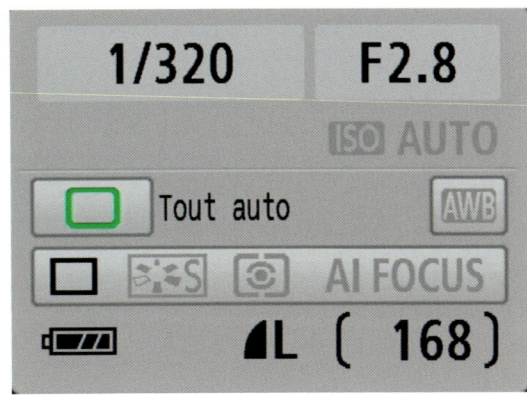

▲ Le programme Automatisme total est souvent appelé mode Carré Vert par les débutants. Dans cette configuration, le boîtier décide de tout et l'autofocus travaille en mode AI Focus (AI signifie d'ailleurs Artificial Intelligence).

Choisissez l'un des six programmes Résultat (zone élémentaire)

Ils sont aussi faciles à utiliser que le mode Automatisme total, tout en étant beaucoup plus précis. Impossible (ou presque) de rater une photo avec l'un de ces six programmes… Choisissez celui qui vous semble le plus adapté à la situation grâce au Sélecteur de mode. Visez, zoomez et déclenchez… C'est tout.

Dans les chapitres suivants (6 à 11), nous détaillerons le mode d'action de chacun d'entre eux. Autrement dit, les choix fait par l'appareil... Comprendre le fonctionnement de ces programmes de prise de vue élémentaires (selon la dénomination Canon), c'est un peu comprendre les principes fondamentaux de la photo (en attendant, vous pouvez les utiliser de façon intuitive sans réfléchir)...

Nous pointerons aussi leurs nombreuses limitations afin de vous encourager à apprendre à utiliser les *Programmes Experts*, seuls capables de vous donner accès au format RAW et à l'espace Adobe RVB.

Programmes résultats et Picture Style

Ne confondez pas les *Programmes résultats* (Paysage, Sport, Portrait, etc.), avec les *Picture Style* (Standard, Portrait, Paysage, Neutre, Fidèle, etc.) qui ne sont d'ailleurs accessibles que dans les **Programmes Experts** (voir chapitre 16). Les premiers règlent des paramètres de prise de vue alors que les seconds règlent le rendu de l'image.

Caractéristique	Remarque
Sensibilité ISO	S'adapte à la luminosité mais ne dépasse pas 800 ISO.
Mode de mesure de lumière	Évaluative sur 35 zones, parfaitement efficace dans 99 % des cas.
Balance des blancs	Automatique ; nous verrons que ce mode possède aussi ses limites.
Choix du format de fichier	JPEG uniquement, une limitation quelque peu exaspérante.
Choix de l'espace coloré	sRGB uniquement (impossible d'opter pour Adobe RVB).
Collimateur autofocus	Les 9 collimateurs sont actifs. Pas de problèmes, c'est très efficace.
Picture Style	L'appareil décide du *Picture Style* (Standard 4 fois sur 6).
Correction Auto de luminosité	Elle est systématiquement activée pour délivrer des images flatteuses.
Priorité Hautes Lumières	Interdite (faute d'accès aux fonctions personnalisées)

Réglages communs imposés au mode Tout auto et à tous les *Programmes résultats*

Réussir immédiatement vos premières photos

Pas de Programmes résultats sur l'EOS 5D

Eh non ! Les acheteurs d'un EOS 5D (appareil semi professionnel) sont censés connaître suffisamment les bases de la photo pour faire eux-mêmes leurs choix de vitesse, d'ouverture et de sensibilité ISO, sans oublier le type d'autofocus et de mesure de lumière… Mais que les amateurs de capteur *full frame* se rassurent : l'EOS 5D offre le mode Automatisme total. Pratique en cas de panique.

▲ *Inutile de changer ce qui marche, le sélecteur de mode permettant l'accès aux Programmes résultats n'a pas beaucoup évolué depuis la fin des années 80. N'hésitez pas à les utiliser et à analyser les combinaisons de réglages adoptées par le cerveau de l'EOS. Vous deviendrez rapidement plus malin que lui…*

INITIATION

Si vous ignorez comment utiliser les Programmes experts, vous pouvez utiliser le Programme résultat Paysage de votre appareil. Votre EOS devient alors plus facile à utiliser qu'un basique appareil compact, tout en produisant une image de qualité professionnelle...
1 Sélectionnez le *Programme Paysage* afin de vous concentrer sur la composition sans réfléchir aux réglages.
2 Cadrez sans oublier d'inclure un premier plan. Déclenchez puis examinez votre premier cliché.
3 Déplacez-vous de quelques mètres, cadrez différemment en changeant de premier plan.
4 Comparez vos images. Le même paysage vu sous des angles variés donne des photos fort différentes.
5 Tout l'enjeu est d'identifier le meilleur point de vue... Rien de plus !

Randonneuse et drapeaux de prière, photographiée du même endroit mais avec un objectif de 50 mm.

Quelles focales utiliser en Paysage ?

Contrairement à une idée reçue, ce n'est pas en utilisant systématiquement le plus grand angle que vous réaliserez les meilleures photos de paysages... La devise "*qui trop embrasse mal étreint*" s'applique aussi aux objectifs ! Le choix de focale ne doit être guidé que par un seul impératif : Quels éléments inclure dans l'image ? Dans notre exemple, un grand angle était nécessaire pour cadrer le premier plan, la vallée et la montagne... Mais il ne s'agit que d'un cas particulier. N'hésitez pas à utiliser aussi le téléobjectif qui permet d'isoler certaines zones intéressantes dans les lointains et donne une intéressante sensation de frontalité !

Le premier plan

Composant incontournable d'un paysage, le premier plan peut être constitué de végétation, de personnages ou de n'importe quel élément intéressant ou esthétique. Même de taille modeste, il prend une importance énorme et donne tout son sens à votre image. Ne négligez surtout pas ses couleurs...

Donner une échelle

Ce sont toujours des éléments dont la taille est connue (personnages, animaux) qui permettent de prendre conscience de l'immensité d'un paysage, bien davantage que le fait de cadrer large... Pensez à donner l'échelle. Notamment sur l'eau, le sable, la neige et les terrains qui offrent peu de repères visuels.

AU PROGRAMME RÉSULTAT PAYSAGE

- Mode : Programme résultat Paysage ;
- Ouverture : f/11 ;
- Sensibilité : 100 ISO ;
- Vitesse : 80e de seconde ;
- Focale : 16 mm.

Vue d'une haute vallée du Ladakh. Le filtre polarisant m'a permis de réveiller les couleurs et les contrastes, son utilisation est très courante en paysage…

6. Programme résultat Paysage

Basculez le sélecteur de mode sur le pictogramme Paysage et l'appareil est prêt à l'emploi. Il ne reste qu'à cadrer et à déclencher… Pour autant, ce n'est pas parce que vous utilisez un mode destiné aux débutants que vous devez oublier d'être créatif. Voici quelques conseils…

▲ *Le mode Paysage s'arrange pour augmenter la grande profondeur de champ autant que possible. À cet effet, le boîtier ferme le diaphragme et baisse la vitesse (village de Yang Suho sur la rivière Lijiang en Chine).*

En paysage plus encore qu'ailleurs, il est important de veiller à conserver l'horizon d'aplomb. Pensez-y car le recadrage se fait au détriment de la définition de l'image, même si avec 12 mégapixels il y a de quoi faire. S'il est un domaine pour lequel les règles de composition classiques présentent un intérêt, c'est bien le paysage. La composition par tiers semble naturelle mais il faut savoir y échapper parfois…

Pensez à inclure des premiers plans dans vos images, afin d'éviter les compositions monotones et sans intérêts. Pour cela, pensez à vous déplacer ; ce n'est pas en jouant du zoom que l'on compose efficacement ses images mais bien en plaçant des sujets intéressants dans l'axe de son objectif. Multipliez les cadrages, sans oublier les verticales (vous ferez le tri plus tard sur l'ordinateur). Les réglages effectués par l'appareil privilégient évidemment la profondeur de champs :

- Vitesse : la plus basse possible en fonction de la focale ;
- Ouverture : relativement fermée afin de garantir la profondeur de champ ;
- Sensibilité ISO : limitée à 800 ISO maximum ;
- Balance des blancs : automatique ;

Programme résultat Paysage

- Activation du flash : interdite (sauf avec un flash cobra) car sa portée ne peut illuminer un paysage ;
- Mode Autofocus : One-Shot pour vous laisser contrôler l'endroit où le point est fait ;
- Cadence de prise de vue : vue par vue… ;
- Correction automatique de luminosité : activée (impossible de la désactiver) ;
- Priorité Hautes Lumières : interdite ;
- Picture Style : impossible de choisir, il est fixé par l'appareil sur *Picture Style Paysage* ;
- Format : JPEG obligatoirement (format RAW interdit malheureusement) ;
- Espace colorimétrique : obligatoirement sRVB (Adobe RVB interdit).

Il est conseillé d'utiliser toutes les focales de votre zoom. Le grand-angle donne des images bien nettes grâce à sa large profondeur de champs. Mais ne négligez pas le téléobjectif qui donne des résultats très intéressants en paysage contrairement aux idées reçues. La stabilisation devient alors un atout précieux…

Les amateurs de paysages n'oublient pas d'emporter un filtre polarisant dans leur musette. Il permet de réveiller les couleurs naturelles de la végétation et de foncer le bleu du ciel en éliminant les reflets parasites et les rayons de lumière incidents. Essayez-le et vous ne pourrez plus vous en passer…

L'utilisation d'un pied est évidemment en atout en paysage… Mais également un handicap limitant votre mobilité, (sauf à opter pour un coûteux pied en carbone). Pour ma part je m'en passe et je me débrouille avec un trépied de poche. Ou même en calant mon appareil avec des cailloux, faute de mieux.

Le programme Résultat Paysage est le seul avec le programme Portrait à utiliser autre chose que le *Picture Style Standard*. Le rendu de l'image en *Picture Style Paysage* est plus saturé (notamment les verts et les bleus), la netteté assez accentuée et la colorimétrie flatteuse est spécifiquement adaptée aux paysages (lire le chapitre 16). Ces réglages risquent de ne pas convenir à tous les sujets, notamment aux portraits…

Si vous souhaitez combiner une grande profondeur de champs et un *Picture Style* de votre choix, il vous faudra utiliser les modes de prise de vue Experts (Priorité Vitesse, Ouverture, Programme, etc.). Ceux-ci vous donneront par ailleurs accès au format RAW, plus puissant pour modifier les couleurs et tonalités (le Paysage est une thématique qui se prête particulièrement aux ajustements de couleurs et de valeurs).

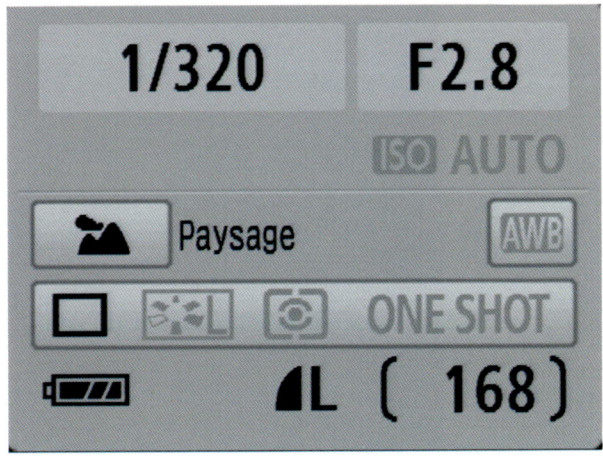

◀ *Affichage de l'écran arrière, tel qu'il se présente en mode Paysage*

Fondamentaux de la photo au reflex

▲ Ce programme ne sert pas seulement au Paysage mais peut dépanner pour des images telles que celle-ci ou le premier plan est aussi important que l'arrière plan. L'usage du filtre polarisant m'a permis de renforcer le contraste de ces nuages menaçants (Ladakh, zone frontière avec le Cachemire).

▲ Comme le veut la légende, c'est au coucher mais aussi au lever du soleil que les lumières sont les plus intéressantes pour photographier les paysages. Plus encore que le matériel que l'on utilise, c'est bien le fait d'être au bon endroit au bon moment qui compte en photo.

◀ Il existe des mini trépieds légers mais rigides, suffisants pour sécuriser vos photos lorsque la lumière baisse. J'en possède deux ; ils me servent accessoirement à placer mes flashs lorsque je travaille en multi flash.

7. Programme résultat Sports

Ce programme n'est pas seulement destiné à photographier le sport, il est adapté à tous les sujets trop remuants pour les autres modes. Il est notamment recommandé pour photographier les enfants qui jouent, indifférents aux efforts de leurs papas qui peinent à les suivre dans leur viseur.

▲ Le Programme résultat Sport donne la priorité à la vitesse de déclenchement, qui est aussi élevée que possible au détriment de l'ouverture.

N'hésitez pas à déclencher en rafale en conservant l'index sur le déclencheur, vous isolerez le meilleur cliché plus tard sur l'ordinateur. Il vous sera évidemment possible d'effacer les images sur l'écran de l'appareil (à condition de ne pas être dans un environnement trop lumineux), mais classer vos images sur l'ordinateur reste plus efficace et limite les risques d'effacer des images par erreur…

Si vous comptez réaliser de longues rafales, l'utilisation d'une carte rapide de type 3 ou 4 s'avérera nécessaire. L'EOS 450D n'est pas doté d'un large buffer comme l'EOS 40D. Les choix effectués par l'appareil en *Programme Résultat Sport* privilégient la réactivité :

- Vitesse : élevée, pour éviter le flou de bougé du sujet ;
- Ouverture : moyenne pour compenser la vitesse élevée ;
- Sensibilité ISO : suffisamment élevée (jusqu'à 800 ISO) pour permettre les vitesses élevées ;
- Balance des blancs : automatique ;
- Activation du flash : interdite sauf avec un flash cobra. Si vous l'allumez il travaillera en ETTL2 ;
- Mode Autofocus : l'autofocus détecte le sujet en permanence et le suit autant que possible… ;
- Cadence de prise de vue : continue (sans surprise) ;
- Correction automatique de luminosité : activée (impossible de la désactiver) ;
- Priorité Hautes Lumières : interdite ;
- Picture Style : impossible de choisir, il est fixé par l'appareil sur le *Picture Style Standard* ;
- Format : JPEG obligatoirement (format RAW interdit malheureusement) ;
- Espace colorimétrique : obligatoirement sRVB (Adobe RVB interdit).

Le sport étant fait de cas particuliers, ce Programme résultat Sport n'est pas forcément efficace dans toutes les situations et le recours aux Programmes experts (notamment *Priorité vitesse*) s'impose parfois…

Comme vous l'imaginez, les professionnels de la photo sportive ne travaillent pas en Programme Sport. Et contrairement aux idées reçues, ils n'hésitent pas à désactiver parfois l'autofocus afin de conserver une mise au point manuelle sur une rafale (voir chapitre 24). Il vous est possible d'en faire autant, y compris dans le Programme résultat Sport, mais faites attention à la profondeur de champs. Une raison de plus qui justifie de préférer les programmes Experts dès que l'on photographie des sports rapides.

Un domaine classique de la photo sportive est l'utilisation du téléobjectif. D'une contrainte pratique, causée par l'éloignement du sujet (sports collectifs et mécaniques), la photo "au télé" est devenue un style à part entière et même une "école" avec ses figures classiques (voir chapitre 20)… Par exemple, les flous en arrière-plans générés par les téléobjectifs à grande ouverture ou encore les "filés" de sujets en mouvement réalisé en basse vitesse (à l'aide éventuellement d'une optique stabilisée)… La démocratisation des téléobjectifs stabilisés permet à de plus en plus d'amateurs de se frotter avec bonheur à l'image de sport. Sans oublier le fait qu'une photo numérique ratée ne coûte rien à son auteur, qui peut donc multiplier les expériences…

Affichage de l'écran arrière, tel qu'il se présente en mode Sport ▶

Programme résultat Sports

L'utilisation d'un Flash Cobra est compatible avec le Programme résultat Sport. Elle peut même s'avérer précieuse afin de réaliser des images d'action au grand angle lorsque le sujet passe extrêmement près du photographe (situation qui augmente le risque de flou de bougé).

Si vous photographiez au grand angle des sports comme le snowboard, le roller, le vélo ou le skateboard, il est tentant de se placer sur (ou sous) la trajectoire du sujet, afin de réaliser des images plus spectaculaires… Mais faites attention ; il n'est pas rare que des photographes soient victimes de collisions. On a tous en mémoire l'image hallucinante de ce gendarme percuté par un coureur du Tour de France alors qu'il prenait une photo à la demande d'un spectateur…

◀ Le flash permet de "figer" le mouvement notamment lorsque la vitesse est insuffisante à cause du manque de lumière.

Fondamentaux de la photo au reflex

Le Programme Sport est l'un des rares programmes à autoriser les déclenchements en rafale. Il est recommandé pour toutes les situations où vous risquez le flou de bougé, par exemple si vous photographiez du pont d'un bateau.

Gare au flou de bougé au 250 mm à main levé… Heureusement, le stabilisateur est actif et le Programme Sport a choisi une vitesse suffisamment haute. Pour ce genre d'image, le Programme Priorité vitesse serait à privilégier…

8. Programme résultat Portrait

Le Programme résultat Portrait est très efficace, mais il ne faudra pas vous étonner si le flash se déclenche de temps à autre afin de déboucher ombres et contre-jours. On vous aura prévenu, dans tous les Programmes résultats, c'est l'appareil qui décide de tout…

◀ *Un bon portrait, ce n'est pas forcément un sujet auquel on demande de poser face à l'appareil, mais plus souvent une image saisie sur le vif. De trois quarts, de côté, ou même de dos lorsque la personne ne s'y attend pas. Au photographe d'anticiper et de se placer par rapport à son sujet dans son environnement familier.*

N'hésitez pas à déclencher en rafale en maintenant le doigt appuyé sur le déclencheur jusqu'à saisir la bonne expression du modèle (le choix se fera sur l'ordinateur). Essayez de nombreux cadrages, sans oublier les verticaux. Les cadrages serrés sont intéressants, notamment si vous utilisez un téléobjectif. Ne craignez pas de couper le visage (au niveau du front par exemple), cela peut donner de bons résultats.

Pensez à vous accroupir, de façon à détacher le modèle sur un fond clair ou l'horizon. Un arrière-plan lointain est plus intéressant qu'un fond bouché, particulièrement aux grandes ouvertures. Voilà pourquoi les réglages adoptés par l'appareil privilégient une faible profondeur de champ :

- Vitesse : l'appareil doit la monter de façon à ouvrir le diaphragme… ;
- Ouverture : votre boîtier adopte la plus grande ouverture possible afin de "flouter" l'arrière-plan ;
- Sensibilité ISO : limitée à 400 ISO maximum alors que les autres modes montent à 800 ISO ;
- Balance des blancs : automatique ;
- Activation du flash : automatique, ce qui est parfois gênant ;
- Mode Autofocus : One-Shot pour vous laisser contrôler l'endroit où le point est fait ;
- Cadence de prise de vue : continue de façon à pouvoir enchaîner les photos… ;
- Correction automatique de luminosité : activée (impossible de la désactiver) ;
- Priorité Hautes Lumières : interdite ;
- Picture Style : fixé par l'appareil en *Picture Style Portrait* ;
- Format : JPEG obligatoirement (format RAW interdit malheureusement) ;
- Espace colorimétrique : obligatoirement sRVB (Adobe RVB interdit).

Reculez de quelques pas et zoomez au maximum, cela aura pour effet de flouter l'arrière-plan, puisque la profondeur de champs diminue si la focale augmente (cela est d'autant plus vrai que l'ouverture est grande).

Voilà pourquoi disposer d'un zoom long ou d'un téléobjectif est intéressant dès que l'on veut réaliser des portraits. L'autre avantage des longues focales est qu'elles permettent de conserver une distance rassurante entre vous et le modèle. Afin de le décontracter, n'hésitez pas à lui parler et à le regarder par-dessus le viseur… Tout en continuant à déclencher.

À l'inverse, l'utilisation du grand angle tourne parfois à la caricature… Mais si vous parvenez à éviter ce piège, le grand angle a l'avantage de mettre votre modèle en situation dans son environnement grâce à sa grande profondeur de champs. Cela peut donner du sens à l'image, je pense notamment au portrait d'un artisan dans son atelier encombré d'outils et de souvenirs.

Le Programme Portrait utilise le *Picture Style Portrait* qui offre un rendu plus doux que le *Standard*. La netteté est moins accentuée afin de préserver la peau. La colorimétrie adaptée aux tons chair peut se révéler moins adaptée à d'autres sujets (lire le chapitre 16) ; méfiance donc si vous recherchez la fidélité des teintes.

Quelques mots à propos des yeux rouges, problème fréquent sur les compacts mais rare sur les reflex, car l'axe de leur flash est plus éloigné de l'axe optique. Les EOS disposent d'un flash monté sur de longues jambes afin de diminuer les risques de réflexion dans la prunelle. Si cela ne suffisait pas, l'EOS 450D dispose aussi d'une lampe *Atténuateur des yeux rouges* qu'il est possible d'activer dans la première colonne des menus rouges. Rappelez-vous toutefois que le meilleur système anti-yeux rouges reste l'utilisation d'un flash cobra, de réflecteurs ou de flashs indirects.

▲ *Dommage que le Programme Portrait interdise le monochrome et le format RAW. Il est certes possible de désaturer vos JPEG a posteriori, mais le RAW offre un meilleur potentiel d'optimisation des valeurs par couches. Une raison de plus d'adopter les Programmes Expert…*

◀ *Affichage de l'écran arrière, tel qu'il se présente en mode Portrait.*

Programme résultat Portrait

▶ Pour vos portraits posés, ne négligez pas le cadre et les accessoires qui en disent autant sur le sujet que la pose (ici un brillant avocat)… Si nécessaire, un soupçon de maquillage vous évitera de longues séances de retouche.

◀ Les enfants sont une irrésistible source d'inspiration pour les photographes, mais sachez ne pas exagérer notamment dans les pays pauvres. N'échangez jamais bonbons ou stylos contre une photo… On sait que les résultats sont catastrophiques, à long terme.

INITIATION

Pour réussir de beaux portrait, c'est souvent moins la technique qui compte (choix de la focale et ouverture) que la chaleur du contact humain...

1 Si vous ignorez les modes Experts, optez pour le *Programme résultat Portrait*. Cela vous permettra d'établir une complicité avec votre modèle au lieux de vous concentrer sur la technique.

2 L'arrière-plan est-il intéressant ? Ajoute-t-il du sens à l'image et mérite-t-il d'être intégré à la photo ? Si oui, utilisez un grand-angle et approchez-vous. Sinon préférez le téléobjectif et reculez de quelques pas.

3 Premier cas (notre exemple) : composez une image large et placez votre modèle harmonieusement par rapport à l'arrière-plan (sans qu'il le cache). Évitez que l'arrière-plan ne devienne le sujet principal.

4 Second cas : reculez-vous pour laisser respirer votre modèle et zoomez (ou changez d'objectif) de façon à éliminer les éléments parasites de votre photo.

5 L'effet recherché avec un téléobjectif est de flouter l'arrière-plan. Fléchissez les genoux ou asseyez-vous de façon à inclure la ligne d'horizon derrière votre personnage.

Quelle focale utiliser ?

La focale traditionnelle du portrait est le petit téléobjectif (de 80 à 120 mm) qui vous permet de serrer le cadrage sans déranger la personne photographiée. Le vrai téléobjectif (de 150 à 300 mm) permet, lui, de photographier les gens sans qu'ils s'en rendent compte, ce qui donne des résultats différents. Mais les règles sont faites pour êtres bousculées : il m'arrive très souvent de réaliser de beaux portraits au grand-angle à moins d'un mètre de la personne photographiée...

N'allez pas trop loin !

Faites autant d'images que possible en déclenchant en rafale. Mais arrêtez-vous toujours avant d'importuner votre modèle. Soyez attentif à ses réactions : certaines personnes un peu timides n'osent pas vous dire que vous les dérangez.

Optez pour le style d'image Portrait

À condition d'utiliser l'un des *Programmes experts*, vous pouvez opter d'une pression sur une touche pour le *Style d'image Portrait*. Il optimise les tons chair, la couleur de la peau et donne à l'image une netteté modérée et des contrastes très doux (ne pas confondre le *Style d'image Portrait* et le *Programme résultat Portrait*).

AU PROGRAMME RÉSULTAT PORTRAIT

- Mode : Programme Résultat Portrait ;
- Ouverture : f/16 ;
- Sensibilité : 200 ISO ;
- Vitesse : 50e de seconde ;
- Focale : 24 mm.

9. Programme résultat Portrait de nuit

Le Programme Portrait de Nuit force l'utilisation du flash en maintenant une vitesse relativement lente ; les spécialistes parlent de synchro lente. Vous devrez donc éviter de bouger. Autrement, tout sujet situé au-delà de la portée du flash sera flou.

▲ En Programme Portrait de nuit, la vitesse est lente et la sensibilité ISO élevée, afin de récupérer la luminosité de l'arrière-plan et d'éviter les fonds noirs inesthétiques. Ce programme est certainement la façon la plus simple d'utiliser le flash.

Rappelez-vous que la portée utile du petit flash embarqué de votre EOS 450D (de nombre Guide 13) n'est que de 5 mètres environ… Si vous tenez à préserver la netteté de l'arrière-plan par faible luminosité (au crépuscule par exemple), vous devrez donc utiliser un pied ou improviser un support de fortune.

Soyez également conscient qu'utiliser un flash cobra plus puissant (de nombre Guide 58, par exemple) améliorera les choses uniquement pour les premiers plans… Cela ne réglera pas le problème de tout sujet qui se trouverait au-delà d'une dizaine de mètres. Il n'y a pas de miracles, même en numérique.

Ce Programme est sans doute le mieux adapté aux réunions familiales, repas, sapins de Noël et autres gâteaux d'anniversaires… Quoique dans ce dernier cas, il existe également le Programme Désactivation du flash, si l'on tient à se concentrer sur la lumière des bougies.

Contrairement à ce que leurs noms pourraient laisser supposer, le Programme Portrait de nuit n'est pas une variante du Programme Portrait. Les différences sont nombreuses, puisqu'en Portrait de Nuit le mode d'acquisition en rafale est désactivé et le *Picture Style* calé sur *Standard*. Quant à la *Sensibilité ISO*, elle est

Programme résultat Portrait de nuit

plus élevée qu'habituellement afin de mieux récupérer d'éventuelles lumières en arrière-plan. Elle évolue de 400 ISO à 800 ISO, alors qu'elle commence à 100 ISO dans la plupart des autres programmes :

- Vitesse : aussi lente que possible.
- Ouverture : s'adapte en fonction de la vitesse et de la sensibilité.
- Sensibilité ISO : de 400 ISO à 800 ISO.
- Balance des blancs : automatique.
- Activation du flash : automatique. C'est même la raison d'être de ce mode-là.
- Mode Autofocus : One-Shot pour vous laisser contrôler l'endroit où le point est fait (l'arrête du nez, par exemple).
- Cadence de prise de vue : Vue par vue… Pourquoi pas continue ?
- Correction automatique de luminosité : activée (impossible de la désactiver).
- Priorité Hautes Lumières : interdite.
- Picture Style : impossible de choisir, il est fixé par l'appareil sur *Picture Style Standard*.
- Format : JPEG obligatoirement (format RAW interdit malheureusement).
- Espace colorimétrique : obligatoirement sRVB (Adobe RVB interdit).

De façon aléatoire, les mouvements du photographe ou du modèle peuvent produire des effets intéressants, à condition que cela soit prémédité… Multipliez les expériences, par exemple lors d'une fête où vous réaliserez des portraits des invités. Mais pour optimiser vos chances de réussites à ce jeu-là, vous serez rapidement conduits à préférer le Programme Manuel, qui permet d'ajuster un par un tous les paramètres de l'appareil.

Impossible évidemment de procéder à une correction manuelle de l'exposition du flash dans le Programme Portrait de nuit (lire le Manuel Canon, page 79). C'est pourtant une démarche courante lorsque l'on travaille avec le petit flash pop up dont l'éclair brutal mérite d'être atténué. Un petit carré de papier-calque fixé avec du scotch peut éventuellement améliorer les choses.

Il est possible en Programme Portrait de nuit d'activer et désactiver la lampe *Atténuateur des yeux rouges*. Mais il est malheureusement impossible de choisir la *Synchronisation sur le second rideau* qui se montre pourtant si utile lorsque l'on emploie le flash à basse vitesse. Lorsque celle-ci est activée, le flash se déclenche à la fin de la pause, juste avant que le rideau ne se ferme. Alors que classiquement, le flash part dès le déclenchement (lire le manuel Canon, page 116). Vous avez déjà vu l'illustration très classique de la trace de phares qui suit la voiture, au lieu de la précéder avec le réglage par défaut de *Synchronisation sur le premier rideau*. Voilà une raison supplémentaire d'apprendre à utiliser les *Programmes Expert…*

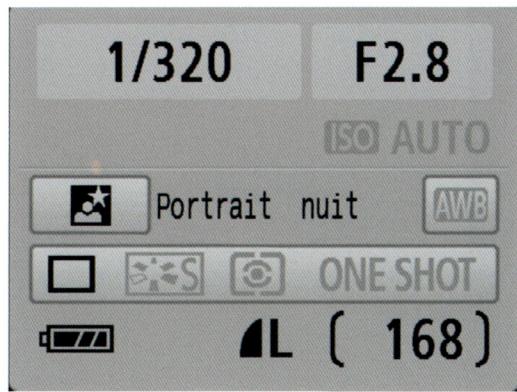

▲ *Affichage de l'écran arrière, tel qu'il se présente en Mode Portrait de nuit.*

C'est au crépuscule que le Programme Résultat Portrait de nuit donne les meilleurs résultats. À condition toutefois que le sujet ne soit pas éloigné de plus de 5 mètres, la portée maximale du flash embarqué (retour de pêche au Marlin Bleu).

Ce mode peut servir à équilibrer lumière naturelle et flash, lorsque l'on ne sait trop comment faire autrement… Il ne donne malheureusement aucun contrôle sur la vitesse et n'est donc pas adapté à toutes les situations, notamment les images sportives…

10. Programme résultat Flash Annulé

Par définition, le flash ne se déclenche pas lorsque vous travaillez en Programme Flash annulé. Ce programme est donc indispensable pour photographier discrètement un spectacle, réaliser des images face à une vitrine de musée ou encore ne pas rater les bougies d'un gâteau d'anniversaire.

◄ *Le Programme Flash annulé permet de saisir l'effet d'un éclairage artificiel ou d'un feu de camp au crépuscule… Faute de pied, j'ai dû caler mon appareil dans les cailloux pour photographier ce bivouac de montagne (GR20 Corse).*

Le Programme Flash annulé s'avère également très utile lorsqu'il s'agit de rendre l'atmosphère intime d'un lieu très peu éclairé et que l'on ne sait trop comment s'y prendre autrement : une grotte savamment éclairée par des projecteurs ou une église avec des vitraux, par exemple.

Attention, dans ce genre de situations, la vitesse peut éventuellement tomber à des valeurs très basses. Lorsque cela se produit, l'appareil vous avertit du risque de flou de bougé en faisant clignoter l'affichage de la vitesse dans le viseur. Vous devrez demander à vos modèles de ne pas trop bouger et surtout, vous ne devrez pas bouger vous-même. Appuyez-vous si nécessaire contre un mur, calez votre appareil sur un support ou utilisez un trépied…

Le Programme Flash annulé est une variante du mode Automatisme total, avec lequel il partage certains réglages :

- Vitesse : si cela est possible, l'appareil adopte une vitesse suffisante pour éviter le flou de bougé.
- Ouverture : l'appareil adopte une grande ouverture et pour cela doit monter la sensibilité ISO.
- Sensibilité ISO : elle commence dès 200 ISO (au lieu de 100) et monte jusqu'à 800 ISO maximum.
- Balance des blancs : automatique.
- Activation du flash : interdite (y compris avec un flash cobra), c'est la raison d'être de ce mode.
- Mode Autofocus : AI Focus (passe en AI Servo si le sujet bouge. Reste en One-Shot sinon).
- Cadence de prise de vue : Vue par vue.
- Correction automatique de luminosité : activée (impossible de la désactiver).
- Priorité Hautes Lumières : interdite.
- Picture Style : impossible de choisir, il est fixé par l'appareil sur *Picture Style Standard*.
- Format : JPEG obligatoirement (format RAW interdit malheureusement).
- Espace colorimétrique : obligatoirement sRVB (Adobe RVB interdit).

Fondamentaux de la photo au reflex

Rappelez-vous que le risque de bouger augmente avec la focale (lorsque vous zoomez). En conséquence de quoi, une solution (plus ou moins acceptable) consiste à préférer le grand angle si vous ne disposez d'aucun support pour caler l'appareil. Si votre objectif est équipé d'un stabilisateur, vous pourrez éventuellement vous passer de pied jusqu'au 30e de seconde. En dessous, le pied restera indispensable. Il n'y a pas de miracles ; dans le meilleur des cas, la stabilisation permet de gagner deux ou trois vitesses seulement…

Pour faciliter la prise de vue en basse lumière, la sensibilité minimale du Programme Flash annulé commence à 200 ISO, alors que la sensibilité des autres Programmes évolue généralement entre 100 à 800 ISO. Il est d'ailleurs regrettable que tous les Programmes résultats (et particulièrement celui-ci) interdisent de travailler à 1 600 ISO… Cette sensibilité donne pourtant des résultats très corrects sur l'EOS 450D.

▲ Le programme Flash annulé m'a permis de préserver l'effet silhouette de ces cocotiers sur fond de coucher de soleil. Mais l'idéal aurait été évidemment d'utiliser l'un des modes Experts, le mode Manuel aurait été ici adapté (Baie de El Nido Philippines).

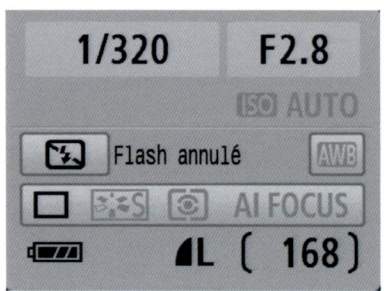

◄ Affichage de l'écran arrière, tel qu'il se présente en Programme flash annulé

Seuls les utilisateurs des Programmes Experts pourront exploiter réellement les qualités du capteur CMOS en haute sensibilité. On peut regretter, une fois de plus, que Canon bride les options mises à la disposition des débutants… Si l'on veut voir le bon côté des choses, ceux-ci se posent moins de questions et peuvent se concentrer sur leurs photos.

Dommage également que Canon n'ait pas doté l'EOS 450D d'une extension ISO optionnelle grimpant à 3 200 ISO (H) ; le capteur de l'EOS 450D aurait pu supporter une telle sensibilité. Pour en profiter, les amateurs d'images nocturnes devront acquérir le modèle immédiatement supérieur, le Canon EOS 40D, qui coûte environ 300 € de plus… Ou mieux le Canon EOS 5D qui reste un champion de la photo nocturne grâce à la taille généreuse de ses photosites qui permettent de mieux récolter les photons.

Programme Résultat rapproché (Gros plan)

◀ Le reflet du flash aurait probablement été désastreux face à la vitre de cet aquarium, bien que les algorithmes des flashs récents gèrent de mieux en mieux les réflexions sur les miroirs et le verre… Mieux valait donc l'éviter, d'autant qu'un panneau très explicite interdisait son usage, sous peine de confiscation de l'appareil.

11. Programme Résultat rapproché (Gros plan)

La macro photo est un univers à part entière ; on ne peut soupçonner les merveilles qui se cachent au fond du jardin, tant qu'on ne s'y est pas essayé… La position Macro de votre EOS 450D vous y invite, d'autant que ses 12 mégapixels vous laissent une bonne marge pour resserrer le recadrage.

Soyez prévenus, l'utilisation ▶ du Programme Rapproché incite à l'acquisition d'un objectif macro. C'est heureusement un type d'objectif peu coûteux qui donne beaucoup de plaisir à ses utilisateurs, été comme hiver, particulièrement lorsque le givre fait son apparition.

L'arrière-plan revêt une importance particulière en Macro. Il permet de détacher le sujet nettement sur un fond, qui est d'autant plus flou qu'il est éloigné. Recherchez systématiquement les contrastes de valeurs (sujet clair sur fond sombre par exemple) ou de couleurs (papillon rouge sur fond vert)… Afin de faciliter votre initiation, le Programme Rapproché prend toutes les décisions à votre place en privilégiant la sécurité :

- Vitesse : la plus basse possible sans risquer le flou de bougé.
- Ouverture : moyenne de façon à conserver un peu de profondeur de champ.
- Sensibilité ISO : limitée à 800 ISO maximum.
- Balance des blancs : automatique.
- Activation du flash : automatique si la lumière manque.
- Mode autofocus : One-Shot pour vous laisser contrôler l'endroit où le point est fait (fleur, papillon…).
- Cadence de prise de vue : vue par vue… Pourquoi pas continue, pour les papillons par exemple ?
- Correction automatique de luminosité : activée (impossible de la désactiver).
- Priorité Hautes Lumières : interdite.
- Picture Style : impossible de choisir, il est fixé par l'appareil sur *Picture Style Standard*.
- Format : JPEG obligatoirement (format RAW interdit malheureusement).
- Espace colorimétrique : obligatoirement sRVB (Adobe RVB interdit).

N'hésitez pas à zoomer au maximum et à vous approcher autant que possible du sujet, jusqu'à la limite de mise au point minimale de l'objectif. Celle-ci est d'ailleurs indiquée sur le côté de celui-ci (celle du 18-55 mm livré en kit est de 25 cm). Si vous vous situez en deçà de la zone de mise au point minimale, le voyant rond de mise au point clignote dans le viseur. Évidemment, l'utilisation d'un objectif Macro permet d'augmenter beaucoup le grossissement du sujet ; les résultats deviennent alors rapidement spectaculaires.

Contrairement à une idée reçue, la lumière directe du soleil n'est pas obligatoire lorsque l'on fait de gros plans de fleurs ou plus généralement lorsque l'on photographie des plantes. Un soleil voilé permet d'éviter les contrastes trop forts et de valoriser les diverses nuances de verts. C'est encore plus vrai en numérique ou les possibilités de postproduction sont décuplées.

Lorsque l'on photographie les fleurs ou les insectes, la mise au point pose parfois problème. Pointez les collimateurs autofocus sur la partie du sujet la plus proche de vous, car la profondeur de champ se répartit inégalement : un tiers en avant et deux tiers en arrière de la zone mise au point. Méfiez-vous du vent quand vous photographiez des fleurs ou des insectes. Même léger, il peut provoquer des flous de bougé et changer la distance entre sujet et objectif.

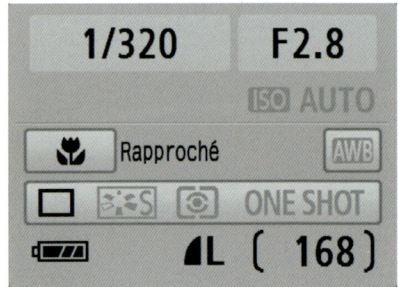

▲ *Affichage de l'écran arrière, tel qu'il se présente en Programme Rapproché*

L'utilisation d'un pied ou d'un objectif stabilisé permettent de descendre la vitesse, ce qui permet de fermer un peu le diaphragme afin de récupérer de la profondeur de champs. Comme vous le savez, celle-ci a tendance à diminuer avec la luminosité. En conséquence, le programme Rapproché aurait tendance à la compenser en déclenchant le flash assez rapidement. Le résultat est souvent flatteur mais on pourrait préférer une augmentation de la sensibilité ISO. Voilà pourquoi les amateurs de macro devront se tourner rapidement vers les Programmes Experts, afin de maîtriser plus efficacement le comportement de leur appareil.

L'autre problème courant avec les petits flashs pop up est qu'ils génèrent des ombres disgracieuses en bas de l'image lorsque l'objectif est un peu long. L'utilisation d'un flash cobra permet d'échapper à ce problème. Il existe aussi des flashs spécifiquement conçus pour la macro (*Canon Macro Lite*), de forme annulaire ou que l'on peut monter par deux, à l'avant de l'objectif.

Programme Résultat rapproché (Gros plan)

▲ Pour cette image, j'ai recherché le contraste jaune bleu, en me débrouillant pour aligner dans le même axe, cette fleur d'Osmantus avec une trouée de ciel bleu entre les palmiers (Flower Island Philippines).

◄ Pour photographier les fleurs ou les insectes, préférez la position à genoux ou à plat ventre afin de conserver l'horizon dans le cadre. Évitez de viser vers le bas, ce qui donne des arrière-plans constitués de terre ou de cailloux souvent peu intéressants.

Fondamentaux de la photo au reflex

12. Déchargez vos images et obtenez rapidement des tirages

C'est sur le disque dur de l'ordinateur que la photo numérique prend tout son sens et qu'elle fait la différence avec la photo "de Papa". De la retouche à l'impression, en passant par le partage de galeries sur le Net, un monde incroyable de possibilités s'offre à vous… Alors, à vos souris.

▍ Déchargez vos cartes simplement et sans logiciel

Il existe autant de façons de décharger ses images sur l'ordinateur que de photographes. Tout dépend des logiciels que vous utilisez (ou pas)… Certaines applications proposent en effet des dialogues d'importation élaborés, destinés à vous faire gagner du temps. Mais nous ne les évoquerons pas tout de suite, les questions de gestion d'images, de catalogage et de classement seront traitées dans la quatrième partie de ce livre.

Comme indiqué par le manuel (à la page 147), vous pouvez connecter votre reflex directement à votre ordinateur grâce au câble USB2 fourni par Canon. Mais cette solution n'est pas la plus pratique ni la plus rapide. Voilà pourquoi je recommande une méthode plus simple qui ne nécessite l'installation d'aucun logiciel. Elle implique seulement l'utilisation d'un lecteur de cartes que vous trouverez pour moins de 10 € :

1 Extrayez la carte de l'appareil et introduisez-la dans un lecteur de cartes connecté à l'ordinateur. Un simple lecteur USB2 fera l'affaire, mais je préfère de loin un lecteur de carte FireWire 400, plus rapide… Ou même une connexion FireWire 800 encore plus rapide (certains Macintoshs offrent cette connectique).

2 Dans le dossier *Mes Images* de votre disque dur, préparez un dossier destiné à recevoir vos photos et donnez-lui un nom approprié. Optez pour une simple hiérarchie de dossiers et de sous-dossiers, classés par thèmes, ou par années, qui reste pratique et simple à mémoriser. Vous verrez ; ce ne sera pas du temps perdu.

3 Copiez les photos de la carte vers le dossier que vous avez préparé. Première solution, vous pouvez faire cela *à la main* grâce à l'*Explorateur* de Windows ou *Finder* du Mac. Seconde solution, utilisez le dialogue d'importation de votre logiciel habituel (si vous en avez un). C'est plus intéressant car de nombreuses options facilitent le travail.

4 Lorsque les images sont copiées sur l'ordinateur, beaucoup de gens s'arrêtent là et passent directement au formatage de leur carte (point 6). C'est une procédure acceptable ; pourtant, je vous conseille de procéder à une sauvegarde immédiate de vos images de l'ordinateur vers un disque dur externe (USB ou mieux, FireWire).

5 À défaut de disque dur externe (qui a l'avantage d'être rapide), gravez au moins un CD ou un DVD avant de formater la carte. Cette première sauvegarde n'est pas obligatoire ; pourtant je ne m'en dispense jamais… À moins que les images concernées ne soient vraiment pas importantes.

6 Replacez la carte dans l'EOS et formatez-la. Les images étant présentes à deux endroits (l'ordinateur et la sauvegarde), vous pouvez les éliminer de la carte sans état d'âme. Pour des raisons de sécurité (lire chapitre 5), je choisis toujours l'option *Formater la carte* et non *Effacer toutes les images*.

7 Une fois formatée, la carte est prête à offrir le maximum de son espace pour recevoir les images du lendemain. En suivant cette procédure, on limite le risque de décharger deux fois les mêmes images sur l'ordinateur et de se retrouver avec des doublons (même si les logiciels récents proposent des solutions à ce problème).

Déchargez vos images et obtenez rapidement des tirages

Voilà. Rien de compliqué, cette procédure devient rapidement automatique. À vous de mettre au point votre propre méthodologie en tentant d'être aussi logique que possible. Sachez qu'en procédant ainsi depuis des années, je n'ai jamais perdu la moindre image ni eu le moindre plantage de carte…

◄ *Si vous ne disposez pas de lecteur de cartes externe, vous pouvez connecter votre APN à l'ordinateur via son câble USB 2. La vitesse de transfert est assez lente et l'installation des logiciels du fabricant, souvent inévitable.*

Gagner du temps en multipliant les cartes de grande taille

En voyage, j'emporte le plus de cartes possible et choisis des cartes de plus en plus performantes (de 4 Go à 8 Go). Le but est de procéder aux opérations de déchargement le moins souvent possible. Si je ne pars que quelques jours, je laisse l'ordinateur à la maison, autant que possible. Évidemment, cela implique un certain investissement en cartes (heureusement, leur prix décroît rapidement), mais quel confort… Je ne suis pas un grand partisan des disques durs portatifs videurs de cartes. Ils sont chers, fragiles, peu ergonomiques et consomment beaucoup. Canon propose un modèle **M80** qui sera surtout intéressant pour les possesseurs de boîtier Experts EOS 5D, 30D et 40D, avec lesquels il partage les mêmes accus BP-511.

▲ *Si votre ordinateur est équipé de connexions FireWire 400 (comme c'est le cas de tous les Mac) ou FW 800, il est plus rapide de retirer la carte de l'appareil et de l'introduire dans un lecteur externe. Vous échapperez à l'ouverture du cache connecteur en caoutchouc et pourrez vous passer de tout logiciel.*

Fondamentaux de la photo au reflex

Installez les logiciels Canon, ou pas

Vous pouvez éventuellement installer les logiciels fournis par le fabricant de votre boîtier. Notamment si vous tenez absolument à utiliser la connexion directe USB entre le boîtier et l'ordinateur.

Mais de nombreux photographes amateurs et professionnels ne les utilisent pas ; ils préfèrent des applications plus spécialisées, telles que Expression Media, Adobe Bridge, Adobe Ligtroom, Apple Aperture.

Pour obtenir plus de détails sur le sujet, reportez-vous à la partie 4.

Cinq logiciels sont livrés gratuitement par Canon avec votre EOS 450D. Ils répondent correctement à leur cahier des charges, bien que leur interface ne soit pas toujours engageante :

- **EOS Utility (Camera Window).** Facilement accessible aux débutants, cet outil qui a favorablement évolué récemment permet de gérer simplement et intuitivement le téléchargement des photos quand l'appareil est connecté en USB. Il permet également de piloter et de paramétrer précisément l'appareil à distance.
- **Zoom Browser (Windows) ou Image Browser (Mac).** Accessibles aux débutants, il s'agit d'outils simples (à l'esthétique discutable) qui permettent la navigation au sein des images, leur visualisation, leur gestion, leur impression et un accès au service en ligne *Canon Image Gateway* afin de publier vos photos sur le Net ou commander des tirages.
- **Canon Digital Photo Professional (DPP).** Réservé aux utilisateurs avancés, c'est un outil efficace et d'un haut niveau, qui permet le traitement professionnel de vos fichiers RAW (lire la partie 4). Il est fourni gratuitement, alors que son concurrent Nikon Capture NX (certes plus sophistiqué) est payant (environ 150 €).
- **PhotoStitch.** Ce logiciel très séduisant permet l'assemblage de photos en vue de réaliser des images panoramiques, voire de véritables scènes de réalité virtuelle. Il n'intéressera pas seulement les utilisateurs avancés tant les résultats obtenus sont spectaculaires et son utilisation facile.
- **Picture Style Editor.** Celui-ci ne vous servira probablement à rien si vous débutez mais devrait intéresser les photographes experts. Il permet de modifier les *Picture Style* livrés par Canon (il s'agit en fait de profils d'image propriétaires) et d'en créer de nouveaux, que vous pourrez charger dans votre boîtier (lire chapitre 16).

Si vous tenez à utiliser la connexion directe USB entre l'EOS et l'ordinateur, installez au minimum **EOS Utility** et **Zoom Browzer/Image Browser**. En dehors de ce cas précis, l'installation des cinq logiciels n'est pas obligatoire, car votre ordinateur est déjà largement équipé pour visualiser vos images.

Vous pouvez toutefois le faire par simple curiosité (les installer sans les utiliser n'est pas un problème, du moins tant que votre disque dur n'est pas trop plein). Seuls les photographes travaillant en format RAW auront intérêt à installer *Canon Digital Photo Professional (DPP)*.

▲ *Très simple d'utilisation, EOS Utility vous guide pas à pas. Sélectionnez une fonction et laissez-vous guider… Il est possible de télécharger vers l'ordinateur toutes les images présentes sur l'appareil ou d'en sélectionner uniquement certaines.*

Déchargez vos images et obtenez rapidement des tirages

◀ Zoom Browser et Image Browser ne brillent pas par leur élégance ou leurs fonctionnalités. Mais ils sont capables de faire le minimum vital pour organiser vos images…

Les utilisateurs avancés préféreront utiliser ▶ un lecteur de cartes et lancer leur gestionnaire de photos habituel ou Digital Photo Professional. Ils localiseront ensuite les images présentes sur leur carte mémoire (EOS_DIGITAL sur notre écran) pour les copier "à la main" vers un dossiers approprié de leur disque dur.

Désactivez les logiciels inopportuns

Il peut arriver que de nombreux logiciels se disputent l'honneur de vous assister lors de l'importation de vos images (souvent lorsque vous installez un scanner ou une imprimante, un logiciel de gestion d'image est installé en même temps que le pilote). À peine un appareil branché en USB, ils surgissent sans vous demander votre avis, ce qui finit par être énervant.

Pensez à paramétrer leurs préférences ainsi que celles du système d'exploitation, de façon à choisir l'unique logiciel qui se lancera automatiquement lors de la connexion de votre EOS ou de votre lecteur de cartes. Même procédure si vous installez les logiciels Canon mais que vous préféreriez utiliser un autre logiciel.

Le transfert direct depuis l'appareil

Les EOS proposent une fonction anecdotique plutôt méconnue, le *Transfert direct* qui permet de commander depuis l'appareil photo, le déchargement de vos images (l'envoi) vers l'ordinateur ou vers un disque dur autonome *Canon M30* ou *M80* (manuel, page 147). Les images sont automatiquement copiées dans le dossier *Mes Images* de l'ordinateur et rangées dans des sous-dossiers par dates. Voici la procédure :

1. Veillez à ce que les logiciels Canon soient installés sur l'ordinateur cible. Veillez à éteindre votre EOS avant de le connecter à l'ordinateur grâce au câble USB fourni par Canon.
2. Allumez l'EOS, ce qui fait apparaître un écran de sélection sur l'ordinateur. Choisissez *EOS Utility* et désignez votre modèle d'EOS. L'interface *Transfère direct* apparaît sur l'EOS et propose plusieurs options.
3. Pour transférer toutes les photos, sélectionnez l'option *Toutes images* puis appuyez sur la touche bleu d'impression. Le voyant bleu de la connexion clignote durant le transfert et reste allumé ensuite.
4. L'option *Nouvelles images* copie uniquement les images n'ayant pas été précédemment copiées sur l'ordinateur. *Ordre transfert images* permet de sélectionner certaines images à transférer.
5. Il vous est possible, en sélectionnant *Papier peint*, de choisir une image JPEG qui servira de fond d'écran à votre PC, à votre Mac ou à votre M30/M80...

On peut d'ailleurs se demander quel vent de folie a traversé l'esprit poétique de l'ingénieur qui a imaginé une telle possibilité. Alors qu'il est impossible de sélectionner une image pour décorer l'écran de son EOS... Soit. Vous pouvez creuser la question dans le manuel, à la page 148.

Pour finir, signalons le menu **Ordre de transfert** qui reste accessible en permanence dans la colonne bleue sans qu'il soit nécessaire de connecter l'EOS à l'ordinateur. Contrairement à ce que son nom pourrait laisser penser, il sert uniquement à sélectionner à l'avance les images qui devront êtres transférées plus tard.

▲ Depuis le boîtier connecté en USB, il est possible de piloter le déchargement des images sur l'ordinateur. C'est d'un intérêt limité mais ça marche... Dans le cas d'une image RAW + JPEG, les deux fichiers sont évidemment pris en charge.

Déchargez vos images et obtenez rapidement des tirages

▌ Tirages à l'ancienne ou commandés sur Internet

Si vous désirez passer rapidement de l'écran au papier, le plus simple est de confier ce travail à un spécialiste… Autrement dit à un labo photo, exactement comme vous le faisiez à l'époque de la photo argentique. Nous n'évoquerons pas dans ce livre l'impression personnelle sur votre jet d'encre, via votre ordinateur (à peine dans la partie 4) ; il faudrait écrire un livre entier sur le sujet. Bien utiliser son imprimante n'est pas aussi évident que cela, bien que des progrès soient réalisés chaque année…

Que vous choisissiez de confier vos travaux photo à une boutique de quartier ou à un service en ligne sur Internet ne change pas grand-chose du point de vue qualitatif. Il est même possible que vos photos se retrouvent finalement envoyées dans la même usine. Voici comment procéder concrètement :

- Les laboratoires photo. Vous devez y déposer vos fichiers comme vous le faisiez pour vos films. L'idéal est de déposer vos images sur un CD-ROM au format JPEG. Si vous ne pouvez (ou ne savez) pas graver de CD-ROM, allez directement au comptoir avec votre carte mémoire et prenez un air bête. Un commerçant compréhensif devrait vous venir en aide ; c'est d'ailleurs la valeur ajoutée du service de proximité offert par un vrai professionnel. Au vu du grand nombre de personnes terrorisées par leur ordinateur, les laboratoires de photo ne sont pas appelés à disparaître. Pensez aussi à demander une sauvegarde de vos images sur un CD.
- Les bornes instantanées en libre-service. Elles peuvent rendre de grands services pour des utilisations ponctuelles et en cas d'urgence. Introduisez votre carte (ou clef USB) dans le lecteur ; quelques minutes plus tard, vos images sont imprimées… Facile mais vérifiez tout de même la qualité d'impression.
- Les services d'impression et d'hébergement d'albums sur le Net. Il en existe de très nombreux, à des tarifs variés selon les prestations et la qualité offertes. Sans doute une solution d'avenir adaptée à la photo numérique, pour peu que l'on apprenne à s'en servir… Certains sites vous proposent de télécharger un petit logiciel à installer sur l'ordinateur qui accélère l'envoi des images. Les différents services annexes proposés sont également très intéressants : sauvegarde des fichiers sur un espace de stockage important (voire illimité), publication d'albums en ligne pour vos amis, qui pourront commander eux-mêmes leurs tirages, impression de livres reliés, etc.

◄ Photoways est l'un de plus gros services de tirages sur Internet. La gamme de produits est importante : tirages classiques, posters, livres que vous pouvez composer vous-même, calendriers, faire-part, cartes postales… Un monde de possibilités pour partager vos souvenirs et mettre vos œuvres en valeur.

Une liste exhaustive des services d'impression en ligne

Faute de place, nous ne pouvons lister ici tous les services d'impression disponibles sur le Web francophone. Il en existe des dizaines tels que **Photoservice.com**, **Mypixmania.com**, **Wistiti.fr**, **Photoweb.com**... Rendez-vous sur le site de l'auteur qui publie une liste à jour des services disponibles à cette adresse : http://www.actionreporter.com/tirages.

Albums et impressions sur le Canon Image Gateway

Accessible sur Internet ou directement depuis le logiciel Canon Image Browser, ce service en ligne propose la diffusion de vos albums sur le Web ; il vous donne la possibilité de commander et d'obtenir rapidement des tirages numériques. Un espace de stockage sur le Web de 100 Mo est offert ainsi que quelques autres services annexes destinés à se développer. Je l'ai testé et tout s'est déroulé très facilement.

Procédez ainsi :

1 Installez Image Browser et téléchargez quelques images depuis l'EOS. Cliquez sur l'icône *Connexion Internet* et sélectionnez *Canon Image Gateway*.

2 Si vous n'êtes pas déjà inscrit, cliquez sur *Enregistrer Image Gateway*. Votre navigateur web se lance. Suivez la procédure. On vous demandera un email valide et le numéro de série de votre EOS (situé sous le boîtier).

3 Une fois la procédure d'inscription terminée, revenez dans *Image Browser*. Choisissez les images désirées puis cliquez sur **Téléchargez vers Image Gateway**.

4 Patientez quelques minutes, une fenêtre vous informe du bon déroulement de l'opération et de sa durée. Vos images sont automatiquement publiées dans un album sur le site **Image Gateway**.

5 Vous pouvez organiser vos albums et commander vos tirages numériques. Canon passe la main à **Photoways.com** qui gère le tirage, la facturation et l'envoi.

Pour en savoir plus, allez sur http://www.cig.canon-europe.com.

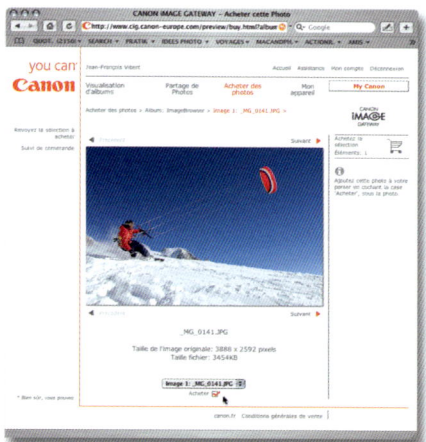

◀ Le partage d'images sur Internet est devenu un jeu d'enfants avec des systèmes comme le Canon Image Gateway qui permet également la commande de tirages... Vos visiteurs pourront choisir et commander eux-mêmes leurs tirages, ce qui vous fera gagner un temps précieux au retour d'une réunion familiale ou d'un rendez-vous sportif.

Déchargez vos images et obtenez rapidement des tirages

▌ Imprimez depuis l'EOS, sans ordinateur.

Si vous n'êtes pas à l'aise avec l'informatique mais souhaitez imprimer vos images à domicile, il est possible de connecter votre APN directement à une imprimante personnelle (longues explications dans le manuel Canon, à partir de la page 133). Le résultat est relativement satisfaisant, bien qu'il soit impossible de rivaliser avec la précision d'un logiciel de traitement d'images, allié au pilote d'une imprimante moderne…

L'impression depuis Photoshop offre notamment une gestion avancée de la colorimétrie, qu'il est impossible d'égaler via l'impression directe. Par ailleurs, aucun système d'impression directe ne sait prendre en charge les fichiers RAW (mais si vous avez photographié en RAW + JPEG, vous êtes sauvé)… Vous devrez donc obligatoirement passer par un ordinateur et un logiciel pour imprimer ce format.

Il existe plusieurs normes de compatibilité entre APN et imprimantes à jet d'encre ou à sublimation thermique. Votre EOS gère les systèmes suivants :

- **PictBridge** : norme créée par Canon, Fuji, HP, Olympus, Epson et Sony.
- **Canon Print Direct** : bien que le manuel de l'EOS 450D n'y fasse plus référence.
- **Bubble Jet Direct** : bien que le manuel de l'EOS 450D n'y fasse plus référence.

Vous trouverez plus d'informations sur les imprimantes compatibles sur le site **http://canon.com/pictbridge**. Ne vous étonnez pas si des différences mineures surviennent en passant d'une imprimante à l'autre. Connectez l'EOS à une imprimante compatible ; tous les paramètres d'impression seront gérés depuis l'écran du boîtier.

1. Avant de vous lancer dans une impression, vérifiez que les batteries de votre EOS sont chargées. Si c'est le cas, vous bénéficierez d'une autonomie de 6 heures environ avec une batterie neuve.

2. Si vous désirez faire de longues séries d'impression, utilisez l'adaptateur secteur : ACK-E5 pour l'EOS 450D. ACK-DC20 pour les EOS 350D et 400D et ACK-E2 pour les autres EOS.

3. Configurez éventuellement votre imprimante et lisez son mode d'emploi. Éteignez l'imprimante et l'EOS avant de les connecter grâce au câble USB fourni (par Canon ou avec l'imprimante).

4. Allumez l'imprimante puis l'EOS. Le voyant bleu de la touche d'impression s'allume. Une icône apparaît en haut de l'écran pour indiquer le protocole de communication (logo PictBridge).

5. Sur l'EOS, affichez l'image à imprimer grâce au bouton **Play** puis appuyez sur le bouton **Set**. Choisissez la taille de votre papier dans *Infos papier*. Sélectionnez le type de papier.

6. Choisissez une *Mise en forme* (le type de marge). Sélectionnez d'autres options (impression de *Date*, des *Effets*, nombre de *Copies*). Affinez le recadrage puis confirmez avec **Set**.

7. Lancez l'impression en sélectionnant *Imprimer*. Vous pouvez l'interrompre à tout moment en appuyant sur le bouton **Set** puis en sélectionnant OK.

Les choix d'impression que vous avez effectués précédemment ont été enregistrés par l'EOS. Vous pourrez donc réaliser par la suite les mêmes tirages très rapidement. Sélectionnez l'image de votre choix grâce au *Joypad* puis appuyez sur la touche d'impression située au-dessus de l'écran à gauche.

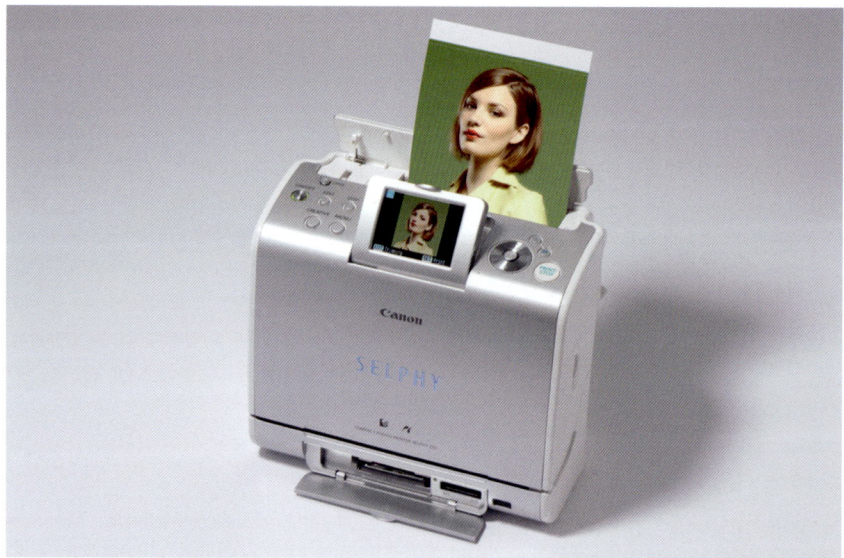
▲ Les petites imprimantes portatives à piles sont très appréciées des portraitistes voyageurs. Dans certains pays, offrir un petit souvenir aux gens que vous photographiez change beaucoup de choses…

Imprimez grâce au Digital Print Order Format (DPOF)

Il s'agit d'un système permettant de spécifier quelles photos présentes sur la carte doivent êtres imprimées et en quelles quantités. Vous pouvez ainsi confier votre carte à certains labos qui imprimeront vos images selon votre commande. Vous n'aurez pas besoin de remplir de formulaire à la main.

De nombreuses imprimantes à jet d'encre tiennent compte des instructions DPOF. Celles qui sont équipées d'un lecteur de cartes et d'un écran peuvent donc lire directement la carte extraite de votre EOS. La gestion de l'impression se fait grâce à l'écran de l'imprimante sans aide d'un ordinateur, ni de l'EOS.

Pour configurer les paramètres d'impression, allez dans les menus bleus et sélectionnez **Ordre d'impression**. Contrairement à ce que son intitulé laisse penser, ce menu unique donne accès à l'ensemble des réglages DPOF. Trois paramétrages des options d'impression sont accessibles par le sous-menu **Régler** :

- *Type d'impression* qui offre trois options : *Standard* pour l'impression normale d'une photo par page. *Index* pour une planche contact. *Toutes* pour l'impression normale des photos accompagnées d'une planche contact.
- *Date* : permet d'imprimer (ou non) la date de prise de vue.
- *Fichier N°* : permet d'imprimer (ou non) le numéro de la photo.

Ces réglages s'appliqueront à l'ensemble des images de la carte, il est malheureusement impossible de les individualiser par images ou groupes d'images. Voyons maintenant comment programmer l'impression de l'index et des images, ainsi que l'ordre et la quantité de chacune d'elles :

1 Sélectionnez le menu **Ordre d'impression** puis **Sel Image** afin de faire votre choix parmi les images.
2 Pour un affichage plus clair, zoomez en arrière avec **Loupe moins** afin d'obtenir une grille sur 3 colonnes.
3 Sélectionnez puis ordonnez les images une à une. Appuyez sur **Menu** pour valider l'ordre et sortir.
4 Sélectionnez une image avec le **Joypad** puis confirmez avec **Set**. Indiquez le nombre de tirages désirés pour celle-ci grâce aux touches hautes et basses du **Joypad**.
5 Si vous aviez demandé l'impression de l'index, choisissez les images à inclure en cochant la petite case vide grâce aux touches hautes et basses du **Joypad**.

Les instructions DPOF étant écrites sur la carte et non dans les images, vous devrez utiliser la même carte pour imprimer depuis une imprimante ou une borne en libre-service. Les réglages ne seront pas transférés si vous transférez les images.

Pour lancer une impression DPOF sur une imprimante PictBridge depuis l'EOS, sélectionnez le menu **Ordre d'impression** puis **Imprimer**. Pensez à régler les paramètres *Infos papier* et éventuellement les *Effets d'Impression*.

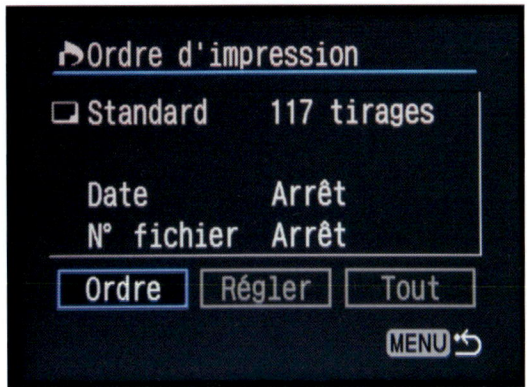

▲ *Largement ignoré des photographes experts (qui préfèrent imprimer depuis leur ordinateur), le DPOF sait pourtant rendre quelques services. Cependant, il est incapable de prendre en compte les fichiers RAW.*

2

Réglez au mieux votre reflex numérique

> Nous allons détailler les caractéristiques principales de votre EOS et voir comment le régler au mieux, en fonction du contexte et du type d'images que vous désirez obtenir.

◄ Villageoises traversant la rivière Lijiang en Chine.
Canon EOS et zoom EF70-200 mm f/2,8L IS USM. Mode Priorité vitesse, 160e de seconde, f/14, Sensibilité, 200 ISO.
Photo Vibert/Actionreporter.com.

13. Visite guidée des commandes de l'EOS 450D

Le but de ce chapitre est de comprendre l'ergonomie et les commandes de votre EOS 450D. Sa lecture devrait être également utile aux propriétaires d'EOS 400D, 350D, 30D, 20D et 5D. Ils se retrouveront en terrain familier avec le petit EOS 450D.

Tous les Canon EOS se ressemblent beaucoup, exception faite des EOS 1D professionnels que nous n'aborderons pas dans ce guide (nous ne détaillerons pas davantage les EOS D30, D60 et 10D, dont l'ergonomie est très semblable mais qui sont fort rares sur le marché de l'occasion).

C'est en 1987 (année du cinquantenaire de Canon) qu'est présenté l'EOS 650, tout premier EOS à monture EF, sur lequel Canon place de gros espoirs…. Il faut dire que depuis 1985, les Minolta Dynax dominent les premiers reflex autofocus de Canon qui peinent à convaincre. Pour s'imposer, Canon prend alors le risque énorme de faire table rase du passé en abandonnant toute compatibilité avec l'existant.

La nouvelle plateforme EOS faisant une large place à l'électronique, Canon doit réinventer l'ergonomie de ses reflex de A à Z. Les molettes, les écrans, les poignées verticales et les sigles ou abréviations que nous connaissons aujourd'hui sont mis au point à cette époque. Ils n'ont guère évolué depuis.

■ Différences de culture ergonomique

Dans les grandes lignes, tous les reflex modernes fonctionnent de la même façon. On retrouve à peu près les mêmes modes : Programme, Priorité vitesse, Priorité ouverture, Manuel… Mais certaines différences ergonomiques frappantes subsistent entre les marques, chacune conservant ses traditions ergonomiques.

Ainsi, chez Nikon, on associe le plus souvent une touche unique à une fonction unique. Le boîtier peut sembler un peu "hérissé" de commandes, ce qui impressionne – à tort – les débutants… Alors que chez Canon, plusieurs fonctions sont parfois accessibles depuis la même touche. Le design est donc plus lisse et le boîtier peut sembler plus simple. Revers de la médaille, on se demande parfois où se cache telle ou telle fonction secondaire.

Autre exemple, certaines commandes sont inversées entre Nikon et Canon. Pour changer d'objectif, vous devez le tourner dans le sens horaire chez Nikon, alors que c'est dans le sens anti-horaire chez Canon. Pour augmenter la focale, il faut zoomer dans le sens horaire chez Nikon, alors que c'est l'inverse chez Canon. La molette des vitesses est traditionnellement placée à l'arrière chez Nikon avec celle de l'ouverture à l'avant… C'est une fois de plus tout le contraire chez Canon !

Il m'arrive enfin d'hésiter quand je cherche le bouton de mise en marche. Situé à l'arrière sur les EOS Experts, alors qu'il est intelligemment placé à l'avant sur tous les Nikon et sur la série des 350D, 400D et 450D. Une excellente position tout près du déclencheur, qui permet une mise sous tension rapide du bout de l'index même si l'œil est déjà collé au viseur.

Il semble toutefois que ces différences soient de moins en moins marquées sur les modèles récents, chaque marque s'inspirant des bonnes idées de tous les autres fabricants… Par ailleurs, des options de paramétrage de plus en plus précises permettent de plier les boîtiers reflex à votre main.

Reste que ces progrès n'empêchent pas de se sentir un peu perdu quand on passe d'un système à l'autre. Il n'est donc pas inutile de réviser un peu de "grammaire ergonomique" avant d'aborder votre nouveau boîtier.

Visite guidée des commandes de l'EOS 450D

Commandes de l'EOS 450D et de l'EOS 1000D

Rappelez-vous qu'en cas de doute sur l'activation de telle ou telle fonction, le mieux est encore de suivre votre instinct… Ayant accumulé une certaine expérience des appareils électroniques, j'ai souvent remarqué que les commandes des appareils de grande marque fonctionnaient presque toujours comme on aimerait qu'elles le fassent, à l'exception évidemment des radios-réveils que l'on trouve dans les hôtels du monde entier…

Passons maintenant en revue les différentes commandes et fonctions de votre EOS. Nous signalerons les nouveautés apparues depuis l'EOS 400D sorti fin 2006.

① La trappe de la carte mémoire : sans histoire

C'est par là que tout commence. L'introduction de la carte est possible que l'EOS soit allumé ou éteint. La trappe n'a connu aucun changement majeur depuis l'EOS D30 en l'an 2000, celle de l'EOS 450D est juste plus petite grâce à l'adoption du format SD en lieu et place du SD.

Rassurez-vous, elle est bien plus solide qu'elle n'en a l'air. Je la trouve même très pratique car avec un peu d'habitude, on peut l'ouvrir avec le seul pouce de la main droite. Pendant ce temps, la main gauche peut s'occuper du changement de carte. Introduisez délicatement votre carte en la tenant bien dans l'axe. Une simple pression de l'index sur la carte enfoncée permet de l'éjecter.

② Le commutateur d'alimentation : sous l'index droit

Pour allumer l'EOS, il suffit de pousser le commutateur vers l'avant avec le pouce. Tirez-le vers l'arrière avec l'index pour l'éteindre... Si seulement celui des EOS 40D, 30D, 20D et 5D pouvait être aussi bien placé !

Vous pouvez sans problème oublier d'éteindre votre appareil : il se mettra en veille après un délai réglable entre 30 s et 15 min. La mise en veille automatique peut également être désactivée.

③ Le sélecteur de mode : la tour de contrôle de l'EOS

Cette molette circulaire est certainement la commande la plus incontournable de votre EOS 450D et l'une des plus faciles à comprendre. Elle permet de sélectionner :

- un des 5 *Programmes experts* de la zone de création (selon la nomenclature Canon) ;

Voir chapitre 22.

- un des 7 *Programme résultats* de la zone élémentaire.

Voir chapitres 5 à 11.

Ayez le reflex de vérifier sa position dès la mise sous tension de l'appareil afin d'éviter les situations de blocage. Rappelons que de nombreuses fonctions ainsi que le format RAW sont inaccessibles aux *Programmes résultats*.

Cela peut entraîner des situations problématiques. Au cours d'une prise de vue, l'accès à une fonction vous est soudain refusé, sans que vous compreniez pourquoi... Heureusement sur l'EOS 450D, un message indique dorénavant : *Fonction non sélectionnable avec ce mode de prise de vue*.

④ La molette principale (ou molette avant) : sous l'index

Elle sert à presque tout, ses fonctions diffèrent en fonction du mode de prise de vue ou du menu dans lequel vous vous trouvez. En *Priorité vitesse* (*TV*), elle règle la vitesse et l'appareil adapte l'ouverture. En mode Priorité ouverture (*AV*), elle règle l'ouverture et l'appareil adapte la vitesse.

Elle permet de naviguer latéralement à travers les menus grâce à la **Molette avant** (manipulée de l'index), pendant que le *Joypad* manipulé par le pouce gauche permet de parcourir verticalement chaque colonne.

Vous pouvez également faire défiler vos images à l'écran grâce à la **Molette avant**, au lieu d'utiliser le *Joypad* dont c'est le rôle habituel. Le défilement se fera alors image par image, de 10 en 10, de 100 en 100, ou par dates, en fonction du réglage de *Saut image* adopté précédemment (touches hautes et basse du *Joypad*).

⑤ Le déclencheur à deux positions

Enfoncez-le à mi-course pour activer l'autofocus et la mesure de la lumière ; le voyant de confirmation de mise au point s'allume dans le viseur lorsque le point est bon. Appuyez à fond pour déclencher (lire le chapitre 24).

Une seule image sera prise si la cadence est réglée sur vue par vue. Les photos s'enchaîneront tant que vous garderez le doigt appuyé, si la cadence est réglée sur *Continue*.

Visite guidée des commandes de l'EOS 450D

⑥ Le flash embarqué : un allié précieux

Ne négligez pas le petit flash embarqué ; c'est un précieux allié pour déboucher les contre-jours, y compris si vous n'êtes pas dans les modes Experts. Pensez à protéger le flash des chocs, c'est probablement la partie la plus fragile de votre boîtier, notamment lorsqu'il est déployé (lire la fin du chapitre 22).

Appuyez sur le bouton à mi-course pour faire la mise au point. Le voyant du flash s'allume dans le viseur pour vous informer que le flash est prêt à être déclenché. Dans le cas contraire, patientez quelques secondes.

⑦ La lentille frontale de l'objectif : protégez-la

N'y posez jamais les doigts et nettoyez-la exclusivement à l'aide de chiffons optiques. N'utilisez aucun produit qui pourrait altérer son traitement de surface.

Plutôt que de perdre du temps à enlever et remettre votre bouchon d'objectif, protégez la lentille frontale avec un filtre neutre que vous conserverez aussi propre que possible. Vous pourrez ranger vos bouchons d'objectifs dans le sac photo, pour toute la journée. En procédant ainsi, vous ne raterez jamais une image qui se présenterait à l'improviste.

⑧ La lampe atténuateur des yeux rouges

Elle émet une lumière jaune qui prévient le phénomène de réflexion du flash dans les prunelles écarquillées de vos modèles (dans la pénombre, les prunelles se dilatent afin d'améliorer la vision nocturne). La lampe atténuateur d'yeux rouges peut être activée dans tous les modes depuis le premier menu rouge.

107

⑨ Le Joypad : spécifique aux EOS 450D, 400D et 350D

Idéalement placé sous le pouce droit, le *Joypad* est un ensemble circulaire de quatre touches qui donnent accès aux principaux réglages de prise de vue. Placée au centre, la touche [Set] permet de confirmer vos choix.

- Les quatre touches du *Joypad* ont une première fonction de navigation directionnelle à travers les menus et à travers les images en mode Visualisation et Zoom.
- Leur seconde fonction est d'activer les *Réglages photo*. Dans le sens horaire : le mode Mesure, le mode Autofocus, les *Picture Style*, la *Cadence moteur* (seulement dans les Programmes de prise de vue Expert).
- Le *Joypad* correspond à la *Molette arrière* située au même endroit sur les EOS Experts et Professionnels et qui est également d'utilisation très instinctive.

Le Joystick : seulement sur les EOS 40D, 30D, 20D et 5D

Le *Joystick* (à ne pas confondre avec le *Joypad*) est absent des 400D et 350D mais présent sur tous les autres EOS… Très pratique, il sert à naviguer intuitivement dans les images en mode Zoom (encore plus vite qu'avec le *Joypad*). Un vrai plaisir qui contribue à justifier la différence de prix entre ces modèles ! Il peut également servir à la sélection rapide des capteurs autofocus (bien que l'on utilise plus généralement la *Molette arrière* pour cela).

⑩ Deux couleurs : pour les touches à double fonction

Les touches qui commandent deux fonctions utilisent des pictogrammes de couleurs différentes. Pictos blancs pour celles qui sont dédiées à la prise de vue. Pictos bleus pour celles qui sont dédiées à la visualisation des images ou à l'impression. Pas d'inquiétude, l'EOS 450D n'offre que trois touches à doubles fonctions :

- Le bouton **Loupe avant** (picto bleu) sert aussi à la *Mémorisation d'exposition* (picto blanc).
- Le bouton **Loupe arrière** (picto bleu) sert aussi à la *Sélection du capteur autofocus* (picto blanc).
- Le bouton **Connexion Imprimante** (picto bleu) sert aussi à la *Balance des blancs* (picto blanc).

⑪ Le bouton Menu : incontournable

Ce bouton est l'un des plus utilisés de l'EOS. Il lance l'affichage des menus au sein desquels on navigue grâce au *Joypad* (avec l'aide de la Molette principale si vous voulez). Il permet également de remonter dans l'arborescence, après que vous avez descendu plusieurs niveaux de sous-menus.

⑫ Les boutons DISP : de l'info, toujours plus d'infos…

C'est sur l'EOS 400D qu'était apparu le nouveau bouton **DISP**. Il sert premièrement à afficher et surtout à éteindre l'écran des *Réglages photo* (mode d'affichage noir sur fond blanc) qui remplace l'afficheur monochrome LCD disparu que l'on trouve sur le capot supérieur des autres EOS.

En appuyant d'abord sur **Menu** puis sur **DISP**, vous obtiendrez l'*Affichage des réglages* de l'appareil.

Le bouton **DISP** remplace également le bouton **INFO** que l'on trouve sur d'autres EOS. Il permet de basculer entre les divers types d'affichage des images (image unique/avec infos/avec histogramme/avec histogramme RVB).

⑬ Le compartiment de la pile : non étanche

Invisible sur notre photo (il est situé sous le boîtier), ce compartiment n'est pas étanche et c'est dommage. Car s'il est un endroit où l'eau ne doit absolument pas pénétrer, c'est bien celui-là.

Vous pouvez l'ouvrir très simplement avec l'ongle (mieux vaut en avoir), que l'appareil soit éteint ou pas… Poussez l'ergot pivotant qui bloque la pile dans son logement ; un petit ressort éjecte la pile.

Pour l'anecdote, c'est ici à l'intérieur, que je colle une minuscule étiquette (initialement prévue pour les caches de diapo) portant mon nom et mon adresse. J'en place une également sur mes batteries et sur mes cartes mémoire. J'ai pris cette habitude depuis qu'une pochette de films égarée dans le désert du Grand Sud Marocain m'a été fort gentiment retournée par la Poste quelques mois plus tard.

⑭ Le réglage dioptrique du viseur : réglable à vos yeux

Les porteurs des lunettes pourront adapter le viseur à leur œil, ce qui leur permettra de photographier sans leurs lunettes… L'avantage est que l'on peut approcher l'œil plus près du viseur pour un meilleur grossissement de la scène.

⑮ La touche SET : pour valider vos choix et activer le Live View

Sans surprise, la touche [SET] sert à descendre dans les sous-menus et valider vos choix dans la plupart des menus. Voilà pourquoi elle est idéalement située au centre du *Joypad*.

Plus étonnant c'est également la touche [SET] qui permet de déclencher la *Visée Live*, à condition de l'avoir activée grâce à la *Fonction personnalisée n° 8* (lire chapitres 15 et 21). Bizarrement, aucun pictogramme ne signale cette possibilité… Canon serait bien inspiré de proposer une touche spécifique pour l'activation et le réglage de cette *Visée Live*, sans oublier de la protéger un peu des risques d'activation involontaire à l'occasion d'un frottement. Comme ces risques ne sont pas négligeables, je préfère la désactiver. Voilà qui renforce un peu plus mon idée que cette *Visée Live* est encore loin d'être au point…

⑯ La touche Play : pour visualiser vos images

À cause de l'écran géant 3 pouces, de nombreux boutons (dont la touche [Play]) sont passés de gauche à droite de l'écran… Si celui-ci grandit encore, on se demande où iront se loger tous ces boutons. Gageons que la prochaine évolution (sur l'EOS 500D) ne sera pas la taille de l'écran mais peut-être sa résolution, à l'image de ce que Nikon propose sur son reflex semi professionnel D300.

⑰ La touche Corbeille : pour effacer vos images

Cette touche n'est pas en bosse mais en creux, afin de ne pas la confondre avec une de ses voisines. Aucun risque d'effacer une photo par erreur ; il faut nécessairement confirmer tout effacement (lire le chapitre 5).

Réglez au mieux votre reflex numérique

⑱ Le capteur d'extinction d'affichage (Eye Start) : n'y pensez plus

Ce dispositif détecte la proximité de votre visage (ou de tout autre objet) et éteint automatiquement l'écran de l'EOS de façon à ne pas vous éblouir et économiser les batteries. Il est possible de désactiver ce dispositif via le menu **Ext. auto LCD** (quatrième onglet des menus jaunes).

⑲ L'œilleton du viseur : confortable et amovible

Bien qu'il soit très confortable, il m'arrive de l'enlever afin de pouvoir approcher mon œil encore plus près de l'oculaire et bénéficier d'un meilleur grossissement...

Si vous prenez une photo en pause lente, pensez à ôter l'œilleton et à installer le volet d'oculaire à la place (vous trouverez celui-ci fixé à la courroie). Différents accessoires peuvent s'adapter à l'oculaire, notamment un **Viseur d'Angle C** ou un œilleton à large collerette.

⑳ Le voyant d'écriture de la carte : prudence !

Ne retirez pas la carte de son logement, ni la batterie lorsque le voyant d'écriture s'allume en rouge... Cela signifie que des images sont en cours d'écriture.

㉑ La touche de réglage de sensibilité ISO : enfin !

La nouvelle position de la touche de réglage de la sensibilité, tout près du déclencheur et de la *Molette principale* est un immense progrès ergonomique. Quel bonheur de l'activer sans quitter la scène de l'œil dans le viseur. D'autant que la sensibilité ISO s'affiche également dans le viseur... Enfin ! Tout vient à point pour qui sait attendre...

㉒ Les connexions USB et vidéo : très bien protégées

Encastrées sur le côté gauche de l'appareil, ces connexions sont protégées par un cache en caoutchouc, qu'il n'est heureusement pas trop fastidieux d'enlever et de replacer. Remarque en passant : dommage que Canon ne propose pas encore de sortie HDMI. Seul Sony le fait sur son modèle Expert, l'Alpha 700.

Je n'ouvre jamais cette trappe puisque je ne connecte jamais mon EOS à la TV et que je préfère extraire la carte pour utiliser un lecteur de cartes FireWire. Voilà pourquoi j'ai pris l'habitude de protéger toute la partie gauche de mes appareils avec une large bande de gaffer qui condamne cette trappe. L'étanchéité en est augmentée et je raye moins mes boîtiers, en les posant sur leur côté gauche.

㉓ La touche de déclenchement du flash : pour les Programmes Experts

Située au même endroit depuis de longues années, la touche de déclenchement du flash est accessible de la main gauche, juste au-dessus du bouton de déverrouillage de l'objectif.

On ne peut sortir le flash à la demande dans les *Programmes résultats*. Cela peut se faire uniquement dans les modes Experts. Encore une bonne raison de vous y mettre !

㉔ Le bouton de déverrouillage de l'objectif : RAS

Rien de particulier à signaler ; nous avons déjà vu son fonctionnement. Sa taille importante a été pensée pour permettre aux photographes de changer leurs optiques très rapidement dans toutes les circonstances.

㉕ Le test de profondeur de champ : pensez à lui !

Accessible par le pouce de la main gauche juste en dessous du bouton de déverrouillage de l'optique, il n'est signalé par aucun pictogramme, ce qui est très étrange ! À croire que Canon considère que seuls les photographes experts tenteront de l'utiliser... Il rend pourtant de fiers services, prenez l'habitude de l'employer plus souvent (lire le chapitre 19).

Les utilisateurs de très longs téléobjectifs lui reprocheront de ne pas être situé de l'autre côté du boîtier, accessible de la main droite (comme sur les Nikon). Il faut, dans de rares cas, lâcher les bagues de zoom pour l'activer... Ou être souple du pouce ! Acceptable sur un EOS 450D, mais moins compréhensible sur un EOS 40D car ce boîtier semi professionnel est susceptible de recevoir plus souvent des objectifs de grande taille.

㉖ Le sélecteur de mode Autofocus (AF/MF) : désactiver l'autofocus

Le bouton **AF/MF** (*Auto-Focus/Manual-Focus*) est le seul présent sur les objectifs de base. Il sert à basculer ponctuellement en mise au point manuelle. Dans ce cas, l'étroite partie avant de l'optique fait office de bague de mise au point. La mise au point manuelle est plus facile avec les boîtiers comme l'EOS 40D, 5D ou 1D qui disposent d'un viseur plus clair, offrant un plus fort grossissement.

Attention, avec certains objectifs, il arrive que le bouton **AF/MF** glisse accidentellement en position manuelle à cause d'un frottement au fond du sac. Vérifiez qu'il est sur la bonne position.

㉗ Le sélecteur de stabilisateur : pour économiser vos batteries

Le stabilisateur d'image de votre EF-S 18-55 mm détecte les mouvements horizontaux lorsque vous tentez de réaliser un filé. Dans ce cas, il stabilise l'image uniquement dans le sens vertical. Voilà pourquoi le bouton de mode de stabilisation a disparu de certains objectifs.

Pensez éventuellement à désactiver le stabilisateur d'image de votre objectif si vous devez économiser vos batteries ; notamment si vous travaillez sur pied car ce dispositif est assez gourmand.

㉘ La bague de mise au point : en position MF seulement

Sur l'EF-S 18-55 mm sur kit, cette bague permet la mise au point manuelle lorsque l'autofocus est désactivé. Sur les objectifs d'entrée de gamme, elle est étroite et bloquée lorsque l'autofocus est activé.

Des objectifs plus ambitieux équipés de moteurs USM proposent une bague plus large permettant la retouche manuelle du point, y compris lorsque l'autofocus est actif.

㉙ La bague de zoom de l'objectif : entre le pouce et l'index

Cette bague est présente sur tous les objectifs, même les plus basiques. Zoomer et dézoomer est si facile que l'on en oublierait presque de se déplacer. Rappelez-vous que faire quelques pas constitue encore la meilleure façon de s'approcher de son sujet.

㉚ La griffe porte accessoires : pour le flash mais pas seulement

Vous y placerez un flash externe plus puissant que le flash intégré du 450D. C'est également ici que se fixe le déclencheur de flash à distance STE2. Canon n'offre pas de cache de protection à insérer dans la griffe comme le font certaines marques. Veillez à ne pas endommager les contacts de synchronisation du flash.

▌ Les affichages de l'écran LCD

Générations après générations, les écrans LCD des reflex numériques progressent et s'agrandissent, la norme 2008 est de 2,5 à 3 pouces (soit 7,6 cm de diagonale). Ils sont de plus en plus sollicités pour l'accès à toutes les fonctions. Il n'est pas impossible qu'un jour l'arrivée d'écrans tactiles entraîne la disparition de nombreux boutons de la surface de nos APN.

L'EOS 400D a marqué une première étape importante dans cette évolution et l'EOS 450D continue dans la même logique avec un design de menus encore amélioré… On peut regrouper les types d'affichage en cinq familles, reconnaissables à leurs styles graphiques et à leur couleur. Visitons-les rapidement.

L'affichage standard : les réglages de prise de vue en cours (noir sur fond blanc)

Cette innovation de l'EOS 400D sert à afficher les paramètres de prise de vue en cours, en remplacement des écrans LCD monochromes des EOS plus anciens. Ce type de menu est accessible à tout moment d'une simple pression sur la touche DISP.

▲ Affichage standard du mode résultat Tout Automatique (mode Carré Vert), choix par le Sélecteur de mode

▲ Affichage standard du mode résultat Paysage (choix par le Sélecteur de mode)

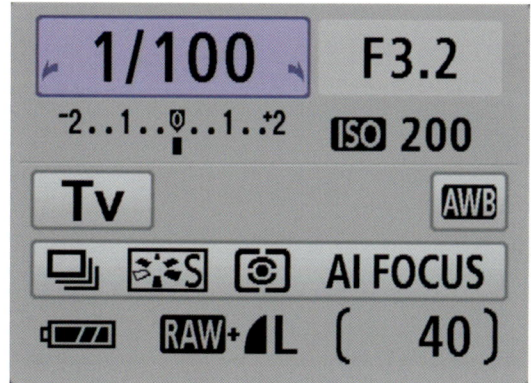

▲ Affichage standard du mode Expert S (Priorité vitesse). Modification par la molette principale (Molette avant)

L'affichage des changements de réglages de prise de vue

Variante des écrans précédents. Ce mode d'affichage clarifie beaucoup l'accès aux paramètres de prise de vue. Par exemple, une double pression sur la touche [AF] permet de changer le type d'autofocus (il reste à confirmer avec [Set]). La couleur *bleu-violet* indique que le réglage est en cours de modification.

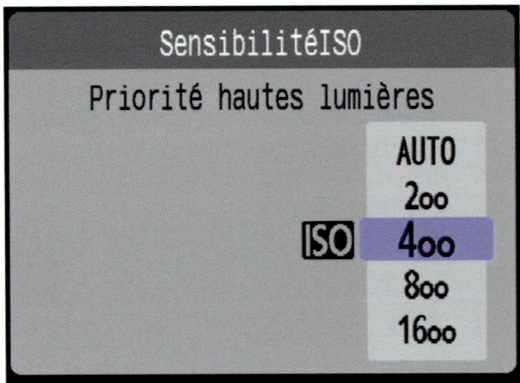

▲ *Changement de sensibilité ISO par pression sur la touche ISO (reste à confirmer avec SET)*

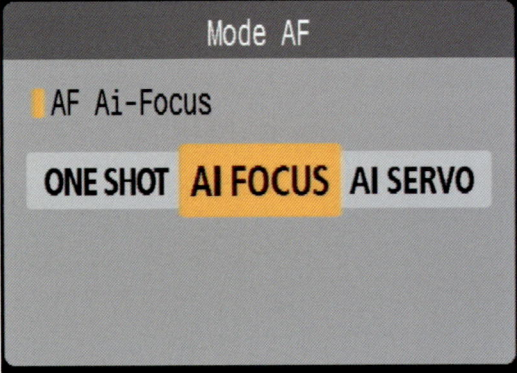

▲ *Changement du mode Autofocus par double pression sur la touche AF (reste à confirmer avec SET)*

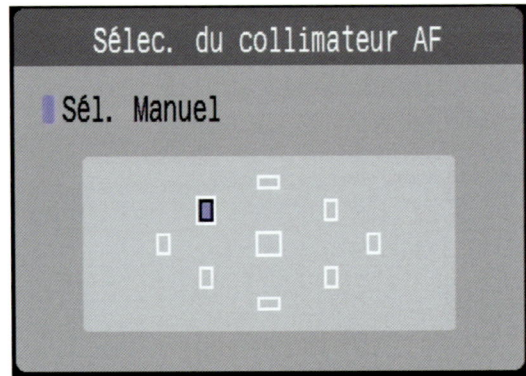

▲ *Sélection d'un collimateur autofocus par pression sur la touche de sélection de collimateur et rotation de la Molette principale*

L'affichage de revue des images

Nous l'avons déjà vu : tous les types d'affichage des images sont accessibles via les boutons Play, DISP, Zoom avant, Zoom arrière... Sans oublier le *Joypad* qui permet de faire défiler vos photos.

Pas de panique, la touche Jump a disparu mais la fonction existe toujours ; elle est appelée *Affichage de saut*. Elle est disponible en appuyant sur la touche supérieure du *Joypad* et permet de parcourir les images par *Sauts de 10* ou *Sauts de 100* photos. Nouveauté intéressante sur l'EOS 450D, il est possible de parcourir les images par *dates* (jour par jour).

▲ *Affichage simple d'une photo (la bande noire supérieure du haut n'existait pas sur l'écran plus petit du 400D).*

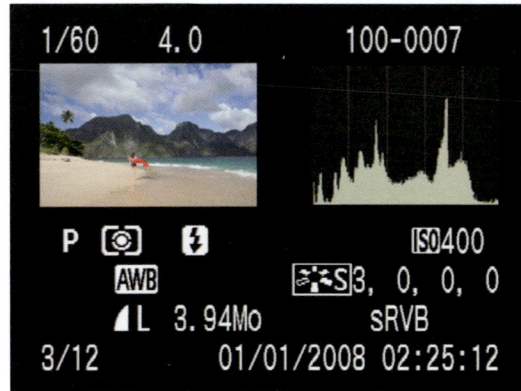

▲ *Affichage des infos avec l'histogramme (il est possible d'obtenir l'histogramme RVB avec une seconde pression sur DISP.)*

▲ *Affichage de l'index des images sur 2 ou 3 colonnes seulement...*

L'affichage des avertissements (sur fond noir)

Les avertissements sur fond noir vous informent généralement d'un problème. Par exemple, l'obligation de changer la batterie ou de patienter en attendant que le "buffer" décharge les images sur la carte…

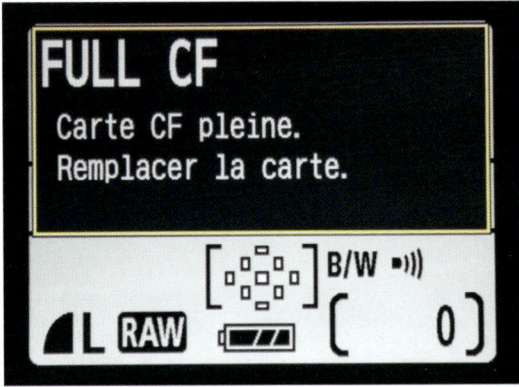

▲ *Carte CF pleine, remplacez-la… Ou mettez quelques images à la poubelle !*

▲ *Lorsque les images sont en cours d'écriture, une diode rouge clignote à l'arrière du boîtier. Vous pouvez éteindre l'appareil, mais n'ouvrez pas la trappe de la carte et surtout pas celle de la batterie.*

▲ *La batterie est quasiment vide. Si vous n'avez pas de batterie pleine, essayez de la réchauffer 10 minutes avec la main au fond de votre poche (notamment en hiver).*

Les menus de paramétrage de l'appareil (fond gris foncé à rayures)

Accessibles grâce au bouton **Menu**, les écrans de paramétrages de l'appareil sont répartis en trois couleurs (*Rouge*, *Bleu*, *Vert*). Vous avez déjà remarqué que le nombre de colonnes de menus disponible passait de 7 à 4 lorsque vous utilisez les Programmes résultats. Le but est de rendre l'EOS 450D accessible aux débutants.

Des armées d'ingénieurs testent durant des mois l'emplacement et le fonctionnement de chaque menu afin de les rendre aussi pratiques que possible. Face à une difficulté, tentez de raisonner comme eux, essayez de comprendre la logique qui a procédé à l'emplacement des différents menus. Et la solution s'imposera généralement à vous !

▲ Les colonnes rouges de gauche (au nombre d'une ou deux selon le programme sélectionné) sont réservées aux paramétrages des images.

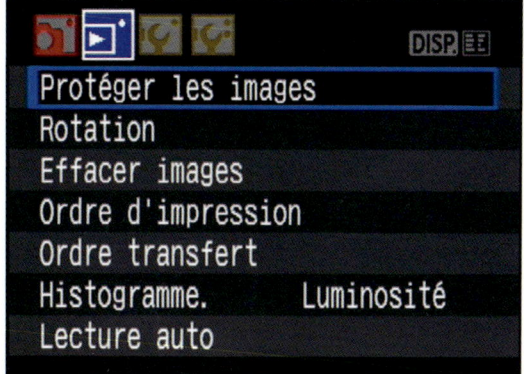

▲ La colonne bleue au milieu (unique quel que soit le programme sélectionné) est dédiée au paramétrage de l'affichage et à l'impression.

▲ Les colonnes orange à droite (au nombre d'une ou trois selon le programme sélectionné) servent aux paramétrages de l'appareil. Pas de colonne verte à l'extrémité droite (Mon Menu) si vous utilisez les Programmes résultats.

Réglez au mieux votre reflex numérique

▌Viseurs des EOS 450D et 1000D

Le viseur de l'EOS 450D constitue un progrès certain par rapport à celui des EOS 400D et EOS 1000D. C'est l'un des arguments avec l'écran de 3 pouces, qui justifie de préférer le 450D.

On s'en rend compte en prenant successivement en main les autres EOS : le 30D, le 40D dont les viseurs sont un peu plus grands et plus clairs… Quant à l'EOS 5D, il possède l'un des meilleurs viseurs du marché des reflex. Un véritable plaisir !

Rassurez-vous, le viseur de votre 450D et même celui du 1000D sont tout de même bien meilleurs que ceux qui équipent la plupart des appareils bridge et compacts. Ils sont équipés d'un correcteur dioptrique qui, une fois réglé, autorise les porteurs de lunettes à viser sans ces dernières.

Le viseur de l'appareil vous informe de la plupart des réglages activés. Y compris la sensibilité ISO, qu'il est utile de surveiller tant celle-ci est déterminante pour la qualité d'image. De gauche à droite :

- Indicateur de *Mémorisation d'exposition* ou *Braketing Auto* (picto Etoile).
- Indicateur de *Flash recyclé* et *Mémorisation d'Expo flash* incorrecte (picto Flash).
- Indicateur de *Synchronisation du Flash FP à grande vitesse* (picto Flash H).
- Indicateur de *Mémorisation d'exposition ou de bracketing au flash* (pictos Flash Etoile).
- Indicateur de *Correction d'exposition au flash* (picto Flash +/-).
- Indicateur de *Vitesse d'obturation*.
- Indicateur d'*Avertissement de Mémorisation d'expo au Flash* (FEL).
- Indicateur d'*Avertissement d'appareil Occupé* (Busy).
- Indicateur d'*Avertissement de recharge du Flash* (picto Flash buSY).
- Indicateur d'*Avertissement de Carte saturée* (FuLL).
- Indicateur d'*Avertissement d'erreur de Carte* (Err).

- Indicateur d'*Avertissement d'absence de Carte* (Card).
- Indicateur de valeur d'*Ouverture*.
- Indicateur de niveau d'*Exposition*, de *Correction d'Expo* et de plage de *Bracketing*.
- Indicateur de *Lampe Atténuateur des Yeux Rouges* activée.
- Indicateur de *Prise de vue en Monochrome* (B/W).
- Indicateur de *Sensibilité ISO* (de 100 à 1 600).
- Indicateur de *Correction de la Balance des Blancs*.
- Indicateur du *Nombre d'Éclairs Maximum* disponibles.
- Voyant de *Confirmation de mise au point*.
- Au centre : les 9 *Collimateurs autofocus* s'affichent en rouge lorsque le point est fait.
- Au centre : le cercle de la *Mesure Spot*.

◀ *Le viseur de l'EOS 450D a bien progressé par rapport à celui de son ancêtre l'EOS 400D, notamment par la richesse des informations affichées.*

Que voit-on dans les viseurs des EOS 450D et 1000D ?

L'image que vous voyez dans le viseur ne représente que 95 % de la photo que vous réalisez. Voilà une caractéristique courante sur les appareils d'entrée de gamme, héritée de l'ère argentique où il subsistait toujours de la rogne au tirage ou lors de la mise sous cache des diapos.

Pour vous en convaincre, prenez une photo d'une façade en calant le coin du viseur sur une fenêtre. Vérifiez votre image à l'écran, celui-ci montre le cadrage réel et vous constaterez que les fenêtres ne sont pas exactement dans les coins… L'explication de cette limitation est qu'un viseur précis coûte plus cher à fabriquer, voilà pourquoi seuls les appareils professionnels en sont équipés.

Je ne considère pas que ce soit un problème gravissime. On peut même considérer le cadrage un peu plus large comme une marge de sécurité, qui s'avèrera bien utile si vous devez redresser un horizon bancal.

▲ *La partie blanche de l'image n'est pas visible dans le viseur, mais bel et bien photographiée… Si vous souhaitez réaliser un cadrage précis sans gâcher le moindre pixel, n'oubliez pas de tenir compte de la couverture de votre viseur, limitée à 95 %.*

Autre point sans rapport avec le précédent, si vous montez une ancienne optique argentique de 50 mm sur votre EOS 450D et regardez dans le viseur, vous constaterez que votre 50 mm standard est devenu un petit télé de 80 mm. Pas de panique : les notions de focales auxquelles vous étiez familiarisé n'ont plus cours avec les reflex à petits capteurs. Vous devrez vous adapter à cette nouvelle donne et apprendre la table du x1,6.

Lisez le chapitre 20 qui traite des objectifs et des coefficients de focal induits par les différentes tailles de capteurs.

14. Paramétrages avancés de votre reflex

Ne croyez pas que les pages suivantes soient accessoires : certains réglages, tout particulièrement celui de l'Espace couleurs et des Picture Style ont des conséquences importantes sur le rendu de vos images. Le paramétrage précis des fonctions numériques de votre EOS est tout aussi déterminant que le choix que vous faisiez de tel ou tel film…

À tout moment, il est facile de connaître les paramétrages de prise de vue de l'EOS en demandant l'*Affichage des réglages de Prise de vue* par une pression sur DISP. Mais cet affichage (paramétrable sur fond blanc, marron, bleu ou noir) ne donne qu'un minimum d'informations et concerne uniquement les réglages de la partie photo de l'EOS.

Pour obtenir plus détails, appuyez sur **Menu** puis sur **DISP**. Un écran plus complet apparaît sur fond noir et affiche l'état des réglages suivants :

- *Capacité restante de la carte ;*
- *Espace couleurs ;*
- *Correction et bracketing de Balance des Blancs ;*
- *Activation de la Visée Live ;*
- *Activation du Nettoyage du capteur ;*
- *Activation du Signal sonore ;*
- *Activation de l'Atténuateur des yeux rouges ;*
- *Activation de la rotation auto ;*
- *Activation de l'extinction Auto de l'écran ;*
- *Date et heure.*

Ce tableau de bord est appelé *Affichage des réglages*. Il adopte un style graphique sobre avec de petits caractères blancs et bleus sur fond noir, que l'on ne peut confondre avec le style caractéristique des *Réglages de prise de vue* et leurs typo reconnaissable sur fond blanc, marron, bleu ou noir.

Vu le temps passé à peaufiner les réglages de l'appareil (ceux par défaut n'étant pas forcément tous opportuns), dommage qu'il ne soit pas possible de les mémoriser selon trois configurations, comme sait le faire l'EOS 40D avec ses trois mode C1, C2, C3. L'EOS 450D ne sait pas plus sauvegarder ses réglages sur une carte mémoire en vue de les charger dans un autre EOS. Il est vrai que dans le cas d'appareils semi professionnels comme l'EOS 40D ou le Nikon D300, ces possibilités s'avèrent précieuses car le nombre de combinaisons de paramètres est énorme.

◀ *L'affichage des réglages des fonctions de l'appareil est le tableau de bord de votre EOS. Vous pouvez revenir aux menus Standard par la touche DISP et aux affichages des réglages de prise de vue par une pression à mi-course sur le déclencheur.*

Restauration des réglages par défaut

Détail rassurant avant de se lancer dans une batterie de réglages sophistiqués, il est très facile de restaurer tous les réglages de l'appareil à leur état d'origine. Cela se fait grâce au menu **Réinitialiser configuration** (colonne de droite des menus orange). Comme souvent, seuls les modes Experts sont concernés. Le menu **Réinitialiser configuration** est divisé en deux sous-menus, ce qui évite de remettre tout à zéro :

- Le premier : réinitialise tous les *Réglages* (retour aux valeurs données ci-après).
- Le second : réinitialise les *Fonctions personnalisées* (nous allons y arriver).

Ne réinitialisez vos réglages que si vous avez un très gros doute ! Car tout régler une nouvelle fois est long et fastidieux. De plus, les Balances des blancs personnalisées (mesurées) et les données d'effacement des poussières sont elles aussi perdues. Par contre, le contenu de votre menu personnalisé **Mon Menu** (le dernier onglet vert à l'extrémité droite) est préservé… Ouf !

▲ *Commande de réinitialisation des réglages de l'appareil et/ou des fonctions personnalisées. À utiliser avec modération…*

Réglages de prise de vue après la Réinitialisation

Fonction	Sélection
Mode Autofocus	One-Shot
Sélection du collimateur	Sélection automatique
Mode de mesure (de la lumière)	Mesure évaluative sur 35 zones
Mode d'acquisition (vitesse moteur)	Vue par vue (Continue aurait été optimal)
Correction d'exposition	Annulé
Bracketing d'exposition Auto	Annulé
Correction d'exposition du flash	Annulé
Prise de vue avec Live View	Annulé

Réglages des images après la réinitialisation

Fonction	Sélection
Qualité d'image (format et compression)	JPEG, large, haute qualité
Sensibilité ISO	Auto
N° de fichiers	Continue
Espace couleurs	sRVB (Adobe RGB aurait été optimal)
Balance des blancs	AWB (balance des blancs auto)
Correction de la balance des blancs	Annulé
Bracketing de la balance des blancs	Annulé
Picture Style	Standard

Réglez au mieux votre reflex numérique

Paramétrages les plus courants

Voici quelques changements que je vous conseille d'effectuer à partir de la configuration par défaut de votre EOS au moment de l'achat, ou après une réinitialisation… Vous devrez sélectionner un des Programmes Experts pour accéder à ces menus qui restent malheureusement interdits aux utilisateurs des Programmes résultats. Parcourons-les, de gauche à droite.

Onglet de menu rouge N°1 (celui de gauche)

- Si vous avez eu le courage de nous lire jusqu'ici, c'est que vous êtes prêt pour le format RAW… Il présente d'immenses avantages à condition d'envisager l'ordinateur comme un prolongement naturel de votre appareil. Encore quelques doutes ? Optez pour le RAW + JPEG bien qu'il soit très encombrant (lire le chapitre 17).
- Votre premier réflexe sera de désactiver le déclenchement possible sans carte qui est le réglage par défaut. Choisissez l'option qui empêche l'appareil de prendre des photos si aucune carte n'est présente dans la trappe. Car le vieux gag de la pellicule absente a une version numérique encore pire…
- La durée de revue peut être augmentée. 4 secondes sont plus confortables que les 2 proposés par défaut. À paramétrer en fonction de vos possibilités (ou pas) de recharger la batterie facilement. Pour prolonger votre batterie, vous pouvez aller jusqu'à désactiver la revue des images après chaque déclenchement.

Onglet de menu rouge N°2 (celui de droite)

- Optez pour l'*Espace couleurs Adobe RVB*. Il permet une reproduction plus fidèle des teintes vertes et bleues, car il englobe plus de nuances de couleurs. C'est d'autant plus important que vous envisagez quelques retouches et ajustements (lire paragraphe suivant). L'Espace *sRGB* est plus adapté pour une utilisation sur le Web.

Onglet de menu bleu (il n'y en a qu'un)

- Les puristes iront paramétrer l'*Histogramme RVB* par défaut plutôt que l'*Histogramme Luminosité*… C'est d'une importance relative si l'on ne sait pas encore décrypter l'histogramme (lire le chapitre 26), mais cela permet parfois de choisir la moins mauvaise de deux images surexposées.

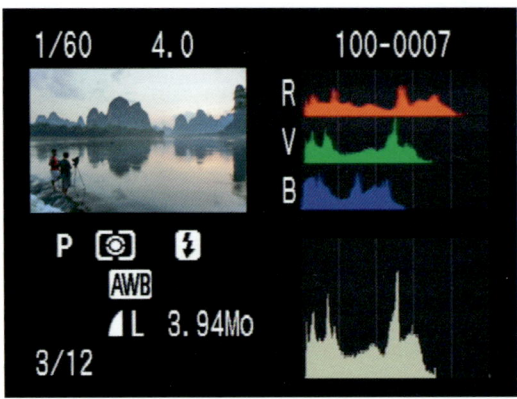

◀ Les experts apprécieront le réglage de l'histogramme sur RVB au lieu de Luminosité qui est le réglage par défaut. Pour les autres, le réglage par défaut reste plus lisible et présente l'avantage d'afficher plus d'information.

Onglet de menus orange N°1 (celui de gauche)

- L'*arrêt auto* pose le même problème d'économie des batteries que la durée de revue des images. La mise en veille automatique du boîtier au bout de 30 secondes peut se révéler gênante (bien que le boîtier se réveille très rapidement). Optez plutôt pour une durée de 1 ou 2 minutes avant la mise en veille auto.
- *N° fichier*. Nous l'avons déjà souligné au début de ce Guide : optez de préférence pour une *Numérotation continue* qui vous permettra de vous y retrouver d'une carte à l'autre. Les numéros de photo se suivront même si vous formatez votre carte (il est conseillé de le faire souvent).
- Réglez la *Rotation auto* sur la seconde position au lieu de la première. Ainsi la rotation automatique des images verticales est activée sur l'ordinateur mais pas sur l'EOS ! Cette fonction (apparue sur l'EOS 400D et l'EOS 30D) est pratique ; elle permet de profiter de la totalité de l'écran 3 pouces pour visualiser vos images verticales.

▲ Le réglage de rotation automatique des images verticales est par défaut sur la première position. Préférez la seconde afin d'utiliser 100 % de la surface lorsque vous affichez vos images verticales. Le magnifique écran 3 pouces de l'EOS 450D coûte cher ; autant l'exploiter à fond !

Onglet de menus orange N°2 (celui du milieu)

- Vous souhaiterez peut-être monter la *Luminosité* de l'écran LCD d'un ou deux crans (attention, les images sont plus lisibles mais moins justes), surtout si vous photographiez en extérieur. Le tout est de penser à la redescendre si vous partez pour un périple de plusieurs jours où vous devrez économiser les batteries…
- La *Date, l'heure et la langue* ne sont pas affectées en principe par la réinitialisation. Mais elles ne sont pas forcément réglées si l'appareil est neuf. Les voyageurs (professionnels ou pas) penseront à les mettre à jour lors de chaque vol avec décalage horaire ; c'est important en vue de l'exploitation des données EXIF.
- *Nettoyage du capteur*. Par défaut, il se fait automatiquement à l'allumage et à l'extinction de l'appareil, ce qui ne vous empêche pas de déclencher un nettoyage d'urgence si nécessaire. Afin d'économiser les batteries, vous pouvez désactiver ce nettoyage automatique pour y procéder seulement une fois de temps en temps.

▲ Le réglage de la luminosité de l'écran est à double tranchant… On y voit mieux en plein soleil mais les images sont moins crédibles et exagérément flatteuses.

- *Réglage de fonct. visée*. Il s'agit de l'activation de la Visée Live par la touche [SET]... Désactivée par défaut, je vous conseille de la laisser ainsi de peur qu'elle ne se déclenche dans le sac suite à une pression accidentelle. Il vous restera encore à régler la fonction *Personnalisé n°8* pour choisir le type d'autofocus utilisé.

Voir chapitre 21.

Onglet de menus orange N°3 (celui de droite)

- *Fonct. Personnalisées* : les photographes ambitieux n'échapperont pas à ces réglages avancés qui ont étés heureusement standardisés à tous les EOS.

Voir chapitre 14.

Suggestion de quelques réglages de prise de vue

Je vous propose maintenant de modifier certains réglages de prise de vue. Ces réglages sont évidemment appelés à changer très souvent en fonction des circonstances et du résultat souhaité. Toutefois il est bon d'opter à l'avance pour des réglages polyvalents, afin de ne jamais être pris au dépourvu :

- Si vous préférez éviter les *Programmes résultats*, optez éventuellement pour le mode Programme (P) qui est le plus automatique des *Programmes experts*. Si une scène intéressante survenait par surprise, le mode P serait celui qui offre le plus de sécurité si vous n'avez pas le temps de faire de réglages.
- Un choix raisonnable est de choisir l'Autofocus *AI Focus* un mode Intelligent (AI signifie *Artificial Intelligence*) capable de basculer automatiquement de *One-Shot* à *AI Servo*, si le sujet se met à bouger (lire le chapitre 24). À l'exception de certains sports, j'utilise rarement le mode AI Servo qui offre moins de contrôle que *One-Shot*.
- Le mode d'acquisition par défaut Vue par vue ne présente aucun avantage. Passez en cadence *Continue* qui vous autorise 3,5 IPS en rafale. Si vous êtes maladroit, il pourra arriver que vous preniez une courte rafale au lieu d'une seule photo. Ce n'est pas grave ; vous finirez par vous habituer à la sensibilité du déclencheur.
- Les personnes très à l'aise avec la *Sensibilité ISO* désactiveront éventuellement son réglage Auto (une nouveauté sur le 450D). Par luminosité normale, optez pour *200 ISO*, vous gagnerez en sécurité et en profondeur de champ. Redescendez à *100 ISO* par grand soleil et dans les environnements lumineux, vous gagnerez en qualité d'image. Montez au-delà de *200 ISO* si nécessaire et sans inquiétude jusqu'à *800 ISO* car l'image reste correcte.
- Pensez enfin à ajuster le **Correcteur dioptrique** : il permet aux porteurs de lunettes de viser dans l'appareil sans elles, ce qui est plus agréable vu l'étroitesse relative du viseur... Manipulez la minuscule roue (+/-) située à droite du viseur, jusqu'à y voir aussi net que possible. Peut-être découvrirez-vous que vous avez besoin de lunettes !

Tous les autres paramètres de prise de vue non évoqués ici peuvent êtres considérés comme réglés de façon optimale et polyvalente au moment de l'achat, ou après une réinitialisation de l'appareil.

Personnalisation de Mon Menu

Tout récemment apparu à l'extrémité droite des onglets de menus, ce nouveau menu vert **Mon Menu** s'avère extrêmement pratique. Cela tombe bien car tous les EOS récents en bénéficient… Vous pourrez y ajouter les fonctions trop bien cachées et celles que vous utilisez le plus souvent. Voici les fonctions que j'ai sélectionnées :

- *Réglage de fonct. Visée* : activation de la *Visée Live* que l'on peine à retrouver dans les menus.
- *AF pendant la Visée Live* : la *Fonction Personnalisée N°8* qui est cachée trop loin de la précédente.
- *Formater* : je le fais très régulièrement afin de conserver mes cartes en bonne condition.
- *Priorité Haute Lumières* : je m'en sers peu (car je travaille en RAW) mais je la teste actuellement.
- *Correction auto de Luminosité* : même chose que précédemment ; je la teste actuellement.
- *Luminosité LCD* : je suis amené à l'adapter régulièrement lorsque je passe de l'extérieur à l'intérieur.
- *Réglages de Mon Menu* : cette commande placée en bas de la liste est inamovible.

La personnalisation de **Mon Menu** est simplissime (reportez-vous si nécessaire au manuel Canon, page 160). Il est même possible de modifier l'ordre dans lequel apparaissent vos fonctions préférées. Vous verrez que vous ne pourrez plus vous en passer après l'avoir paramétré. Mon seul regret est de ne pas disposer d'une liste un peu plus longue (comme celle du Nikon D300) ; j'utilise bien plus de 6 fonctions quotidiennement…

▲ *Cet écran présente l'interface de réglage Mon menu, pendant sa configuration. N'oubliez pas de le configurer ; cela vous fera gagner beaucoup de temps par la suite.*

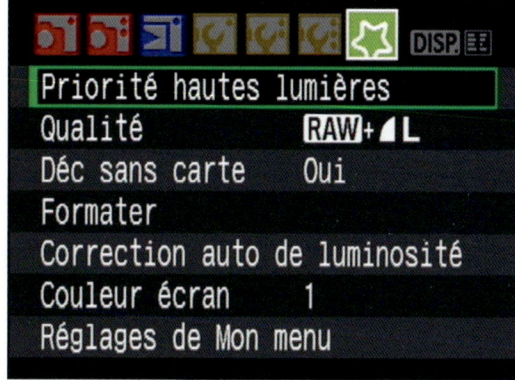

▲ *Voici l'aspect du menu vert Mon menu après sa personnalisation… Attention, sur cette vue, il ne s'agit pas des réglages que j'ai adoptés sur mon EOS 450D.*

Adobe RVB ou sRVB ? Décryptage de la notion d'Espace couleurs

Pour tenter de rester simple : un *Espace couleurs* (parfois appelé spectre coloré ou gammut) est l'ensemble des couleurs que sait prendre en compte (capturer, afficher) un périphérique d'acquisition (appareil photo, scanner) ou un périphérique de sortie (écran, imprimante, projecteur).

Cet espace est normé afin d'assurer une grande fidélité des couleurs par rapport à l'original, au fur et à mesure que l'image passe d'un appareil à l'autre (APN, écran, imprimante, presse, etc.). La norme couramment utilisée est la norme ICC (*International Color Consortium*), tous les logiciels de retouche et d'archivage d'images s'y conforment et la prennent en compte (Photoshop à partir de sa version 5). Enfin presque, puisque de nombreux navigateurs web en sont encore incapables…

Comme les logiciels de retouche qui vous demandent parfois de choisir un *Espace* de travail, votre EOS vous propose de choisir entre deux espaces très courants : sRVB et Adobe RVB (il en existe d'autres plus rares et plus performants). Précisons d'ailleurs immédiatement que *RVB* signifie *Rouge, Vert, Bleu* et que vous croiserez peut-être le terme *RGB* qui signifie en anglais *Red, Green, Blue*.

Nous verrons dans la partie 4 qu'il est conseillé d'employer le même espace colorimétrique pour la prise de vue que celui utilisé par vos logiciels… Voici les caractéristiques de ces deux espaces :

- *Espace colorimétrique sRVB*. Il correspond approximativement aux capacités d'affichage des écrans informatiques d'entrée de gamme. C'est donc le plus petit dénominateur commun entre tous les périphériques d'acquisition et d'affichage : tous sauront prendre cet espace en compte correctement (il est sécurisant, c'est pour ça qu'il est souvent utilisé sur les images destinées à Internet). Mais cet espace coloré étroit est incapable de capturer toutes les nuances imprimables (sans parler des nuances visibles, impossibles à imprimer).
- *Espace colorimétrique Adobe RVB*. C'est un compromis qui a été défini à mi-chemin entre les capacités d'affichage plutôt réduites des écrans et les besoins des professionnels de la photo et de l'impression. C'est un espace coloré plus large que le précédent (de peu, afin qu'il puisse être pris en compte par des écrans moyens). Il est donc conseillé de l'adopter, faute de mieux… Toutefois, il reste encore bien en deçà des capacités d'acquisition du capteur des appareils photo et surtout des capacités de vision de l'œil humain.

C'est en février 2003, avec l'EOS 10D, qu'est apparu pour la première fois l'*Espace couleurs Adobe RVB* sur les reflex Canon non professionnels. Sans entrer dans les détails (on écrit des livres entiers sur ce sujet), résumons simplement en expliquant qu'il permet l'enregistrement des couleurs selon un spectre plus large. Voilà pourquoi nous vous recommandons de l'adopter.

▲ Déterminant en vue de l'ajustement éventuel de vos photos, préférez l'Espace couleurs Adobe RVB. Les utilisateurs des Programmes Résultats n'auront d'autre choix que le sRVB, qui est le réglage par défaut de l'appareil dans tous les modes.

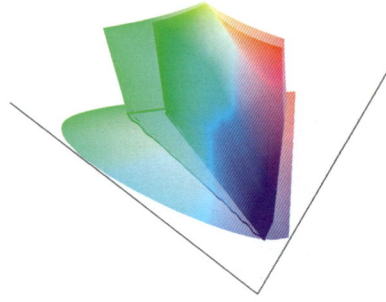

▲ Représentation tridimensionnelle des espaces sRVB (volume intérieur) et Adobe RVB (volume extérieur englobant le sRVB) obtenue grâce au logiciel ColorThink. La projection au sol est l'Espace couleurs que perçoit l'œil humain, qui est bien plus large que l'Adobe RVB. D'autres espaces courants et plus larges comme NTSC (celui de la TV) ou Prophoto (celui de Lightroom) existent mais n'ont pas été affichés.

Espace couleurs et fichiers RAW

Pour mémoire, les premiers EOS numériques D30 et D60 proposaient uniquement l'*Espace colorimétrique sRVB* (comme beaucoup d'APN des années 1999 à 2002).

Heureusement, l'espace colorimétrique n'étant définitivement fixé que lors de la conversion des images vers le format JPEG, tous les fichiers RAW issus de ces appareils anciens peuvent aujourd'hui êtres exploités en *Adobe RVB* ou dans des espaces plus larges comme le *ProPhoto* (espace par défaut d'Adobe Lightroom).

Une preuve de plus qu'il est plus intéressant (même sécurisant) de travailler en format RAW si l'on veut tirer le meilleur de ses photos… On ignore encore ce que les logiciels de demain pourront faire d'extraordinaire avec nos fichiers bruts d'aujourd'hui ! Les fichiers RAW contiennent en effet toutes les données brutes du capteur. Ces négatifs numériques préservent d'incroyables possibilités de traitement potentiel.

Car les fichiers RAW ne sont pas interprétés ni convertis par l'appareil dans des *Espaces couleurs* réduits (ni sRVB, ni Adobe RVB). Les fichiers RAW possèdent leur propre *Espace couleurs* qui est beaucoup large et garde donc le potentiel d'être converti de façons radicales… C'est cette particularité qui les rend si utiles.

Il n'est pas certain que l'*Espace* standard dans cinq ou dix ans soit toujours l'Adobe RVB. Il est même probable qu'on lui préfère un *Espace couleurs* beaucoup plus large, eu égard aux progrès des périphériques d'affichage (holographiques un de ces jours ?). Contrairement à vos JPEG, vos fichiers RAW auront conservé intact le potentiel d'être interprété dans cet espace plus large… Il sera possible de les modifier à l'aide de logiciels dont nous ne mesurons pas encore les incroyables potentialités.

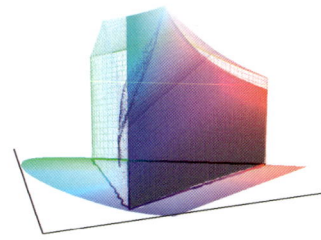

◀ *Sur cette vue, nous distinguons les espaces sRVB (volume intérieur) et Adobe RVB (volume extérieur en fil de fer). Le nuage de points bleus (foncés en bas et clairs en haut) est la représentation quantitative de toutes les couleurs de l'image suivante (en kitesurf). Une bonne partie du bleu du ciel échappe à l'Espace sRGB. L'espace Adobe RGB s'impose donc…*

▲ *Cette image a été capturée en RAW avec un Canon EOS D60, époque où cet appareil ne proposait pas encore l'Espace Adobe RGB. Elle a pourtant été traitée en Adobe RGB dans un logiciel récent. Le sRGB est incapable de donner autant de nuances que l'Adobe RGB, notamment dans les bleus et les verts.*

15. Réglez (si nécessaire) les fonctions personnalisées

N'hésitez pas à visiter les fonctions personnalisées de votre EOS 450D, qui sont au nombre de 13 alors qu'elles n'étaient que 11 sur l'EOS 400D. Comme c'est le cas avec tous les paramétrages avancés, elles sont accessibles uniquement lorsque vous utilisez les Programmes Expert (zone dite de création).

Si vous possédiez un EOS d'ancienne génération, vous serez peut-être un peu déstabilisé par les nouvelles *Fonctions Personnalisées* qui ont été remaniées complètement afin de les unifier avec le reste des boîtiers EOS de la gamme Canon. Apprenez en passant que l'EOS 40D (le grand frère du 450D) propose 24 *Fonctions Personnalisées*, autorisant une personnalisation beaucoup plus avancée.

Les progrès sont importants, notamment du point de vue de l'ergonomie. De nouvelles fonctions sont apparues, pendant que d'autres d'utilisation courantes ont rejoint les menus standard (le *Flash sur le second rideau*, par exemple).

Mémorisez deux choses :

- Le réglage en position 0 est toujours le réglage d'origine.
- Le réglage affiché en *bleu* est le réglage actif.

▲ Les 13 Fonctions personnalisées de l'EOS 450D sont accessibles par le troisième onglet de menus orange. Juste en dessous, le Menu Réinitialiser configuration permet de retrouver leur état d'origine.

Avant de modifier (éventuellement) certains réglages, précisons encore qu'il est possible de réinitialiser toutes les *Fonctions Personnalisées*, sans rien perdre des autres paramétrages du boîtier :

1 Accédez au Menu **Réinitialiser configuration** (sous le Menu **Fonctions Personnalisées**).
2 Sélectionnez **Réinitialiser toutes C. Fn** et confirmez par OK.

Pour résumer, je vous conseille de conserver la plupart des *Fonctions Personnalisées* sur leurs réglages par défaut qui sont très pertinents, sauf si vous désirez utiliser le *Live View*. À l'exception de ce cas particulier, les *Fonctions Personnalisées* de l'EOS 450D sont idéalement réglées par défaut, contrairement à celles de l'EOS 400D qui nécessitaient de petits ajustements. Passons rapidement en revue ces 13 *Fonctions Personnalisées* structurées en quatre familles :

- *Exposition* : Fonctions 1 et 2 ;
- *Image* : Fonctions 3 à 6 ;
- *Autofocus/Cadence* : Fonctions 7 à 9 ;
- *Opérations/Autres* : Fonctions 10 à 13.

Pour aller plus loin, vous pourrez vous plonger dans le manuel Canon, pages 152 à 159. Les fonctions 9, 10 et 11 ne fonctionnent pas lorsque le Live View est activé.

Réglez (si nécessaire) les fonctions personnalisées

Groupe 1 : Fonctions personnalisées relatives à l'exposition

- *Fonction personnalisée n° 1/Paliers de réglage d'exposition* : l'immense majorité des photographes conserveront ce réglage sur 0 (par défaut), ce qui permet une gestion plus fine de l'exposition :
  - *Option 0 (Palier 1/3)* : les paliers de correction d'exposition ou de bracketing changeront par tiers de diaphragme.
  - *Option 1 (Palier 1/2)* : je ne trouve plus d'intérêt à ce réglage en numérique… Sauf si vous jugez qu'une correction de 1/3 est trop faible et que 2/3 est trop fort (cela arrivait à l'époque de la diapositive).

▲ *Fonction personnalisée n°1, Paliers de réglage d'exposition*

- *Fonction personnalisée n° 2/Vitesse synchro en mode Av* : à conserver sur 0 (par défaut) dans le cadre d'une utilisation standard… Mais certains cas peuvent justifier de basculer ponctuellement en position 1 (*1/200 sec fixe*). Toutefois, dans ces cas particuliers, je trouve encore plus simple de passer en *Manuel*, afin de régler **Ouverture** et **Vitesse** individuellement sans oublier la *correction d'expo du flash*… Il suffit de réaliser deux ou trois images test et d'étudier leur histogramme, pour trouver les réglages optimaux :
  - *Option 0 (Auto)* : la vitesse évoluera entre 1/30e de seconde et 1/200. Ce réglage a l'avantage d'équilibrer la lumière du flash et la lumière d'ambiance.

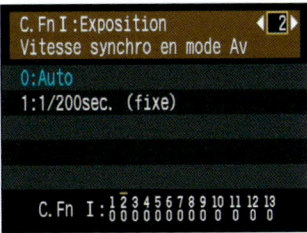

▲ *Fonction personnalisée n 2, Vitesse synchro en mode Av*

  - *Option 1 (1/200 sec fixe)* : permet de forcer l'utilisation d'une vitesse de synchro au 200e lorsque vous utilisez la **Priorité ouverture (AV)**. Le but est d'éviter le risque de flou de bougé.

Groupe 2 : Fonctions personnalisées relatives à l'image

- *Fonction personnalisée n° 3/Réduct. bruit longue expo* : sauf cas rarissimes, conservez ce réglage sur 0 (par défaut). Je m'en passe d'autant mieux que je travaille en format RAW, ce qui me permet d'ajuster le bruit très finement dans mon logiciel de traitement, tout en contrôlant le résultat affiché à 100 % en plein écran. Gardez à l'esprit que le processus de réduction du bruit ralentit très fortement la cadence de prise de vue…
  - *Option 0 (Arrêt)* : aucune réduction du bruit n'est appliquée. La cadence de prise de vue est maximale.
  - *Option 1 (Auto)* : la réduction de bruit s'active seulement si un risque de bruit numérique est détecté.

▲ *Fonction personnalisée n°3, Réduct. bruit longue expo*

  - *Option 2 (Marche)* : la réduction du bruit ne s'applique qu'aux images exposées plus d'une seconde.

■ *Fonction personnalisée n° 4/Réduct. bruit en ISO élevée* : je m'en passe puisque je travaille en format RAW (lire Fonction n°3). Mais cette réduction du bruit toute en finesse intéressera peut-être les photographes travaillant en JPEG ; le lissage du bruit reste discret et efficace. Nous sommes très loin du rendu "plastique" très artificiel généré par les boîtiers de certains fabricants venus plus récemment au reflex. Du haut de dix années d'expérience avec ses EOS numériques, Canon reste le champion de la maîtrise du bruit...

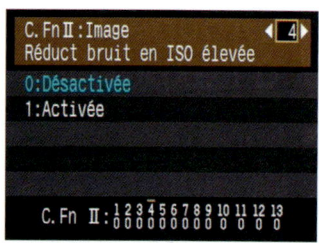

▲ *Fonction personnalisée n°4, Réduct. bruit en ISO élevée*

- *Option 0 (Désactivée)* : aucune réduction du bruit n'est appliquée. La cadence de prise de vue est maximale.
- *Option 1 (Activée)* : la réduction de bruit (discrète) s'active à toutes les sensibilités et se renforce à mesure que la sensibilité augmente. Le bracketing de balance des blancs est désactivé et la cadence chute.

■ *Fonction personnalisée n° 5/Priorité hautes lumières* : Elle est par défaut désactivée (inaccessible aux modes Résultats rappelons-le). À conserver ainsi dans le cadre d'une utilisation standard. Je m'en passe en général car je travaille en RAW. Mais si vous préférez le JPEG, vous pouvez l'activer dans certains cas : contre-jours violents, coucher de soleil, etc.

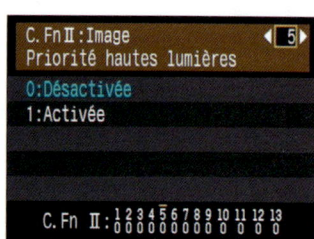

▲ *Fonction personnalisée n°5, Priorité hautes lumières*

Voir chapitre 26.

- *Option 0 (Désactivée)* : exposition normale (ciblée sur l'habituel gris à 18 %).
- *Option 1 (Activée)* : les hautes lumières bénéficient d'une dynamique améliorée avec plus de gradations (au détriment des ombres faut-il le préciser, car il n'y a pas plus de miracles en numérique qu'ailleurs).

Vous n'aurez pour seul avertissement dans le viseur et sur l'écran arrière, que les zéros de l'affichage de sensibilité ISO qui passent en petits caractères... C'est un peu léger ; on aurait préféré l'affichage d'un petit pictogramme ! Si vous l'activez, la sensibilité minimale passe de 100 à 200 ISO et du bruit numérique peut se manifester dans les ombres si vous montez en sensibilité. Dernier conseil, pensez à l'ajouter à votre menu personnalisé (**Mon Menu**), ce qui vous permettra d'y accéder rapidement (voir chapitre 14).

■ *Fonction personnalisée n° 6/Correction auto de luminosité* : celle-ci est activée par défaut et il est impossible de la désactiver dans les programmes de la zone élémentaire (*Tout Auto, Portrait, Paysage, Sport*, etc.). Ce n'est pas dramatique, à conserver donc sur *0* (activée), dans le cadre d'une utilisation standard.

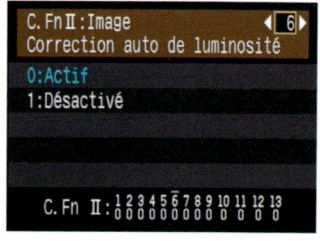

▲ *Fonction personnalisée n 6, Correction auto de luminosité*

- *Option 0 (Activée)* : les ombres sont très légèrement "débouchées". Pas d'inquiétude, c'est vraiment très discret et vous gagnerez du temps en post-traitement, avec des images un peu plus flatteuses que la normale.
- *Option 1 (Désactivée)* : les puristes qui s'en méfient et tous ceux qui travaillent en RAW préféreront la désactiver (détails au chapitre 26)... À vous de décider !

Réglez (si nécessaire) les fonctions personnalisées

▲ *La correction auto de luminosité contribue à adoucir ce contre-jour très violent... Pour renforcer son effet, il est même possible d'ajouter un petit coup de flash "fill-in", au risque de perdre un peu du naturel de la scène. Rien n'interdit enfin de combiner Correction auto de luminosité et la Fonction personnalisée n°5 Priorité hautes lumières, afin de préserver les détails du ciel et des rayons du soleil... Ces deux-là cohabitent assez bien.*

Groupe 3 : Fonctions personnalisées relatives à l'autofocus et à la Cadence

- *Fonction personnalisée n° 7/Faisceau d'assistance AF* : à conserver sur 0 (activé) dans le cadre d'une utilisation standard.

    - *Option 0 (Activée)* : un faisceau lumineux d'assistance est émis si nécessaire par le boîtier ou par votre flash Speedlight externe, afin d'aider la mise au point Autofocus.

    - *Option 1 (Désactivée)* : ce réglage interdit tout faisceau lumineux d'assistance. Afin de ne pas déranger un spectacle par exemple, ou pour économiser vos batteries.

    - *Option 2 (Uniquement par flash ext.)* : ce réglage interdit le faisceau du boîtier mais autorise celui qui serait émis par un flash Speedlight externe.

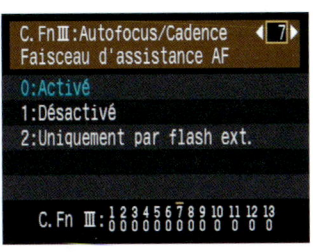

▲ *Fonction personnalisée n°7, Faisceau d'assistance AF*

- *Fonction personnalisée n° 8/AF pendant la visée directe* : cette fonction règle le type d'autofocus utilisé pour la *Visée Live* (voir chapitre 21). Compte tenu de la lenteur relative de l'AF en *Live View* (y compris le soi-disant mode Rapide), autant faire le point à la main en profitant de l'affichage Loupe... Je conserve donc cette fonction sur 0 (désactivée). Si vous désirez utiliser fréquemment la *Visée Live*, pensez à ajouter cette Fonction n°8 à votre menu personnalisé (**Mon Menu**) afin d'accéder plus rapidement à ces choix (lire chapitre 14) :

    - *Option 0 (Désactivée)* : aucun autofocus n'est disponible en Live View ; faites le point à la main (vite et bien)...

▲ *Fonction personnalisée n°8, AF pendant la visée directe*

- *Option 1 (Mode Rapide)* : le mode le plus courant pour utiliser l'autofocus (pas si rapide) en Live View.
- *Option 2 (Mode Visée directe)* : autofocus précis mais lent, plus adapté à la prise de vue sur pied…

■ *Fonction personnalisée n° 9/Verrouillage du miroir* : voilà une fonction vitale qu'il ne faut pas négliger dès que l'on travail sur pied. Lire à ce propos notre double page **Mieux utiliser votre Trépied** et le manuel Canon qui livre d'intéressantes précisions à la page 94. Pensez à ajouter cette fonction très utile à votre menu personnalisé (**Mon Menu**) afin de ne pas oublier son existence et d'y accéder rapidement (lire chapitre 14). On préférerait encore que Canon nous propose un discret bouton pour l'activer.

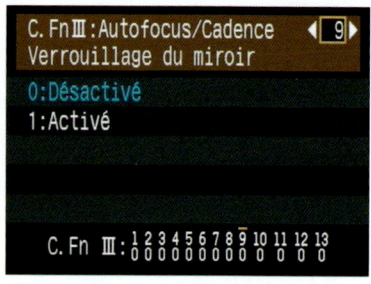

▲ *Fonction personnalisée n°9, Verrouillage du miroir*

- *Option 0 (Désactivée)* : pas de verrouillage du miroir (utilisation courante de l'appareil). Le miroir peut générer des vibrations au déclenchement lorsqu'il se relève… Donc un léger flou à certaines vitesses d'obturation critiques qui ne sont ni assez rapides, ni assez longues (par exemple, entre 1/30 et 1/2 s.).
- *Option 1 (Activée)* : relève et verrouille le miroir avant le déclenchement afin de minimiser les risques de vibration. Indispensable pour les pauses longues, pour la macro et l'utilisation de longs téléobjectifs.

Groupe 4 : Fonctions personnalisées relatives à Opérations/Autres

■ *Fonction personnalisée n° 10/Déclencheur/Touche verr. AE* : à conserver sur *0 (Autofocus/Verrouillage AE)* dans le cadre d'une utilisation standard. Vous avez deviné, le paramétrage de cette fonction est réservé aux experts et aux utilisateurs de téléobjectifs. Lire, à propos d'autofocus, notre chapitre 24.

▲ *Fonction personnalisée n°10, Déclencheur/Touche verr. AE*

- *Option 0 (Autofocus/Verrouillage AE)* : fonctionnement habituel de l'autofocus et de la mesure de lumière.
- *Option 1 (Verr. AE/Autofocus)* : permet de mémoriser séparément la mise au point (grâce à la touche [Étoile]) puis la mesure de lumière (par une pression sur le déclencheur à mi-course).
- *Option 2 (AF/Verr.AF, pas de verr. AE)* : permet en mode AI Servo de désactiver temporairement l'autofocus d'une pression sur la touche [Étoile]. Le but est d'éviter qu'un obstacle s'interposant entre vous et le sujet ne perturbe le point. L'exposition se fait classiquement au moment du déclenchement.
- *Option 3 (AE/AF, pas de verrou. AE)* : permet en mode AI Servo d'interdire et d'autoriser alternativement l'autofocus. Le but est de réaliser la mise au point seulement au meilleur moment. C'est utile si votre sujet ne cesse de s'approcher ou de s'éloigner rapidement. L'exposition se fait classiquement au moment du déclenchement.

Réglez (si nécessaire) les fonctions personnalisées

▲ Voilà typiquement le genre de scène pour lesquelles l'emploi de la Fonction Personnalisée n°10 s'avère utile. Alors que je suis cette surfeuse en AI Servo, une vague grossit au premier plan et menace de me faire perdre le point.

▲ C'est d'ailleurs exactement ce qui se passe sur cette seconde photo et toute la suite de la rafale… J'aurais pu éviter ce problème en appuyant sur la touche Étoile si la fonction n°10 avait été activée en position 2.

- *Fonction personnalisée n° 11/Touche SET au déclenchement* : permet d'attribuer une fonction à la touche [SET] durant la prise de vue, par exemple l'option n°3... On aurait préféré que Canon nous gâte avec une touche [FONCTION] vierge par défaut et 100% configurable. Peut-être sur un futur EOS 500D ?
  - *Option 0 (Désactivée)* : touche [SET] inactive et inutile durant la prise de vue.
  - *Option 1 (Changer de qualité)* : permet de modifier la qualité de l'image par la touche [SET].
  - *Option 2 (Correction Expo Flash)* : permet de modifier l'expo flash par la touche [SET].
  - *Option 3 (Ecran LCD On/Off)* : la touche [SET] se comporte comme la touche [DISP].
  - *Option 4 (Affichage du Menu)* : la touche [SET] se comporte comme la touche [MENU].

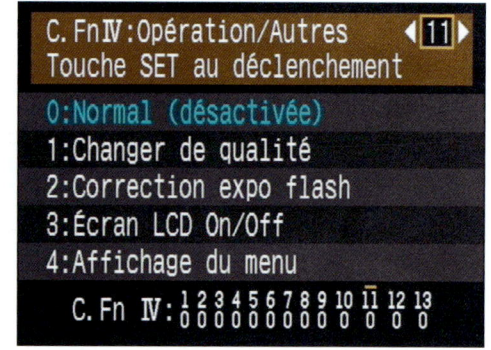

▲ *Fonction personnalisée n°11, touche SET au déclenchement*

- *Fonction personnalisée n° 12/Etat LCD lors de l'allumage* : le but de cette fonction est d'économiser la batterie de l'EOS. Choisissez éventuellement l'option n°1, notamment lorsque vous êtes en voyage :
  - *Option 0 (Allumé)* : l'écran des *Réglages de prise de vue* s'affichent dès l'allumage de l'appareil.
  - *Option 1 (Etat précédent)* : permet de retrouver l'écran, tel que vous l'avez laissé au moment de la précédente mise hors tension. Pensez à éteindre votre écran (grâce à la touche [DISP]), notamment avant d'éteindre l'EOS.

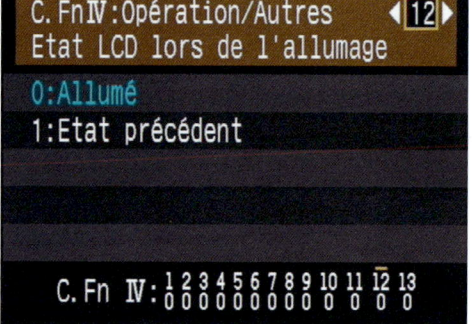

▲ *Fonction personnalisée n°12 : État LCD lors de l'allumage*

- *Fonction personnalisée n 13/Aj. données décis. origine* : utile à tous les utilisateurs désirant prouver que leurs photos sont authentiques (y compris leurs données EXIF et GPS) et non modifiées ou retouchées : professions judiciaires ou médicales, journalistes, industrie, bâtiment, etc.
  - *Option 0 (Désactivé)* : état normal de l'appareil, rien ne peut garantir l'authenticité d'une photo.
  - *Option 1 (Activée)* : ajoute automatiquement des données cryptées à l'image. Celles-ci serviront à vérifier si l'image a été modifiée ou est restée originale. Un petit logo en forme de cadenas est visible, lorsque l'on visionne les photos en affichant les données de prise de vue.

▲ *Fonction personnalisée n°13 : Aj. données décis. origine*

Réglez (si nécessaire) les fonctions personnalisées

Il faudra ensuite utiliser le kit **Original Data Security Kit OSK-E3**, un logiciel accompagné d'un lecteur de cartes spécifique coûtant environ 700 €. Fonctionnant uniquement sur PC (2000, XP, Vista), il est capable d'assurer également le cryptage des images en vue de leur transmission sécurisée. Vous trouverez plus d'infos en anglais sur le site http://web.canon.jp/imaging/osk.

▲ Le kit de sécurité OSK-E3 est une tentative de Canon pour apporter une réponse à une problématique récente (Nikon propose une solution similaire), tant il est vrai que la généralisation du numérique fait désormais planer le doute sur l'authenticité de toutes les images.

Jamais il n'avait été plus facile de maîtriser l'exposition nocturne qu'avec un reflex numérique. Il suffit de se prémunir contre les vibrations, de faire un essai, de vérifier l'histogramme et de recommencer.
1 Préparez votre cadrage sur pied et optez si possible pour le format RAW (ou RAW + JPEG).
2 Activez la *Fonction personnalisée* n°9 puis optez pour la Cadence Retardateur.
3 Faites votre mise au point (autofocus ou manuelle) puis désactivez l'autofocus.
4 Optez pour la Balance des Blancs Lumière du jour ou un réglage manuel.
5 Réglez **Vitesse**, **Ouverture** et sensibilité **ISO** (lire chapitre 21) et déclenchez.

Deux photographes chinois au travail sur le même lieu

Quand la lumière manque

Augmentez la sensibilité ISO pour compenser le manque de lumière. Si vous désirez éviter les hautes sensibilités (800 ISO et plus) afin d'éviter le bruit numérique, la solution la plus simple consiste à admettre la lumière plus longtemps en adoptant une vitesse lente. Dans ce cas, l'utilisation d'un pied est obligatoire. Si le temps de pose excède une seconde et que vous travailliez en JPEG, activez la *Fonction personnalisée* n° *3/Réduct. bruit longue expo*. Une autre solution est d'utiliser un objectif fixe à grande ouverture, par exemple un 50 mm f/1.2, ou à f/1.8 (ce dernier coûte une centaine d'euros).

Pas de pied ? Improvisez...

Transporter son pied (même en carbone) est très contraignant, et je ne le fais jamais... On peut s'en sortir en utilisant correctement le retardateur et en calant son appareil sur un muret (ou le sol) avec des petits cailloux (ce que j'ai fait pour cette image). Une solution intermédiaire consiste à transporter un mini pied métallique de 10 ou 15 cm, ou un petit sac de haricot secs.

Faites la chasse aux vibrations

La photo en vitesse basse sur pied est tout un art, celui d'éviter les vibrations. Évitez les vitesses intermédiaires entre le 30e et le ¼ de seconde. Mieux vaut choisir des vitesses plus lentes, au-delà d'une seconde. Pas besoin de déclencheur à distance, activez la *Fonction personnalisée n° 9* qui relève le miroir avant la prise de vue et réglez la Cadence sur Retardateur. Quand la fonction n°9 est activée, le retard n'est que de 2 secondes.

MIEUX UTILISER VOTRE TREPIED

- Mode : S (priorité vitesse) ;
- Ouverture : f/4,5 ;
- Sensibilité : 400 ISO ;
- Vitesse : 1 seconde ;
- Focale : 28 mm.

Coucher de soleil en Chine sur la rivière Li dans le Guangxi

16. Comprendre et optimiser les Picture Style (Style d'image).

Apparus en août 2005 sur le Canon EOS 5D, les Picture Style constituent une innovation majeure, simplifiant beaucoup les réglages de rendu des photos numériques.

Leur principe est de proposer des ensembles de paramètres prêts à l'emploi et modifiables, idéalement adaptés à diverses situations photographiques : Standard, Portrait, Paysage, Neutre, etc. On choisira donc un *Picture Style*, un peu à la façon dont on choisissait tel ou tel film du temps de l'argentique.

Avant l'arrivée des *Picture Style* rien n'était simple : il fallait paramétrer à l'avance ses propres "ensembles de réglages" pour ajuster chacun des paramètres de l'image (saturation, contraste, teinte, netteté). Ce que très peu d'utilisateurs avaient le courage de faire ou pensaient même à faire... Cette situation a duré quelques années (les EOS 350D, 20D, 10D, D60 et D30 ne disposaient pas des *Picture Style*), générant beaucoup de déceptions et même quelques retours (temporaires) au film argentique... Nous étions encore en plein Moyen Âge de la photo numérique.

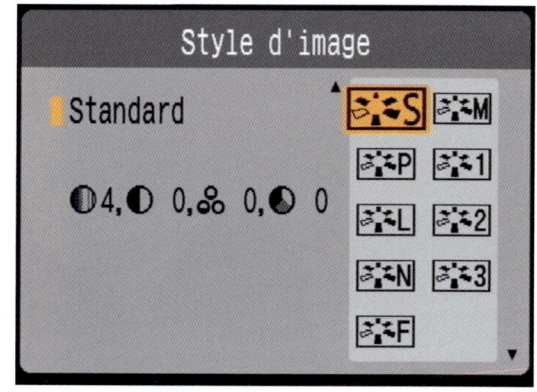

▲ *La sélection rapide d'un Style d'Image se fait maintenant d'un simple coup de pouce sur la touche Picture Style (la touche inférieure du Joypad). Que de progrès par rapport à l'EOS 5D, qui vous obligeait à une longue navigation à travers les menus pour y accéder...*

Devant la complexité des options combinées au choix d'un Espace coloré, de nombreux utilisateurs laissaient tous les paramètres à zéro et obtenaient des images qu'ils jugeaient ternes et insuffisamment nettes (molles comme disent les pros)... Alors qu'elles étaient simplement "justes". De nombreux photographes avaient en effet eu le temps de s'habituer à la sensation de netteté et de saturation des premiers APN compacts...

Ces APN amateurs qui produisaient des images à la netteté exagérée en vue d'un tirage optimal en petit format, sur Mini Lab ou sur imprimante personnelle sans nécessiter de post-traitement. Alors que les reflex numériques professionnels évitaient les réglages excessifs, afin de préserver tout le potentiel de retouche des images... Ajoutez à cela les différences entre l'affichage écran et l'image réelle et vous obteniez une improbable "soupe digitale" dans laquelle la plupart des photographes nageaient littéralement.

Heureusement, à partir de 2005, l'arrivée des *Picture Style* à beaucoup simplifié ces questions... Du moins pour tous ceux qui travaillent en JPEG. Car en ce qui concerne les fichiers RAW, beaucoup reste à faire selon le logiciel que vous utilisez (lire la fin de ce chapitre).

▌ Utiliser simplement les Picture Style

Les *Picture Style* déterminent à l'avance la saturation, le contraste, la teinte et même la netteté de vos images, ainsi que certains paramètres colorimétriques non accessibles à l'utilisateur et non documentés par Canon.

Comprendre et optimiser les Picture Style (Style d'image).

Lors de l'achat de l'appareil, 6 *Picture Style* sont chargés dans l'EOS. Il existe par ailleurs trois emplacements libres, prévus pour êtres entièrement personnalisés :

- *Standard* : images vives et nettes, directement imprimables sans post-traitement ;
- *Portrait* : images à la netteté adoucie et aux tons chair optimisés ;
- *Paysage* : haute saturation et forte netteté pour des images éclatantes. Bleus et verts optimisés ;
- *Neutre* : sans traitement, de façon à laisser ouvertes toutes les options de post-traitement ;
- *Fidèle* : pour une parfaite reproduction colorimétrique sous éclairage contrôlé à 5 200 °K ;
- *Monochrome* : prise de vue noir et blanc avec divers filtres et virages colorés possibles ;
- *Déf.ut 1* : enregistrez vos paramètres ou chargez un *Picture Style* depuis l'ordinateur ;
- *Déf.ut 2* : enregistrez vos paramètres ou chargez un *Picture Style* depuis l'ordinateur ;
- *Déf.ut 3* : enregistrez vos paramètres ou chargez un *Picture Style* depuis l'ordinateur.

Les trois derniers emplacements sont disponibles pour accueillir des *Picture Style* que vous pouvez paramétrer sur votre boîtier, ou en charger d'autres mis à votre disposition sur le site Canon. Ou encore ceux que vous pouvez créer avec le logiciel Canon Picture Style Editor (lire en fin de chapitre).

Le système des *Picture Style* offre certains avantages spectaculaires, notamment celui-ci : à condition d'utiliser le format RAW, vous gardez toute possibilité d'éditer a posteriori le *Picture Style* de chaque photo sur l'ordinateur grâce au logiciel Canon Digital Photo Professional.

Vous pouvez par exemple photographier en noir et blanc et plus tard (si vous regrettez ce choix), retrouver la couleur en optant pour un autre *Picture Style*. Répétons que tout cela n'est possible qu'avec des images RAW, une image JPEG gardera définitivement le *Picture Style* choisi lors de la prise de vue.

Mieux encore, grâce à Digital Photo Professional, il est possible d'appliquer le *Picture Style* de votre choix à des photos prises, il y a plusieurs années avec des appareils qui ne disposaient pas de cette fonctionnalité. Je l'ai vérifié avec des images prises en 2002 avec mon EOS D60 ; elles peuvent bénéficier aujourd'hui des *Picture Style* les plus récents. Encore une bonne raison de préférer le format RAW chaque fois que c'est possible ; on ne connaît rien de l'exploitation qu'il sera possible d'en faire avec les logiciels d'après-demain !

Autant de raisons qui expliquent que les *Picture Style* de Canon ont étés souvent imités mais jamais encore égalés. Seul Nikon semble actuellement en mesure de rivaliser avec ses *Picture Control* arrivés très récemment sur les boîtiers Pro D3 et D300.

◀ *Attention, le choix des Picture style est inaccessible aux Programmes résultats. Voici le message affiché si vous essayez de choisir un Style d'image alors que vous travaillez dans un de ces modes (Tout Auto, Portrait, Sport, Paysage, etc.)… Il faut obligatoirement travailler avec les modes Experts pour en profiter.*

Réglez au mieux votre reflex numérique

> **Nomenclature : Picture Style ou Style d'image ?**
>
> Dans le mode d'emploi Canon, les *Picture Style* étaient précédemment nommés *Style d'Image* (en Français), c'était notamment le cas au moment où j'avais rédigé le Guide du Canon EOS 400D. Il est donc possible que l'ancien nom ait survécu au hasard de ces pages. Mais étrangement, le terme *Style d'Image* a survécu dans les menus de l'EOS 450D.
>
> Attention également à ne pas confondre les *Picture Style* (Standard, Portrait, Paysage, Neutre, etc.), avec les **Programmes Résultats** (Paysage, Sport, Portrait, etc.) ; les deux n'ont rien à voir… Les premiers règlent le rendu de l'image ; les seconds règlent des paramètres de prise de vue (voir chapitres 6 à 11).

Sélectionnez rapidement un Picture Style

Sur l'EOS 450D, il est possible dans tous les Programmes Experts de sélectionner rapidement un *Picture Style* grâce à une touche dédiée du **Joypad**, alors que sur les EOS plus anciens (notamment les 30D et 5D), il fallait obligatoirement passer par les menus. Cette navigation à l'ancienne reste possible sur l'EOS 450D ; heureusement d'ailleurs, il faudra en passer par là pour personnaliser vos *Picture Style* :

1. Appuyez sur le bouton **Menu**. Avec le **Joypad**, allez dans la seconde colonne rouge.
2. Descendez jusqu'à *Picture Style* et validez par la touche [SET].
3. Sélectionnez le style avec lequel vous désirez travailler, par exemple *Standard*.
4. Validez par la touche [SET]. Le *Picture Style Standard* est adopté.

Veillez à utiliser un des Programmes Experts car il est impossible de choisir votre *Picture Style* dans les Programmes résultats (Portrait, Paysage, Sport, etc.). Dans ce cas, l'EOS impose ses propres choix sans vous laisser intervenir :

- Les Programmes résultats adoptent le *Picture Style Standard*.
- Sauf le Programme Paysage qui adopte le *Picture Style Paysage*.
- Et le Programme Portrait qui adopte le *Picture Style Portrait*.

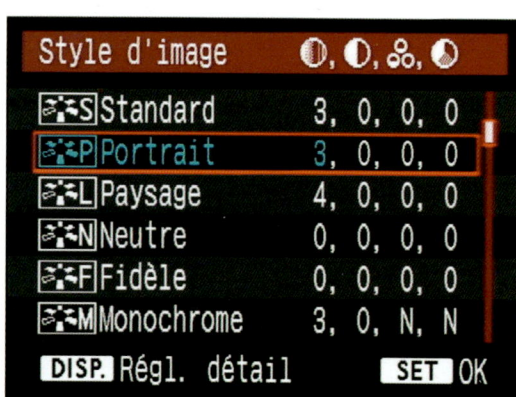

◄ Les Picture Style apparaissent dans les menus rouges avec leurs caractéristiques détaillées. Ici, Portrait a été modifié par l'utilisateur : la netteté a été renforcée de 2 à 3 (les valeurs modifiées sont en bleu). Attention au piège : il faut appuyer sur DISP (et surtout pas sur Set) pour accéder aux paramètres détaillés.

Paramétrage avancé des Picture Style

Les *Picture Style* offrent des valeurs chaque fois différentes pour les paramètres de base (netteté, contraste, saturation, teinte). Vous êtes autorisé à les modifier comme il vous plaît. Restez raisonnable si vous souhaitez obtenir des images réalistes.

Voici comment procéder :

1. Appuyez sur le bouton **Menu** dans la seconde colonne rouge. Descendez jusqu'à *Picture Style* et validez.
2. Sélectionnez le style avec lequel vous désirez travailler, par exemple *Portrait*. Attention, n'appuyez pas sur [SET] à ce moment-là.
3. Appuyez sur [DISP]. Vous avez maintenant toute possibilité de modifier chaque paramètre avec le **Joypad**.
4. Sélectionnez la ligne qui vous intéresse : *Netteté* par exemple. Appuyez sur [SET]. Réglez le curseur grâce au **Joypad**. Validez par [SET]. Changez de ligne et recommencez…
5. En cas d'erreur, vous pouvez retrouver toutes les valeurs initiales en sélectionnant *Rég. défaut*.
6. Une fois tous les curseurs réglés, remontez au menu supérieur par la touche [Menu] (c'est indiqué). Validez le choix du *Picture Style* à utiliser avec la touche [SET].

Vous venez de modifier le *Picture Style Portrait* en lui donnant plus de netteté. Toutes les modifications apparaîtront en bleu, ce qui est très lisible. Vous pouvez procéder de la même façon sur tous les *Picture Style*, ainsi que pour les paramètres utilisateur en bas de la liste : *Déf.ut 1, Déf.ut 2, Déf.ut 3*.

◀ Le Picture Style Portrait a été modifié : la netteté a été renforcée de 2 à 3. Attention, restez raisonnable pour conserver à vos images des possibilités de post-traitement.

Les échelles de réglage des Picture Style

Dans les paragraphes suivants, nous allons détailler les valeurs par défaut de tous les *Picture Style*. À titre indicatif, j'ai noté aussi mes choix personnels. Voyons les échelles employées pour quantifier ces réglages :

- Les valeurs de *Netteté* sont graduées de 0 à 7. Dans certains cas, je monte à 3 ou 4 (et même à 5 en paysage), afin de gagner un peu de temps en post-traitement.
- Les valeurs de *Contraste* sont par défaut à zéro. Elles sont graduées de -4 à +4. Je n'y touche jamais, pour éviter de perdre en dynamique (ce qui se passerait si l'on ajoutait du contraste).
- Les valeurs de *Saturation* sont par défaut à zéro. Elles vont de -4 à +4. Je monte dans certains cas jusqu'à +2, par exemple pour les paysages.

- Les valeurs de *Teinte couleur* sont par défaut à zéro. Elles vont de -4 à +4. Sauf cas très rares, je n'y touche jamais, de façon à préserver toutes les évolutions possibles. Je travaille la couleur plutôt avec la *Balance des blancs*.

Évidemment, ces choix sont déterminants si vous travaillez en JPEG ; après la prise de vue, il n'y a plus moyen de revenir en arrière. Par contre, si vous travaillez en RAW, ils ne sont réglés qu'à titre indicatif (afin de vous faire gagner un peu de temps). Ils pourront êtres modifiés dans Digital Photo Professional.

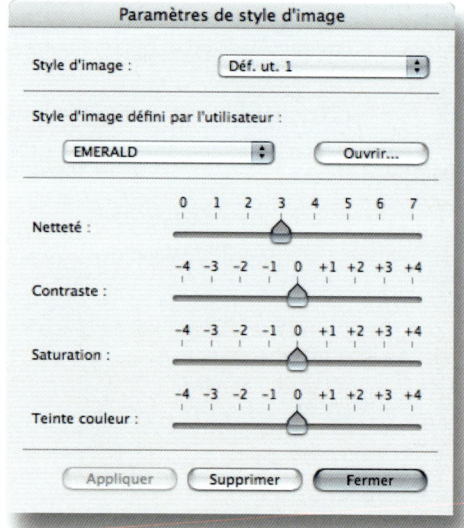

◄ *Il est facile de piloter votre boîtier depuis le logiciel EOS Utility et de modifier les Picture Style. Ce logiciel permet ici de détailler plus clairement tous les réglages qu'il est possible d'appliquer à un Picture Style donné. Ici Emerald qui a été téléchargé sur Internet.*

Post-traitement

La plupart des gens ignorent que toutes les images imprimées bénéficient d'un post-traitement : une saturation, un contraste et surtout une netteté artificiellement accentuée qui est fonction de la taille d'impression finale. Plus la taille d'impression est petite (10x15 cm par exemple), plus l'accentuation doit être vigoureuse. Par contre pour un poster A3 ou A2, l'accentuation doit être très subtile, autrement des bordures disgracieuses et du grain seront visibles… Ce n'est pas de la "triche", ce sont simplement des contraintes obligatoires liées aux procédés d'impression.

Si vous préparez des images en vue de l'impression en quadrichromie, n'oubliez pas cette accentuation nécessaire. La régler sur le boîtier dans les Picture Style fait gagner du temps en vue d'une impression en petite taille, mais peut limiter vos chances d'obtenir un poster de qualité… Soyez prudent, du moins pour ce qui concerne les JPEG ; l'accentuation appliquée aux RAW restera modifiable dans DPP.

Comprendre et optimiser les Picture Style (Style d'image).

■ Le Picture Style Neutre : pour préserver l'image

Nous allons comparer ce *Picture Style* à chacun des autres en le prenant comme référence car il ne bénéficie d'aucun traitement : pas d'accentuation, pas de saturation ni de contraste ajoutés. C'est d'ailleurs pour cela qu'on l'utilise uniquement dans certains cas, par exemple si l'on veut préserver les hautes lumières d'une robe de satin blanc ou une scène à contre-jour avec des reflets spéculaires sur des chromes ou du verre. En conséquence, ce régime sans sel ni sucre vous semblera terriblement terne et ennuyeux.

- Avantages : l'image contient beaucoup d'informations que l'on pourra exploiter facilement.
- Inconvénients : l'image paraît fade et terne. Il reste encore du travail à faire sur l'ordinateur.
- Valeurs par défaut : Netteté : 0/7. Contraste : 0/4. Saturation : 0/4. Teinte : 0/4.
- Valeurs de l'auteur : Netteté : 0/7. Contraste : 0/4. Saturation : 0/4. Teinte : 0/4.

Ce *Picture Style* intéresse les professionnels experts en traitement d'image : c'est la meilleure façon de préserver toutes les options de retouche. À condition de passer pas mal de temps sur l'ordinateur…

▲ *Picture Style Neutre*

▲ *Picture Style Paysage*

Réglez au mieux votre reflex numérique

■ Le Picture Style Standard : polyvalent et par défaut

C'est le réglage par défaut de votre EOS ; il convient à presque tous les sujets. Il plaît à beaucoup de gens et donne des images assez saturées avec une bonne netteté, bien adaptée à une utilisation polyvalente... C'est un mode parfait en vue d'une impression directe sans post-traitement, notamment lorsqu'il est combiné avec la fonction Personnalisée N°6 *Correction Auto de Luminosité* (activée par défaut). En plus d'un excellent constructeur d'appareils photos, Canon est devenu un excellent fabricant de films.

- Avantages : gain de temps appréciable, polyvalence en vue de l'impression.
- Inconvénients : peu de défauts, peut-être un peu trop flatteur pour certains sujets ?
- Valeurs par défaut : Netteté : 3/7. Contraste : 0/4. Saturation : 0/4. Teinte : 0/4.
- Valeurs de l'auteur : Netteté : 4/7. Contraste : 0/4. Saturation : 2/4. Teinte : 0/4.

Le Picture Style Standard serait à éviter seulement pour certains portraits. Sa saturation relativement élevée pourrait ne pas convenir au rendu de certaines peau, sous certains éclairages.

▲ *Picture Style Neutre*

▲ *Picture Style Standard*

Comprendre et optimiser les Picture Style (Style d'image).

Le Picture Style Portrait : teintes chair et contraste léger

Le rendu colorimétrique des tons chair a été durant des années le cauchemar des ingénieurs. Après 10 ans de progrès en photo numérique, les errements du début ne sont heureusement qu'un lointain souvenir. Ce *Picture Style* a été développé en vue d'un rendu optimal de la peau. Les teintes magenta, rouges et orangées ont été spécifiquement calibrées, la netteté et le contraste sont extrêmement doux pour éviter tout risque d'accentuer les défauts de la peau.

- Avantages : évite la montée des magentas qui donnent une peau rougeaude.
- Inconvénients : images peu dynamiques employées en dehors de leur contexte.
- Valeurs par défaut : Netteté : 2/7. Contraste : 0/4. Saturation : 0/4. Teinte : 0/4.
- Valeurs de l'auteur : Netteté : 2/7. Contraste : 0/4. Saturation : 1/4. Teinte : 0/4.

Étrangement je ne l'apprécie guère sur les visages ; je trouve le rendu presque trop rose. J'ai plutôt l'habitude de m'en remettre à des réglages personnalisés au cas par cas.

▲ *Picture Style Neutre*

▲ *Picture Style Portrait*

Le Picture Style Paysage : saturation des bleus et des verts

Il réveille les couleurs, c'est le réglage à privilégier pour les photos de nature et de voyage. Il me rappelle irrésistiblement mes bons vieux films diapo Fuji Velvia. C'est d'ailleurs le plus saturé et contrasté de tous les *Picture Style*. Évidemment, il faut aussi savoir en sortir lorsqu'on revient à des sujets plus conventionnels car il peut paraître un peu artificiel… Mais vous pouvez éventuellement diminuer un peu sa saturation et son contraste si vous voulez l'utiliser de façon plus courante.

- Avantages : les bleus et les verts sont optimisés, la netteté et la saturation sont renforcées.
- Inconvénients : rendu peut-être un peu flatteur, moyennement apprécié des traditionalistes.
- Valeurs par défaut : Netteté : 4/7. Contraste : 0/4. Saturation : 0/4. Teinte : 0/4.
- Valeurs de l'auteur : Netteté : 5/7. Contraste : 0/4. Saturation : 2/4. Teinte : 0/4.

Attention lorsque vous réalisez des portraits et des photos au flash en intérieur, vous pourriez êtres surpris par les couleurs obtenues. Pensez à revenir en Style Standard.

▲ Picture Style Neutre

▲ Picture Style Paysage

Comprendre et optimiser les Picture Style (Style d'image).

▮ Le Picture Style Fidèle : sous éclairage à 5 200 K

Ce *Picture Style* est plutôt destiné aux natures mortes et à la reproduction de documents et d'œuvre d'art sur banc. Il a pour ambition une extrême rigueur colorimétrique sous un éclairage de lumière du jour à environ 5 200 kelvins. À quelques nuances près, c'est le style le plus proche de ce que l'on obtient avec le *Picture Style Neutre*, mais avec un peu plus de caractère... Il restera encore du travail de post-production pour obtenir des images flatteuses à l'impression.

- Avantages : une reproduction colorimétrique optimale sous éclairage à 5 200 K.
- Inconvénients : nécessite un travail de post-traitement et quelques connaissances.
- Valeurs par défaut : Netteté : 0/7. Contraste : 0/4. Saturation : 0/4. Teinte : 0/4.
- Valeurs de l'auteur : Netteté : 2/7. Contraste : 0/4. Saturation : 1/4. Teinte : 0/4.

Je ne vous le conseille surtout pas pour vos photos de vacances et portraits souvenir ! Il ne sera réellement utile qu'aux professionnels possédant quelques notions d'éclairage.

▲ *Picture Style Neutre*

▲ *Picture Style Fidèle*

Le Picture Style Monochrome : le noir et blanc facile

Le retour en grâce du noir et blanc grâce au numérique, qui l'eut cru ? L'histoire de la photo réserve parfois quelques surprises... Ce *Picture Style* est très agréable, d'autant que l'on peut revenir à la couleur à tout moment, à condition de shooter en RAW. La possibilité des filtres virtuels (jaune, orange, etc.) est très intéressantes pour ceux qui savaient déjà les utiliser en argentique... Juste pour l'anecdote, il existe aussi des virages sépia, bleu, violet, vert qui présentent beaucoup moins d'intérêt.

- Avantages : permet de se former au noir et blanc, oblige à raisonner en valeurs.
- Inconvénients : pas évident d'obtenir ensuite un tirage aussi neutre que votre fichier.
- Valeurs par défaut : Netteté : 3/7. Contraste : 0/4.
- Valeurs de l'auteur : Netteté : 2/7. Contraste : 0/4. Filtre jaune.

À utiliser de préférence en format RAW (ou RAW + JPEG) ; rien ne dit que vous ne désirerez pas revenir à une image couleur... De plus, le travail sur les couches en RAW est potentiellement très puissant.

▲ *Picture Style Neutre*

▲ *Picture Style Monochrome*

Comprendre et optimiser les Picture Style (Style d'image).

▲ *Filtre jaune : renforce les contrastes, fonce un peu les ciels par rapport à l'absence de filtre. Sensation de relief renforcée.*

▲ *Orange : intermédiaire entre jaune et rouge, traditionnellement utilisé pour renforcer le contraste des paysages*

▲ *Filtre rouge : renforce encore plus les contrastes et dramatise l'atmosphère. Les ciels tournent au noir.*

▲ *Filtre vert : fonce le rendu des couleurs rouges complémentaires. Il rend les verts et les bleus plus clairs.*

▲ *Virage sépia*

▲ *Virage bleu*

 ▲ Virage violet

 ▲ Virage vert

Téléchargez de nouveaux Picture Style sur Internet

Il peut être intéressant (au moins amusant) de télécharger de nouveaux *Picture Style* proposés par Canon sur son site japonais : http://web.canon.jp/Imaging/picturestyle. Il n'est pas nécessaire de s'enregistrer ; le téléchargement est libre, rapide, disponible pour Mac et PC.

Des explications précises sont fournies pour les charger ensuite dans l'EOS ainsi que dans votre logiciel Digital Photo Professional. Ne vous trompez pas : veillez à bien sélectionner les *Picture Style* adaptés à votre appareil et à votre système d'exploitation.

Seulement cinq nouveaux styles sont proposés pour l'instant. Ils sont un peu caricaturaux mais se révèlent intéressants tout de même. Nous espérons que d'autres suivront bientôt. Les *Picture Style* téléchargés peuvent eux aussi êtres personnalisés dans **Picture Style Editor** (lire en fin de chapitre).

À télécharger sur Internet : Autumn Hues

Comme son nom l'indique, les couleurs chaudes (jaunes et rouges) de l'automne sont vivifiées ! L'ensemble est assez réaliste et utilisable. À charger immédiatement dans votre boîtier.

 ◀ *Picture Style Neutre*

 ◀ *Picture Style Automne Hues*

Comprendre et optimiser les Picture Style (Style d'image).

À télécharger sur Internet : Clear

Ici ce sont les bleus profonds du ciel qui sont renforcés, avec une extrême saturation des couleurs en général. Les contrastes sont très durs, c'est un peu l'équivalent d'un filtre polarisant dopé aux stéroïdes !

▲ Picture Style Neutre

▲ Picture Style Clear

À télécharger sur Internet : Emerald

L'idéal pour souligner les transparences turquoise et émeraude des eaux tropicales ou des lacs de montagnes. Un petit secret à emmener absolument, si vous partez aux Philippines, par exemple !

▲ Picture Style Neutre

▲ Picture Style Emerald

À télécharger sur Internet : Nostalgia

Celui-là ne m'a pas beaucoup inspiré mais il aura certainement des adeptes. Couleurs pastel plutôt passées et contrastes en berne… Nostalgie, quand tu nous tiens !

▲ Picture Style Neutre

▲ Picture Style Nostalgia

À télécharger sur Internet : Twilight

Les ingénieurs japonais prendraient-ils des substances dangereuses ? Rassurez-vous, ce réglage prend tout son sens au crépuscule, réveillant des couleurs surnaturelles, surtout en présence d'éclairages artificiels.

▲ Picture Style Neutre

▲ Picture Style Twilight

Comprendre et optimiser les Picture Style (Style d'image).

▌ Avertissement si vous travaillez en format RAW

Pour éditer vos fichiers RAW en profitant des *Picture Style*, il est jusqu'à présent obligatoire d'utiliser un logiciel édité par Canon, notamment Canon Digital Photo Professionnal. Dans ce format, les *Picture Style* sont en effet codés selon un langage propriétaire qui n'est pas décodé par les logiciels d'autres éditeurs…

Cela provoque des sueurs froides chez les photographes travaillant en RAW + JPEG, lorsqu'ils s'aperçoivent que le rendu de leurs fichiers RAW est différent de celui des JPEG selon le logiciel utilisé. Faute de référence, les photographes qui travaillent uniquement en RAW ou uniquement en JPEG ne s'aperçoivent souvent de rien… Tout juste notent-ils que leurs images sont plus flatteuses sur l'écran de l'EOS qu'affichées sur l'ordinateur. Pour vous en convaincre, faites l'expérience suivante :

- Sélectionnez le Style d'image Monochrome sur votre EOS et photographiez en RAW + JPEG. Déchargez vos images sur l'ordinateur et ouvrez-les dans Canon DPP. Il vous sera possible de visualiser les CR2 dans leur style d'image Monochrome d'origine, l'aspect des JPEG et des RAW est identique. Vous pourrez modifier ce *Picture Style* Monochrome ou en choisir un autre (Paysage par exemple qui est en couleurs évidemment).
- Importez les mêmes images dans Lightroom, Camera RAW, Aperture ou n'importe quel logiciel de traitement RAW. Les JPEG s'affichent normalement en noir et blanc, mais les RAW apparaissent en couleur ! Car ces logiciels les décodent à leur façon, avec des réglages standard… Ils ignorent les *Picture Style* écrits par l'EOS à destination exclusive de DPP. Le problème est évidemment semblable avec les fichiers NEF de Nikon.

Voilà pourquoi les photographes ne désirant pas utiliser Canon DPP auront intérêt à travailler en RAW + JPEG, au moins pendant quelque temps… De façon à se familiariser avec le rendu de leurs images et à bénéficier d'une intention de rendu, sur laquelle ils pourront s'appuyer afin de régler leurs RAW. Ils chercheront à imiter (ou à s'éloigner) de l'aspect des JPEG traités par l'appareil. Quel que soit leur choix artistique, il est important de disposer d'une référence pour éviter de partir dans l'inconnu…

Dans un second temps, ces photographes pourront affiner leurs propres réglages d'images en s'éloignant autant qu'ils le voudront du modèle des *Picture Style* Canon. Attention, cela n'est pas toujours facile et l'on arrive vite à des résultats aberrants d'aspect très artificiels… Il n'est pas forcément facile de rivaliser avec une armée d'ingénieurs nippons, dont la culture de l'image n'est pas à prouver !

▌ Les Picture Style bientôt dans les logiciels Adobe ?

Au moment où je rédige ce livre, Adobe travaille à une solution pour simplifier cette question de décodage colorimétrique des fichiers RAW. Celle-ci devrait être disponible dans Lightroom 2 et Adobe Camera RAW 5, attendus d'ici à septembre 2008 qui proposeront un large choix de profils colorimétriques imitant les *Picture Style* Canon et les Picture Control Nikon, sans oublier leurs équivalents chez d'autres marques.

Pour chaque image issue d'un Canon EOS, vous disposerez ainsi d'un menu déroulant proposant une imitation des 6 Styles d'image Canon. Attention, il ne s'agira pas des *Picture Style* eux-mêmes, seulement de profils y ressemblant. Il restera donc impossible de lire les *Picture Style* que vous aurez éventuellement modifiés dans l'appareil mais le progrès sera tout de même énorme !

Adobe va même plus loin en proposant un logiciel destiné à la modification de ces profils. Nommé Camera RAW Profil Editor dans sa version Alpha, il s'agit d'un pendant de Canon Picture Style Editor le nouvel outil d'édition des *Picture Style* qui accompagne les derniers EOS (lire en fin de chapitre).

Reste qu'à ma connaissance, ces profils Adobe ne prendront pas en compte l'accentuation réglée dans le boîtier. Ce n'est pas très gênant d'ailleurs car les logiciels Adobe disposent de réglages d'accentuation beaucoup plus finement paramétrables que ceux proposés par les fabricants d'appareil photo...

Toutes ces avancées très importantes en sont encore au stade du développement au moment où je rédige ce chapitre. Mais dès leur disponibilité dans Lightroom 2, ces questions seront traitées en détail dans la catégorie Lightroom de mon blog sosphotonumérique.com.

Paramètres cachés des fichiers RAW

Le choix du *Picture Style* affecte également d'autres paramètres que les paramètres classiques : *Netteté*, *Contraste*, *Saturation* et *Teinte*. Canon ne donne malheureusement aucune indication sur ces paramètres cachés. L'explication est peut-être un peu complexe mais tentons-la tout de même.

L'espace coloré embrassé par le capteur est beaucoup plus large que l'espace coloré proposé par le format final d'enregistrement (Adobe RGB et plus encore sRGB). Le logiciel interne de dématriçage de l'appareil ainsi que Digital Photo Professional (qui traitent tous deux les données du capteur vers Adobe RGB ou sRGB) ont donc la possibilité de privilégier certaines directions du spectre coloré.

Ce faisant, ils peuvent interpréter les données brutes du capteur, de façon différente et optimisée pour chaque *Picture Style* (par exemple optimiser les bleus et les verts pour *Paysage*). Alors que la conversion standard doit se faire de façon obligatoirement neutre afin de rester polyvalente.

Voilà qui explique que théoriquement, seul le fabricant de l'appareil a la possibilité de proposer un logiciel de traitement RAW exploitant la totalité des possibilités du capteur. Théoriquement donc, Digital Photo Professional est le meilleur "derawtiser" pour exploiter les RAW du 450D. Mais en pratique, on peut le trouver lent, peu ergonomique et préférer utiliser d'autres logiciels (Adobe Camera RAW, Lightroom, Aperture, Capture One, Lightzone, etc.). Malheureusement, cela implique de se passer aussi des *Picture Style* et de certaines subtilités des fichiers RAW Canon (.CR2) que seul DPP sait exploiter.

Picture Style Editor : outil puissant de personnalisation

En plus de Digital Photo Professionnal, Canon propose dorénavant un logiciel très puissant pour créer et modifier les *Picture Style*, qui sont ni plus ni moins que des profils colorimétriques propriétaires.

À vous la possibilité de créer des *Picture Style* imitant certaines émulsions fameuses qui étaient appréciées des photographes, il y a peu encore... Par exemple la Fuji Velvia 50 ou la Kodachrome 64, histoire de retrouver un peu de cette légendaire sensation de rouge à peine teintée de nostalgie. Et pourquoi pas un Picture Style Technicolor qui tenterait de reproduire l'ambiance colorée si particulière des films des années 50 ? Cette démarche ressemble à ce que propose déjà le logiciel français DxO. Mais si DxO ne travaille qu'une fois les images rapatriées sur l'ordinateur, les *Picture Style* Canon ont l'avantage de pouvoir êtres chargés dans l'EOS pour y traiter directement RAW et JPEG à partir des données brutes du capteur.

Picture Style Editor que l'on peut lancer directement depuis un raccourci d'EOS Utility offre des possibilités de modification très pointues en embrassant l'espace colorimétrique très large des fichiers RAW Canon. L'aspect de cette toute première version est assez frustre mais l'on peut espérer qu'il s'améliore. Une pipette permet de sélectionner précisément les couleurs que vous souhaitez modifier. Vous pourrez alors intervenir sur leurs courbes, leurs valeurs, leurs saturations, sans oublier les paramètres habituels de Contraste, Saturation, Teinte et Netteté... Vous pourrez ensuite enregistrer ces profils personnalisés sous forme de *Picture Style*, sans

Comprendre et optimiser les Picture Style (Style d'image).

oublier leur extension de fichier *.pf2*. Ils seront alors prêts à utiliser dans DPP ou chargé dans votre EOS, afin d'être appliqués au moment de la prise de vue sur les JPEG et les RAW.

L'emploi de Picture Style Editor doit être envisagé avec une grande prudence, car il permet des modifications en profondeur. On s'éloigne vite de tout réalisme, voire on s'égare en plein psychédélisme ! Si vous créez, comme je l'ai tenté un *Picture Style* destiné à magnifier la couleur turquoise des mers du Sud, il n'est pas garanti que ce Profil donne de bons résultats dans d'autres circonstances. Par exemple, avec les eaux du Golfe du Morbihan...

Rappelez-vous qu'un tel *Picture Style* appliqué à un JPEG dès la prise de vue ne pourra être retiré ou modifié par la suite. L'image sera définitivement perdue si votre *Picture Style* est inapproprié... Il me semble donc indispensable de tester vos *Picture Style* personnalisés sur des fichiers RAW exclusivement, avant de vous lancer sur des JPEG. On peut d'ailleurs s'interroger sur l'utilisation qui sera faite de ce logiciel par des utilisateurs non prévenus, les informations livrées par Canon étant des plus succinctes.

Picture Style Editor restera donc probablement un outil réservé aux professionnels. Mais rien ne devrait empêcher certains photographes bidouilleurs de mettre (gratuitement ou pas) leurs propres collections de *Picture Style* personnalisés à la disposition de tous sur Internet. Voilà qui pourrait compléter les maigres propositions faites par Canon sur son propre site : http://web.canon.jp/Imaging/picturestyle.

▲ *Modifier la colorimétrie de vos images n'est pas compliqué, à condition de comprendre l'interface peu explicite de Picture Style Editor. J'ai ici sélectionné les bleu-vert grâce à la pipette. Puis j'ai saturé et contrasté ces couleurs avant de les décaler vers le bleu. Il est ensuite possible d'enregistrer ce réglage en tant que Picture Style (nommé par exemple Lagon Turquoise) pour le charger dans votre EOS.*

Voici un aspect de la photo numérique qu'il est possible d'aborder "*à l'ancienne*" dès la prise de vue, ou à la postproduction... Notamment si vous avez choisi de travailler en RAW, dont le potentiel d'ajustement par couches est exceptionnel.

1 Optez pour *Monochrome* d'une pression sur la touche **Picture Style** et préférez le format RAW..
2 Tentez d'identifier les taches claires et les taches sombres de la scène en vue de composer votre image...
3 Tout l'enjeu du noir et blanc est d'analyser la scène en valeurs, plutôt qu'en couleurs.
4 En vérifiant votre photo sur l'écran, vous découvrirez des répartitions de valeurs que vous n'aviez pas imaginées.
5 Tenez compte de ces observations et recommencez. Le noir et blanc, ça vient avec le temps, soyez patients...

Moine d'un monastère du Ladakh. Une image initialement en couleurs

Optez pour le format RAW et retrouvez vos couleurs

On hésite toujours un peu avant de se priver des couleurs d'une scène intéressante. Les photographes passionnés utilisaient souvent deux boîtiers simultanément, l'un était chargé d'un film noir et blanc et l'autre d'un film couleur. Grâce au format RAW, ne vous privez ni de l'un ni de l'autre, car si le JPEG est définitivement enregistré en noir et blanc, rien n'est en revanche fixé pour le RAW qui retrouvera ses couleurs (ou n'importe quel autre *Picture Style*) sur votre ordinateur.

L'usage d'un filtre jaune, orange ou rouge

Il était traditionnel, en noir et blanc argentique, d'utiliser un filtre orange ou jaune pour ajouter du relief à votre image et foncer le ciel (en filtrant les rayons bleus et violets). Le fait que ce filtre soit maintenant logiciel, intégré aux *Styles d'image* et éditable dans DPP est plus pratique et son effet plus puissant. Le format RAW vous permet de modifier profondément la répartition des couches RVB pour simuler l'emploi de ces filtres d'autres logiciels que DPP, notamment dans Lightroom qui offre des curseurs par canaux très intuitifs...

Les effets de virage coloré de l'EOS

Il est évidemment tentant de les utiliser au début lorsqu'on les découvre, mais on se lasse très vite de ce petit gadget qui ne va pas très loin... Et qu'il est si facile d'obtenir dans Photoshop !

PHOTOS NUMÉRIQUES EN NOIR ET BLANC

- Mode : S (Priorité vitesse) ;
- Ouverture : f/18 ;
- Sensibilité : 100 ASA ;
- Vitesse : 120e de seconde ;
- Focale : 42 mm.

Contre-jour sur les dernières habitations flottantes dans la baie de Hong-Kong

17. Choisissez la taille de vos photos, leur compression, leur format

Sans entrer dans les détails, il est important de garder en tête quelques notions théoriques relatives au format, à la taille et au poids des images numériques. Cela vous permettra de faire les bons choix selon les circonstances et en fonction de l'espace de stockage dont vous disposez.

Il existe toutefois un moyen radical d'éviter la lecture de ce chapitre un peu ennuyeux… Investissez dans une réserve de cartes mémoire de 8 Go et optez systématiquement pour l'enregistrement simultané en RAW + JPEG… Vous serez tranquille et vous éviterez les questions existentielles !

Ce choix n'est pas le plus judicieux au vu du poids élevé des RAW en 14 bits de l'EOS 450D (pas moins de **15,3 Mo** auxquels il faut ajouter **4,3 Mo** pour le JPEG). Pensez également à la taille des disques durs qui seront nécessaires à l'hébergement de votre photothèque à long terme ! Au lieu de cela, je vous propose d'en apprendre un peu plus sur le poids des différents formats de fichiers et les options offertes par votre EOS 450D. Une culture qui devrait vous permettre de choisir un jour ou l'autre entre JPEG et RAW…

Commençons avec un peu de théorie. Une image numérique est constituée de pixels (*picture element*) qui sont ses plus petits éléments constitutifs (comme la matière est constituée d'atomes). Les pixels sont de minuscules carrés de couleur rangés côte à côte à la façon d'un damier. Ils sont si petits que normalement, on ne les distingue pas les uns des autres. Quand cela arrive, la photo n'est pas très agréable à regarder…

Que signifient les 12,2 mégapixels de l'EOS 450D ?

Pour obtenir une image en couleurs, il faut trois couches de ces pixels : une rouge, une verte, une bleue… En simplifiant, une photo numérique est donc un feuilleté de ces trois couches et c'est en modulant la transparence des pixels de chacune de ces couches que l'on obtient l'ensemble des couleurs. On parle donc d'image RVB (contrairement aux images imprimées en OFSET qui nécessitent quatre couches d'encre : Cyan, Magenta, Jaune et Noir. On parle alors d'image CMJN ou de quadrichromie).

Revenons à nos damiers… Le capteur de l'EOS 450D est capable d'enregistrer des images constituées de 4 272 pixels par 2 848 pixels, ce qui nous donne 12,2 millions de pixels après un rapide calcul :

- 4 272 pixels x 2 848 pixels = 12 166 656 pixels précisément.

C'est pourquoi on parle, en langage courant, d'un appareil de 12,2 mégapixels (voilà un mystère résolu). Pour simplifier, plus il y a de pixels et plus la taille de l'image est importante, donc meilleure est sa qualité… Mais ceci est de la théorie seulement (lire à ce propos la fin de ce chapitre et le chapitre 23).

Malheureusement, le poids d'une image (exprimé en mégaoctets) augmente avec le nombre de pixels, ce qui est assez logique. La course à la qualité se double d'une course à la taille des cartes mémoire, à la puissance et aux capacités de stockage des ordinateurs capables de remuer et stocker tous ces pixels. Le processeur de l'appareil photo doit également monter en puissance afin de traiter plus d'informations à la fois.

Choisissez la taille de vos photos, leur compression, leur format

Trois tailles en JPEG mais une seule en RAW

Bien que destiné aux amateurs, le Canon EOS 450D est équipé d'un capteur géant de 12 mégapixels, alors que l'EOS 1000D comme l'EOS 40D destiné aux experts et professionnels ne disposent que de CMOS de 10 mégapixels... Avantage de cette taille raisonnable, l'EOS 40D monte à la cadence exceptionnelle de 6,5 IPS, ce qui lui permet d'exceller en sport, alors que l'EOS 450D plafonne à 3,5 IPS.

Dans les Programmes résultats (Auto, Sport, Paysage, Gros Plan, etc.), vous n'aurez droit qu'au format JPEG. Sur l'EOS 450D, le menu **Qualité** (menu rouge à gauche) vous propose trois tailles de JPEG. En principe, choisissez systématiquement la taille d'image maximale de 12,2 MP en qualité fine (compression minimale) sans vous occuper du poids de ces fichiers (exprimés en mégaoctets). Il serait dommage de ne pas tirer parti de toutes les capacités de votre capteur :

- JPEG Large (qualité fine) : 4 272 x 2 848 pixels = 12,2 mégapixels (poids **4,3 Mo** environ).
- JPEG Medium (qualité fine) : 3 088 x 2 056 pixels = 6,3 mégapixels (poids **2,5 Mo** environ).
- JPEG Small (qualité fine) : 2 256 x 1 504 pixels = 3,3 mégapixels (poids **1,6 Mo** environ).

Dans les Programmes experts, vous disposerez en plus du format RAW. Seule la taille maximale est possible pour l'enregistrement en RAW ainsi que pour l'enregistrement simultané en RAW + JPEG :

- RAW : 4 272 x 2 848 pixels = 12,2 mégapixels (poids env. **15,3 Mo** environ).
- RAW + JPEG Large (qualité fine) : 4 272 x 2 848 pixels = 12,2 mégapixels (poids **19,6 Mo** environ).

Le fichier RAW (dorénavant codé sur 14 bits) pèse **15,3 Mo** à lui seul ; il est environ 3,5 fois plus lourd qu'un fichier JPEG de taille équivalente... Les RAW de l'EOS 400D codés sur 12 bits ne pesaient que **9,8 Mo**, l'inflation est galopante... L'enregistrement en RAW + JPEG pèse lourd : **19,6 Mo** par image, c'est beaucoup (d'où l'intérêt de finir par se décider entre JPEG et RAW).

Canon aurait peut-être été bien inspiré de nous proposer une option permettant de revenir ponctuellement à l'enregistrement des RAW en 12 bits. Sur son D300, Nikon est resté en 12 bits avec une option 14 bits. Option qui présente d'ailleurs le désavantage de ralentir terriblement la cadence de prise de vue. Canon fait mieux grâce au surpuissant processeur Digic III.

Ce poids des RAW en 14 bits explique aussi pourquoi les Canon EOS 40D et EOS 1 D mark III professionnels disposent d'une seconde taille plus petite (sRAW) afin d'enregistrer des fichiers RAW plus légers et plus rapides à transmettre. Car les professionnels pressés ou à cours d'espace de stockage, préféreront souvent un fichier RAW plus petit (taille en pixel), à n'importe quel fichier JPEG...

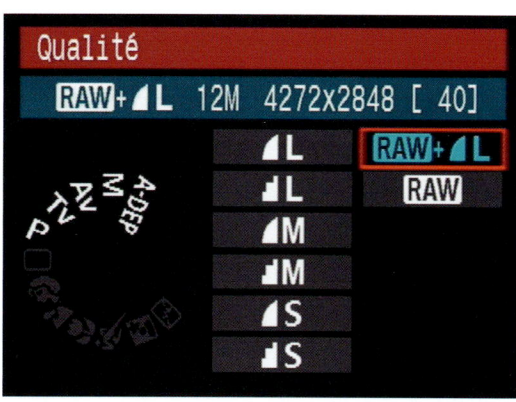

◄ Choisir le format se résume finalement à trois options. L'option par défaut est le JPEG Large qui conviendra à tous ceux qui ne veulent pas réfléchir. L'option des vrais passionnés est le RAW. Et la voie médiane est le RAW + JPEG Large (sélectionné ici) qui rassure les hésitants mais pèse très lourd... Évitez à tout prix les trois options JPEG compressé (dégradé devrait-on dire) de la colonne de gauche, reconnaissables à leur logo en escalier qui représente de gros pixels.

Lorsque la place vient à manquer sur la carte

À ceux qui ne travaillent pas en format RAW, je conseille donc la taille JPEG Large de 12,2 mégapixels et la compression minimale (*qualité fine*). Mais que faire lorsque la place vient à manquer sur la carte ?

Vérifiez si toutes les images stockées sur la carte méritent d'être conservées ; un petit ménage permet de gagner de la place... On regrette d'ailleurs que Canon ne propose pas l'effacement distinctif des fichiers RAW et JPEG. Lorsque l'on a travaillé en RAW + JPEG, on est donc obligé d'effacer les deux fichiers à la fois, ce qui est vraiment dommage. Écrivez à Canon pour réclamer l'ajout de cette possibilité au prochain EOS 500D, car d'autres marques proposent déjà ce raffinement...

Si malgré tout, il n'était pas possible de récupérer suffisamment d'espace, optez en désespoir de cause pour la taille JPEG intermédiaire. Le *JPEG Medium (qualité fine)* dont les images pèsent moins lourd : 2,5 Mo au lieu de 4,3 Mo. Vous disposerez alors de l'équivalent d'un APN de 6,3 mégapixels, ce qui n'est déjà pas si mal !

Je me souviens d'ailleurs de superbes photos réalisées en JPEG avec mon EOS D60 de 6 mégapixels. Moyennant un post-traitement attentif, j'avais publié quelques doubles pages et même réalisé quelques tirages A3. Les experts de Photoshop qui travaillent en JPEG Medium diminueront éventuellement la netteté initiale de leurs images (le réglage se fait par les *Picture Style* évoqués au chapitre 16), afin de préserver leurs chances d'optimiser subtilement la netteté plus tard. Cela demandera évidemment un peu de travail, mais Photoshop propose des réglages extrêmement subtils et permet d'ajuster la netteté zone par zone, ce qui change tout.

Autant que possible, évitez le format JPEG compressé

Il existe une ultime possibilité supplémentaire : le *JPEG qualité normale* qui subit une compression plus élevée que le *JPEG qualité fine* afin de peser moins lourd. Il est, comme son grand frère, disponible dans les trois tailles habituelles :

- *JPEG Large (qualité normale)* : 4 272 x 2 848 pixels = 12,2 mégapixels (poids **2,2 Mo** environ).
- *JPEG Medium (qualité normale)* : 3 088 x 2 056 pixels = 6,3 mégapixels (poids **1,3 Mo** environ).
- *JPEG Small (qualité normale)* : 2 256 x 1 504 pixels = 3,3 mégapixels (poids **1,6 Mo** environ).

Sauf circonstances exceptionnelles, je ne vous conseille pas d'utiliser ces trois options. Mieux vaut interpoler proprement dans Photoshop une image de 6,3 mégapixels (pesant en moyenne **2,4 Mo**), qui aurait été enregistrée en *JPEG Medium (qualité fine)*... La compression JPEG entraîne des effets très destructeurs. La démonstration suivante sur ce casque de moto est impressionnante.

Ne l'oubliez pas lorsque vous choisirez l'enregistrement en JPEG dans Photoshop et évitez les qualités inférieures à 10 ou 11 (sur l'échelle de 12).

◄ *Fortement agrandie, voici l'image originale d'un visage de motard sous son casque, telle qu'elle peut être obtenue avec le JPEG qualité fine de l'EOS.*

Choisissez la taille de vos photos, leur compression, leur format

◀ *Ceci est l'effet d'une compression JPEG modérée. De légers effets de mosaïque apparaissent, qui limiteront le potentiel d'ajustement dans Photoshop.*

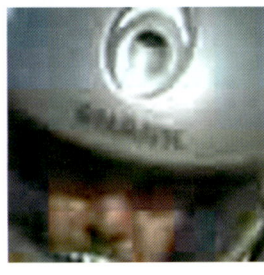

◀ *Ceci est l'effet d'une compression JPEG importante. Les effets de mosaïque s'accentuent, l'image est maintenant complètement inexploitable.*

▌ Le RAW tout court… Ou le RAW + JPEG

Nous avons évoqué le RAW à plusieurs reprises et vous avez compris que son usage est recommandé pour tirer le meilleur parti de vos images. Les professionnels, les passionnés et tous ceux que l'informatique n'effraient pas choisiront sans hésiter ce format et laisseront le JPEG de côté. En cas de besoin, ils pourront toujours obtenir des JPEG facilement grâce à leur logiciel de développement RAW habituel.

Pour les photographes, l'adoption du format RAW est souvent déclenchée par l'acquisition d'un logiciel de traitement RAW pratique et convivial, sans oublier un ordinateur puissant capable de le faire tourner de manière fluide (Core Duo à 2 GHz et 2 Go de RAM au moins).

Il vous est évidemment possible d'utiliser Canon Digital Photo Professional, pour gérer et développer vos fichiers RAW. Celui-ci présente quelques avantages (gestion des Style d'image par exemple) mais son interface est si peu engageante que je connais peu de photographes amateurs qui l'utilisent couramment. Par ailleurs, il ne présente aucune fonction de catalogueur (création d'albums thématiques indexant des images dans des dossiers distants). On se lasse très vite de son explorateur de dossiers trop basique…

C'est pourquoi je reste persuadé que l'arrivée de logiciels de nouvelle génération tels que Lightroom et Aperture aura contribué à la conversion de nombreux photographes au format RAW (lire le chapitre 32). Il est vrai qu'avant l'arrivée de ces logiciels, la manipulation des images RAW faisait peur et s'avérait plus lourde que celle des JPEG. De nombreux amateurs refusaient donc avec raison de s'encombrer de fichiers RAW…

Mais tout est en train de changer et je vous encourage à télécharger une version d'évaluation de ces deux logiciels, qui vous permettront peut-être de basculer votre flux de travail en RAW. Si vous hésitez encore, peut-être parce que votre ordinateur manque de puissance, une solution provisoire consiste à choisir un double enregistrement simultané en RAW + JPEG.

Évidemment une image RAW (**15,3 Mo**) est beaucoup plus lourde qu'une image JPEG (**4,3 Mo**). Et enregistrer les deux simultanément cumule leur poids. On arrive à **19,6 Mo** par image au total. Pourtant, nous vous recommandons cette solution pour toutes les occasions qui vous semblent importantes :

- Les JPEG vous dépanneront le temps de vous faire à l'idée d'adopter les fichiers RAW. Ce format vous permettra d'imprimer facilement vos images et de les transmettre directement sans les convertir.
- Conservez précieusement vos RAW (vos négatifs numériques) et ressortez-les le jour où vous vous sentirez prêt à les exploiter. Le jour peut-être où vous désirerez réaliser un tirage géant de l'une de vos œuvres…

▲ Avec le format RAW, la photo passe dans une nouvelle dimension tant son potentiel est énorme. N'hésitez pas à opter pour ce format si vous possédez un ordinateur rapide et un logiciel de traitement des fichiers RAW tel que Lightroom ou Aperture… Dans le doute, passez éventuellement par une période de transition en utilisant le RAW + JPEG, comme ici.

La supériorité des fichiers RAW expliquée

Rappelons les deux raisons principales qui expliquent le potentiel phénoménal des fichiers RAW, tant en termes de correction de couleur (équilibrage de la balance des blancs) que de valeurs (correction de sur et sous-expositions, réglage des contrastes, éclairage des tons foncés, récupération des hautes lumières, etc.).

Première raison : nous avons vu que l'*Espace couleurs* des images RAW était extrêmement large, ce qui permet lors de la conversion vers un *Espace couleurs* plus étroit (Adobe RVB par exemple) de privilégier certaines directions du spectre coloré afin d'optimiser cette conversion.

Seconde raison : une image RAW est codée de façon non linéaire sur 12 ou 14 bits, alors qu'une image JPEG est codée uniquement sur 8 bits :

- En JPEG, chacune des trois couches RVB ne possède que 256 niveaux entre sa valeur la plus claire et la plus foncée. L'information est codée sur 8 bits : $2^8 = 256$.
- En RAW 12 bits, chacune des trois couches RVB possède 4 096 niveaux entre sa valeur la plus claire et la plus foncée. L'information est codée sur 12 bits : $2^{12} = 4 096$.
- En RAW 14 bits, chacune des trois couches RVB possède 16 384 niveaux entre sa valeur la plus claire et la plus foncée. L'information est codée sur 14 bits : $2^{14} = 16 384$.

Les couleurs de la photo étant la combinaison des trois images monochromes contenues sur les trois couches RVB, on comprend qu'en partant de $4 096^3$ nuances (ou mieux encore de $16 384^3$ nuances), le potentiel d'ajustement soit incroyablement plus élevé qu'en partant de seulement 256^3 nuances.

Paradoxalement, les plus mauvais photographes (ceux qui commettent le plus d'erreurs d'exposition à la prise de vue) pourraient donc tirer le meilleur parti de la souplesse des fichiers RAW ! Hors, ce sont eux qui n'osent pas se lancer en format RAW…

> **Bientôt un concurrent aux fichiers RAW ?**
>
> À plus long terme, une autre piste se dessine avec l'arrivée possible d'un nouveau format qualitatif : le Windows Media Photo qui a été développé par Microsoft et labellisé par le groupement JPEG (Joint Photographer Expert Groupe) sous le nom de JPEG XR. Ce format conserverait certains avantages du JPEG (sa légèreté), sans ses inconvénients (son caractère destructif) et pourrait donc constituer une alternative aux fichiers RAW. Rien n'indique pour l'instant que ce format ait quelques chances d'arriver un jour dans nos reflex Canon, Nikon, Sony, etc. Affaire à suivre !

La diffraction stoppera-t-elle la course aux mégapixels ?

Depuis leurs débuts, les Canon EOS ont gagné de façon méthodique 2 mégapixels tous les 18 mois. Nous venons de voir que nous sommes passés d'un fichier RAW pesant **9,8 Mo** sur l'EOS 450D fin 2006, à un fichier RAW de **15,3 Mo** sur l'EOS 450D début 2008. Une inflation d'autant plus inquiétante que de nouveaux arrivés sur le marché du reflex surenchérissent avec des capteurs de 14 mégapixels installés dans des reflex amateurs, les conséquences sur le bruit numérique dès 800 ISO étant importantes.

Voir chapitre 23.

Réel progrès technologique ? Ou argument marketing destiné à marquer les esprits et à faire oublier le retard accumulé derrière Canon et Nikon qui ont régné seuls sur le marché du reflex numérique pendant une dizaine d'année ? Quoi qu'il en soit, avec des images aussi énormes, les acheteurs de ces boîtiers de 14 mégapixels doivent se préparer à muscler leur équipement informatique et leurs capacités de stockage ! Heureusement que les éditeurs d'application travaillent eux aussi d'arrache-pied à concocter des logiciels chaque année un peu plus efficaces et que les fabricants de disque dur rivalisent eux aussi d'imagination : par exemple, le disque Spinpoint 1 To de Samsung (1 024 Go, SATA II, 7 200 tr/min) est accessible dès 129 € TTC.

Toutefois rassurez-vous : il se pourrait que cette fuite en avant un peu folle ralentisse. Tout simplement à cause des lois de l'optique et d'un phénomène inévitable nommé **Diffraction**… Plus le capteur de votre reflex possède une définition élevée, plus il est sujet à la diffraction qui est une perte de netteté progressive des objectifs à mesure que leur diaphragme se ferme. Nous n'expliquerons pas ce phénomène en détail. Résumons en précisant que la définition des petits capteurs APS-C de 12 et 14 mégapixels dépasse aujourd'hui les performances dont les objectifs sont capables lorsqu'ils ferment au-delà de f/11.

C'est la diminution de la taille physique des photosites qui est ici en cause. Il faut savoir en effet que pour obtenir plus de pixels sur une surface donnée, les fondeurs doivent diminuer la taille des photosites (les minuscules puits qui récoltent la lumière avant de la convertir de façon analogique en signal électrique). En dessous d'une certaine taille de ces photosites (environ 5 micromètres), il devient inutile d'augmenter la définition des capteurs (1 m = 10^{-6} m soit 0,000 001 mètre)… Les objectifs que l'on place devant sont incapables de délivrer une définition suffisante. Il semblerait que la limite du raisonnable ait déjà été atteinte :

- Avec les 12 mégapixels de l'EOS 450D pour les capteurs Canon de taille APS-C (coef. x1,5).
- Avec les 14 mégapixels des capteurs de taille DX (coef. X1,5) de Sony, Pentax, Samsung et Nikon qui sont un peu plus larges que les APS-C Canon et peuvent donc recevoir plus de photosites.

Cela rend d'autant plus important le fait de savoir que **la plupart des optiques délivrent le meilleur d'elles-mêmes, entre f/5,6 et f/10**, ce que les bons photographes savaient déjà du temps de l'argentique. Mais cette règle d'hygiène optique prend une nouvelle dimension avec les capteurs de le génération 2008/2009. Voilà peut-être la raison pour laquelle les boîtiers professionnels de Canon sont sagement bridés à 10 mégapixels, les photographes experts étant très régulièrement appelé à "fermer le diaph" au-delà de f/16.

Plaidoyer pour les capteurs full-frame

Pour augmenter encore la définition des reflex numériques (c'est-à-dire augmenter le nombre de photosites) et atteindre les 16, 18 ou 20 mégapixels, il faudra éviter de diminuer davantage la taille des photosites. Autrement la diffraction annulera fatalement tout gain en définition (ne parlons pas de la montée du bruit numérique en haute sensibilité, qui est un problème supplémentaire). Deux solutions semblent se dessiner :

La première qui sera forcément provisoire, consistera à réduire encore l'espace séparant les photosites. Mais les ingénieurs atteindront tôt ou tard une limite physique, qui d'ailleurs est peut-être déjà atteinte.

La seconde solution qui est la seule véritablement crédible à long terme consistera à augmenter la surface physique du capteur afin d'y loger plus de photosites. Consultez à ce propos le schéma comparatif des différents types de capteurs actuellement utilisés sur le marché des reflex (voir chapitre 20). On peut à ce propos s'interroger sur les possibilités qu'auront les membres du consortium 4/3 (Olympus, Panasonic, Leica) d'augmenter beaucoup la résolution de leurs reflex, lorsque l'on prend conscience de la taille minuscule de leurs capteurs. De ce point de vue, Canon dispose de deux atouts :

- Une taille de capteur supérieure à l'*APS-C* actuelle. Je pense aux capteurs *APS-H* utilisés sur les EOS 1D (coef x 1,26) qui sont beaucoup plus vastes que les capteurs *DX* (coef x 1,5) utilisés par Nikon, Sony, Samsung et Pentax (voir le schéma des tailles de capteurs). Toutefois le cercle optique des objectifs EF-S n'étant pas compatible avec ces capteurs APS-H, il est peu probable que les reflex d'entrée de gamme puissent en être jamais équipés.
- La voie royale réside certainement dans la poursuite du développement de capteurs *Full-frame* (coef x1) de taille 24 x 36 mm, dans laquelle Canon a pris une certaine avance avec les EOS 1Ds et l'EOS 5D. Nikon s'y est mis récemment avec son D3 et ce sera bientôt au tour de Sony d'y venir... Mais là encore, les successeurs de l'EOS 450D n'y auront certainement pas accès, s'ils veulent rester compatibles avec les optiques EF-S.

De quel capteur sera équipé le Canon EOS 500D attendu en juillet 2009 ? Probablement d'un CMOS de 14 mégapixels, si la logique du marketing est respectée... Mais on se demande bien comment Canon (et ses concurrents) parviendront à régler ce problème de diffraction. Quant à l'étape suivante, des 16 et 18 mégapixels, elle relève encore de la science-fiction !

Mégapixels

Alors que l'EOS 450D d'entrée de gamme offre paradoxalement 12 mégapixels, ce qui est énorme, Canon ne joue pas la course aux pixels sur ses reflex experts professionnels. Tous restent limités à 10 mégapixels, à l'exception des 13 mégapixels de l'EOS 5D et du fabuleux EOS 1Ds mark III de 21 mégapixels qui domine tous les autres. Ces deux reflex à capteur full-frame sont l'exception qui confirment la règle !

Sauf à multiplier les impressions géantes (au-delà du A3), une taille raisonnable de 10 mégapixels ne nous semble pas forcément un désavantage, notamment pour les photographes nomades. Songez que vos cartes mémoires et vos disques durs pourront enregistrer 20 % d'images supplémentaires… On peut vraiment s'interroger sur l'intérêt réel d'équiper des reflex amateurs de capteurs géants de 14 mégapixels, comme l'a fait récemment Sony avec son Alpha 350. Des professionnels du marketing auraient-ils décrété qu'il serait plus facile aux vendeurs de grandes surfaces, de placer 14 mégapixels au kilo plutôt que 12 ?

▲ *Plage d'El Nido aux Philippines, avec filtre polarisant*

Le filtre polarisant était "The secret" des pros pour réaliser leurs images "magazine" à l'époque de la diapo. Bien qu'il soit maintenant facile de saturer artificiellement les couleurs en numérique, je le considère toujours plus ou moins indispensable en voyage.
1. L'effet du filtre polarisant est optimal avec le soleil venant de côté ou de trois-quarts.
2. Placez-vous dans la position adéquate par rapport au sujet.
3. Tournez la bague afin de trouver l'équilibre : ciel saturé, eau transparente, végétation lumineuse…
4. Attention à la sous-exposition, surveillez le baregraphe au moment de déclencher !
5. Prenez éventuellement une seconde photo sans polarisant, afin de les comparer ultérieurement.

Quand utiliser le polarisant

À chaque fois que la perspective atmosphérique rend les photos très fades. Avec le polarisant, les couleurs semblent plus saturées, le ciel plus dense soulignant d'un blanc éclatant les petits nuages par beau temps. Sur l'eau, il élimine les réflexions du ciel, lui donnant une transparence flatteuse. Il élimine également les reflets sur les vitres ; vous l'utiliserez pour faire des images dans les musées.

Fonctionnement du polarisant

Le polarisant vous fait perdre au moins un diaphragme car il filtre les rayons incidents engendrés par une atmosphère chargée d'humidité ou les réflexions sur l'eau, les vitres ou les feuillages. Il est monté sur bague rotative afin de pouvoir être orienté perpendiculairement à la direction de la lumière.

Plage d'El Nido
aux Philippines,
sans filtre polarisant

Plage d'El Nido
aux Philippines,
avec filtre polarisant

Pas à toutes les sauces

Ne faites pas toutes vos images avec un polarisant vissé sur votre boîtier; on peut se lasser des contrastes durs qu'il engendre. Il est notamment gênant en portrait… Par ailleurs le polarisant ne fonctionne pas tout le temps. Au grand-angle, les coins du ciel deviennent tellement sombres que la photo est parfois inexploitable. Le polarisant renforce le vignettage des objectifs, notamment avec les boîtiers full-frame comme l'EOS 5D.

LES SECRETS DU FILTRE POLARISANT

- Mode : S (priorité vitesse) ;
- Ouverture : f/13 ;
- Sensibilité : 100 ISO ;
- Vitesse : 60ᵉ de seconde ;
- Vitesse : 60ᵉ de seconde ;

3

Améliorez vos prises de vue en 10 étapes

Une photo intéressante commence souvent par une idée fugitive dans la tête d'un photographe confronté à une scène. Mais l'idée n'est pas encore la photo, le plus dur reste à faire : transformer les intentions du photographe en pixels. C'est ici que commencent les choses sérieuses…

◀ Vue de l'antique monastère de Diskit qui domine la Vallée de la Nubra face à la chaîne du Karakorum. L'usage d'une focale de 120 mm a permis de rapprocher arrière-plan et premier plan. Celui-ci reste suffisamment net grâce à une ouverture de f/10. Canon EOS et zoom EF 70-200 mm f/2.8L IS USM. Mode Priorité vitesse, 125e de seconde, f/10. Sensibilité, 100°ISO. Photo Vibert/Actionreporter.com.

18. Notions photographiques générales

Si avec les Programmes résultats, il est facile de faire des images, les Programmes experts vous permettent de prendre le contrôle de l'appareil à 100 %, pour "faire de la photo"…

Aussi sophistiqué qu'il soit, votre reflex numérique reste un appareil photo classique doté d'un objectif, d'un diaphragme et d'un obturateur… Rien n'a donc changé depuis l'arrivée du numérique en ce qui concerne les techniques de prise de vue, sauf peut-être le fait de pouvoir modifier la sensibilité à la volée pour chaque photo.

Il existe des modes en photographie mais pas de recettes miracles. C'est bien connu, les modes se démodent ; rappelez-vous de ces images de jeunes filles pastel de la fin des années 70 qui firent le succès des filtres Cokin. Elles nous font sourire aujourd'hui car le truc du filtre Soft est éventé… Les trucs ne marchent qu'un temps, mieux vaut les fuir et se concentrer sur des sujets dignes d'intérêt. Ce n'est pas en vissant un filtre inédit sur votre objectif, ni en passant de 10 à 14 millions de pixels, ni encore en revenant vers le noir et blanc et encore moins grâce à un plug-in pour Photoshop que vous deviendrez meilleur photographe.

Il n'existe pas de recettes pour réaliser à coup sûr des images intéressantes ; la seule façon connue reste de se trouver au bon endroit au bon moment ! Et surtout de prendre de nombreuses photos, sans oublier de réfléchir un minimum…

Ultime secret, bien connu des professionnels mais oublié des amateurs : la moitié du travail d'un photographe consiste à savoir trier ses photos ! Il faut les consulter souvent et les trier longuement afin de "se faire l'œil". Faute de recul sur leur propre travail, certains photographes préfèrent confier ce travail à un proche. Ce n'est pas une mauvaise idée, à condition d'avoir un spécialiste en permanence à sa disposition.

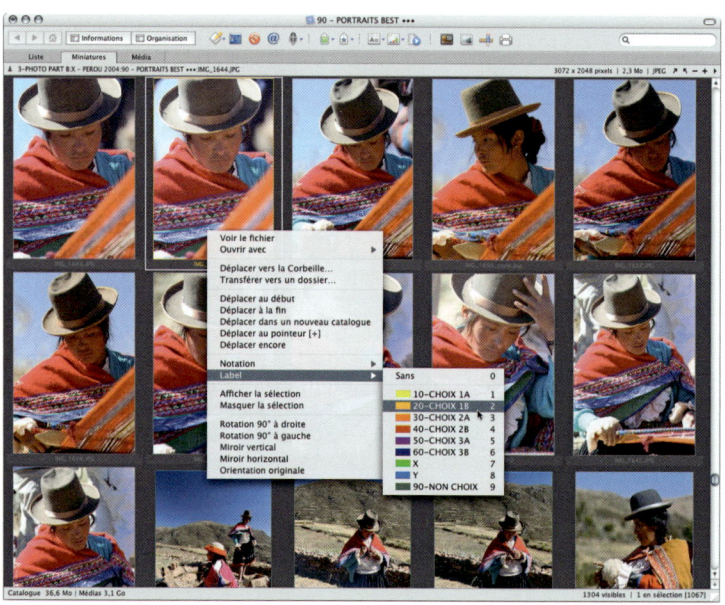

◄ *Le travail de sélection (editing) est aussi déterminant que celui réalisé à la prise de vue. Un gestionnaire d'images efficace est donc un outil aussi vital qu'un bon boîtier et de bonnes optiques ! Indéniablement, Expression Media (ex iView Media Pro) et Lightroom comptent parmi les meilleurs outils mis à la disposition des photographes pour sélectionner leurs images.*

Notions photographiques générales

▌ Trouvez un sujet à vos images

Il n'est pas de bonnes photos sans bon sujet… Les images doivent parler de "quelque chose", une jolie photo n'intéresse pas grand monde en effet si elle est vide de sens. D'ailleurs, de nombreux photographes sont devenus photographes uniquement grâce à leur passion pour une région, un peuple… Si vous voulez "faire de la photo", il vous faudra trouver "votre" sujet.

L'ambition d'un photographe amateur n'est évidemment pas la même que celle d'un professionnel ; on peut faire de la photo juste pour se faire plaisir et conserver des souvenirs. Toutefois, pour éviter que votre passion ne s'épuise et pour lutter contre les désillusions, tentez de vous concentrer sur le même thème suffisamment longtemps, de façon à constater quelques progrès…

Ne pensez pas à la réalisation d'une photo unique, lancez-vous plutôt dans des séries cohérentes et gravitant autour d'un thème. Votre jugement s'affinera à mesure que vous deviendrez "spécialiste" de votre sujet. Progressivement, votre "point de vue" s'imposera…

◀ Au-delà de son contenu "littéraire", la photo possède comme la peinture son propre langage dont les mots sont les rythmes, les lignes et les couleurs… Pour donner plus de sens à ses images, le photographe devra essayer de dépasser la simple narration figurative et tenter de donner un sens "plastique" à son travail. Plateau de Revard, en Savoie. Nikon D200. Mode Tv (priorité vitesse). Vitesse : 1/80 s. Ouverture : f/16. Sensibilité : 250 ISO. Focale : 35 mm. Photo : Vibert/Actionreporter.com.

Améliorez vos prises de vue en 10 étapes

■ Le cadrage et le point de vue

Cadrer, c'est choisir d'inclure ou d'exclure certains éléments d'une scène, ce qui en pratique est déterminant. Repensez à ces fils électriques, que vous avez évités car ils gâchaient une scène bucolique…

Cadrer est donc donner un "point de vue" sur la réalité. La photo n'étant jamais "la réalité" mais seulement l'interprétation qu'en fait le photographe. Reproduire fidèlement ce que vous avez sous les yeux est impossible ; vous devez donc choisir un angle qui donnera tout son sens à l'image.

Tout l'art du cadrage est de maîtriser ce sens… Si vous ne parvenez pas à réunir dans votre cadre tous les éléments significatifs d'une scène, essayez autrement. En vous déplaçant d'abord, puis en changeant de focale (nous allons y venir), dans un second temps… Montez sur un mur afin de voir le monde de plus haut, ou au contraire plongez à plat ventre afin de les voir d'en dessous.

En dernier recours, posez-vous la question de déplacer certains éléments de la scène elle-même, afin de les aider un peu à rentrer dans le cadre. Cela revient à déformer la réalité pour mieux en rendre compte, c'est ce que les photographes de presse magazine appèlent "monter la photo". Est-ce tricher ? La photo reste-t-elle authentique ? Il y aurait beaucoup à écrire sur cette question mais ce n'est pas le sujet de ce livre…

◄ Les choix de cadrage effectués par le photographe peuvent changer très facilement le sens d'une image.

Ce qu'on croyait être une île déserte ► en plein Pacifique redevient malheureusement une plage envahie de touristes…

Notions photographiques générales

▌ La composition, les lignes, les rythmes

Nous ne nous lancerons pas ici dans un traité de composition. Tous les ouvrages écrits sur le sujet depuis la Renaissance n'ont jamais aidé grand monde, ni les étudiants des Beaux-Arts ni les apprentis photographes !

Les règles de la peinture classique sont faites pour êtres appliquées et surtout détournées… Beaucoup de gens n'ont d'ailleurs pas besoin de conseils ni de réfléchir longtemps avant de composer d'instinct des scènes structurées, pleines de diagonales, de triangles, de lignes et de rythmes. C'est un peu comme si tous ces éléments s'imposaient à eux. Au point que quand on a l'habitude de composer des images harmonieuses, cela devient un tic et l'on ne sait plus comment déconstruire la composition afin de la rendre dynamique, vivante, déséquilibrée, déstabilisante…

Il est possible que ces mystères tiennent plus ou moins à la culture visuelle de chacun… La culture peut venir avec l'âge. Alors dévorez les livres de photo, amusez-vous à repérer dans les œuvres de grands maîtres les lignes de force, les rythmes, les spirales, les trajectoires… Et n'y pensez plus par la suite !

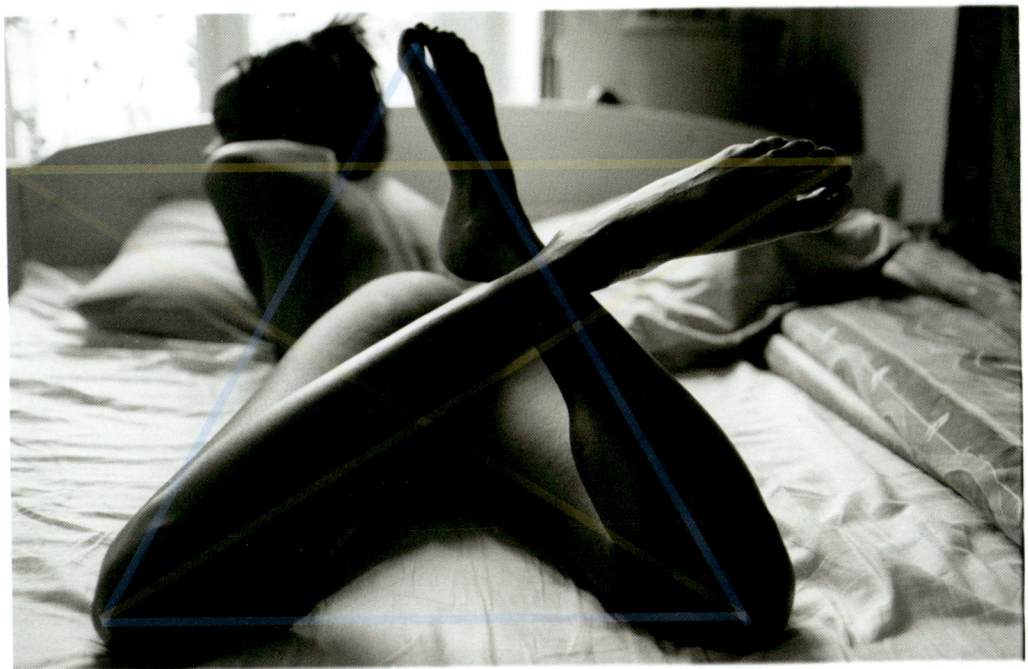

▲ *Il est amusant de jouer à Léonard de Vinci… En cherchant bien, on peut trouver dans cette image une étoile à cinq branches ! Tentez de repérer les lignes fortes de vos images et vous découvrirez peut-être pourquoi certaines "fonctionnent" mieux que d'autres. Mais ne le prenez surtout pas pour argent comptant. La composition n'est qu'un jeu, pas une science exacte.*

▌ La saturation, le contraste, la balance des couleurs

L'arrivée du numérique donne accès dès la prise de vue à de "nouveaux curseurs" qui restaient inaccessibles aux photographes travaillant en argentique. Du moins pas avant le moment du tirage…

- **La saturation** : Denrée rare qui obligeait les photographes à se lever de bonne heure pour bénéficier des lumières du matin. À ce moment de la journée, l'air est débarrassé du voile atmosphérique qui filtre la lumière et empêche de profiter des vraies couleurs… Bien qu'un curseur (dans les *Picture Style*) permette aujourd'hui de "pousser" la saturation, évitez de trop en jouer car cela ne remplace pas la "belle lumière"…
- **Le contraste** : Il s'obtient également aux levers et aux couchers du soleil. Comme pour la saturation, ne poussez pas trop loin le curseur numérique. Un gain de contraste se paye forcément par une perte de dynamique (donc d'information). Pourtant, certaines images n'en souffrent aucunement, comme le démontre la photo de Che Guevara par Korda (Alberto Díaz Gutierrez) devenue un logo en noir et blanc au fil des années.
- **La balance des couleurs** : Elle est très facile à corriger aujourd'hui sur le boîtier ou sur l'ordinateur. La même image plus chaude (orangée) ou plus froide (bleutée) produira une sensation différente. C'est aussi vrai en ce qui concerne l'autre axe de réglage de teintes : l'axe vert, violet… Voici un outil créatif de plus à notre disposition ; utilisez-le non pour "faire joli" mais pour le sens qu'il donne aux images.

Les caractéristiques de votre image peuvent donc êtres très finement paramétrés… Au prix d'une certaine perte de simplicité, regrettent certains. Tant il est vrai qu'en argentique il suffisait d'opter pour tel ou tel type de film aux caractéristiques connues… Heureusement, les paramétrages d'image prédéfinis (*Picture Style* Canon et *Picture Control* Nikon) qui se généralisent nous facilitent bien le travail.

▲ *Le contraste coloré est ici maximal grâce au choc entre les couleurs complémentaires que sont le bleu (couleur froide) et l'orange (couleur chaude).*

19. Profondeur de champs : gérez la netteté de vos images

La première étape vers la maîtrise des principes photographiques de base concerne les notions de netteté et de flou… Recherchez la netteté mais ne craignez pas le flou !

La netteté flatte l'œil. C'était encore plus vrai à une époque révolue où la qualité optique des objectifs et des techniques d'impression la rendait rare… Aujourd'hui, la netteté a perdu un peu de son prestige et de son attrait, les performances autofocus de nos objectifs y ont beaucoup contribué. Il est devenu par ailleurs si facile de renforcer artificiellement la netteté d'une image que les données du problème ont changé. Nous sommes cernés d'images "trop nettes pour êtres honnêtes" !

■ Recherchez la netteté et ne craignez pas le flou

Pourtant, la netteté retrouve tout son charme lorsque, au sein d'une même photo, elle se trouve confrontée à son contraire, le flou ! Les bons photographes savent en jouer et usent pour cela de diverses techniques : choix d'objectif à faible ouverture, profondeur de champ minimale, objectifs à décentrement…

Au-delà du flou de mise au point, il est une autre sorte de flou très intéressant si on l'utilise de façon créative. Il s'agit du "flou de bougé" qui donne une sensation de mouvement aux images… Il est souvent employé en sport (on parle de filé). Le flou de bougé peut avoir deux origines : le **bougé du sujet** ou le **bougé du photographe**… Il s'obtient par la sélection d'une vitesse d'obturation lente souvent en deçà de 1/40 s.

L'emploi d'un flash y compris en plein jour (*technique du fill-in*) est intéressant à ces basses vitesses, car il permet d'introduire de la netteté sur les objets à portée du flash. Le temps d'éclairage du flash étant quasi instantané, tout objet en mouvement éclairé par le flash paraîtra net. Alors qu'au-delà, tout reste flou…

L'emploi d'un objectif stabilisé est également intéressant pour obtenir un filé plus facilement. L'objectif détecte le mouvement horizontal de l'appareil alors que vous suivez le sujet. La stabilisation se fait alors uniquement dans le sens vertical, l'objectif ne cherchant pas à contrarier les mouvements horizontaux, ce qui contribue à une meilleure efficacité du filé.

◀ *Un beau flou de bougé compensé par un coup de flash ! Malgré la vitesse lente (1/30 s), le premier plan est net car saisi par l'éclair du flash. C'est ce qui fait l'intérêt de cette image… Mise au point manuelle réalisée à 40 cm, objectif de 17 mm, 100 ISO, ouverture f/8, vitesse de 1/30 s, exposition flash automatique ETTL 2.*

Améliorez vos prises de vue en 10 étapes

▲ Filé obtenu à l'aide d'un zoom stabilisé. Les optiques stabilisées modernes détectent le balayage horizontal typique lors d'une tentative de filé… Dans ce cas, la stabilisation de l'image se fait uniquement dans le sens vertical, alors que le mode Standard agit selon deux axes…

◀ L'optique fournie en kit avec l'EOS 450D dispose d'un dispositif de stabilisation embarquée. Veillez à ce que son interrupteur soit placé sur ON ; vous disposerez d'une plus grande marge de sécurité dans le choix des paramètres de prise de vue…

▎Obtenez une grande profondeur de champ

C'est en fermant le diaphragme que l'on augmente la profondeur de champ (la zone de netteté de l'image), ce qu'il est très facile d'obtenir avec toutes sortes d'objectifs. Un choix que l'on fait souvent pour photographier les paysages lorsque l'on souhaite une netteté parfaite du premier plan à l'infini.

Profondeur de champs : gérez la netteté de vos images

- Pour obtenir une grande zone de netteté, optez pour le programme **Priorité ouverture** (par exemple) et fermez le diaphragme en choisissant des valeurs élevées : f/8, f/11, etc. Votre image sera nette mais moins de lumière entrera dans l'appareil. Vous serez donc contraints d'accepter une vitesse plus lente (attention au flou de bougé si vous ne disposez pas de la stabilisation) ou une sensibilité plus élevée (attention à la montée du bruit numérique).
- Servez-vous éventuellement du **Testeur de profondeur de champ** pour vérifier la netteté réelle de l'image. En effet, ce que vous voyez dans le viseur ne correspond pas à la netteté réelle. Le diaphragme ne se referme qu'un court instant au moment du déclenchement. Le reste du temps, il reste ouvert au maximum. Le rôle du **Testeur de profondeur de champ** est de fermer le diaphragme temporairement pour vous laisser vérifier la mise au point.

En activant le **Testeur de profondeur de champ**, l'image devient nette mais elle s'assombrit à cause de la fermeture du diaphragme. Vous comprenez pourquoi il vaut mieux que celui-ci ne se ferme qu'au moment du déclenchement !

▲ *Le testeur de profondeur de champ est ce minuscule bouton rond et sans pictogramme, qui tombe sous le pouce gauche du photographe (visible ici entre le bouton de changement de l'objectif et le logo EOS 450D). Sur cette image, il ne s'agit pas de l'objectif de base de l'EOS 450D mais du 24-70 mm f/2,8 L.*

■ Limitez la profondeur de champ

Voyons maintenant comment obtenir une faible profondeur de champ, par exemple pour détacher un portrait sur un arrière-plan flou. Une faible profondeur de champ sera d'autant plus facile à obtenir que votre objectif disposera d'une grande ouverture maximale, caractéristique le plus souvent réservée aux objectifs haut de gamme car elle nécessite une construction irréprochable, des lentilles de plus grand diamètre et des verres de haute qualité optique. Il est également plus facile d'obtenir une faible profondeur de champ à mesure que la focale augmente :

- Pour limiter la profondeur de champ, choisissez (par exemple) le Programme **Priorité ouverture** et ouvrez le diaphragme. Paradoxalement le terme "grande ouverture" correspond aux valeurs les plus petites (f/2,8 ou f/3,5).

- Faites précisément le point sur le seul endroit de l'image que vous souhaitez voir net. Vérifiez la netteté grâce au **Testeur de profondeur de champ**, vous constaterez peu de différence avec la visée standard, ce qui est normal.
- La conséquence de cette grande ouverture est que plus de lumière impressionne la surface sensible. Cela conduit le programme à augmenter la vitesse et/ou à diminuer la sensibilité. Si vous travaillez en mode Manuel, ce sera évidemment à vous d'ajuster ces valeurs en vous guidant sur les indications du baregraphe d'exposition.

Nous avons vu qu'augmenter ou réduire la profondeur de champ entraînait la modification de nombreux paramètres : ouverture, vitesse, sensibilité. On n'obtient malheureusement rien sans rien ! La photo est une grande histoire de vases communicants. Ce que l'on obtient d'une main, il faut souvent le rendre de l'autre… Tout l'art du photographe consiste donc à faire les choix les plus appropriés et à identifier les paramètres importants en fonction de la lumière disponible, du mouvement et de ce qu'il désire obtenir…

La grande nouveauté depuis l'arrivée du numérique et l'augmentation de la sensibilité des capteurs ; c'est que les photographes disposent d'une plus grande liberté d'action, au sein de ce marchandage des valeurs !

▲ *C'est à l'aide d'un zoom 70-200 mm qu'a été réalisé le portrait de cette jeune femme d'une tribu Hmong au Nord Vietnam, à la frontière du Laos. L'emploi d'un objectif de 200 mm à f/2,8 a permis de limiter la profondeur de champ pour obtenir ce flou d'arrière-plan qui contraste avec la netteté du visage. Mode Tv (priorité vitesse). Vitesse : 1/100 s. Ouverture : f/5,6. Sensibilité : 200 ISO. Focale : 200 mm. Photo : Vibert/Actionreporter.com.*

Profondeur de champs : gérez la netteté de vos images

Ouverture : f/2.8
Vitesse : 1/3000 s
Sensibilité : 400 iSO

Ouverture : f/22
Vitesse : 1/100 s
Sensibilité : 400 iSO

▲ Ces deux images ont été prises aux deux valeurs d'ouverture maximales : f/2,8 (diaphragme ouvert) et f/22 (diaphragme fermé). Le point a été fait sur le volet à gauche, net dans les deux cas. L'arrière-plan est flou à la plus grande ouverture. Alors qu'il reste net lorsque le diaphragme est fermé à f/22. Attention, rappelez-vous qu'une fermeture extrême du diaphragme entraîne un phénomène de diffraction, évitez de dépasser des valeurs de f/11 ou f/16.

Vérifier la netteté en zoomant grâce à l'écran arrière

Après la prise de vue, vous pouvez vérifier la netteté de vos images sur l'écran arrière qui offre plusieurs niveaux de zoom. Ne vous alarmez pas si vos images ne paraissent pas très piquées au taux de zoom maximal, cela reviendrait à détailler un tirage A4 avec une loupe ! D'une façon générale, ne considérez pas l'écran arrière comme un juge de paix, faites plutôt confiance à l'écran de votre ordinateur en affichant l'image à 50 % ou 100 %. Au final, rien ne vaut un véritable tirage sur papier à la taille finale envisagée. En mode Live View, il vous est aussi possible de vérifier la netteté à l'écran en zoomant (lire chapitre 21).

20. Choisissez la bonne focale et le bon objectif

Les optiques professionnelles ne manquent pas chez tous les fabricants, mais ces gammes coûteuses ne sont guère utiles aux amateurs qui recherchent plutôt des objectifs polyvalents et accessibles. En ce sens, la gamme Canon EF-S s'avère particulièrement recommandée... Revue de détail.

Tout l'intérêt d'opter pour un APN reflex est de pouvoir choisir ses optiques au sein de gammes pléthoriques allant du 14 au 600 mm. Le choix de l'objectif et de la focale compte beaucoup dans la réussite d'une image ; c'est en adaptant la focale que l'on cadre précisément son sujet (sans oublier de se déplacer évidemment).

Acquérir une nouvelle optique, c'est découvrir et s'approprier un nouvel univers photographique (téléobjectif, macro, grand-angle, *fish eye*)... Voilà pourquoi les photographes passionnés chercheront assez vite à dépasser les possibilités offertes par le petit zoom **EF-S 18-55 mm f/3.5-5.6 IS**, dont l'amplitude et les qualités optiques ne sont guère impressionnantes. Cette nouvelle optique a toutefois le bon goût d'embarquer la stabilisation (caractéristique vitale pour les débutants), sans grever le prix du kit de base.

Les progrès de l'optique et l'arrivée de zooms de haute qualité ont depuis une quinzaine d'années radicalement changé notre façon de faire des photos. Par le passé, de nombreux photographes considéraient que seuls des objectifs fixes étaient en mesure d'offrir des caractéristiques optiques suffisantes. Il leur fallait donc transporter jusqu'à 5 ou 6 optiques pour couvrir tous leurs besoins. Par exemple un 15 mm, un 24 mm, un 50 mm, un 105 mm, sans oublier un 200 mm...

Ce n'est plus le cas aujourd'hui, certains zooms de haut niveau réussissent à se hisser au niveau des meilleures optiques fixes. C'est notamment le cas des transtandard 24-70 mm f/2,8 et des télézoom 70-200 mm f/2,8, devenus des "classiques" faisant obligatoirement partie de l'équipement de tous les professionnels, dont ils ont contribué à alléger les sacoches. Ajoutez à cela que leurs versions récentes embarquent la stabilisation et il est possible d'envisager des images dont on n'aurait pas osé rêver il y a dix ans seulement.

Toutefois, à l'impossible nul n'est tenu, pas même les plus grands laboratoires d'optique... La qualité d'un cliché issu d'un zoom de 18-200 mm f/6,3 ne pourra en aucun cas égaler celle d'un zoom à l'amplitude plus raisonnable, par exemple 70-200 mm f/4,5. Gardez cela en tête au moment de choisir votre zoom. Vous aurez l'option, soit d'un **zoom unique** de grande amplitude mais de qualité optique et d'ouverture modestes... Soit de **deux zooms** de meilleure qualité offrant une plus grande ouverture et de meilleures performances optiques. Comme toujours en photo, ce que l'on gagne d'un côté, on le perd forcément de l'autre !

Choisissez la bonne focale et le bon objectif

◀ *Exploit technique pour cet ambitieux Canon EF 28-300 mm f/3,5-5,6 L IS USL. Une optique unique en son genre à l'amplitude extrême, qui réussit l'exploit de réunir une qualité optique acceptable, une ouverture correcte et un stabilisateur embarqué… Aucun photographe n'aurait espéré disposer d'un tel objectif, il y a seulement 15 ans.*

■ La fin de la dictature du f/2,8

Considérons une autre donnée récente, directement liée aux progrès des reflex numériques. Depuis bien longtemps, l'ouverture maximale des optiques était un critère de référence, à tel point que l'on a pu parler de "dictature du f/2,8". Mais cette époque est peut-être révolue…

La sensibilité des capteurs numériques étant plus élevée que celle des films (pour une qualité d'image équivalente), il est devenu possible d'utiliser couramment des sensibilités de 400, 800 ou même 1 600 ISO. Le capteur *full-frame* du Nikon D3 est même capable de produire des images utilisables à la valeur fabuleuse de 25 600 ISO. On peut donc en 2008 réaliser des images à des ouvertures de f/4 ou f/5,6 dans des conditions où l'on avait d'autre choix que d'ouvrir à f/2,8 autrefois…

Plutôt qu'un zoom 70-200 mm f/2,8, vous pourrez donc éventuellement choisir un 70-200 mm f/4 qui a l'avantage d'être moins lourd, moins cher et moins encombrant. Ajoutez à cela la stabilisation qui se généralise, et vous gagnez du côté de la vitesse ce que vous concédez du côté de l'ouverture.

Et si vous avez besoin d'une très grande ouverture, rien ne vous empêche d'utiliser ponctuellement un objectif fixe. Par exemple, le petit **Canon EF 50 mm f/1.8 II** offre des performances excellentes pour une centaine d'euros seulement. Ce 50 mm vous servira de temps en temps pour un portrait si vous recherchez une faible profondeur de champ, lors d'un spectacle faiblement éclairé ou pour des images nocturnes sans flash.

■ La stabilisation désormais incontournable

Jusqu'à très récemment, un des rares avantages des APN bridges et compacts (au moins de certains) était d'offrir des solutions anti-bougé à petit prix. Du côté des reflex, seuls certains objectifs Nikon et Canon bénéficiaient en effet de la stabilisation (Canon ayant introduit cette innovation sur son 75-300 IS en 1995)… Tout a changé en seulement deux ans, avec la démocratisation des boîtiers reflex de 10 mégapixels. En 2008, la stabilisation est devenue un paramètre incontournable sur les boîtiers d'entrée de gamme.

On doit cette avancée spectaculaire à des fabricants comme Pentax, Olympus et Sony (ex Minolta) qui ont choisi d'intégrer un stabilisateur directement dans leurs boîtiers. Cette technologie repose sur le déplacement du capteur lui-même, qui corrige les mouvements involontaires du photographe. Avantage immédiat ; toutes les optiques même les moins chères et les plus anciennes bénéficient de la stabilisation à moindre coût.

Pendant ce temps, Canon, Nikon, Leica et Panasonic ont choisi de rester fidèles à la stabilisation embarquée dans l'objectif. Mais la concurrence les oblige à démocratiser leurs gammes stabilisées. Ainsi Canon a présenté en août 2007 deux optiques EF-S IS très économiques :

- Le EF-S 18-55 mm IS f/3.5-5.6 : celui du kit EOS 450D annoncé à 320 €.
- Le EF-S 55-250 mm IS f/4-5.6 : annoncé à 219 €.

Une fois de plus, le consommateur sort gagnant de la concurrence entre fabricants. L'impact de la stabilisation sur la qualité des photos est évident, surtout pour les débutants et les amateurs peu assurés dans leurs choix de vitesse par rapport à la focale (règle de 1 sur la focale), qui n'ont pas systématiquement le réflexe de bloquer leur respiration pour stabiliser la visée… La stabilisation est un atout plus important que vous ne l'imaginez ; même les professionnels ne peuvent plus y renoncer !

Canon et Nikon avancent que les stabilisateurs embarqués dans leurs optiques de dernière génération offrent des performances supérieures aux systèmes de stabilisation embarqués dans les boîtiers. La vitesse de prise de vue minimale pourrait ainsi descendre jusqu'à quatre vitesses sous la limite habituelle, contre trois seulement pour les systèmes embarqués dans les boîtiers. Cela reste à démontrer éventuellement…

Il est un avantage beaucoup plus convaincant et que j'ai souvent expérimenté : lorsque l'on utilise une optique stabilisée, la visée est également stabilisée ; cela rassure et facilite beaucoup le cadrage. Alors qu'avec une stabilisation embarquée dans le boîtier, la visée ne donne aucune idée de la stabilisation en cours. On travaille donc en aveugle et il est beaucoup plus difficile de savoir si la photo que l'on vient de prendre au 1/30 de seconde sera nette ou pas !

▲ La stabilisation des optiques est extraordinairement sécurisante dans certaines circonstances. Par exemple lors de cette prise de vue d'un paramoteur, depuis un autre paramoteur…

Focales réelles et focales apparentes

Avant de détailler les diverses familles d'objectif à votre disposition, il convient d'apporter quelques précisions théoriques à propos de la taille des capteurs qui équipent les reflex numériques. Comme vous pouvez le remarquer sur notre schéma, il existe diverses tailles de capteur selon les modèles et les marques.

Choisissez la bonne focale et le bon objectif

À trois exceptions près, ces capteurs sont tous beaucoup plus petits que la surface sensible d'un film argentique. Ceci a pour première conséquence de modifier la focale apparente de vos objectifs. Sur notre schéma, nous avons indiqué les coefficients de correction de focale induits pour chaque taille de capteur.

- À titre d'exemple, la conséquence pratique d'un coefficient de x1,6 (reflex à capteur de taille APS-C) est que votre ancien 35 mm se transforme en 56 mm (35 x 1,6) dont l'angle de champ est bien inférieur.
- Votre grand-angle se transforme en objectif standard, il vous faudra acheter un 20 mm pour retrouver l'angle de champ de votre 30 mm argentique. Voilà pourquoi les constructeurs ont développé des gammes spécialement dédiées aux reflex à petits capteurs (gammes EF-S chez Canon et DX chez Nikon).

Lorsqu'un téléobjectif de 200 mm f/2,8 se transforme en super téléobjectif de 300 mm (en conservant la même ouverture f/2,8), vous réalisez une belle économie ! Car une aussi longue focale vous aurait coûté beaucoup plus cher à l'époque de la photo argentique… Les capteurs de petite taille n'ont donc pas que des mauvais côtés, ce qui explique en partie leur grand succès !

Il existe actuellement seulement 3 reflex dont la taille de capteur est exactement égale à celle des anciens films 24 x 36 mm (appareils *full-frame*) :

- Le Canon EOS 5D : plus de deux ans et demi après sa sortie, il s'agit toujours du seul reflex *full-frame* financièrement accessible aux amateurs experts…
- Le Canon EOS 1 Ds mark III : avec ses 21 mégapixels, c'est l'unique reflex sur le marché capable de concurrencer les dos numériques plus coûteux.
- Le Nikon D3 : le reflex *full-frame* le plus récent, il peut basculer du mode FX (*full-frame* 12 mégapixels) au mode recadré DX (petit format 5 mégapixels)…

Avec ces appareils *full-frame*, la focale apparente de vos objectifs ne change pas, un avantage appréciable pour les photographes qui possèdent une collection d'objectifs auxquels ils sont habitués… Ainsi, lorsqu'un professionnel pense à son 24 mm, il en visualise mentalement l'angle de champ sans avoir besoin de porter le viseur à son œil. De la même façon, tout le monde sait qu'un 50 mm correspond plus ou moins à l'angle de champ moyen perçu par l'œil humain… Les habitudes ont la vie dure !

◀ Quelle que soit leur taille, les capteurs de tous les reflex ont conservé le ratio hérité du 24x36 mm (c'est-à-dire 3/2). À l'exception des membres du consortium FourThirds (Olympus, Leica et Panasonic) qui ont opté pour le ratio 4/3e (un peu plus carré) des APN compacts, afin de réduire l'encombrement de leurs reflex et de leurs optiques. Nous n'avons pas présenté ici les diverses tailles de capteurs des APN bridges et compacts, qui sont plus petits encore… Pour chaque taille de capteur, un coefficient multiplicateur est à appliquer à la focale affichée sur l'objectif afin de connaître la focale équivalente en 24 x 36.

Canon et Nikon loin devant les autres

Depuis plusieurs décennies, Canon et Nikon sont les fabricants les plus impliqués sur le marché du reflex et les seuls à n'avoir jamais cessé d'innover. Faut-il rappeler que durant ces longues années, d'autres marques cessaient totalement la production de reflex ou abandonnaient leurs utilisateurs à leur sort, proposant une offre limitée et peu innovante, notamment durant les premières années d'essor des reflex numérique.

Conséquence immédiate, quasiment 100 % des professionnels utilisent des reflex Canon ou Nikon depuis une vingtaine d'années et rien n'indique que cette proportion ait beaucoup évolué depuis.

Ces deux marques proposent les gammes optiques les plus larges, on est donc tenté de les comparer. Premier constat, Canon offre un peu plus de choix que Nikon pour les budgets amateurs et experts (par opposition aux budgets professionnels). C'est notamment le cas en gammes EF-S dont beaucoup embarquent la stabilisation et la motorisation UltraSonique (USM), qui fait tant défaut aux marques concurrentes. Il s'agit d'optiques spécialement conçues pour les petits capteurs des EOS 450D et EOS 40D, qui sont donc incompatibles avec les EOS 1D et EOS 5D. Citons quelques modèles emblématiques :

- Le **EF-S 17-85 mm f/4,5-5,6 IS USM** qui accompagne l'EOS 40D en kit est une solution crédible et accessible qui intéressera également les utilisateurs d'EOS 450D.
- Côté grands-angles, ne loupez pas l'**EF-S 10-22mm f/3.5-4.5 USM**, toujours sans équivalent chez Nikon, Sony ou Pentax. Indispensable avec tout EOS à petit capteur, d'autant qu'on le trouve aux alentours de 800 €.
- Pour les utilisateurs exigeants, je recommande l'exceptionnel transtandard stabilisé **EF-S 17-55 mm f/2,8 IS USM** aux performances de très haut niveau que l'on trouve au prix serré de 1 250 €.
- Du côté des zooms professionnels, le choix est large. L'optique de référence (une des meilleures au monde) est le mythique **EF 24-70 mm f/2,8 L USM** que l'on trouve pour 1 600 € (compatible avec les EOS 1D et 5D).
- Une alternative à considérer est le **EF 24-105 mm f/4 L IS USM**, qui offre la stabilisation embarquée pour 1250 € environ (compatible avec les EOS 1D et 5D).

Nikon ne manque pas d'optiques prestigieuses… Par exemple cet **AF-S DX 17-55 mm f/2.8G ED-IF** (non stabilisé) aux alentours de 1 550 €. Ou cet **AF-S 24-70 mm f/2.8G ED** compatible avec le D3, qui frôle les 1 900 €. Mais la note est souvent plus salée que chez Canon et l'amateur expert pas toujours comblé. Notamment du côté des zooms grands-angles, les amateurs exigeants devront se contenter d'un **AF-S DX 12-24 mm f/4G ED-IF** aux alentours de 1 190 € qui donne l'équivalent d'un 18-36. Quant au fabuleux **AF-S 14-24 mm f/2.8G ED** aux alentours de 2 000 €, il ne rentre pas dans un budget expert et correspond à un 21-36 mm…

Nikon se rattrape heureusement de belle façon en offrant un fantastique **AF-S VR DX 18-200 mm f/3.5-5.6G IF-ED** stabilisé. Hyper polyvalent, il n'a toujours pas d'équivalent dans la gamme Canon, c'est l'optique idéale si vous partez sur une île déserte, d'autant que son prix reste très raisonnable aux alentours de 850 €… Il vous faudra aller chercher l'équivalent chez Sigma, Tamron ou Tokina…

Comprenez les sigles des optiques Canon

Nous l'avons déjà souligné, la diversité des gammes optiques EF et EF-S est exceptionnelle et Canon poursuit son effort pour ajouter chaque année de nouveaux objectifs à ses gammes. Cela contribue à complexifier la nomenclature et à allonger le nom des optiques à chaque fois qu'une nouvelle technologie fait son apparition.

Choisissez la bonne focale et le bon objectif

Nous allons tenter de décrypter les nombreux sigles qui ornent les objectifs Canon. Il faut croire que les sigles techniques rassurent : plus le matériel est sophistiqué, plus le nom s'allonge... Vous apprendrez tout ou presque sur les qualités et les limites d'un objectif, à condition de décrypter les acronymes suivants :

- **Optique EF** : Signifie *Electro Focus*. C'est le standard créé pour les premiers EOS de 1987. Toutes les optiques EF s'adaptent à tous les reflex Canon qu'ils soient équipés de petits capteurs (APS ou APS-H) ou de grands capteurs (*full-frame* comme le 5D). L'immense majorité des anciennes optiques EF fonctionnent en numériques, mais les plus anciennes ne produisent que des résultats moyens sur les capteurs full-frame des EOS 5D et 1Ds.

- **Optique EF-S** : Le S signifie *short*. La géométrie de cette nouvelle famille appelée à se développer est idéale pour les reflex à petits capteurs (EOS 450D, 400D, 350D, 30D, 20D et leurs descendants). Plus compactes, moins chères, elles donnent d'excellents résultats car leur mise au point est facilitée par la taille moins contraignante du capteur APS. Elles sont évidemment incompatibles avec les boîtiers full-frame et argentiques.

- **Focale de 24-105 mm** : Lorsqu'il s'agit d'un zoom, ces deux chiffres indiquent tout simplement la focale minimale, suivie de la maximale. Attention, nous vous rappelons que la focale des optiques s'exprime toujours selon l'ancien standard des films 24 x 36 cm, sans quoi nous perdrions nos repères. Dans le cas d'un EOS 450D à petit capteur, vous devez multiplier ces chiffres par 1,6 pour connaître la focale pratique...

- **Ouverture f/4.5-6** : Lorsque l'ouverture d'un zoom est variable selon la focale (c'est le cas des zoom bas de gamme et moyenne gamme), on exprime en premier la meilleure ouverture maxi : f/4,5. Puis la moins bonne ouverture maxi : f/6. Si l'ouverture est constante, un chiffre suffit : **EF 16-35 mm f/2,8** (c'est le cas des zoom haut de gamme seulement). On ne cite jamais l'ouverture mini (par exemple f/22) car cette valeur n'est pas très intéressante.

- **Série L** : Il s'agit des zooms et optiques fixes professionnels de très haut de gamme offrant souvent une protection anti-ruissellement et l'ouverture maximale possible dans leur catégorie (f/2,8 le plus souvent, mais jusqu'à f/1,2 pour certaines optiques fixes). Aucune concession n'est faite sur la qualité des lentilles, du design et des caractéristiques de ces objectifs qui font la différence. Tout cela a évidemment un prix.

- **Objectif IS** : *Image Stabiliser*. Cette technologie apparue en 1995 sur le zoom **EF 75-300 mm f/4-5,6 IS USM** compense vos tremblements. Elle permet de travailler à main levée à des vitesses d'obturation beaucoup plus lentes (jusqu'à 1/30 s) que celles autorisées par la règle du "1 sur la focale" (qui imposait par exemple le 1/200 s pour une focale de 200 mm). Indispensable aux professionnels, la technologie IS se généralise progressivement.

- **Objectif USM** : L'*Ultra Sonic Motor* est présent sur de nombreuses optiques moyenne et haut de gamme. Ce moteur autofocus est plus rapide, plus silencieux et permet (en mode One-Shot) la retouche manuelle du point sans débrayer l'autofocus. Appuyez à mi-course sur le déclencheur pour activer l'autofocus. Si la mise au point n'avait pas été réalisée où vous voulez, affinez-la manuellement sans relâcher le déclencheur. Appuyez complètement pour prendre la photo.

- **Technologie de lentille DO** : Cette technologie optique de très haut niveau fait rêver de nombreux professionnels. Les lentilles diffringentes à multiples couches ont été introduites en 2001 sur le **EF 400 mm f/4 DO IS USM**. Elles permettent de rendre cette optique d'exception plus légère et plus courte que le EF 400 mm standard (23 cm au lieu de 35 cm et 1,94 kg au lieu de 5,37 kg). Seul problème, il coûte plus de sept fois l'EOS 400D.

- **Objectif TS-E** : Ce sont les objectifs professionnels à bascule et décentrement. Ils ne sont pas à la portée de toutes les bourses, ne disposent pas d'autofocus et sont au nombre de trois : le **TS-E 24 mm f/3,5 L**, le **TS-E 45 mm f/2,8** et le **TS-E 90 mm f/2,8**. On les utilise en architecture et en studio pour redresser les perspectives ou créer des effets de flou. Certains vont hurler, mais signalons qu'il est assez facile de redresser les perspectives dans Photoshop !

Améliorez vos prises de vue en 10 étapes

▲ L'utilisation d'un objectif TSE (à bascule et décentrement) permet aux professionnels de corriger les déformations de perspective. Un type d'objectif quasiment indispensable en studio et en architecture, comme le démontre cette image des rues de New York. Canon est resté très longtemps le seul fabricant de reflex à proposer de telles optiques, seul Nikon a très récemment sorti une optique équivalente.

Compatibilité des objectifs EF et EF-S

La règle est assez simple : tous les objectifs EF (Electro Focus) construits depuis 1987 sont compatibles avec tous les Canon EOS, sans aucune exception. Qu'ils soient argentiques, numériques, amateurs ou professionnels, quelle que soit la taille de leur capteur…

L'exception qui confirme la règle : les récents objectifs EF-S ne sont pas compatibles avec les boîtiers argentiques et les boîtiers à capteur *full-frame* ou capteur APS-H (c'est-à-dire les EOS 5D et EOS 1D)… Ces optiques EF-S ont été exclusivement conçues pour les EOS à petits capteurs APS-C (le S de EF-S signifie *Small*). Les Optiques EF-S sont particulièrement recommandées pour les boîtiers amateurs EOS 300D, 350D, 400D, 450D et experts EOS 20D, 30D, 40D ainsi que leurs successeurs.

■ Gammes optiques, comment s'y retrouver ?

Nous allons tenter de structurer l'offre actuelle en quelques familles typiques ; vous verrez qu'en gardant à l'esprit cette « classification des espèces », tout semble finalement plus simple.

Nous donnerons à chaque fois quelques exemples représentatifs d'optiques EF et EF-S intéressantes pour leurs performances ou leur rapport qualité/prix, sans tenter de faire le tour complet de l'offre Canon tant elle est immense et en évolution permanente. Canon présente en effet plusieurs nouvelles optiques chaque année, sans oublier Sigma, Tamron et Tokina qui sont également très actifs sur le marché des compatibles...

Il est évidemment peu probable que l'utilisateur d'un EOS 450D investisse plus de dix fois le prix de son appareil dans un monstre comme le **EF 600 f/4 L USM IS** (avec lequel il reste parfaitement compatible, faut-il souligner). Mais tous les amateurs de belles images seront tentés de s'offrir progressivement quelques optiques plus ambitieuses, que celles livrées en kit lors de l'achat de l'appareil.

Les zooms Trans-standard APS : environ 17-55 mm

Voici le premier objectif ambitieux dans lequel vous voudrez sûrement investir afin de passer à la vitesse supérieure. N'oubliez pas que votre zoom trans-standard sera l'objectif que vous utiliserez le plus...

Les photographes confirmés préféreront d'ailleurs acquérir dès l'origine leur EOS 450D avec une optique EF-S de meilleure facture, spécifiquement conçue pour les petits capteurs de taille APS et éviteront l'achat de l'objectif en kit... Le petit **EF-S 18-55 mm IS f/3.5-5.6** est d'ailleurs incapable d'exploiter réellement la très haute définition de son capteur CMOS de 12 mégapixels (peu d'objectifs le peuvent en fait).

En quelques années, des progrès énormes ont été réalisés sur ce type d'objectifs qui constituent le cœur des ventes d'objectifs. Il existe de nombreuses alternatives excellentes aux produits Canon, qu'il convient de considérer. Sigma, Tamron et Tokina offrent des objectifs ouvrant à f/2,8 constant, pour des prix exceptionnels dont on n'aurait pas osé rêver il y a seulement cinq ou six ans :

- **Canon EF-S 17-55 mm f/2.8 IS USM.** C'est l'optique idéale mais ses performances du plus haut niveau se payent cher. Son ouverture constante de f/2,8 et la stabilisation vous permettront de travailler en basse lumière.
- **Canon EF-S 17-85 mm f/4-5.6 IS USM.** L'autre solution Canon plus raisonnable financièrement qui dispose d'une focale maximale un peu supérieure... Une concession a été faite sur l'ouverture mais la stabilisation est là.
- **Canon EF 16-35 mm f/2.8 L II USM.** Si vous envisagez l'achat un jour d'un EOS 5D car le capteur full-frame vous fait rêver, voici l'excellente optique série L (haut de gamme) qu'il vous faut. Qualité optique et construction au top.
- **Canon EF 17-40 mm f/4 L USM.** Il s'agit de la petite sœur de la précédente, en beaucoup plus raisonnable financièrement au vu de son ouverture un peu moins avantageuse.
- **Tamron 17-35 mm f/2.8-4 DI LD.** Un très grand classique de chez Tamron : cette optique a reçu les éloges de la presse et des utilisateurs. Existe en montures Canon et Nikon.
- **Sigma EX 17-35 mm f/2.8-4 DG HSM EX.** Un bon zoom de base pas trop cher et possédant une ouverture maximale correct. Existe en monture Canon et Nikon.
- **Sigma AF 18-50 mm f/2.8 DC EX.** Une optique excellente avec une ouverture maximale constante de f/2,8, ce qui autorise de travailler en basse lumière. Existe en monture Canon et Nikon.
- **Sigma EX 17-70 mm f/2.8-4.5 Macro DC.** Plus économique que les optiques Canon équivalentes et spécialement développée pour les reflex à petit capteurs. Existe aussi en monture Canon.

Améliorez vos prises de vue en 10 étapes

▲ Hyper polyvalent, les 17-55 mm f/2,8 sont les compagnons des reporters au quotidien... Légers, discrets et rapides à mettre en œuvre, il s'avèrent indispensables et permettent de ne jamais rater une image se présentant par hasard. Comme lors de cet orage bloquant une route de montagne, dans la région du Jammu Kashmir. Quoiqu'en disent les traditionalistes, ce type de zooms permet de réagir plus rapidement que ne le permettaient les optiques fixes à l'époque.

◄ Le Canon EF-S 17-55 mm f/2,8 IS USM est certainement le zoom trans-standard haut de gamme idéal pour l'EOS 450D et l'EOS 40D. Je recommande vivement cette optique exceptionnelle aux photographes passionnés et aux professionnels. Au nombre de ses points forts : le stabilisateur, l'ouverture constante de f/2,8, et les performances optiques au-dessus de la moyenne. Dommage qu'il ne soit pas compatible avec l'EOS 5D et les EOS 1D et 1Ds professionnels.

Choisissez la bonne focale et le bon objectif

Les zooms trans-standard longs : environ 24-70 mm

Il s'agit d'optiques trans-standard classiques sur les reflex à capteur 24-36 qui deviennent de vrais petits télézooms sur l'EOS 450D (un 24-105 mm devient un 38-170 mm). Une solution à prendre en compte en fonction de votre équipement déjà existant, notamment si vous envisagez de vous offrir plus tard un EOS 5D *full-frame*. Alors pourquoi ne pas y penser ?

- **Canon EF 24-105 mm f/4 L IS USM**. C'est l'objectif idéal pour l'EOS 5D qui est sans équivalent sur le marché, mais il excelle bien sûr avec le 400D aussi. Performances optiques exceptionnelles et prix en conséquence.
- **Canon EF 28-105 mm f/3.5-4.5 II USM**. Une optique incontournable (et indémodable) de la gamme Canon qui offre un excellent rapport qualité prix.
- **Tamron 28-75 mm f/2.8 XR DI**. Encore une optique très réputée de Tamron qui offre la précieuse ouverture constante à f/2,8 pour un prix très contenu. Existe en montures Canon et Nikon.
- **Sigma 24-70 mm f/2.8 AF DG EX**. Encore un zoom trans-standard excellent à ouverture constante de f/2,8, là où Canon pour le même prix ne l'offre pas…

Le choix est immense pour ce type d'objectif, Tamron et Sigma proposent d'ailleurs d'intéressantes solutions (accessibles financièrement) en 24-70 mm f/2,8. Attention, certains de ces zooms 24-70 mm sont des trans-standards classiques issus d'anciennes gammes argentiques 24 x 36. Veillez à choisir des modèles récents qui ont été spécifiquement conçus pour le numérique.

Quant aux 24-70 mm professionnels récents de Canon et de Nikon, ils restent des références absolues en terme de qualité optique, pour les reflex *full-frame* notamment. Citons le Canon **EF 24-105 mm f/4L IS USM** (qui est le range focal traditionnel du trans-standard).

▲ *Trans-standard, ou petit télé zoom ? Double personnalité pour le EF 24-105 mm f/4L IS USM. Avec le coefficient multiplicateur (x1,6) de l'EOS 450D, ce trans-standard devient un objectif idéal pour le portrait.*

Les télézooms super trans-standard : environ 18-200 mm

Voici une vision du trans-standard allongée pour ceux qui tiendraient absolument à n'utiliser qu'un zoom à tout faire. Par exemple pour partir en voyage, le sac léger… L'arrivée de la stabilisation (intégrée au boîtier ou embarquée dans l'objectif) est une véritable aubaine qui rend ce genre d'optiques polyvalentes.

Attention, une telle ampleur de focale se paye fatalement du côté de la qualité optique ! Bizarrement, Canon ne propose pas de nombreuses solutions sur ce créneau, alors que Nikon offre un excellent objectif stabilisé, le **18-200 mm f /3.5-5.6 AF-S DX VR IF ED** (Nikon ne craint personne pour la qualité optique ni pour la longueur du nom).

Tamron et Sigma sont heureusement présents sur ce créneau avec leurs 18-200 mm f/3,5-6,3 respectifs en montures Canon et Nikon. Des produits plus accessibles financièrement…

- **Sigma 18-200 mm f/3.5-6.3 DC.** Existe en montures Canon et Pentax.
- **Tamron 18-200 mm f/3.5-6.3 XR Macro.** Existe en montures Canon et Nikon.

◀ *Le 18-200 mm est le zoom rêvé des voyageurs… Heureusement d'ailleurs que Sigma et Tamron sont là pour pallier le seul manque flagrant dans la gamme Canon EF-S ! Si vous partez sur une île déserte et n'emportez qu'un seul boîtier et une seule optique, ce sera peut-être celle-ci.*

Les zooms grand-angle : environ 10-20 mm

Indéniablement, ceux-là font très envie ! Surtout aux adeptes de paysage et de reportage sportif, pour qui ils sont indispensables afin de rester au cœur de l'action et ne rien rater…

Une fois montés sur un reflex à petit capteur, ils correspondent plus ou moins à des zooms de 17-35 mm. Malheureusement, l'offre actuelle est extrêmement réduite, tant ces optiques demandent aux constructeurs d'importants efforts de recherche et développement. Leurs formules optiques sont très complexes à cause de la nécessité impérative de limiter l'angle selon lequel les rayons frappent les bords du capteur.

Nikon ne propose pas d'équivalent à l'excellent **EF-S 10-22 mm f/3.5-4.5 USM** de Canon, qui a l'avantage de rester léger et accessible dès 800 €. Si, au niveau des appareils professionnels, Nikon a repris une très courte avance technologique sur Canon, force est de reconnaître que les gammes optiques Canon destinées aux passionnés et aux experts restent plus larges et plus accessibles.

Choisissez la bonne focale et le bon objectif

- **Canon EF-S 10-22 mm f/3.5-4.5 USM** : Il offre la plus grande ouverture et le plus grand range de focale.
- **Sigma 10-20 f/4.5-6 mm DC EX HSM** : Il existe en monture Canon et Nikon.
- **Tamron AF 11-18 mm f/4.5-5.6 XR Macro** : Il existe en monture Canon Nikon et Sony-Minolta.

Pour environ 550 €, le petit Sigma **10-20mm F4-5,6 DC EX** reste le moins cher des zooms hyper grands-angulaires. Il donne un 16-36 mm en montures Canon et a été élu *Best Consumer Lens 2006* par la TIPA. À ce prix-là, il serait dommage de s'en priver.

▲ Un zoom grand-angle de 10-22 mm permet de réaliser des portraits en situation en confrontant premier et arrière-plan. Il n'est d'ailleurs pas interdit de désactiver l'autofocus et de travailler en hyperfocale, comme je l'ai fait avec ces enfants dans la région de Yangsuho en Chine.

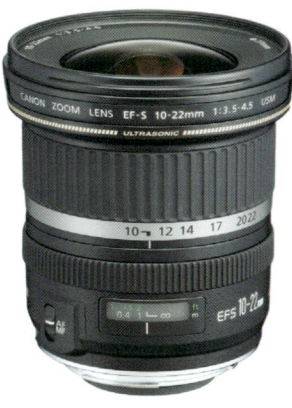

◄ Le zoom grand-angle EF-S 10-22 mm f/3,5-6 USM est le complément idéal d'une optique trans-standard. C'est le seul moyen de retrouver l'équivalent d'un classique 16-35 sur un boîtier à petit capteur. Pour l'avoir souvent utilisé, je vous le conseille, c'est une petite merveille !

▲ Le 10-22 mm est également indispensable pour rentrer dans l'action et voir large… Les amateurs de sport de glisse ne pourront s'en passer après l'avoir essayé ! Surtout s'ils ont étés habitués comme moi à utiliser des 16-35 mm durant des années en argentique.

Laissez tomber le bouchon d'objectif

Une optique coûte cher, vous ne voudrez donc pas en abîmer la lentille frontale… Il vous suffit de la protéger avec un filtre neutre de bonne qualité (afin d'altérer le moins possible les performances de votre optique). Cela vous permettra de ne plus vous "enquiquiner" à enlever et remettre sans arrêt, ce satané bouchon d'objectif… Qui vous fait rater systématiquement la plupart des photos se présentant à l'improviste ! Ajoutez l'indispensable pare-soleil à l'avant de votre optique et celle-ci ne risque plus rien ! Donc rappelez-vous : le filtre sur l'objectif… Et le bouchon d'objectif, bien caché dans le sac à dos. Il ne devra recouvrir la lentille frontale que le soir, une fois votre journée de photo achevée…

Les télézooms classiques : environ 70-200 mm

Outil principal des grands reporters, les 70-200 mm (ouvrant souvent à f/2,8 constant) sont des optiques d'exception offrant un piqué et une qualité d'image inégalés. Le rêve de bien des amateurs et un investissement indispensable pour quiconque affiche quelques ambitions photographiques.

Ils deviennent sur votre reflex à petit capteur des 112-320 mm, autrement dit de longs téléobjectifs. La stabilisation est alors bienvenue si vous pouvez vous l'offrir, car elle transforme ces optiques en arme absolue

Choisissez la bonne focale et le bon objectif

pour réaliser des images hors du commun. Il est même possible de leur ajouter un extender x1,4 ou un multiplicateur de focale (lire encadré) pour augmenter encore leur polyvalence.

L'offre tend à se démocratiser avec l'arrivée de modèles à ouverture médiums, moins encombrants et moins coûteux. Canon propose aux amateurs passionnés un zoom stabilisé particulièrement performant en regard de son prix : l'**EF 70-200 mm f/4L IS USM**.

Sigma est également présent sur ce créneau avec un **EX 70-200 mm f/2.8 macro** en montures Canon et Nikon et même un **70-300 mm f/4.5-5.6 Macro DG** en montures Canon, Nikon et Pentax.

- **Canon EF 70-200 mm f/2.8 L IS USM** : une des plus extraordinaires optiques au monde ;
- **Canon EF 70-200 mm f/2.8 L USM** : le même mais sans la stabilisation ;
- **Canon EF 70-200 mm f/4 L IS USM** : le même mais moins cher, un peu plus léger et ouvrant à f/4 ;
- **Canon EF 70-200 mm f/4 L USM** : le même mais sans la stabilisation ;
- **Sigma EX 70-200 mm f/2.8 DG macro HSM** : en montures Canon et Nikon ;
- **Sigma EX 70-300 mm f/4.5-5.6 APO Macro DG** : petit prix et grande focale en montures Canon, Nikon, Pentax.

▲ *Pour le sport, avantage au 70-200 mm f/2.8... En sport, il faut être très mobile et le cadrage doit s'adapter à l'action. Les optiques les plus pratiques sont sans conteste les télézooms stabilisés à grande ouverture, ce qui permet d'utiliser des vitesses élevées afin de figer le mouvement.*

Améliorez vos prises de vue en 10 étapes

Les télézooms longs : environ 100-300 mm

Il existe une grande variété de longs télézooms, dont les performances optiques ne sont pas toujours recommandables. Souvent, qui trop embrasse mal étreint ! C'est notamment le cas de beaucoup de 75-300 mm ou 100-300 mm relativement peu coûteux à ouverture moyenne de f/5,6 et plus.

Évitez-les car ils répondent plus à des logiques marketing qu'à de réels besoins photographiques. Mais en cherchant bien et en y mettant le prix, les photographes exigeants pourront trouver quelques merveilles, qui se révéleront pratiques pour des circonstances exceptionnelles (reportage, safari, chasse photo…). Canon propose un **EF 100-400 mm f/4.5-5.6L IS USM** hors normes qui ne s'adresse malheureusement qu'aux professionnels avec un tarif prohibitif.

◄ Grâce au Canon EF 70-200 mm f/4 L USM IS, réalisez des images dignes des professionnels. À vous les scènes d'action et les portraits exceptionnels avec cette optique qui coûte à peu près le même prix que l'EOS 450D… C'est le prix à payer pour changer de dimension…

▲ Les 100-300 mm s'avèrent pratiques en voyage… Il est vrai que pour certaines images, la qualité optique est moins déterminante que le sujet lui-même !

Les Extenders de focale (multiplicateurs)

Avec un Extender (ou multiplicateur) de focale x1,4, votre télézoom **70-200 f/2.8 mm** se transforme comme par miracle en un **98-280 mm f/4**. Ajoutez ensuite le taux de conversion (x1,6) d'un boîtier à petit capteur et vous voilà en possession de l'équivalent d'un **157-448 mm f/4**.

S'ils sont des accessoires pratiques, restez conscient que les multiplicateurs de focale posent certains problèmes. Le premier est que les performances optiques baissent d'un cran. C'est normal puisque vous ajoutez des couches de verre qui ne sont jamais parfaites. La perte reste acceptable en utilisant un multiplicateur x1,4 sur une excellente optique de base (70-200 mm f/2,8 professionnel)... Mais la dégradation optique devient plus gênante avec un doubleur x2 ou si vous utilisez une optique de qualité moyenne.

Évidemment, cela dépend beaucoup de votre niveau d'exigence. À ce propos, pour évaluer le piqué de vos images à l'écran, affichez-les à la taille de 50 %, c'est amplement suffisant. Allez jusqu'à 100 % si vous avez des prétentions professionnelles mais jamais au-delà...

Le second problème lié aux multiplicateurs de focale est que vous perdez en ouverture. Celle de votre 70-200 f/2,8 tombe à f/4 avec le x1,4... Et à f/5,6 avec le multiplicateur x2. Si un diaphragme fermé n'est pas extrêmement gênant pour photographier par grande luminosité (on peut toujours monter la sensibilité d'un cran), un effet secondaire se révèle plus embêtant : moins il y a de lumière, moins votre autofocus "accroche" facilement sa cible ! Heureusement, la dernière génération des boîtiers disposent d'autofocus beaucoup plus accrocheurs (multiplication des capteurs croisés)...

Depuis sa disponibilité, j'ai souvent utilisé le multiplicateur Canon x1,4 seconde édition avec mon **EF 70-200 mm f/2.8 L IS USM** et j'ai pu noter que les progrès ont été notables par rapport à sa première édition, notamment en terme de vignettage. Rappelez-vous de cela si vous recherchez cet accessoire d'occasion.

Concernant le multiplicateur x2, il a lui aussi réalisé d'importants progrès par rapport à sa première édition. Au point que son utilisation devient envisageable couramment, même si les images "souffrent" de quelques défauts, visibles notamment sur fond de ciel bleu. Défauts qu'il est possible de corriger très facilement de nos jours grâce aux logiciels de postproduction, ce qui n'était pas vrai du temps de l'image argentique.

Sachez enfin qu'il est possible d'emboîter ces deux multiplicateurs l'un derrière l'autre. Un 200 m f/2,8 devient donc un 560 mm f/5,6... Ajoutez le taux de conversion (x1,6) d'un EOS à petit capteur (EOS 40D et 450D) et vous voilà en possession de l'équivalent d'un **896 mm f/5,6**. Utile seulement aux paparazzi !

Améliorez vos prises de vue en 10 étapes

▲ *Le zoom EF 70-200 mm f/2,8 L IS USM allié à l'Extender x1,5 se sont avérés précieux pour saisir la nageoire caudale de ce cachalot qui sondait au loin. J'ai pu obtenir l'équivalent d'un zoom 157-448 mm f/4 en tenant compte du facteur x1,6 du petit capteur APS-C. À une telle focale, la stabilisation est réellement indispensable lorsque l'on travaille à main levée.*

Choisissez la bonne focale et le bon objectif

▲ *Pour les images de sport, la faune sauvage, et tous les sujets distants et très mobiles : avantage au 70-200 mm boosté grâce à un Extender x1,4 ou x2. Une optique indispensable lorsque le cadrage doit s'adapter à l'action.*

Les objectifs fixes

D'un point de vue pédagogique, il est toujours très instructif de se frotter à l'utilisation d'un simple 50 mm fixe (on trouve le **Canon EF 50 mm f/1.8 II** pour une centaine d'euros) ou d'un 24 mm. À cause des facilités offertes par les zooms, les photographes oublient parfois qu'il est nécessaire de se déplacer pour améliorer la composition de ses images.

Si vous êtes intéressé par les grandes ouvertures sans sacrifier la qualité optique, il me semble indispensable d'investir dans une ou plusieurs optiques fixes qui s'avèrent particulièrement intéressantes pour le portrait, le paysage, les photos en basse lumière, les effets de flou à faible profondeur de champ…

Leur rapport qualité optique/prix est toujours plus avantageux que celui des zooms ; c'est particulièrement vrai si vous êtes amateur de macrophotographie. Le choix d'optiques fixes est immense et l'étude patiente et attentive des catalogues des fabricants indispensable…

- **Canon EF-S 60 mm macro f/2.8 USM**. Cette optique macro a déclenché l'enthousiasme des utilisateurs.
- **Canon EF 50 mm f/1.4**. Une grande ouverture pour un prix très doux et une excellente qualité optique.
- **Canon EF 50 mm f/1.8 II**. Une grande ouverture pour un prix vraiment très doux. Une optique excellente.
- **Canon EF 85 mm f/1.2 II**. Une grande ouverture au prix d'un investissement stratosphérique.
- **Sigma 150 mm F2.8 EX DG HSM APO MACRO**. Une grande et bonne focale fixe pour un prix raisonnable.
- **Canon EF 300 mm f/2.8 L IS USL**. Un des meilleurs téléobjectifs au monde. Coûte 6 fois l'EOS 450D !

Les 85 mm à grande ouverture restent de grands classiques. Le **Canon EF 85 mm f/1,2L USM II** est notamment un must depuis qu'il a été remis à niveau, mais en dehors des professionnels du portrait, de la mode et de la beauté, on se demande qui aura intérêt à investir autant d'argent dans une optique fixe… Oserais-je écrire qu'il y a parfois un peu de snobisme chez les utilisateurs de ce genre d'optiques ?

Remis au goût du jour également, un autre très grand classique de Canon, le fabuleux grand-angle **EF 14 mm f/2.8L USM II** me semble plus intéressant. Les images qu'il produit ne peuvent être obtenues d'aucune autre manière (2 600 € tout de même). D'autant qu'il est désormais compatible avec les EOS numériques *full-frame*. EOS 5D et EOS 1Ds mark III.

▲ *Avantage aux optiques fixes en basse lumière, c'est souvent avec une optique fixe que l'on obtient les meilleures images. Par exemple celle-ci, réalisée sur une île perdue de l'archipel de Palawan avec un Canon EF 24 mm f/2,8.*

Les passionnés de macrophotographie se tourneront vers l'excellent Canon EF-S 60 mm ▶ *macro f/2,8 USM, une optique unique en son genre et incontestablement une grande réussite du format EF-S.*

Choisissez la bonne focale et le bon objectif

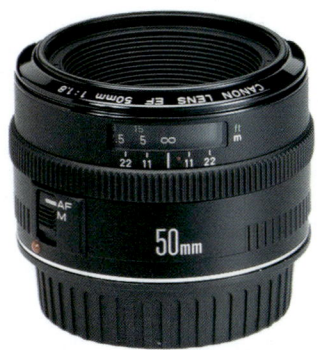

Si vous recherchez une grande ouverture sans pouvoir investir ▶
dans les optiques de pros, ce Canon EF 50 mm f/1,8 II est un outil idéal (il devient un 80 sur l'EOS 450D). Depuis le temps que l'on fabrique des 50 mm, vous vous doutez que la formule optique est au point…

▲ *Au dire de ces fans, les images issues du Canon EF 85 mm f/1,2 USM sont incomparables ! Cette optique de rêve coûte le prix de deux petits reflex, ce qui n'effraie pas de nombreux photographes qui réalisent des photos uniques et différentes grâce à lui.*

La part du rêve, les super téléobjectifs : 300, 400 et 500 mm

Juste pour rêver, citons pour conclure ce chapitre la catégorie des super téléobjectifs : les 400, 500 ou 600 mm, que l'on croise au bord des circuits de formule 1. À l'image de certaines voitures de sport, il faut les avoir monté un jour sur son boîtier pour comprendre… Citons le très classique **Canon EF 300 mm f/2.8L IS USM**, certainement le téléobjectif le plus emblématique de cette catégorie.

Ces focales sont la promesse d'une qualité d'image superlative mais restent malheureusement hors de budget pour la plupart d'entre nous (sauf à les trouver d'occasion)… Cela n'est pas trop grave : consolez-vous en vous disant qu'elles ne sont pas toujours très pratiques car elles sont très encombrantes.

Si les photographes les plus costauds peuvent utiliser ponctuellement un 300 mm stabilisé à main levée, le monopode ou le trépied seront indispensables au commun des mortels. En plus de leur énorme téléobjectif monté sur trépied, la plupart des pros gardent donc systématiquement un 70-200 mm suspendu à l'épaule…

Améliorez vos prises de vue en 10 étapes

▲ Le EF 200 mm f/2 L IS USM est sans doute l'un des plus magnifiques téléobjectifs du marché, toutes marques confondues. Son ouverture superlative pour une telle focale en fait le roi des podiums et des studios… Un outil résolument professionnel à près de 5 800 € TTC. Peut-être sera-t-il possible de se l'offrir d'occasion d'ici une quinzaine d'années ?

Méfiez-vous du flare et utilisez un pare-soleil

Le flare (reflet) est la réflexion de rayons parasites qui sont renvoyés par les parois de l'objectif et dégradent la qualité de l'image en produisant un imperceptible voile blanc ou même un léger halo. Les appareils numériques y sont encore plus sensibles que les appareils argentiques, à cause de la réflexion de la lumière sur le capteur lui-même. Le flare augmente avec le nombre de lentilles qui constituent l'objectif. Pour le limiter, les fabricants appliquent des traitements de surface anti-reflets sur les lentilles et des revêtements noirs censés absorber les rayons parasites.

Certaines optiques anciennes (gammes argentiques) sont assez sensibles au flare et donc inadaptées aux reflex argentiques. Méfiez-vous aussi des lentilles de protection que vous placez à l'avant de vos objectifs ; elles peuvent générer du flare si elles ne sont pas de bonne qualité (donc coûteuses). Lorsqu'elles sont sales, pensez à les nettoyer précautionneusement sans les rayer (cela provoquera des reflets supplémentaires)… Le risque de flare augmente avec la fermeture du diaphragme (raison de plus d'éviter les valeurs extrêmes) et lorsque vous travaillez à contre-jour.

Vous pouvez retarder son arrivée en utilisant systématique un pare-soleil. Tous les objectifs n'étant pas livrés avec un pare-soleil, ne négligez pas son acquisition en même temps que l'objectif. Il est d'ailleurs dommage de constater que l'optique fournie en kit avec l'EOS 450D soit livrée sans son pare-soleil. Celui-ci existe évidemment, n'hésitez pas à le commander pour quelques dizaines d'euros. Il ne faut pas hésiter à compléter l'action du pare-soleil avec la main ou avec un bout de carton. Votre pare-soleil a en effet été conçu pour s'adapter à la focale la plus courte de votre zoom. Il s'avère donc insuffisamment long et couvrant pour abriter l'objectif lorsque vous utilisez ses focales les plus longues. Dans ce cas, vous pouvez compléter son action avec la main ou un bout de carton, en veillant à ce qu'elle n'entre pas dans le cadre…

Choisissez la bonne focale et le bon objectif

◀ À contre-jour, le risque de flare et de reflets parasites augmente (étoiles et formes polygonales). Face au soleil, le pare-soleil n'est d'aucun secours, pensez à nettoyer scrupuleusement vos lentilles à l'aide de papier optique jetable… Attention aux chiffons qui déposent parfois plus de crasse qu'ils n'en enlèvent.

■ Une collection d'optiques rares à peu de frais

Finissons ce chapitre avec un clin d'œil… Avec l'arrivée de l'autofocus au milieu des années 80, la plupart des marques (à l'exception de Nikon) ont choisi de changer le diamètre de leurs baïonnettes, rendant soudain orphelines d'impressionnantes collections d'optiques professionnelles.

Inutile de préciser que l'arrivée du numérique a encore augmenté l'obsolescence de ces gammes, qui encombrent les réserves des magasins d'appareils de collection… Un véritable gâchis ! Heureusement, des adaptateurs permettent de "recycler" ces excellentes optiques (Nikon, Canon, Minolta, Pentax, Voigtlander, etc.) que vous pourrez utiliser sur la plupart des reflex numériques à petits capteurs. Tout particulièrement certains Canon EOS et Olympus 4/3, car ils sont équipés de miroirs de petite taille.

Certaines marques proposent des adaptateurs pour leurs objectifs, Olympus vend notamment un adaptateur permettant de monter les optiques OM sur ses reflex numériques (OM Adapter MF-1 sur www.olympus.fr).

Il existe plusieurs petits fabricants qui ne sont pas très faciles à dénicher, renseignez-vous dans les boutiques spécialisées et sur Internet. Le site en français de Piotr Trawinski est une mine : http://sinar.free.fr.

Le site **Cameraquest** est assez connu aux États-Unis : http://cameraquest.com/adaptnew.htm. On trouve aussi des boutiques sur eBay, par exemple http://stores.ebay.fr/LA-BAGUE-PHOTO. Ce site est spécialisé dans le matériel d'origine russe : http://www.rugift.com/photocameras/adapters.htm.

À condition d'accepter de travailler en manuel, les passionnés bricoleurs pourront se constituer une collection d'optiques professionnelles à peu de frais. Vous pourrez ainsi vous offrir des optiques à grande ouverture et au piqué excellent, souvent inaccessibles dans les gammes autofocus. Par exemple des 85 mm f/1,8, ou des 200 mm f/2,8 que vous dénicherez pour quelques centaines d'euros… Visez les moyennes et longues focales plutôt que les grands-angles qui donnent de moins bons résultats. Méfiez-vous également du traitement de surface des anciennes lentilles ; il peut réserver de mauvaises surprises en numérique.

Il est rare de réussir une telle image du premier coup… Il vous faudra recommencer plusieurs prises et beaucoup discuter avec votre modèle pour lui faire comprendre l'image que vous désirez réaliser.
1 Estimez le point de passage du sujet et préparez votre mise au point (autofocus ou manuelle).
2 Choisissez un couple ouverture/vitesse garantissant une profondeur de champ suffisante.
3 Si le sujet est en mouvement rapide, montez la sensibilité et la vitesse pour échapper au flou de bougé.
4 Déclenchez au passage du surfeur ; mieux vaut privilégier une seule image au bon moment, qu'une rafale ratée.
5 La première est rarement la bonne, recommencez plusieurs prises en variant les cadrages.

Comment rester net, de 40 cm à 4 mètres ?

L'effet d'une photo au grand-angle est optimal si le premier plan est très proche et s'il est bien net. C'était le but recherché ici, mettre en évidence la structure cristalline de cette couche de neige fraîche. Pour cela, j'ai fait le point à 50 cm et désactivé l'autofocus, c'est ce qu'on appelle travailler à l'hyper focale, technique utilisée depuis longtemps par les maîtres du Leica (qui faisaient des photos nettes bien avant l'autofocus). Pour assurer une grande profondeur de champs, j'ai opté pour la Priorité ouverture et choisi un diaphragme fermé de f/20. Ne connaissant pas la distance à laquelle passerait le surfeur, il fallait une grande marge de sécurité.
Le problème était ensuite d'éviter une vitesse trop faible à cause de l'ouverture maximale, le sujet passant très vite et très près de l'objectif ! J'ai dû monter la sensibilité à 800 ISO (n'allez pas trop au-delà, pour éviter la montée du bruit numérique). L'appareil en a déduit une vitesse de 1/1000, suffisante pour figer le mouvement (probablement la vitesse la plus élevée dont vous aurez jamais besoin). Cet exemple démontre la supériorité du numérique, le film étant beaucoup moins performant à 800 ISO.

Coefficient 1,6 de votre EOS 450D

Comme nous l'avons vu, votre zoom 17-55 mm correspond en réalité à un 28-88 mm. Pour retrouver l'équivalent de votre zoom 16-35 mm argentique, il faudra choisir une des optiques compatibles EF-S que proposent Canon, Sigma, Tamron ou Tokina. Je vous recommande notamment le **EF-S 10-22 mm f/3.5-4.5** que j'ai utilisé pour cette image.

Où faire la mise au point ?

N'oubliez pas que la profondeur de champs se répartit un tiers en avant et deux tiers en arrière de la zone Mise au point. Il ne faut donc pas faire le point exactement là où va passer le surfeur, mais juste devant. Tout le problème est de lui indiquer où passer… Pour cela, lancez une boule de neige qui lui servira de repère.

Snowboarder saisi à pleine vitesse aux Deux-Alpes

LA PHOTO SPORTIVE AU TRÈS GRAND-ANGLE

- Mode : AV (Priorité ouverture) ;
- Ouverture : f/20 ;
- Sensibilité : 800 ISO ;
- Vitesse : 1 000e de seconde ;
- Focale : 17 mm.

21. Découverte des Programmes experts et du Live View

Contrairement aux idées reçues, les Programmes experts sont accessibles à tous les photographes et nous vous encourageons à vous jeter à l'eau, afin de prendre véritablement le contrôle de votre appareil… Il sera d'ailleurs nécessaire d'y passer, si vous désirez "tâter" de la fameuse Visée Live !

N'imaginez pas que les Programmes experts de la zone créative du Sélecteur de Mode soient des modes manuels. Les modes Programme, Priorité Vitesse ou Priorité ouverture sont des modes semi-automatiques. Après avoir sélectionné la **Sensibilité ISO Auto** ou choisi la sensibilité de votre choix, il ne restera qu'un paramètre à régler (celui auquel vous donnez la priorité) et l'appareil adaptera les autres valeurs automatiquement…

Il n'existe qu'un Programme véritablement manuel, il s'agit du mode M qui vous oblige à déterminer vous-même **Vitesse** et **Ouverture**. Vous disposez tout de même des indications du *baregraphe d'exposition* pour vous aider…

▲ *Le Sélecteur de mode de l'EOS 450D en Programme Manuel. Il suffit de pousser le commutateur du pouce pour mettre l'EOS sous tension. Remarquez aussi le bouton de réglage rapide de la sensibilité (accessible aux seuls Programmes Experts). L'EOS 450D n'a plus grand-chose à envier aux modèles experts !*

Il est beaucoup plus facile de s'initier aux *Programmes experts* à l'aide d'un reflex numérique que du temps de l'argentique ; un délai fort long séparait alors la prise de vue de son évaluation. Le temps de récupérer les tirages et l'on avait oublié les réglages de prise de vue. J'avais donc l'habitude de noter certaines valeurs dans un petit carnet, sans lequel il m'était difficile de progresser.

Aujourd'hui, un coup d'œil à l'écran arrière et vous vérifiez l'aspect de l'image et ses réglages, ce qui est très pédagogique. Les données de prises de vue restent enregistrées dans les champs *EXIF* et ne les quittent plus, leur lecture attentive sur l'ordinateur vous aide à repérer vos erreurs et vos choix pertinents.

■ Osez sortir des Programmes résultats

Les *Programmes résultats* satisfont l'énorme majorité des possesseurs de reflex, qui n'en sortent jamais et ignorent tout des *Programmes Experts*. Il serait pourtant fort dommage d'en rester là, car ces modes impliquent certaines limitations, nous l'avons maintes fois répété. C'est particulièrement le cas des boîtiers Canon, où tous les paramètres sont spécifiquement réglés pour sécuriser les débutants… Parfois au détriment des utilisateurs experts, il faut bien le reconnaître :

- Contrairement aux modes Scènes des Nikon, seul le format JPEG est disponible dans les *Programmes résultat* des Canon EOS (pour éviter aux débutants de se poser la question du format)…
- L'espace coloré est obligatoirement le sRVB qui est plus polyvalent mais moins large qu'Adobe RGB. Un choix trop limitatif pour ceux qui envisagent de retravailler leurs images par la suite…
- La sensibilité maximale des *Programmes résultats* n'est que de 800 ISO. Hors il est souvent plus intéressant d'augmenter la sensibilité que de sortir le flash. D'autant que les CMOS sont très performants en haute sensibilité.

Il faudrait envisager les *Programmes résultats* uniquement comme des "modes panique" permettant de déclencher dans l'urgence... Si certains de leurs adeptes voulaient se donner un peu de mal pour apprendre à maîtriser les *Programmes Experts*, ils en seraient vite récompensés !

◀ *L'utilisation exclusive des Programmes résultats permet de parer à l'imprévu, mais elle est assez restrictive. Il faudrait les envisager uniquement comme des "modes panique" permettant de déclencher dans l'urgence...*

Pour "faire de la photo", adoptez les Programmes experts

Nous avons déjà évoqué rapidement quelques raisons de sortir des *Programmes résultats* en raison de leurs limitations... Voici maintenant les bonnes raisons d'adopter les *Programmes experts* :

- **Maîtrise.** Vous gardez la main sur l'intégralité des réglages du boîtier. Voilà un atout déterminant si vous avez appris à anticiper leurs conséquences photographiques. Réfléchissez à l'effet que vous désirez obtenir et déterminez la meilleure façon d'y parvenir...
- **Créativité.** Un paysage devrait-il être obligatoirement net du premier plan à l'infini ? Pas forcément... Si vous désirez mettre en évidence uniquement le premier plan, vous pouvez préférer une faible profondeur de champ en utilisant la *Priorité Ouverture*. Vous pouvez choisir de déboucher un contre-jour grâce au flash, ou au contraire renforcer son effet. Vous pouvez décider de créer un filé ou figer le mouvement avec une vitesse élevée... Nous parlons ici de photographie et de créativité, plus seulement de technique. La technique n'est qu'un moyen au service de la créativité.
- **Efficacité.** Vous pouvez anticiper les difficultés potentielles mieux que l'appareil ne sait le faire lui-même ; par exemple, ne restez pas à la merci d'un autofocus hésitant dans la pénombre. Choisissez manuellement un collimateur autofocus que vous pouvez caler précisément sur un détail contrasté de la scène et assurez ainsi une mise au point plus sûrement que ne le ferait l'appareil, susceptible d'hésiter entre plusieurs collimateurs. Dans le pire des cas, rien ne vous interdit de désactiver l'autofocus et de réaliser la mise au point à la main !
- **Adaptabilité.** Vous pouvez réaliser plusieurs versions d'une même image en utilisant différents réglages, ce qui est impossible avec les modes Résultats qui ne vous proposent qu'un réglage censé être le bon. Pourtant, un photographe peut donner plusieurs interprétations très différentes d'une même scène et certaines sont plus pertinentes que d'autres. Si vous souhaitez libérer votre créativité, vous devrez forcément passer par là et choisir la meilleure, parmi de nombreuses options possibles. "Dessiner c'est choisir" disait Picasso... Un principe qui s'applique à la photo.

Améliorez vos prises de vue en 10 étapes

La maîtrise des *Programmes experts* est donc indispensable dès que l'on veut laisser libre cours à sa créativité. Elle ne demande pas de gros efforts de réflexion ; cela vaut donc la peine de débrancher le pilote automatique et de prendre vous-même le manche !

◀ Impossible de réaliser ce filé en Programme résultat Sport ou en mode Tout Automatique, car l'appareil aurait adopté une vitesse trop élevée... La solution passait ici par l'utilisation du Programme Priorité vitesse, afin de contrôler tous les paramètres de l'image. J'ai utilisé ici une vitesse de 1/30ᵉ de seconde.

Différences de terminologies Canon/Nikon

Ne vous mélangez pas les pinceaux si vous alternez boîtiers Canon et Nikon ! Chez Nikon, le mode S est le mode Priorité vitesse (S comme *Speed*) et le mode A est le mode Priorité ouverture (A comme *Aperture*)... Mais chez Canon, le premier se nomme mode Tv (*Time Value*) et le second mode Av (*Aperture Value*)... Un moyen mnémotechnique (assez inavouable, il est vrai) est de penser Tv à l'envers, ce qui donne Vt, comme vitesse ! Complètement idiot, mais pratique...

▌ Facultatif : la visée directe via l'écran (Live View)

Paradoxalement, ce mode de prise de vue (que l'on imagine plus volontiers avoir été conçu pour séduire les amateurs d'APN compacts) n'est disponible que dans les *Programmes résultats* ! Voilà qui explique que cette question n'ait pas été abordée plus avant dans cet ouvrage.

La visée Live n'est pas disponible par défaut, cela prouve qu'il ne s'agit que d'une fonction d'appoint. Pour l'utiliser, il vous faudra aller l'activer dans le second menu orange :

- Choisissez *Visée LCD au Déc.* et sélectionnez *Actif*.
- La touche [SET] affiche ou fait disparaître le Live View sur l'écran.

Faute de mise au point rapide, l'utilisation du Live View n'est guère enthousiasmante. Surtout à l'heure où Sony s'efforce de rendre celle de ses Alpha plus réactive grâce à un capteur secondaire dédié uniquement à cette tâche (cela entraîne malheureusement une dégradation importante des performances du viseur, ce qui n'est pas un progrès au final). Il reste donc un "gros chantier" pour Canon, d'ici à la sortie de l'EOS 500D mi 2009, faire progresser son Live View sans sacrifier la visée reflex !

Mais les petites faiblesses de cette Visée Live sont d'autant plus faciles à pardonner que l'on n'achète pas un reflex pour l'utiliser à la façon d'un compact... Alors, à quoi peut-elle donc servir ?

Découverte des Programmes experts et du Live View

- La Visée Live peut dépanner lorsqu'il s'agit de photographier le bras tendu au-dessus d'une foule ou avec un angle impossible... La stabilisation embarquée dans l'objectif est alors vitale pour compenser le risque de bougé.
- Elle est utile lors des prises de vue sur pied, en macro ou en studio. Notamment lorsque l'appareil est piloté depuis l'ordinateur par EOS Utility. Il est possible de visionner la scène et de déclencher depuis l'ordinateur.
- La Visée Live a des vertus pédagogiques ; elle permet de visualiser en directe exposition et balance des blancs grâce à la *Simulation Exposition Directe*. Toutes les modifications de réglages sont immédiatement perceptibles.
- Il est possible d'afficher un quadrillage d'aide à la composition et de nombreuses informations de prise de vue sur l'écran durant la visée Live (l'histogramme notamment), ce que ne permet pas encore le viseur.

◀ Une fois paramétrée (encore ne faut-il pas oublier de le faire), la Visée Live s'active par la touche SET à condition d'utiliser un des Programmes experts. On distingue ici l'affichage de l'histogramme en temps réel. Si seulement on pouvait disposer un jour d'un tel affichage dans le viseur, par exemple sous forme de projection holographique comme dans les avions de chasse !

◀ Pendant la Visée Live, on retrouve sur l'écran la plupart des informations disponibles dans le viseur. Ajoutez-y l'exposition, la balance des blancs, un quadrillage optionnel d'aide à la composition, l'histogramme (non affiché ici), sans oublier le collimateur d'Autofocus en mode Visée Directe, qu'il est possible de déplacer grâce au Joypad (le carré blanc ici au centre)...

Affichage écran lorsque vous modifiez certains paramètres de prise ▶ de vue durant la Visée Live (ici la Balance des blancs). Vous pouvez remarquer en bas à droite, l'affichage de la valeur ISO. Comme dans le viseur, lorsque les ISO s'affichent en petits caractères, cela signifie que la Priorité Haute Lumière est activée (c'est le cas ici).

Mise au point durant la visée directe

Trois modes de mise au point Autofocus sont proposés. L'autofocus est d'ailleurs la principale difficulté contre laquelle buttent les fabricants pour implémenter le Live View sur leurs reflex :

- **La Mise au point manuelle.** C'est encore la meilleure façon d'utiliser le Live View, car il n'y a pas de retard au déclenchement. Le bouton **Loupe +** permet de zoomer 5 ou 10 fois afin de vérifier la mise au point. Le **Joystick** permet de déplacer la zone de zoom. C'est assez pratique sur pied et même assez étonnant (au moins la première fois). Pensez à revenir en mode Plein écran pour modifier l'exposition ; celle-ci se faisant sur la vue globale…

- **L'autofocus mode Rapide.** L'autofocus travaille normalement au déclenchement, mais le miroir se relève et obscurcit la visée durant la mise au point. Tout ça n'a rien de rapide et prend une bonne seconde. Il est possible de faire le point en appuyant du pouce sur la touche de *mémorisation d'expo* (étoile). Ce réglage est bien caché dans la *Fonction personnalisée n°8*, autant dire que les débutants n'iront pas la chercher si loin ! Les experts auront intérêt à ajouter cette fonction à leur menu configurable vert (*Mon Menu*). La lecture du manuel page 102 reste indispensable…

- **L'autofocus Mode Visée Directe.** Dans ce cas, c'est le capteur lui-même qui sert à la mise au point par détection de contraste comme sur les APN compacts (l'EOS 450D est le premier EOS à en disposer). Il est aussi possible de faire le point en appuyant du pouce sur la touche de *mémorisation d'expo* (étoile) et l'on peut ensuite déplacer la zone de détection partout dans l'image. La mise au point prend plusieurs secondes, ce que je trouve bien trop long (à réserver au travail sur pied). À l'issue de celle-ci, le collimateur s'affiche en vert et un bip retentit. À configurer dans la *Fonction personnalisée n°8* également. Et pour le manuel, c'est à la page 104.

En conclusion, n'imaginez pas utiliser le Live View quotidiennement ; l'EOS 450D n'a pas vraiment été conçu pour cela. Les innombrables limitations distillées dans le manuel (pages 95 à 104) suffiront d'ailleurs à vous en dissuader, sans parler de la dispersion des réglages entre le menu orange et les Fonctions Personnalisées, qui n'aident pas à la prise en main…

On peut enfin s'interroger sur les conséquences à long terme de son utilisation intensive sur le capteur CMOS. Le manuel recommande d'ailleurs de ne pas viser le soleil lorsque le Live View est activé ; cela n'a rien de rassurant… Si elle est employée longtemps, la visée Live fait d'ailleurs monter la température du capteur, ce qui occasionne une augmentation légère du bruit numérique. Le risque de bruit numérique est d'autant plus élevé que la sensibilité est haute (lire chapitre 23)…

▲ L'instabilité de l'appareil est plus grande lorsque l'on vise "à bout de bras", l'appareil n'étant plus appuyé contre l'arcade sourcilière. L'usage d'une optique stabilisée est donc recommandé, d'autant que la lenteur de l'autofocus (même en mode Rapide) vous oblige à tenir cette position plus longtemps…

La Visée Live sur l'écran : un gadget plein d'avenir ?

Nombre de photographes considèrent qu'il est ridicule de faire des photos "à bout de bras" en se fiant à un minuscule écran LCD qui devient illisible dès que le soleil brille. Je ne suis pas loin de partager cet avis et j'avoue être incapable d'un tel exploit dès que je porte des lunettes de soleil, sur la neige ou en mer ! J'ai d'ailleurs tenté d'utiliser la Visée Live de l'EOS 450D sur une plage de Bretagne au printemps et j'y ai vite renoncé. Pour toute personne qui accorde un minimum d'importance à la composition de ses images, le confort d'un viseur est la raison qui rend les reflex incontournables.

Toutefois, la visée par l'écran gagne des partisans et fait doucement son chemin avec la dernière génération de reflex... Il faut reconnaître qu'elle est pratique en studio, sur banc de reproduction et lorsque l'on travaille sur pied. Elle autorise également des angles originaux, notamment si vous disposez d'un écran orientable. Malheureusement, ceux-ci restent encore rares sur les reflex. Le plus souvent, il ne s'agit que de modèles de 2,7 pouces au lieu des 3 pouces que l'on trouve sur les reflex à écran fixe comme l'EOS 450D.

On peut toutefois reconnaître quelques vertus pédagogiques à la Visée Live, la première étant de permettre de juger de l'exposition et de la balance des blancs, avant même la prise de vue. L'écran LCD présente également l'intégralité de la photo, alors que la visée reflex "coupe" légèrement l'image, vous montrant uniquement 95 % de celle-ci (les viseurs 100 % sont coûteux et réservés aux boîtiers pros ou experts). Cette visée tronquée n'est pourtant pas un gros problème, juste une question d'habitude... Il faut penser à cadrer au plus juste et je m'en accommode personnellement très bien depuis pas mal d'années.

Que ceux qui ont découvert quelques avantages à cadrer avec l'écran se réjouissent : afin de s'adapter aux goûts du grand public, tous les constructeurs proposent le Live View sur leurs reflex 2008. Pas forcément avec le même bonheur, il est vrai... Une génération entière de jeunes gens n'a jamais appris à faire des photos autrement qu'avec des APN sans viseurs ou avec leurs téléphones ! Les constructeurs savent bien que l'on ne change pas facilement les habitudes des utilisateurs et tentent de s'y adapter...

▲ *Est-il fou d'imaginer que la démocratisation des photophones (dans nos poches 24h sur 24) contribue à l'apparition d'une nouvelle génération de photographes ? Plutôt que sa maîtrise technique, le premier talent d'un photographe n'est-il pas de se trouver au bon endroit, au bon moment ? Espérons que cela ne fasse pas oublier aux plus jeunes la supériorité de la visée directe...*

Mais lorsqu'un fabricant sacrifie la qualité du viseur reflex, pour loger à la place un capteur destiné au Live View (cas du Sony Alpha 350), ne doit-on pas parler de nivellement par le bas de la pratique photographique ? Car un reflex équipé d'un viseur "trou de serrure" n'est plus vraiment un reflex... Espérons donc (et tous les amoureux de la photo avec nous) que Canon n'en arrive pas à de telles extrémités lorsqu'il s'agira de trouver une solution pour améliorer le Live View du successeur de l'EOS 450D...

La maîtrise du téléobjectif ou tout simplement d'un 70-200 mm avec un extender x1.4, représentent un Graal à atteindre pour beaucoup d'amateurs. Rien d'inaccessible pourtant...

1 Optez pour le mode Programme ou pour le mode Tv si vous maîtrisez les notions d'ouverture et de vitesse.

2 Choisissez un zoom si le sujet est très mobile, ou une focale fixe adaptée à la distance du sujet.

3 En autofocus AI Servo, il suffit de cadrer votre sujet avec les collimateurs actifs (tous activés ou un seul).

4 Suivez-le, en déclenchant en rafale (un collimateur décentré est plus intéressant pour la composition).

5 L'AF One Shot est également possible mais plus délicat, car le point se fige sur la première vue de la rafale.

Le cerveau de l'EOS est très malin

Si vous adoptez le Programme résultat Sport, l'autofocus identifiera le sujet principal et le suivra, quels que soient ses déplacements. C'est efficace s'il s'approche de vous à grande vitesse, comme c'est le cas sur cette photo. L'appareil choisira une **Sensibilité ISO** adaptée au couple vitesse-ouverture requis afin d'éviter le flou de bougé. La mesure de lumière sur 35 zones s'adaptera en fonction de la zone de mise au point et vous n'aurez qu'à vous occuper du cadrage et de la focale. Toutefois, vous obtiendrez de meilleurs résultats, si vous décidez de tous ces paramètres (et d'autres) en utilisant de préférence un des modes Experts...

Préférez la Priorité vitesse et le format RAW

En adoptant l'un des Programmes experts, il sera possible de choisir le format RAW, ce qui est très avantageux en sport pour de nombreuses raisons. Vous pourrez notamment augmenter la sensibilité afin de gagner en sécurité en augmentant vitesse et profondeur de champs. En effet, le format RAW autorise une meilleure gestion de l'accentuation et de la réduction du bruit en postproduction, notamment en haute sensibilité (800 ISO et au-delà). Seul désavantage du format RAW, la vitesse d'enregistrement chute plus rapidement qu'en JPEG et les rafales sont moins longues.

Utilisez votre cerveau

Si vous voulez profiter au maximum des performances offertes par votre reflex dans une situation telle que celle-ci, il faudra réfléchir un peu. A condition de vous poser méthodiquement les bonnes questions, il n'est pas difficile de faire mieux que l'intelligence artificielle de l'EOS. Quelle vitesse minimale nécessite le sujet ? Nécessite-t-il beaucoup de profondeur de champ ? La luminosité de la scène est-elle suffisante pour les réglages envisagés ? La vitesse envisagée est-elle compatible avec la focale (règle empirique du "1 sur la focale" qui implique d'utiliser le 200e sec au minimum pour une focale de 200 mm en l'absence de stabilisation) ? De combien de crans, la stabilisation du matériel permet-elle d'outrepasser cette règle ?

IMAGES DE SPORT AU TÉLÉOBJECTIF

- Mode : Priorité vitesse ;
- Ouverture : f/8 ;
- Sensibilité : 400 ISO ;
- Vitesse : 1 000e sec ;
- Vitesse : 1 000e sec ;

22. Les cinq Programmes experts et la gestion du flash

La différence entre les cinq Programmes experts tient à votre façon de raisonner et aux conséquences que ces choix impliquent sur la profondeur de champ et l'aspect de l'image. Mais en principe, tous aboutissent au même résultat : une exposition optimale de l'image...

Les **Programmes de prise de vue Experts** sont situés dans la zone Créative du Sélecteur de mode. Comme ce nom l'indique, ces Programmes autorisent donc une grande créativité dans le réglage des paramètres de prise de vue du rendu de l'image...

À l'exception du mode M, tous ces modes sont semi-automatiques. Ils ne vous laissent donc pas rater vos photos et aboutissent en principe à une exposition optimale :

- **Mode P.** Le boîtier vous propose un couple vitesse/ouverture, que vous pouvez décaler.
- **Mode Tv.** Vous choisissez une valeur de vitesse et l'appareil détermine l'ouverture.
- **Mode Av.** Vous choisissez une valeur d'ouverture et l'appareil détermine la vitesse.
- **Mode M.** Vous déterminez manuellement ouverture et vitesse, à vos risques et périls.
- **Mode A-DEP.** Un mode exotique et exclusif qui sert à contrôler la profondeur de champ.

À chacun de déterminer le mode le plus adapté à la situation de prise de vue, en tenant compte de ses habitudes. Le mode P est certainement le plus rassurant pour les débutants qui hésitent au moment de choisir une *Vitesse* ou une *Ouverture*. Il est notamment à recommander pour assurer une transition en douceur, si vous n'avez jamais rien utilisé d'autre que les *Programmes résultats*.

En ce qui me concerne, je ne l'utilise jamais car je préfère décider moi-même d'une vitesse ou d'une ouverture... Il est en effet rare que le mode P me propose de lui-même les valeurs que j'estime être optimales. Le Mode P évite qu'on prenne trop de risques, il s'agit du mode Semi-automatique par excellence.

Je préfère donc utiliser le mode Tv (priorité Vitesse) pour 70 % des scènes. Mais il ne s'agit que d'une habitude et je pourrais aussi bien choisir le mode Av (priorité Ouverture), ce qui m'arrive parfois...

Ponctuellement, le mode M (Manuel) me rend d'immenses services, notamment lorsque je travaille au flash et que je souhaite équilibrer lumière d'ambiance et lumière du flash. Dans ce cas, je réalise des essais et choisis mon exposition en me fondant sur l'histogramme affiché à l'écran...

■ Mode P : Programme d'exposition automatique

Le mode P est le plus simple à utiliser, puisque l'appareil vous prépare le travail en proposant un "couple vitesse/ouverture" cohérent. Il est d'autant plus confortable que la sensibilité ISO automatique est activée.

Libre à vous de "décaler" éventuellement ces valeurs en tournant la Molette principale. Vitesse et ouverture fonctionnent alors comme des vases communicants : lorsque vous diminuez l'un, l'appareil compense en augmentant l'autre. C'est un mode très pédagogique ; en ce sens, il se comporte un peu comme le *Programme résultat* Tout automatique, sans aucune de ses limitations...

Il est très pratique lorsqu'il s'agit de déclencher en urgence avant qu'une photo ne s'envole ou qu'une scène ne perde de son naturel. C'est l'autre "mode panique" à préférer au mode Tout Automatique (carré vert).

Les cinq Programmes experts et la gestion du flash

▲ Envisagez le mode P comme un mode Automatique, un peu à la façon d'un Programme résultat. Je l'ai utilisé ici pour saisir cette image sur le vif alors que je n'avais pas le temps de réfléchir. Le mode P rassure les débutants qui l'adoptent très facilement. Il suffit ensuite de décaler vos réglages en fonction des circonstances.

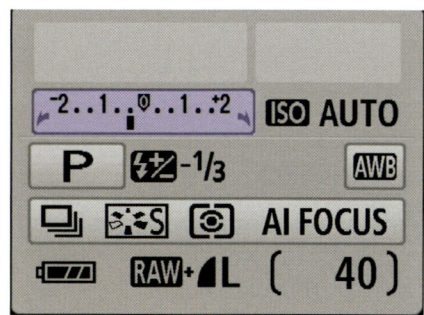

◀ Affichage de l'écran arrière en mode Programme. Une correction manuelle d'exposition est en cours (affichage bleu/violet).

▌ Mode Tv : Priorité vitesse

Vous pouvez l'utiliser en particulier pour les scènes d'action ou de sport, mais la logique "Priorité vitesse" s'applique avec bonheur à toutes les situations photographiques : paysage, photo au flash… C'est d'ailleurs le mode que j'utilise pour 70 % de mes images (si l'on a bien compris le principe des vases communiquant entre vitesse et ouverture, on peut utiliser n'importe lequel des Programmes experts dans toutes circonstances).

- Commencez par estimer la vitesse minimale en dessous de laquelle votre sujet ne risque pas le flou de bougé. Pour un randonneur passant à quelques mètres, ce serait par exemple 1/80 s, pour un skieur, 1/800 s. Il n'existe pas de règle car cette vitesse est fonction de la distance au sujet et de sa vitesse relative vis-à-vis du photographe.
- Dans le cas d'un paysage, la vitesse limite dépend de la capacité du photographe à ne pas trembler. Entre 1/30 s et 1/60 s (selon votre âge et votre forme physique) pour une focale de 50 mm. Pour les longues focales, c'est la règle du 1 sur la focale qui s'applique (1/200 s dans le cas d'un 200 mm, par exemple).

Vérifiez l'ouverture calculée par l'appareil. Il se peut qu'elle soit trop grande (par exemple f/2,8)… Comme vous le savez, un diaphragme trop ouvert entraîne une faible profondeur de champ. Dans ce cas, vous disposez de trois options (que vous pouvez combiner) afin d'y remédier :

- abaisser la vitesse d'obturation (en tenant compte du risque de flou de bougé, qui augmente) ;
- monter la sensibilité ISO (attention à l'augmentation du bruit numérique au delà de 800 ISO) ;
- augmenter la luminosité de la scène (attendez que le soleil brille davantage ou ajoutez un flash puissant).

▲ *Prime à la vitesse pour cette image de surf à Fiji. Mon seul impératif lors de sa réalisation était de ne pas descendre en dessous de 1/800 s.*
L'ouverture adoptée par l'EOS s'est trouvée être f/8, ce qui était suffisant pour sécuriser la netteté de la vague à l'arrière-plan. La valeur ISO sélectionnée était de 200 ISO, mais dans les mêmes circonstances, je n'hésiterais pas à travailler à 800 ISO avec l'EOS 450D, ce qui me permettrait de monter la vitesse à 1/1 000 s.

Les cinq Programmes experts et la gestion du flash

▲ Deux impératifs lors de ce meeting aérien : d'abord choisir une vitesse assez élevée pour éviter le flou de bougé au 200 mm (un minimum de 1/150 s). Ensuite, ne pas figer l'hélice de ce coucou avec une vitesse trop élevée. La Priorité vitesse s'imposait donc ! J'ai opté pour 1/180 s. Calé sur 200 ISO, l'appareil a fermé à f/16.

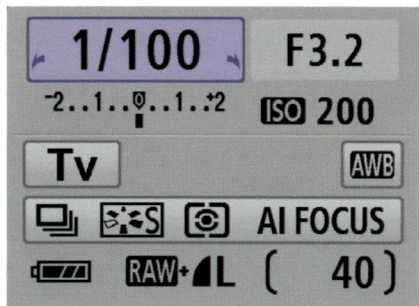

▲ Affichage de l'écran arrière en mode Priorité Vitesse. La vitesse en cours de modification s'affiche en bleu/violet.

▌ Mode Av : Priorité ouverture

Vous utiliserez le mode Av afin de contrôler précisément la profondeur de champ. Par exemple, pour un paysage au grand-angle, vous souhaitez mettre en évidence les fleurs au premier plan, qui doivent être nettes, sans pour autant que l'arrière-plan ne devienne flou :

1. Choisissez une valeur élevée (f/16, par exemple) car le diaphragme fermé garantit la profondeur de champ.
2. Faites le point à 70 cm environ et contrôlez la zone de netteté grâce au Testeur de profondeur de champ.
3. Vérifiez la vitesse calculée par l'appareil. Si vous l'estimez trop faible, vous disposez de trois options que vous pouvez combiner :
   - Montez la sensibilité ISO (attention à l'augmentation du bruit numérique au-delà de 800 ISO).
   - Utilisez un pied ou calez l'appareil contre un rocher.
   - Augmentez la luminosité de la scène : attendez que le soleil brille davantage ou ajoutez un flash.

▲ Ici, l'autofocus a été désactivé et la mise au point réalisée manuellement à 1,5 mètre environ. Ayant fermé le diaphragme à la valeur extrême de f/20 (ce qui est rare) et choisi une sensibilité de 200 ISO, la vitesse est tombée à 1/25 s seulement. Le résultat est une profondeur de champs très importante, allant des fleurs du premier plan jusqu'aux montagnes à l'arrière-plan. Mais certaines fleurs sont floues car agitées par le vent. N'ayant pas de trépied sous la main, je me suis servi de mon sac à dos comme support. Si je devais refaire cette image aujourd'hui, je n'hésiterais pas à monter la sensibilité à 400 ISO.

Les cinq Programmes experts et la gestion du flash

◀ Le but était d'obtenir une grande zone de netteté, du premier jusqu'à l'arrière-plan (le Mont-blanc), quelle que soit la vitesse (quitte à utiliser un pied ou un point d'appui). La sensibilité étant fixée à 200 ISO, j'ai choisi une ouverture de f/20, la vitesse est alors descendue jusqu'au 1/50 s (dans ce cas, pas besoin de pied puisque mon optique était stabilisée).

Affichage de l'écran arrière en mode Priorité ouverture. L'ouverture ▶ en cours de modification s'affichage en bleu/violet.

La Priorité vitesse plus sécurisante que la Priorité ouverture ?

Il peut arriver lorsque vous décidez en *Priorité Ouverture* d'une valeur de diaphragme trop fermée (f/20, par exemple), que vous ne fassiez pas attention à la vitesse qui devient alors trop basse (1/30 s, par exemple)… Cela entraîne inévitablement un flou de bougé. Le risque d'erreur est moindre en mode Priorité vitesse, car une erreur d'inattention ne peut entraîner qu'une mauvaise gestion de la profondeur de champ, ce qui est souvent moins grave qu'une vitesse trop basse. C'est du moins ce que j'ai cru constater…

Pour limiter de telles erreurs, Canon propose maintenant le réglage automatique de la sensibilité ISO sur l'EOS 450D (activé par défaut), qui apporte une certaine sécurité en cas de choix erronés.

Sur l'EOS 40D (mais pas sur l'EOS 450D), il existe également une fonction *Décalage de sécurité*. En modes Tv et Av, elle compense vos erreurs si vous venez à faire des choix inadéquats conduisant à des sous-expositions ou à des surexpositions. Il est nécessaire de l'activer grâce à la *Fonction personnalisée n°6*. Mais je ne m'en sers pas, car il m'arrive de réaliser des sous-expositions volontaires en vue d'obtenir des effets de silhouette à contre-jour.

Mode M : Manuel

Vous êtes dans ce mode le seul maître à bord... Aidez-vous du *baregraphe* visible en bas du viseur pour choisir un couple vitesse-ouverture cohérent. Une photo test est souvent très utile pour affiner vos réglages. Inutile de s'en priver d'autant qu'en numérique, cela ne coûte rien. L'écran confortable de votre reflex et l'histogramme vous donneront une idée précise de la qualité de l'exposition.

Ne vous sentez pas obligé de produire systématiquement des images bien exposées. Si vous avez opté pour le mode M, c'est aussi pour profiter de ses possibilités créatives. Ne craignez pas de sortir des sentiers battus. Osez parfois la surexposition et la sous-exposition. Dans ce cas, il est très intéressant de travailler en format RAW, ce qui vous permettra de rattraper vos erreurs ou d'affirmer vos choix...

L'autre intérêt du mode M est de garantir une exposition constante du sujet pour une scène donnée, quels que soient les changements de cadrage et de focale. C'est notamment indispensable en studio et dans nombre de situations particulières... En effet dans tous les modes semi-automatiques, la mesure évaluative prend en compte la totalité de la scène, y compris l'arrière-plan. Si vous changez de cadrage, la luminosité de l'ensemble change aussi, entraînant un changement des réglages.

Seul le mode M garantit que l'exposition du modèle ne change pas sur une série de vues, quelle que soit l'évolution de la focale ou du cadrage... Le même raisonnement s'applique d'ailleurs à la balance des blancs. Pour obtenir une série de photos avec une balance constante, évitez à tout prix la balance des blancs automatique et choisissez une balance préréglée ou manuelle.

▲ *Pour moi, le mode M est souvent le mode des cas difficiles et des lumières crépusculaires. Je l'utilise systématiquement lorsqu'il s'agit de mélanger diverses sources de lumières (flash, lampes et lumière naturelle)...*
Pour cette scène de bivouac à 4 800 m d'altitude dans le Cordillera Vilcanota au Pérou, le mode M m'a permis de tester successivement des expositions très diverses. J'ai une fois de plus utilisé mon sac à dos comme support faute de trépied.

Les cinq Programmes experts et la gestion du flash

▲ *Pour photographier ces moines en prière, le mode M s'est avéré très précieux afin de tester plusieurs expositions. J'ai retenu une ouverture de f/3,5, une vitesse de 1/30 s et une sensibilité de 800 ISO.*

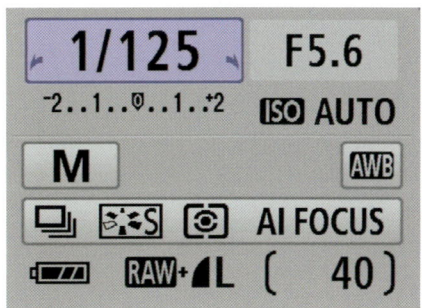

◀ *Affichage de l'écran arrière en mode Manuel. La vitesse ici en cours de modification s'affiche en bleu/violet.*

■ Mode A-DEP : Zone de netteté automatique

Il existe d'autres modes semi-automatiques plus rares ou même anecdotiques. À titre d'information, Pentax est de loin le constructeur qui fait le plus gros effort d'imagination. Excusez du peu :

- Le mode Priorité Sensibilité (SV) permet de varier la sensibilité ISO à la molette. Vitesse et ouverture s'adaptent alors en mode Programme. Quand on connaît l'impact de la sensibilité sur l'image, on en mesure tout l'intérêt.
- Le mode Priorité Av+TV (ouverture plus vitesse) permet de fixer un couple ouverture-vitesse, l'appareil adaptant automatiquement la sensibilité.

- Le mode Hyper manuel permet par une simple pression sur la touche verte d'obtenir un couple cohérent vitesse/ouverture, tout en restant en mode M.
- Le mode Hyper Programme permet quant à lui de basculer ponctuellement en Priorité vitesse ou ouverture, tout en restant en mode Programme. Un peu tiré par les cheveux mais cela doit avoir parfois une utilité…

Les utilisateurs avancés jugeront de la pertinence de tous ces modes exotiques… Canon propose quant à lui depuis de longues années le mode A-DEP (zone de netteté automatique), qui reste malheureusement ignoré de la plupart des photographes. Son but est de calculer instantanément les meilleurs paramètres afin de définir une zone de netteté (profondeur de champ), incluant les sujets à la distance de votre choix et seulement ceux-là… L'appareil va fermer le diaphragme autant que nécessaire mais pas plus. Puis il déduira une vitesse et fera le point à la distance idéale (située théoriquement au premier tiers de la zone de netteté). C'est en cela que réside toute la subtilité et l'intelligence de ce mode très original…

- Sélectionnez le mode A-DEP puis effectuez la mise au point autofocus (les 9 collimateurs étant activés) en enfonçant classiquement le déclencheur à mi-course.
- Les collimateurs se comportent de façon inhabituelle. Ils clignotent en illuminant certains plans situés à grande distance les uns des autres. Plans qui ne pourraient jamais être mis au point ensemble normalement.
- L'appareil va déterminer les réglages adaptés, de façon à ce que tous les sujets couverts par les collimateurs clignotants entrent dans la zone de netteté.
- Pour cela, il devra fermer le diaphragme dans des proportions souvent importantes et vous devrez peut-être lui faciliter la tâche en augmentant la sensibilité ISO (si elle n'est pas sur Auto).
- Il ne vous reste qu'à déclencher. Vérifiez toutefois dans le viseur que la vitesse de déclenchement ne soit pas trop basse (en fonction de la focale utilisée). Utilisez un pied au besoin ou une optique stabilisée.

▲ Zone de netteté garantie, cette image du lac Titicaca est l'exemple typique d'une image réalisée à l'aide du mode A-DEP. L'EOS calcule les paramètres idéaux pour que tous les plans soient nets : de cette barque de pêcheur au premier plan, jusqu'aux montagnes boliviennes au fond. C'est un coup à prendre. Une fois ce mode assimilé, il rend parfois de fiers services.

Les cinq Programmes experts et la gestion du flash

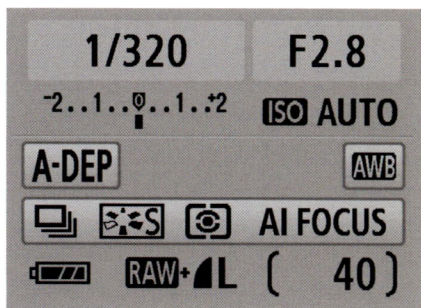

◀ Affichage de l'écran arrière en mode A-DEP. Pas d'affichage en bleu/violet ici, puisque l'appareil décide des paramètres les plus adaptés à la zone de profondeur de champ que vous lui indiquez.

Paramétrages accessibles aux Programmes experts qui restent interdits aux Programmes résultats	
Sensibilité ISO	Cinq valeurs : de *100 ISO* à *1 600 ISO*
Mode de mesure de lumière	Trois modes : *Évaluative*, *Sélective* ou *Moyenne*
Exposition	Possibilité de *Mémoriser l'exposition*
Balance des blancs	Sept *Modes préréglés* ou mode *Automatique*
Choix du format de fichier	Trois formats : *JPEG*, *RAW* et *RAW + JPEG*
Choix de l'espace coloré	Deux espaces : *Adobe RVB* ou *sRGB*
Type d'autofocus	Trois types : *One-Shot*, *AI Servo*, *AI Focus*
Collimateur autofocus	Les *9 collimateurs* ensembles ou un seul de ces 9
Cadence de prise de vue	Trois cadences : *Vue par vue*, *Continue*, *Retardateur*
Correction d'exposition	Possibilité de *Correction manuelle d'exposition* par tiers de diaph
Correction d'exposition	Possibilité de *Bracketing* (trois expositions décalées)
Flash	Possibilité de *Correction manuelle de puissance* par tiers de diaph
Flash	Possibilité de *Mémoriser l'exposition au flash*
Balance des blancs	Possibilité de *Correction manuelle* selon deux axes : chaud froid, vert violet
Picture Style	Neuf *Picture Style*, tous personnalisables
Personnalisation	13 *Fonctions personnalisables*
Personnalisation	Possibilité de *Réinitialisation de la configuration* du boîtier
Traitement des poussières	Possibilité de *Traitement logiciel* des poussières
Nettoyage du capteur	Possibilité de *Nettoyage manuel*
Évolutivité	Possibilité de *Mise à jour du Firmware*
Live View	Possibilité de viser grâce à l'écran

Quels Programmes de prise de vue pour travailler au Flash ?

Que ce soit avec le flash embarqué de votre EOS ou un flash cobra externe, la prise de vue au flash peut se pratiquer très simplement en mode Tout Automatique ou dans n'importe quels *Programme résultat*. Mais, si vous osez les Programmes experts et particulièrement le mode M (*Manuel*), vous découvrirez un monde de possibilités créatives.

Avant de commencer à utiliser le flash d'appoint de votre reflex, pensez à activer ou à désactiver la fonction *Atténuateur des yeux rouges* et pensez à retirer le pare-soleil de l'objectif ; il pourrait créer une ombre disgracieuse sur votre image, particulièrement lorsque vous travaillez au grand-angle.

Dans la plupart des *Programmes résultats*, le flash intégré se déclenche automatiquement lorsque la lumière vient à manquer. D'autant plus souvent que ces modes sont interdits de très hautes sensibilités. Un comportement pratique pour les débutants mais assez énervant pour les autres ; l'irruption du flash ôte souvent tout son naturel à la scène !

Dans les *Programmes résultats*, vous n'êtes pas davantage autorisé à forcer l'utilisation du flash par une pression sur la touche [Flash]. C'est le cerveau de l'appareil qui décide de tout, voilà qui est un peu frustrant si l'on désire déboucher ponctuellement un contre-jour. Et me voilà une fois de plus, en train d'essayer de vous convaincre de l'intérêt des *Programmes experts* !

◀ Le flash d'appoint de votre reflex rend de fiers services. Son nombre guide (généralement de 13) est suffisant dans de nombreuses circonstances. Reste qu'il ne peut égaler la souplesse d'un flash cobra, dont le nombre guide peut atteindre 56 ou 58. Le flash embarqué trouve aussi ses limites lors de l'utilisation de grands-angles entre 10 et 17 mm, à cause de la taille réduite de son cercle lumineux. Pensez à retirer le pare-soleil lors de son utilisation...

■ Utilisation simple d'un flash cobra Speedlight

Il existe toutefois un moyen de reprendre une certaine maîtrise du flash dans les modes Résultats : tout simplement en fixant un flash cobra sur la griffe porte flash de votre EOS.

Éteignez-le pour interdire le flash en toutes circonstances (le flash intégré ne pourrait pas se déployer de toute façon). Allumez-le pour forcer l'utilisation du flash en toutes circonstances. Dans les Programmes résultats, l'exposition fonctionne alors automatiquement en mode TTL, c'est très facile et très fiable.

La mesure de l'éclair en mode TTL est maintenant généralisée chez tous les fabricants ou presque. L'appareil mesure l'exposition reçue directement dans la chambre reflex. D'où le nom *TTL* qui signifie *Through The Lens* (en français, à travers l'objectif).

▶ Tous les photographes exigeants ressentent un jour ou l'autre, la nécessité d'un flash cobra. Rassurez-vous, il en existe de moins encombrants que ce Canon Speedlite 580 EX, qui est un flash professionnel. Remarquez sur cette vue de l'EOS 400D, sa poignée optionnelle BG-E3, qui facilite bien la prise en main du boîtier ! Elle est particulièrement utile lorsqu'un tout petit boîtier comme l'EOS 400D est alourdi d'un tel flash ou d'un lourd zoom de série L dont le poids avoisine le kilo.

■ Travail au flash dans les Programmes experts

L'utilisation du flash dans les *Programmes experts* est possible avec le flash embarqué, tout autant qu'avec un flash cobra. Elle donne accès à de nombreux réglages fins, qui s'avèrent rapidement indispensables lorsqu'on a commencé à les expérimenter. Voici une vue d'ensemble des possibilités :

- *Déclenchement au second rideau* : indispensable pour l'utilisation du flash à basse vitesse. Les phares laissent une traînée derrière la voiture et non devant... Cette fonction très classique nécessitait auparavant un passage par les *Fonctions Personnalisées* sur l'EOS 400D. Heureusement, l'EOS 450D possède dorénavant un menu pour y accéder.
- *Correction manuelle d'exposition du flash* : fonctionne exactement comme la correction manuelle d'exposition globale. Vous devez passer par les menus pour l'effectuer, car il n'existe pas de bouton dédié sur l'EOS 450D. Une correction de moins un ou de deux tiers est souvent bienvenue pour adoucir un peu le flash.
- *Mémorisation d'exposition au flash* : après avoir effectué la mise au point d'une pression à mi-course sur le déclencheur, pressez la touche Mémorisation d'exposition . Le flash envoie un pré éclair pour tester l'exposition. Appuyez complètement sur le déclencheur pour prendre la photo.
- *Synchronisation haute vitesse* : elle permet l'utilisation des flashs externes à des vitesses supérieures au 1/250 s (vitesse maximale possible avec le petit flash embarqué). Utile en sports et pour réaliser des portraits à grande ouverture en vue d'obtenir un arrière-plan flou. Dans ce cas, la portée du flash est diminuée de beaucoup.
- *Support du multi flash sans cordon* : cette fonction permet de combiner l'éclairage d'un nombre illimité de flashs en mode TTL. Un système extraordinairement pratique, malheureusement trop peu connu des amateurs, qui ignorent souvent qu'il est possible de piloter des flashs distants depuis leur boîtier.
- *Déclenchement stroboscopique* : certains flashs professionnels proposent cette fonctionnalité très spécifique qui intéresse surtout les amateurs d'image de sport ou les photographes scientifiques. Le flash peut envoyer jusqu'à 100 éclairs lors d'une seule exposition, afin de décomposer un mouvement.

La gestion du flash a favorablement évolué sur l'EOS 450D. Elle est devenue plus conviviale et plus précise grâce au Menu **Contrôle du flash** (seconde colonne de menus orange). Tous les réglages utiles sont accessibles ensuite dans les sous-menus, selon que vous utilisez le Flash intégré ou externe. Il ne manque à l'EOS 450D que le pilotage des flashs distants directement par le flash intégré pour que tout soit idéal !

▲ Le menu Contrôle du flash donne accès à deux sous-menus complets, dédiés respectivement au flash intégré et au flash externe. Le sous-menu Émission de l'éclair permet d'interdire le départ du flash (conserver sur Actif en utilisation normale). Il est utile uniquement si l'on souhaite utiliser l'assistance autofocus du flash lors de prises de vue nocturnes mais que le flash ne soit pas souhaité.

Les cinq Programmes experts et la gestion du flash

▲ Indispensable dans les situations de contre-jour, la disponibilité du flash embarqué permet de sauver bien des situations impossibles... Pensez-y même en plein jour, comme pour ce portrait d'un pilote d'hélicoptère de la compagnie CMH, survolant les Rocheuses canadiennes en Colombie-Britannique.

▲ Un petit flash d'appoint est toujours pratique, ce qui me fait généralement préférer les reflex experts aux appareils professionnels qui en sont dépourvus. Cette photo d'insecte géant croisé dans la jungle aurait été impossible sans le petit flash embarqué de mon EOS. Pour vos images prises à faible distance, méfiez-vous toujours de la projection de l'ombre de l'objectif et pensez à ôter votre pare-soleil...

▲ *Un éclair de flash bien dosé permet de déboucher les contre-jours les plus extrêmes, comme ici face au couchant au-dessus du lac du Bourget. Il est parfois nécessaire de diminuer l'exposition du flash de un ou deux tiers pour le rendre moins visible... Travailler en RAW permet d'atténuer au besoin sa froideur et d'en moduler l'exposition (en débouchant les tons moyens, l'éclair devient presque invisible, comme sur cette image)...*

Quels flashs externes pour votre Canon EOS ?

Depuis 1995, la mesure de l'exposition est assurée globalement chez Canon par la mesure multizone de l'appareil quelle que soit l'origine de la lumière, qu'elle soit naturelle ou produite par un ou plusieurs flashs (mesure TTL, *Through The Lens*). Cela a le mérite de la simplicité...

Un pré éclair est envoyé et son effet est mesuré en temps réel, ce qui permet de doser très finement la puissance du véritable éclair, qui intervient quasi instantanément... Cette caractéristique a beaucoup aidé Canon au moment du passage au capteur numérique quelques années plus tard (le problème avait-il été anticipé en amont ?). D'autres marques (Nikon par exemple) ont en revanche été obligées de changer de fond en comble leur système de mesure au flash, qui utilisait la réflexion de l'éclair sur le film lui-même...

Mieux vaut donc éviter les anciens flashs de la série Speedlite EZ (mesure A-TTL signifiant *Advanced*) et opter systématiquement pour un membre de la famille Speedlite EX (mesure E-TTL signifiant *Evaluative*), dans laquelle on dénombre trois modèles cobra :

- Le Speedlight 220EX (nombre guide 22) coûte 219 €.
- Le Speedlight 430EX (nombre guide 43) coûte 319 €.
- Le Speedlight 580EX (nombre guide 58) coûte 579 €.

Pour la macro photographie signalons aussi l'existence du flash annulaire **MacroLite MR-14EX** et du flash annulaire à double réflecteur **MacroLite MT-24EX**.

La dernière évolution du système E-TTL 2 prend en compte la distance au sujet qui est transmise par l'objectif. Le but est d'éviter les erreurs d'exposition sur des sujets réfléchissants ou très proches. La température de l'éclair est également transmise au boîtier, ce qui permet d'utiliser sereinement la balance des blancs automatique. Je vous recommande toutefois de préférer la balance de couleurs préréglée sur Flash.

L'ancien système de déclenchement de flashs multiples par câbles est bien loin aujourd'hui et l'on ne le regrettera pas (je l'utilisais pour des photos de skateboard et de roller dans les années 90)… Canon s'est finalement mis au pilotage infrarouge (longtemps après Minolta), assuré par un accessoire dédié, le transmetteur **STE2** ainsi que par certains modèles haut de gamme (**Speedlite 550 EX** ou **Speedlite 580 EX**). Malheureusement, contrairement à de nombreux reflex d'autre marques, les Canon EOS sont toujours incapables de piloter des flashs distants directement grâce à leur flash embarqué.

◄ *Le Flash Speedlight 580EX (de nombre guide 58) est le plus récent et le plus haut de gamme des flashs Canon. Il est le seul à assurer une couverture latérale des objectifs grands-angles de la marque.*

Osez le mode Manuel lorsque vous travaillez au flash, seule façon de maîtriser la lumière à 100 %. Contrairement à ce que vous imaginez peut-être, l'exposition du flash n'a rien d'aléatoire dans ce mode, puisqu'elle reste sous contrôle en ETTL2.
1 Si vous utilisez les modes Experts, activez le flash du 450D (bouton Flash) ou allumez votre flash cobra en mode ETTL2. Tout est automatique, ne vous souciez que du cadrage…
2 Je vous recommande toutefois d'expérimenter l'exposition en mode M (manuel). Elle permet de gérer plus finement l'équilibre entre lumière naturelle et flash.
3 Réglez la vitesse et l'ouverture avec la Molette principale en même temps que vous activez la touche AV du pouce (utilisez la Molette arrière sur les EOS autres que les EOS 450D et 400D).
4 En vue d'équilibrer la lumière naturelle réalisez une image test sans flash, afin de trouver un couple vitesse-ouverture adapté à la scène (évaluez l'exposition grâce à l'histogramme).
5 Allumez le flash et effectuez quelques tests. Modulez l'exposition de l'éclair grâce à la correction manuelle d'expo du flash. Le but est d'obtenir un éclair discret et une exposition correcte de l'arrière-plan.

Allez plus loin grâce à un flash cobra

Le flash intégré de l'EOS 450D est efficace dans la plupart des cas, mais il n'est pas très puissant. Il est donc intéressant d'utiliser ponctuellement un flash cobra dont le nombre guide (l'indice de puissance) est plus élevé. Le Canon Speedlite 580EX possède un nombre guide de 58, alors que le nombre guide du flash de l'EOS 450D n'est que de 13. L'autre avantage d'un flash cobra est sa tête orientable dans toutes les directions. Enfin, si vous utilisez un grand-angle (10-22 mm), un flash cobra permet d'illuminer la scène sur toute sa largeur, alors que celui de l'EOS 450D se limite au 17 mm (focale la plus courte de l'optique du kit, équivalente d'un 28 mm).

Portrait au crépuscule face aux Aravis. Exposition manuelle conseillée pour équilibrer lumière naturelle et flash.

Le secret des professionnels

Peu d'images sont plus colorées et dynamiques que celles qui mêlent harmonieusement lumière naturelle et artificielle. Le flash pour déboucher les contre-jours est très utilisé par les professionnels du sport, du reportage et du portrait. Le seul inconvénient de cette technique est son aspect artificiel, car dans la nature, la lumière vient le plus souvent d'en haut et pas horizontalement…

BMX en sous-bois, ici le flash constitue l'éclairage principal, l'effet de vitesse est obtenu grâce à une vitesse lente.

Modulez la puissance de l'éclair

Pour éviter l'aspect artificiel du fill-in, il est possible d'utiliser des diffuseurs neutres ou dorés qui réchauffent l'éclair. Pour éviter l'éventuel aspect fromage blanc du premier plan, atténuez la puissance de l'éclair grâce à une correction manuelle d'expo du flash. Elle est accessible par une touche dédiée sur tous les EOS, excepté les EOS 450D et 400D. Sur ces modèles, vous devrez l'activer dans les menus rouges, **Cor expo flash**. Rappelez-vous aussi que le développement des fichiers RAW permet d'optimiser beaucoup les images réalisées au flash en corrigeant les hautes lumières.

EQUILIBREZ LUMIERE NATURELLE ET FLASH

- Mode : TV (Priorité vitesse) ;
- Ouverture : f/16 ;
- Sensibilité : 200 ISO ;
- Vitesse : 1/40 de seconde ;
- Focale : 16 mm.

Via ferrata à Casteljau, un coup de flash presque invisible

Améliorez vos prises de vue en 10 étapes

23. Réglage de la sensibilité ISO

Grande innovation du numérique : vous pouvez adopter une sensibilité ISO différente pour chaque photo. Ne vous en privez pas, c'est un avantage déterminant par rapport à la photo argentique...

Étant débarrassé de nos encombrants rouleaux de films (quel soulagement, avouez), nous pouvons changer à loisir la sensibilité de nos reflex pour l'adapter à tous moments aux conditions de prise de vue. Une souplesse à laquelle des générations entières de photographes n'avaient jamais osé rêver... Quelques exemples valent mieux que de longs discours :

- Par temps ensoleillé et très lumineux, vous opterez pour une sensibilité de 100 ou 200 ISO dans la plupart des cas (du moins tant que cela reste possible). Vous bénéficierez ainsi de la meilleure qualité d'image possible...
- Vous pouvez considérer 200 ISO (et même 400 ISO) comme une sensibilité polyvalente. Vous gagnez en profondeur de champ et sécurisez la mise au point sans faire exagérément monter le bruit.
- En intérieur, si l'ambiance s'assombrit, vous pouvez augmenter encore la sensibilité ISO jusqu'à 800 ISO ou plus. Ce qui permet d'éviter les deux autres solutions qui consistent à abaisser la vitesse d'obturation ou à utiliser le flash...
- Pour des sujets rapides, vous monterez peut-être la vitesse jusqu'au 1/800 s tout en fermant la diaphragme à f/5,6 ou plus, afin de conserver de la profondeur de champ. Pour y parvenir, vous devrez augmenter la sensibilité ISO.
- Ne montez au-delà de 800 ISO que si nécessaire ; le bruit numérique commence à se faire sentir. Vous pourrez activer la réduction du bruit en haute sensibilité. Ou travailler en RAW et gérer le bruit dans votre logiciel.
- Réservez les 1 600 ISO au sauvetage de situations extrêmes car le bruit devient visible. Le traitement en RAW est conseillé et permettra de livrer une image correcte. L'EOS 450D s'affirme comme le champion de sa catégorie à cette sensibilité élevée, les performances des meilleurs films argentiques sont d'ailleurs largement dépassées...
- Si en plein soleil, vous désirez faire un portrait à contre-jour avec grande ouverture (de f/1,4, par exemple), vous devrez baisser votre sensibilité ISO au minimum. Malheureusement, celle-ci ne descend pas en dessous de 100 ISO (50 ISO sur les boîtiers pros). Un filtre gris peut se révéler nécessaire (une situation toutefois assez rare)...

Les utilisateurs débutant avec les Programmes experts seront rassurés par l'utilisation du réglage de sensibilité ISO automatique que l'on trouve sur de plus en plus de boîtiers et qui peut rendre de fiers services, Canon y vient d'ailleurs peu sur le tard. Toutefois, quiconque désire maîtriser de près la qualité de ses images préférera choisir manuellement la sensibilité de son appareil en fonction des conditions.

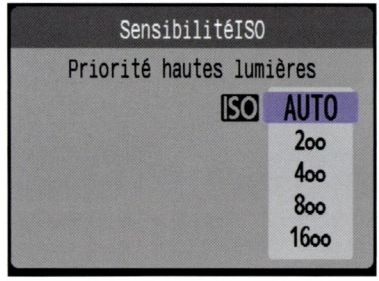

◀ On peut considérer 200 ISO comme la nouvelle sensibilité à tout faire... Pour une majorité de prises de vue en extérieur, 200 ou même 400 ISO offrent une bonne marge de sécurité pour éviter les risques de flou... Préférez 100 ISO seulement en plein soleil et lorsqu'une faible profondeur de champ est recherchée.

Sensibilité et montée du bruit numérique

Depuis quelques années, Canon et Nikon ont réussi à maîtriser la montée du bruit numérique au-delà de tous nos espoirs. Les autres marques progressent également mais dans une moindre mesure…

Canon et Nikon conservent une longueur d'avance notamment grâce à l'utilisation de capteurs CMOS qui sont plus performants dans ce domaine que les CCD. Le rôle des algorithmes de traitement du signal n'est toutefois pas à négliger, notamment dans le cas de Nikon dont certains modèles sont toujours équipés de CCD.

C'est ainsi que des sensibilités aussi incroyables que 1 600 ISO peuvent êtres envisagés sans trop de dégât. Les photos au crépuscule ou même de nuit sans pied ni flash deviennent possibles. Raison de plus pour utiliser les *Programmes experts*, les seuls à autoriser ces très hautes sensibilités…

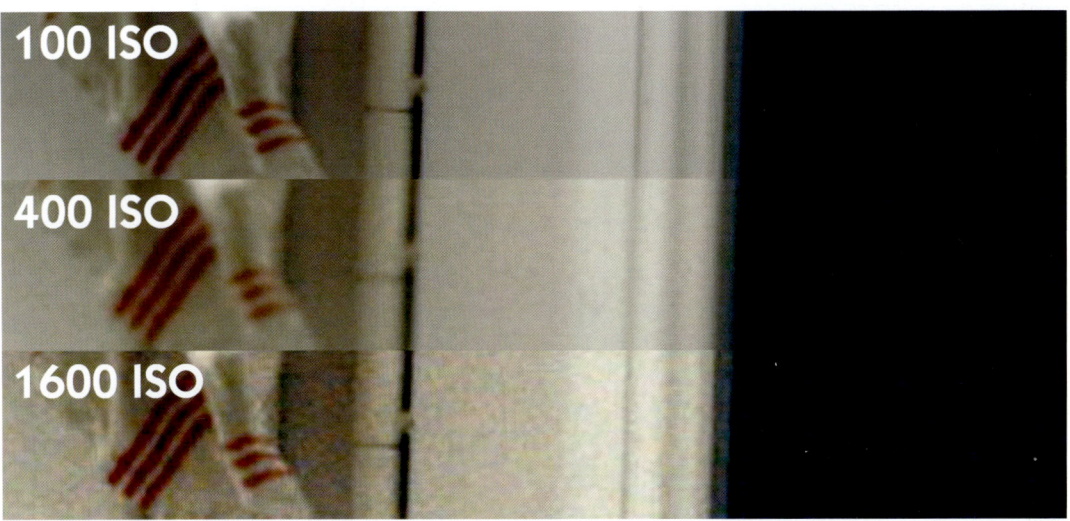

▲ Choisir une sensibilité ISO plus élevée présente bien des avantages. On peut augmenter la vitesse et fermer le diaphragme pour "récupérer de la profondeur de champ". Malheureusement, plus la sensibilité augmente, plus le bruit numérique augmente… Comme le montre ce détail d'image agrandi à 400 %.

Réduction du bruit numérique en haute sensibilité

Personnellement, je préfère y renoncer car je travaille le plus souvent en format RAW et traite le bruit dans mon logiciel de traitement (Lightroom ou Canon DPP) au cas par cas ou par lots. Le Canon EOS 450D propose deux types de réduction du bruit (lire le chapitre 15 qui détaille les fonctions personnalisées) :

- **Réduction du bruit lors de longues expositions** : s'active par la Fonction pers. n°3.
- **Réduction du bruit en haute sensibilité ISO** : s'active par la Fonction pers. n°4 (actif dès 400 ISO).

Une autre bonne raison d'y renoncer est que le temps de traitement important pénalise fortement la cadence de déclenchement (lire le manuel Canon, page 155). Seuls les photographes travaillant en JPEG exclusivement s'intéresseront à ces fonctions, mais pas systématiquement (Photoshop dispose également de très efficaces fonctions de réduction du bruit chromatique).

Améliorez vos prises de vue en 10 étapes

▲ *Réaliser cette image à main levée du port de Hong-Kong aurait été impossible en film argentique. Grâce aux excellentes performances des capteurs CMOS en haute sensibilité, on peut travailler confortablement de nuit et sans trépied. Cette image a été réalisée en JPEG (oui en JPEG) avec un EOS 5D. À la vitesse de 1/40 s, ouverture de f/2,8 et à la sensibilité de 1 250 ISO.*

Combien de paliers de réglage de sensibilité sur votre boîtier

Le Canon EOS 450D et d'autres reflex d'entrée de gamme offrent seulement cinq paliers de réglages de la sensibilité, ce que je trouve un peu juste :

- Auto (100 à 400) ;
- ISO 100 ;
- ISO 200 ;
- ISO 400 ;
- ISO 800 ;
- ISO 1 600.

Il est en effet dommage d'être privé des valeurs intermédiaires, car il existe un saut qualitatif important entre 800 et 1 600 ISO. C'est pourquoi les appareils experts comme l'EOS 40D ou l'EOS 5D offrent une gestion de la sensibilité beaucoup plus échelonnée avec de très nombreux paliers intermédiaires : AUTO, 50, 100, 125, 160, 200, 250, 320, 400, 500, 640, 800, 1 000, 1 250, 1 600 et même 3 200 ISO... Les photographes les plus exigeants qui travaillent régulièrement en basse lumière auront intérêt à choisir l'EOS 40D.

◀ L'arrivée de ce bouton de réglage de la sensibilité ISO tout près du déclencheur est une excellente innovation de l'EOS 450D, d'autant qu'elle se double de l'affichage permanent de la sensibilité dans le viseur. Le dernier progrès à espérer serait un peu plus de paliers de réglages, comme ceux de l'EOS 40D.

Taille "physique" des capteurs et hautes sensibilités

Nous allons maintenant tenter de comprendre pourquoi la taille du capteur affecte la qualité de l'image, notamment en haute sensibilité... Pour en prendre conscience, il suffit d'observer les résultats peu flatteurs obtenus à 800 ISO par le capteur CCD de 14 mégapixels du Sony Alpha 530 (résolution géante eu égard à la petite taille physique de ce capteur de format DX). L'explication tient au fait qu'à résolution égale, un capteur plus petit oblige son concepteur à réduire la taille des *photosites* (lire le chapitre 17).

Pour faire simple, les photosites sont les plus petits éléments du capteur que l'on peut assimiler à de minuscules puits de 5 à 8 micromètres (1 m = 10^{-6} m soit 0,000 001 mètre). Ils récoltent la lumière en vue de "dessiner" les pixels de l'image. À résolution égale (10 mégapixels, par exemple), la taille réduite de leurs photosites empêche les APN compacts équipés de capteurs de taille vraiment minuscule, d'égaler les reflex, dont la surface de capteurs est bien plus grande (se reporter au schéma montrant la taille des capteurs au chapitre 20).

Plus les photosites sont petits, plus il est difficile de faire "rentrer" la lumière à l'intérieur. Les grands capteurs se trouvent donc avantagés lorsqu'il s'agit de travailler en lumière basse et en haute sensibilité. Grâce à leurs larges photosites, ils récoltent plus de photons tout en produisant moins de bruit numérique (pixels colorés parasites qui apparaissent au fur et à mesure que la sensibilité augmente).

Évidemment, un traitement logiciel efficace de l'image permet de minimiser le bruit numérique. Des progrès étonnants sont réalisés chaque année dans ce domaine, ce qui permet à certains compacts de s'approcher aujourd'hui des performances des reflex d'hier. Mais les reflex voient eux aussi leurs algorithmes de traitement progresser. Les algorithmes sont d'autant plus efficaces que le rapport signal/bruit du capteur est bon dès le départ. Voilà qui permet aux reflex de la génération 2008 d'utiliser sans trop de problèmes des sensibilités de 1 600 ISO et même de monter parfois à 3 200 ISO (ceux équipés de capteurs CMOS sont favorisés par rapport à ceux équipés de CCD)...

Quant aux appareils professionnels, ils atteignent des sommets ! La taille importante (APS-H, facteur x1,3) du capteur du Canon EOS 1D mark III, qui possède des photosites de 7,2 m (micromètres), lui permet de monter à la sensibilité record de 6 400 ISO. Quant au Nikon D3, il atteint les 25 600 ISO grâce à son capteur CMOS *full-frame* (bien aidé en cela par des algorithmes de traitement du signal toujours plus intelligents)...

La différence qualitative est évidemment peu perceptible entre des capteurs de tailles voisines. Par exemple entre les capteurs DX (23,7 x 15,7 mm) fabriqués par Sony pour Nikon et les capteurs Canon APS-C (22,6 x 15 mm) utilisés sur les EOS 400D et EOS 40D. À ce niveau, les diverses options de traitement du signal ont une influence bien plus déterminante que la différence de taille des capteurs elle-même.

Le rôle de la taille du capteur entre beaucoup plus en jeu, si l'on confronte des capteurs de surface très différente. Par exemple, les capteurs CMOS 24 x 36 mm, qui équipent les Canon EOS 5D et les Nikon D3, donnent de meilleurs résultats que les petits CMOS (de taille APS-C) utilisés sur les boîtiers experts (à résolution égale)... Évidemment, ces capteurs géants coûtent d'autant plus cher qu'ils n'équipent que de rares appareils professionnels. Leur coût unitaire ne peut être amorti sur une production en grande série.

En conclusion, il n'est pas inutile de vous intéresser à la taille du capteur de votre reflex, surtout si vous désirez travailler en haute sensibilité. Les premiers concernés sont les photographes de spectacles adeptes des basses lumières et les photojournalistes désirants éviter l'usage du flash.... Pour l'instant, l'immense majorité des reflex utilise la taille standard dite DX ou APS-C (induisant une correction de x1,5 ou x1,6), qui continuera de se développer.

Mais il se pourrait que la situation évolue, la concurrence entre constructeurs conduisant les plus innovants à se démarquer en proposant des gammes de reflex *full-frame* (Sony semble décidé à suivre Canon et Nikon sur cette voie). C'est du moins ce qu'on peut espérer, comme nous l'avons évoqué au chapitre 17.

24. Choisissez l'un des trois modes Autofocus

L'utilisation d'un système autofocus ne surprend plus beaucoup de photographes aujourd'hui. Sur les EOS, deux modes sont classiquement à votre disposition, sans oublier un troisième qui bascule de façon intelligente entre les deux premiers.

Lorsqu'il s'agit de faire le point rapidement, l'autofocus est souvent beaucoup plus rapide et précis que l'œil du photographe le plus exercé... Il aura fallu pas mal d'années pour convaincre les professionnels de l'ancienne école, mais cette question ne fait plus débat aujourd'hui.

Pour autant, les performances des autofocus sont variables d'une marque à l'autre. Vous devrez y prendre garde au moment de choisir votre boîtier, particulièrement si vous réalisez des images de sport ou des photos d'action. Le secret de la rapidité des autofocus Canon et Nikon réside dans leurs moteurs Ultra Sonic embarqué dans les objectifs (USM chez Canon), alors que beaucoup d'autre marques utilisent encore des autofocus à moteurs classiques pilotés par le boîtier.

Choisissez l'un des trois modes Autofocus

◀ Affichage de la sélection du mode Autofocus sur l'écran arrière après une pression sur la touche AF (touche droite du Joypad). Ici le mode AI Servo sélectionné par défaut.

▍ Tous les systèmes autofocus ont leurs limites

En laissant tous les collimateurs actifs (réglage par défaut), il est probable que vous ne raterez aucun sujet. C'est encore plus vrai si votre appareil possède de nombreux collimateurs couvrant une large surface. Le nombre de collimateurs est lui aussi un argument à considérer au moment de choisir un boîtier.

Il faut toutefois rester conscient des limites des systèmes autofocus. Ils continuent d'ailleurs à évoluer à chaque nouvelle génération de boîtiers ; cela prouve qu'il subsiste encore une certaine marge de progression dans ce domaine :

- Le premier point faible des systèmes autofocus est leur détectivité en faible lumière lorsque les collimateurs ne trouvent aucun élément assez contrasté où "s'accrocher".
- Il arrive que l'autofocus perde le point et s'égare à l'arrière-plan lorsque le sujet se déplace très vite ou qu'un obstacle s'intercale brièvement au premier plan.

Reportez-vous à la section *Fonction personnalisée n°10* du chapitre 15.

- Les débutants sont quant à eux régulièrement piégés face à un paysage, lorsque l'appareil fait bêtement le point "à l'infini" car l'appareil n'identifie aucun premier plan.
- Si après la mise au point, l'image dans le viseur ne vous semble pas nette, pensez à vérifier le réglage dioptrique de l'oculaire du viseur.
- N'oubliez pas que dans certains cas (de plus en plus rares), il peut être encore plus efficace de désactiver l'autofocus et de procéder à une mise au point manuelle.

▍ Technique du "décentrer, cadrer, déclencher"

Lorsque vous rencontrez des problèmes, essayez de placer votre collimateur central (le plus sensible car il est en croix) sur la zone la plus contrastée de la scène. Faites le point en mode One-Shot grâce à une pression à mi-course sur le déclencheur puis recadrez avant de déclencher en appuyant à fond. C'est la fameuse méthode du "**décentrer, cadrer, déclencher**".

Si votre objectif l'autorise, retouchez éventuellement le point à la main. Vous serez aidé par les optiques à moteurs Ultrasonic embarqués (USM), spécifiquement conçues pour cela. Généralisées dans les gammes Canon et Nikon, elles restent rares dans les gammes des autres constructeurs...

Améliorez vos prises de vue en 10 étapes

En connaissant les limites de votre système autofocus, vous pourrez facilement devancer les problèmes et vous sortirez de tous les pièges. Pas de panique en cas d'échec : comprendre le fonctionnement des modes autofocus prend un peu de temps, (consultez si nécessaire le manuel Canon pages 60 à 62).

▌ Autofocus pour les sujets immobiles : One-Shot

Appelé mode One-Shot chez Canon (Autofocus Dynamique Ponctuel chez Nikon), c'est le mode le plus polyvalent. Il est adapté à tous les sujets statiques ou peu remuants : paysages, portraits, natures mortes... On peut l'utiliser dans certains sports avec des réserves toutefois (la bonne technique consiste à préparer le point à l'endroit précis ou le sportif ou le véhicule passera à coup sûr).

1. Appuyez sur le déclencheur à mi-course jusqu'à ce qu'un ou plusieurs collimateurs détectent le sujet et verrouillent le point en s'allumant brièvement en rouge.
2. Un bip discret retentit vous avertissant de la mise au point. Toutes les zones ayant clignoté en rouge resteront nettes, tant que la distance entre vous et le sujet ne changera pas.
3. Vous pouvez appuyer à fond pour prendre la photo, ou recadrer la scène en maintenant le déclencheur enfoncé à mi-course. Ne relâchez pas la pression, sous peine de perdre le point mémorisé.
4. Appuyez complètement pour prendre la photo dès que le cadrage vous convient. Attention, dans le cas d'une rafale, le point est effectué sur la première image de la série.

Vous pouvez éventuellement désactiver le bip sonore s'il vous gêne. Il est pourtant très pratique car il vous renseigne sur le type d'autofocus en fonctionnement (le mode AI Servo étant silencieux contrairement au mode One-Shot). Rassurez-vous, ce bip reste inaudible aux personnes situées à plus d'un mètre de vous.

▲ *Une situation difficile pour le mode One-Shot : les collimateurs ont eu un peu de mal à trouver le point sur ce portrait à contre-jour. Il m'a fallu rapidement placer un des collimateurs sur la flûte, à la limite entre la silhouette et le fond, pour "accrocher" une zone de contraste suffisante. Restait ensuite à verrouiller le point en appuyant à mi-course, puis à recadrer et à déclencher.*

Choisissez l'un des trois modes Autofocus

▋ Autofocus pour les sujets mobiles : AI Servo

Appelé AI Servo chez Canon (AI pour Artificial Intelligence) ou Autofocus Dynamique Suivi chez Nikon, c'est le mode conseillé pour les images sportives, les sujets en mouvement et les enfants remuants !

Si vous prenez des images en rafale, l'autofocus tentera tout au long de la série de suivre votre sujet s'il se rapproche ou s'éloigne de vous. L'intelligence artificielle de l'EOS anticipera les mouvements, en tenant même compte de l'accélération du sujet.

Dans ce mode, il est parfois intéressant de sélectionner un seul collimateur autofocus, éventuellement décentré pour des raisons esthétiques (imaginez que vous cadrez un cycliste traversant un paysage et que vous désirez laisser un peu d'espace devant lui). À condition d'être certain de pouvoir suivre précisément votre sujet en alignant le collimateur dessus. Rappelez-vous que les collimateurs latéraux sont moins sensibles que le collimateur central en croix (cela lui permet de détecter les contrastes horizontaux et verticaux).

▲ Le mode AI Servo était le mieux indiqué pour suivre au téléobjectif ce camion qui s'éloignait chargé d'ouvriers pakistanais. Contrairement au mode précédent, les collimateurs ne s'allument pas et le déclenchement reste possible, même si le point n'est pas finalisé. Sur une rafale de 5 images, on est certain d'obtenir 3 ou 4 photos parfaitement nettes.

Autofocus à choix automatique de mode : AI Focus

Ce mode combine les avantages des deux premiers. Il bascule automatiquement de One-Shot à AI Servo lorsqu'un mouvement du sujet est détecté. C'est sécurisant et pratique pour les débutants qui hésiteraient sur le type d'AF le plus approprié. C'est d'ailleurs le mode utilisé par la plupart des *Programmes résultats*.

▲ *Le mode AI-Focus est recommandé pour les sujets imprévisibles.*
Si vous vous trouvez face à un sujet statique qui risque de se mettre en mouvement sans prévenir, optez pour l'AI-Focus qui passe automatiquement de One-Shot à Ai-Servo. Vous pourrez ainsi le suivre tout en continuant à déclencher en rafale. Un mode efficace pour les portraits, notamment.

Sélection manuelle des collimateurs autofocus

Les débutants ne chercheront pas immédiatement à utiliser un collimateur unique, qu'il soit centré ou décentré. Cet exercice implique un peu d'attention, d'autant que la mesure de la lumière tient compte du collimateur actif. Un collimateur ne pointant pas sur le sujet mais à l'arrière-plan (par erreur) pourrait donner lieu à une mesure de lumière imprécise. L'EOS 1000D est doté uniquement de 7 collimateurs (comme l'ancêtre EOS 350D), les EOS 450D et 400D en possèdent 9 comme l'EOS 40D.

Choisissez l'un des trois modes Autofocus

Depuis quelques années, j'ai appris à faire confiance à la sélection automatique des collimateurs (ce n'était pas le cas sur les EOS plus anciens). L'intelligence artificielle du boîtier est devenue relativement efficace pour identifier le sujet principal d'une scène dans la plupart des situations. Je trouve d'ailleurs que les EOS 40D et 450D ont encore progressé.

Toutefois, il reste parfois nécessaire de sélectionner manuellement un collimateur, notamment lorsque l'on désire placer le sujet principal sur un côté de l'image :

1 Appuyez du pouce sur le bouton de sélection du collimateur autofocus.
2 Sélectionnez le capteur grâce à la Molette principale (vous pouvez également utiliser le **Joypad** pour cela).
3 Le collimateur sélectionné est visible en rouge dans le viseur mais aussi sur l'écran arrière.
4 Appuyez sur le déclencheur à mi-course pour faire le point.
5 Recadrez éventuellement la scène sans relâcher votre pression à mi-course.
6 Prenez la photo en appuyant complètement sur le déclencheur.

▲ Voilà typiquement le genre de scènes pour lesquelles on est parfois conduit à sélectionner un collimateur décentré. Je tenais absolument à garder ce lama sur la droite de l'image et à ne pas perdre le point même s'il venait à avancer ou reculer. J'ai utilisé ici le mode AI-Focus en veillant à garder l'animal dans le collimateur de droite préalablement sélectionné.

Améliorez vos prises de vue en 10 étapes

Il est dommage que Canon ait abandonné le pilotage des collimateurs à l'œil, que j'avais fini par apprivoiser sur mon EOS 3 argentique. De nombreux utilisateurs finissaient par le désactiver, car ils ne parvenaient pas à le régler correctement (faute de patience et surtout faute de lire le mode d'emploi)… Pourtant je suis certain qu'avec les progrès récents de l'informatique, il aurait été possible de rendre ce système efficace pour une majorité d'utilisateurs. Notamment en combinant les informations issues du pilotage par l'œil et les algorithmes de sélection automatiques des collimateurs.

◀ La touche de sélection du collimateur AF (logo carré avec la croix) tombe idéalement sous le pouce de la main droite. Cela permet une sélection extrêmement rapide du collimateur grâce à l'index sur la molette principale. Notez, juste à gauche la touche Étoile, qui permet de mémoriser l'exposition.

Affichage de la sélection manuelle du collimateur AF sur l'écran ▶ arrière. Avec l'habitude, cela devient un réflexe rapide : une pression du pouce sur la touche de sélection du collimateur AF, suivie d'une action sur la Molette principale permet de changer instantanément de collimateur AF. On peut même l'effectuer sans quitter la scène de l'œil dans le viseur.

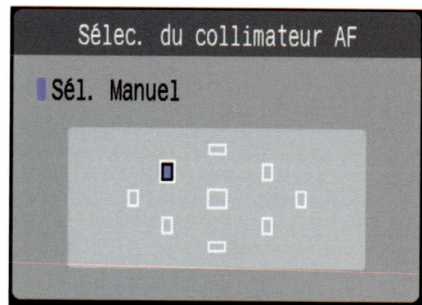

Exploitez tous vos collimateurs autofocus

Plus ils sont nombreux et plus ils sont efficaces… Les EOS 1D professionnels disposent de 45 collimateurs, quant aux derniers Nikon D3 et D300 ils montent à 51 collimateurs (le pilotage des innombrables options de leur autofocus est malheureusement digne de celui d'un Airbus)…

Pour ce qui est de l'entrée de gamme, le nombre de collimateurs va de 11 pour les plus riches (Pentax et Sony), à 3 seulement pour les plus modestes (Nikon D40x, Olympus E-410, E-510 et Lumix L10). Un nombre fort réduit qui gênera les débutants ignorant de la technique classique du "cadrer décentrer", mais pas les utilisateurs confirmés… Nombre de photographes ayant connu les balbutiements de l'autofocus ont d'ailleurs pris l'étrange habitude de ne travailler qu'avec le collimateur central. Il faut dire qu'au début des années 90, l'autofocus des reflex n'était pas ce qu'il est aujourd'hui…

Toutefois il est dommage de se limiter au seul collimateur central lorsque l'on dispose de multiples collimateurs latéraux efficaces ! Aussi je suis toujours étonné de constater que certains professionnels ne savent pas exploiter leurs collimateurs décentrés (faute d'avoir lu le mode d'emploi du boîtier), maîtrise pourtant indispensable lorsqu'il s'agit de photographier certains sports en mode AI-Servo. Il est en effet impossible d'utiliser la méthode du "décentrer, cadrer, déclencher" lorsque l'on travaille en AI-Servo. La sélection d'un collimateur décentré reste la seule solution.

25. Changez la cadence Moteur

Rien de compliqué dans ce chapitre ; quelques nouveautés sont juste à signaler du côté du retardateur. Il reste toujours quelque chose à inventer…

Le réglage de **Cadence moteur** est dorénavant appelé **Mode d'acquisition** dans le manuel Canon (pages 53 et 63). Il faut dire qu'il n'existe plus de moteur sur les reflex numériques depuis longtemps ! Pourtant l'affichage de l'écran arrière utilise toujours le terme **Cadence moteur**. Un peu anachronique mais assez parlant…

Par défaut, l'appareil est réglé sur **Vue par vue** mais basculez plutôt sur **Prise de vue en Rafale** (cadence Continue). Ce choix présente uniquement des avantages, même si à 3,5 IPS il ne s'agit pas d'une cadence infernale ! Cependant, l'EOS 450D est le plus véloce de tous les reflex d'entrée de gamme, la vitesse de ses concurrents directs évolue de 2,5 à 3 IPS.

◄ *Écran de réglage de la Cadence Moteur (mode d'acquisition selon la nomenclature Canon). De gauche à droite : Vue par vue, Prise de vue en Rafale et les trois options du Retardateur : Retard de 10 s, Retard de 2 s et Retard de 10 s suivi d'une rafale de 2 à 10 images.*

■ Mode d'acquisition Vue par vue

L'appareil ne prend qu'une image à la fois, même si vous laissez le doigt appuyé sur le déclencheur. Il faut donc relever le doigt et déclencher à nouveau pour prendre la suivante. Cela peut vous faire perdre du temps et vous faire rater des photos avec les sujets les plus rapides ; voilà pourquoi je préfère la cadence Rafale.

Le seul avantage de la cadence Vue par vue est que le point est refait lors de chaque déclenchement, ce qui rassure les débutants…

Mise à part cette particularité, elle présente peu d'intérêt sur un reflex déclenchant à 3,5 IPS. C'est une autre histoire avec l'EOS 40D, car à 6,5 IPS, on a vite fait de prendre plusieurs photos par erreur… Ce n'est d'ailleurs pas très grave puisque les déclenchements sont gratuits en numérique !

■ Mode d'acquisition Prise de vue en Rafale (ou Continue)

Adoptez la cadence Continue comme cadence standard. L'appareil déclenche tant que vous garderez le doigt appuyé sur le déclencheur. Avec un peu d'habitude, vous parviendrez à contrôler précisément le nombre d'images que vous déclencherez.

D'ailleurs, si vous en déclenchez quelques images de trop, vous pourrez les effacer rapidement. Mais vous constaterez peut-être que les dernières images (prises par erreur) sont parfois meilleures que les premières !

Améliorez vos prises de vue en 10 étapes

▲ *Cadence Rafale. Ce n'est malheureusement pas avec un boîtier d'entrée de gamme que vous obtiendrez les 5 IPS nécessaires à la réalisation de ce montage ! Il vous faudra investir dans un boîtier de gamme expert, EOS 30D ou EOS 40D.*

▌ Trois options de retardateur et télécommande

Rien de surprenant dans le mode Retardateur, qui sert aux photos de groupes et vous laisse 2 secondes ou 10 secondes pour courir poser face à l'appareil ! Un signal sonore retentit et une diode rouge s'allume deux secondes avant le déclenchement.

Le retardateur de l'EOS 450D dispose d'une nouvelle option **Retardateur suivi d'une rafale**. Elle est pratique pour les portraits de groupe, où généralement personne ne sourit en même temps ! L'appareil peut alors déclencher une série de 2 à 10 vues automatiquement après un retard de 10 s. Cela permet au photographe de figurer sur l'image sans avoir à faire dix allers-retours jusqu'à son boîtier…

Lors des pauses longues, pensez éventuellement à utiliser la fonction de blocage du miroir. Le déclenchement intervient 2 secondes après que le miroir a été relevé afin d'éviter les vibrations dues à son mouvement (lire la double page *Photos nocturnes au trépied*).

Par forte luminosité, pensez à obturer le viseur si personne ne regarde à travers, ceci afin d'éviter que des rayons lumineux parasites ne pénètrent dans l'appareil et ne faussent l'exposition. Pour cela, un volet d'oculaire est astucieusement fixé à la courroie de l'appareil.

Vous pouvez également utiliser le retardateur avec une télécommande RC-1/RC-5 portant jusqu'à 5 mètres et pouvant déclencher immédiatement ou après un délais de 2 s.

▲ Le bouton de gauche du Joypad permet d'accéder au réglage de la cadence moteur et des trois options du retardateur. Les touches d'en haut et d'en bas permettent d'indiquer le nombre d'images (de 2 à 10) devant être prises dans le mode Retard de 10 s suivi d'une rafale.

26. Mesure d'exposition et Priorité Hautes lumières

L'exposition était il y a quelques années encore un art délicat, où le savoir-faire des meilleurs techniciens faisait la différence... Aujourd'hui, les progrès de l'intelligence artificielle des boîtiers et les possibilités offertes par le format RAW rendent cette question moins stratégique.

Il y a vingt ans, exposer parfaitement et à coup sûr n'était pas donné à tout le monde... Rappelez-vous de l'époque où il fallait anticiper les pièges risquant de tromper la cellule : contre-jours, reflets sur l'eau ou la neige, coups de flash renvoyés par des vitres... Il fallait changer de mode en fonction des situations, user avec discernement de la correction d'exposition, du bracketing, utiliser de temps à autre une cellule à main ou la mesure Spot (que beaucoup de boîtiers d'entrée de gamme ne proposaient pas contrairement à votre EOS 450D)... Exposer idéalement ses images était un métier et les professionnels étaient payés pour cela.

Depuis, les fabricants ont travaillé à améliorer leurs systèmes de mesure. Grâce aux progrès de l'informatique, ils ont pu développer de très efficaces programmes analysant la lumière par zones. Nikon a la réputation d'être le champion de l'exposition avec le système à 1 005 zones qui équipe certains modèles comme le D300. Celui-ci tient même compte de la couleur afin de mieux identifier le sujet principal.

À un tel niveau de sophistication, on ne parle plus de mesure par zone mais plutôt de mesure par pixels par pixels ! Soyez toutefois rassuré, les 35 zones de votre EOS 450D sont très largement suffisantes pour assurer une mesure parfaitement fiable...

▲ *Outres les énormes progrès des systèmes de mesure, la démocratisation du format RAW a bouleversé le travail des photographes et les données du "problème exposition". Une telle image dont les valeurs moyennes ont été vigoureusement éclaircies dans un logiciel de traitement n'aurait pas été possible sans l'utilisation du format RAW…*

▌ Des progrès fantastiques depuis 15 ans

Au risque de choquer les puristes et les experts pointilleux, j'irai jusqu'à écrire qu'en 2008 il n'est plus vital de s'inquiéter de la mesure de la lumière… Cela peut surprendre, mais c'est bien le cas dans le cadre d'une utilisation polyvalente. Quand je suis en reportage, je ne me préoccupe quasiment jamais de l'exposition et fais entièrement confiance à la **Mesure évaluative** sur 35 zones (mesure multizone).

Dans le cerveau de votre reflex, un programme compare en temps réel vos cadrages à des milliers de situations mémorisées. De très nombreux cas particuliers sont recensés afin d'éviter que le boîtier ne se fasse piéger : silhouettes à contre-jour, couchers de soleil, portraits sur la neige, surfaces réfléchissantes… L'exposition calculée par l'appareil a de fortes chances d'être adaptée à la scène photographiée.

Tous ces progrès n'empêchent pas Canon de chercher à améliorer encore les modes de mesures embarqués dans ses reflex. Le petit EOS 450D voit ainsi l'arrivée de la mesure spot (4 % de la surface), ce que les experts apprécieront à sa juste valeur. Les ingénieurs ont également cherché à augmenter la dynamique des images, afin d'améliorer l'exposition des hautes lumières. Voilà pourquoi l'EOS 450D dispose d'un mode Priorité Hautes Lumières, comme l'EOS 40D et les EOS 1D professionnels. Une avancée que l'on doit au processeur Digic 3 capable de traiter les données du capteur sur 14 bits, au lieu de 12 bits sur les précédents EOS.

Mesure d'exposition et Priorité Hautes lumières

◀ *Mesure Spot, mémorisation d'exposition, correction d'exposition ou bracketing ? Rien de tout cela… Juste la mesure évaluative du boîtier qui ne s'est pas laissé piéger par ce contre-jour et a préservé les silhouettes des palmiers, sans surexposer l'arrière-plan…*

▪ Quel mode de mesure utiliser ?

En dehors de certains cas particuliers, vous pouvez faire confiance la plupart du temps à la **Mesure évaluative** sur 35 zones (parfois appelée Multi zones) qui est le mode de mesure par défaut proposé par votre boîtier. Détaillons les quatre modes de mesure à votre disposition (pour chacun d'entre eux, les zones de mesure sont mises en évidence par la couleur orange) :

Améliorez vos prises de vue en 10 étapes

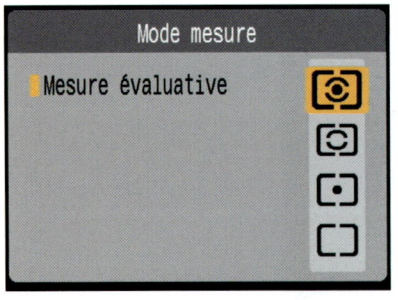

◀ Une pression sur la touche de changement de mode de mesure (flèche supérieure du Joypad) permet d'accéder à cet écran de sélection… De haut en bas : *Mesure évaluative, Mesure sélective, Mesure spot, Mesure moyenne à prédominance centrale.*

- **La Mesure évaluative (sur 35 zones)** : l'appareil détecte le type de scène photographié en analysant la luminosité des 35 zones et s'y adapte automatiquement. Ce mode qui fonctionne idéalement dans 95 % des situations est utilisé pour tous les *Programmes résultats* avec une très bonne fiabilité.

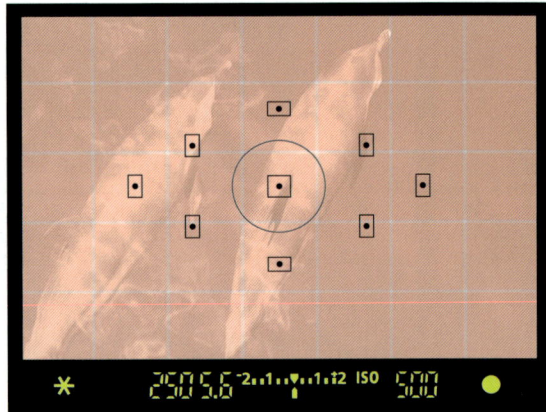

On peut se fier à la Mesure évaluative sur ▶
35 zones, pour toutes les situations ou presque :
portraits, images d'action, contre-jours… Il est rare de la
prendre en défaut, je l'utilise d'ailleurs pour 95 % de
mes propres photos.

- **La Mesure sélective** : plutôt réservé aux utilisateurs débrouillés, ce mode effectue la mesure sur un cercle au centre de l'image représentant une surface de 8 à 10 %. Ne la confondez pas avec la mesure Spot dont le cercle est beaucoup plus réduit (4 % seulement), bien qu'elle lui ressemble beaucoup.

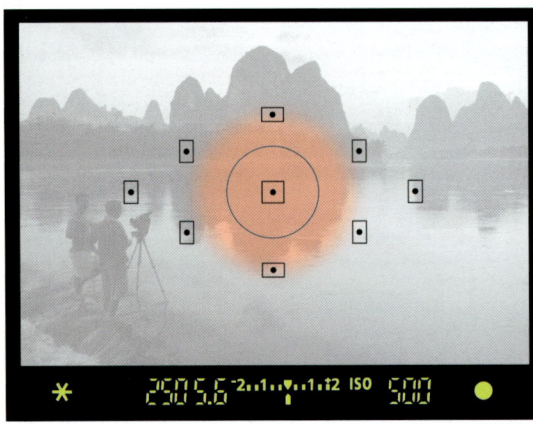

◀ *La Mesure sélective est à réserver à certains cas particuliers, par exemple lorsque l'arrière-plan est beaucoup plus lumineux que le sujet principal. Il est conseillé de l'utiliser avec une mémorisation d'exposition et un recadrage.*

- La **Mesure spot** : même principe que la **Mesure sélective** mais le cercle est réduit à 4 % seulement (à 3,8 % sur l'EOS 40D). Elle fait défaut à la plupart des modèles amateurs comme les EOS 1000D et 400D, mais est disponible sur les reflex experts et (fait exceptionnel) sur l'EOS 450D.

◀ La Mesure spot est l'outil de prédilection des experts formés à la dure école de la diapositive (qu'on ne regrettera pas) ! Utilisez-la, par exemple sur la peau ou sur un gris neutre, puis mémorisez l'exposition et recadrez…

- La **Mesure moyenne à prépondérance centrale** : l'appareil mesure la luminosité globale de la scène mais accorde la priorité à la zone centrale (c'est pourquoi elle est aussi appelée Centrale Pondérée). Un système qui a l'avantage de la simplicité mais que je ne suis jamais appelé à utiliser…

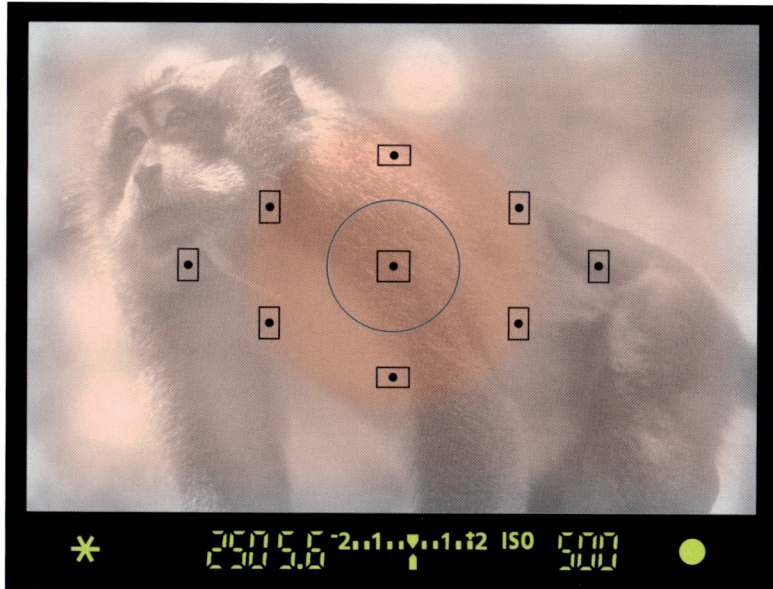

La Mesure moyenne ▶ à prépondérance centrale est l'un des plus anciens systèmes de mesure. Il reste apprécié des photographes ne faisant pas confiance à la Mesure évaluative. À utiliser avec prudence…

Améliorez vos prises de vue en 10 étapes

▋ Options classiques d'ajustement de l'exposition

Les progrès de la Mesure évaluative ont beau être fantastiques, l'intelligence artificielle de votre appareil reste incapable de deviner vos intentions créatives les plus débridées... Par exemple si vous désirez obtenir un effet graphique de silhouette avec des noirs profonds (complètement bouchés, ce que l'appareil évite la plupart du temps), il vous faudra certainement procéder à une correction d'exposition.

Une autre solution bien plus radicale est de travailler en mode Manuel, ce qui vous permettra de choisir vous-même la **Sensibilité**, la **Vitesse** et l'**Ouverture**, sans tenir compte des indications affichées par le baregraphe d'exposition. Les automatismes avancés n'interdisent pas au photographe créatif de reprendre le contrôle total de l'exposition. Voyons les différentes options qui sont à sa disposition :

- La **Mémorisation d'exposition** : vous l'utiliserez à chaque fois que vous pensez être plus intelligent que l'appareil, ce qui reste toujours possible... Par exemple pour préserver l'effet de contre-jour d'une silhouette se découpant sur fond de coucher de soleil. La mémorisation d'exposition est également indispensable, si vous utilisez la **Mesure sélective** ou la **Mesure spot**.

- La **Correction manuelle d'exposition** : vous pouvez corriger ponctuellement ou en permanence l'exposition par paliers de 1/3 ou 1/2 diaph, quelle que soit la méthode de mesure de lumière utilisée et le résultat obtenu. La **Correction manuelle d'exposition** est très simple à utiliser et je vous encourage à l'expérimenter, c'est souvent le moyen le plus rapide en vue d'obtenir l'exposition souhaitée.

- La **Correction manuelle d'exposition du flash** : même principe que précédemment mais celle-ci ne s'applique qu'à l'éclair du flash sans altérer l'exposition globale. J'ai souvent l'habitude d'appliquer une sous-exposition du flash de -1/3 à -2/3 et cherche parallèlement à récupérer autant de lumière d'ambiance que possible en utilisant une vitesse lente, afin de préserver le naturel de la scène.

- Le **Bracketing d'Exposition** : une forme de correction d'exposition qui s'applique à une série de 3 images. La première est normale, la deuxième sous-exposée et la troisième surexposée. La *Fonction Personnalisée n°1* (voir chapitre 15) permet de régler le palier par demi diaph ou par tiers de diaph (réglage par défaut). Il existe également un Bracketing de la Balance des Blancs (voir chapitre 27).

- Le **Bracketing d'Exposition** combiné à une **Correction manuelle d'exposition** : On peut décaler les trois expositions vers le haut ou le bas en combinant le bracketing et une correction d'exposition. Autrefois indispensable à l'époque des diapositives, le bracketing reste ponctuellement pratique pour qui travaille en JPEG, mais est devenu relativement inutile pour qui utilise le format RAW.

De nombreuses possibilités techniques et créatives sont à votre disposition. N'hésitez pas à les expérimenter. C'est d'autant plus facile qu'il est possible de vérifier immédiatement l'exposition de vos images grâce à l'histogramme. En ce sens, l'écran d'un reflex numérique est un outil pédagogique exceptionnel !

Toutefois ne vous compliquez pas la vie avec des raffinements d'exposition inutiles, car vous ne travaillez ni en film, ni en diapositive (diapositives qui étaient d'ailleurs une excellente école : aucun recadrage ni ajustement d'exposition n'étant possible a posteriori). Concentrez-vous sur des questions plus intéressantes, en particulier sur votre sujet lui-même et sur votre cadrage ! Travaillez en RAW de préférence et vous aurez tout le loisir d'affiner l'exposition de vos images dans votre logiciel de traitement des RAW.

Mesure d'exposition et Priorité Hautes lumières

◀ *La Mesure évaluative avait exagérément débouché les ombres de cette scène lors d'une première tentative (notamment les bambous sur la droite)... J'ai dû refaire cette photo avec une Correction manuelle d'exposition de moins un diaph afin de renforcer l'effet de silhouette des deux figures au premier plan.*

■ Analyser l'histogramme d'une image

L'histogramme est l'outil le plus utile au photographe afin d'évaluer la qualité de l'exposition et vous n'hésiterez pas à l'utiliser très souvent, y compris durant la Visée Live (voir chapitre 21). Il est le seul outil crédible, car se fier à l'affichage de la photo sur l'écran LCD de l'appareil reste assez aléatoire...

- Si la pyramide des valeurs sort du cadre par la gauche : les tons les plus sombres sont bouchés.
- Si elles sortent par la droite : les valeurs les plus claires (les hautes lumières) sont brûlées.

Cela signifie concrètement que les parties de l'image concernées resteront uniformes : entièrement noires ou blanches, sans aucun détail. Vous ne pourrez pas les récupérer, quel que soit votre logiciel de retouche. Votre boîtier peut signaler à la demande ces zones "perdues" par un affichage clignotant (utiliser la touche .DISP).

Ceci est vrai du moins pour ce qui concerne les JPEG, mais si vous travaillez en format RAW, sachez que les indications de l'histogramme de l'appareil sont incomplètes et que vos images conservent un potentiel de "récupération" insoupçonné. Cela s'explique par le fait que l'histogramme de l'écran est calculé à partir de la version JPEG des images, le processeur n'ayant pas la puissance nécessaire au calcul rapide de l'histogramme réel d'un fichier RAW.

En d'autres termes, l'histogramme de l'écran n'est pas représentatif du potentiel des RAW. Vous pourrez donc récupérer dans votre logiciel les valeurs considérées comme perdues par l'appareil.

C'est d'ailleurs particulièrement vrai pour les valeurs claires. Voilà pourquoi il ne faut pas chercher à "assurer" en sous-exposant lorsque l'on travaille en RAW (pratique qui était courante au début du numérique, alors que les capteurs avaient tendance à percer les hautes lumières)... C'est la théorie dite "Exposer à droite", en référence aux valeurs claires de l'histogramme (situées à droite) dont le potentiel de correction est supérieur à celui des valeurs sombres (situées à gauche). En format RAW, les erreurs de surexposition s'avèrent moins gênantes que les sous-expositions.

Améliorez vos prises de vue en 10 étapes

◀ Après avoir réalisé une image telle que celle-ci, avec des zones très sombres et d'autres très claires, il est conseillé de vérifier l'exposition grâce à l'histogramme… Pas d'inquiétude, si vous avez travaillé en RAW et si l'histogramme n'est pas parfait : l'image pourra toujours être ajustée (vérifiez en priorité sa netteté).

Bien que les écrans des reflex aient progressé, ne vous y fiez ▶ pas trop, lorsqu'il s'agit d'évaluer l'exposition (surtout en plein soleil). Affichez systématiquement l'histogramme qui est le seul véritable outil fiable pour évaluer l'exposition. Comme celui-ci est calculé à partir d'un JPEG, vous disposez d'une marge de sécurité supplémentaire si vous travaillez en RAW.

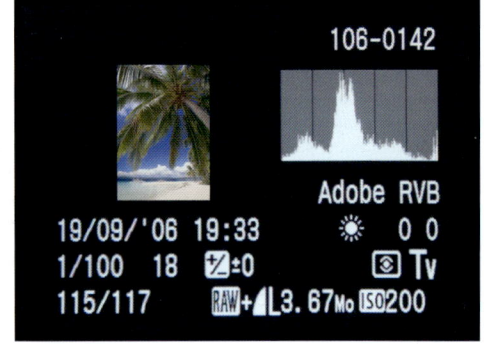

La Priorité Hautes lumières (Fonction Personnalisée n°5)

Cette fonction est absente sur l'EOS 1000D faute de capacité de calcul sur 14 bits. Vous devrez paramétrer vous-même la **Priorité Hautes lumières** en utilisant la *Fonction personnalisée n°5*. Pensez d'ailleurs à l'ajouter à votre menu personnalisé (**Mon Menu**) pour y accéder plus rapidement… Comme la plupart des fonctions avancées, la **Priorité Hautes lumières** reste donc interdite aux *Programmes résultats* qui ne permettent aucun paramétrage des *Fonctions personnalisées*.

Il n'existe qu'un moyen de savoir si la **Priorité Hautes lumières** est activée ou pas, il faut observer la typographie de la valeur ISO affichée sur l'écran arrière et dans le viseur (on aurait préféré un pictogramme) :

- La fonction est désactivée : lorsque la valeur ISO s'affiche en grands caractères tous de même taille.
- La fonction est activée : lorsque les deux zéros de la valeur ISO sont affichés en petits caractères.

◀ Je vous encourage vivement à ajouter la Fonction personnalisée n°5 (Priorité Hautes lumières) à votre menu personnalisé (Mon Menu)… Sans quoi vous ne penserez jamais à aller la paramétrer au fin fond des Fonctions personnalisées (voir chapitre 15).

La Protection des hautes lumières a quelque chose à voir avec l'exposition ; elle consiste à sous-exposer très légèrement les zones les plus claires de l'image. Il s'agit d'élargir les niveaux les plus élevés de l'histogramme, autrement dit d'aplatir le haut de la courbe. C'est pour cela qu'elle impose une sensibilité minimale de 200 ISO. Il ne s'agit pas d'un véritable gain de dynamique (dans l'absolu, seul le capteur en est capable), mais seulement d'un traitement numérique des hautes lumières. En pratique, on peut donc la considérer comme une sorte de correction d'exposition qui s'appliquerait uniquement sur le haut de la courbe.

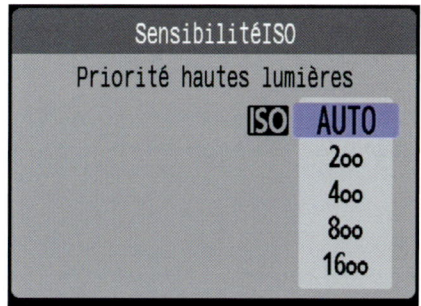

Lorsque la Priorité Hautes Lumières est activée, la sensibilité ▶ minimale passe de 100 à 200 ISO. Rassurez-vous, cela n'a pas d'influence visible sur le bruit numérique très contenu des CMOS Canon. Notez au passage la typographie des valeurs ISO, qui adopte des zéros en minuscules au lieu de majuscules : unique indication que la Priorité Hautes lumières est activée !

Ce traitement particulier est rendu possible par le dernier processeur Canon Digic III, qui travaille sur 14 bits et non plus sur 12 bits, un véritable exploit technologique. Canon est l'unique constructeur à propose le 14 bits sur toute sa gamme et dans tous les modes de prise de vue (sur le Nikon D300, le 14 bits reste une option qui ralentit énormément la cadence de l'appareil). En d'autres termes, l'image est traitée sur un plus grand nombre de niveaux, ce qui mobilise d'énormes capacités de calcul :

- Traitement 8 bits (2 exposant 8) : soit 2^8 = 256 niveaux.
- Traitement 12 bits (2 exposant 12) : soit 2^{12} = 4 096 niveaux.
- Traitement 14 bits (2 exposant 14) : soit 2^{14} = 16 384 niveaux.

Mathématiquement, il est donc plus facile d'exploiter les niveaux supérieurs des images (les hautes lumières) en les "étirant" car ils contiennent davantage de niveaux. On évite ainsi les artéfacts et la postérisation engendrés par le "tripatouillage" de niveaux. Le résultat n'est pas forcément apparent à l'œil sur une image équilibrée, mais il décuple les potentialités d'ajustement d'exposition des images :

- Les 10 % les plus clairs d'une photo codée sur 8 bits contiennent seulement 25,6 niveaux.
- Les 10 % les plus clairs d'une photo codée sur 14 bits contiennent 409,6 niveaux.
- Les 10 % les plus clairs d'une photo codée sur 14 bits contiennent 1 638,4 niveaux.

Un potentiel aussi exceptionnel (et unique sur le marché) nous fait regretter d'autant plus amèrement que Canon ne nous offre toujours pas de fonction d'ajustement et de développement des fichiers RAW embarqués dans le boîtier. À l'image de ce que sait faire le petit Nikon D60, qui n'est pourtant équipé que d'un modeste CCD de 10 mégapixels et d'un processeur travaillant dur 12 bits.

Quoiqu'il en soit, cette fonction de **Priorité Hautes lumières** s'avère précieuse pour les photographes travaillant en JPEG, car bien qu'enregistrés en 8 bits, les JPEG issus de l'EOS 450D profitent du traitement interne en 14 bits. Avant d'être compressés et envoyés sur la carte, ils sont en effet traités sous forme de RAW 14 bits par le processeur Digic 3.

Les RAW sont par contre enregistrés en 14 bits sur la carte, ce qui vous permet de les traiter à cette "profondeur" dans votre logiciel de traitement RAW sur l'ordinateur. Vous pouvez donc bénéficier de la **Protection des hautes lumières** a posteriori dans votre logiciel, sans l'avoir nécessairement activée dès la prise de vue. Voilà pourquoi je préfère m'en passer…

Il arrive en effet que l'image perde un peu en punch, ce qu'elle gagne en dynamique… Le haut de la courbe étant plus plat, le contraste des valeurs claires est diminué. Je préfère donc améliorer mes images RAW au cas par cas sur l'écran de mon ordinateur. Encore faut-il pour cela disposer d'un écran de qualité et autant que possible calibré (voir chapitre 30).

Correction Auto de luminosité (Fonction Personnalisée N°6)

Présente pour la première fois sur les EOS 450D et 1000D, cette fonction de **Correction Auto de luminosité** exploite également la multiplication des niveaux rendue possible par le travail sur 14 bits du processeur Digic III. Mais elle est activée par défaut dans tous les modes (Programmes Résultats et Programmes Experts), contrairement à la **Priorité Hautes lumières**.

On ne peut la désactiver que dans les *Programmes experts* en passant par les menus de paramétrage des fonctions personnalisées (voir chapitre 15). Comme précédemment, il est donc important d'ajouter la *Fonction personnalisée N°6* à votre menu personnalisé (*Mon Menu*), autrement vous ne penserez pas à l'utiliser…

J'ai fini par adopter la **Correction Auto de luminosité** en permanence car les images sont à peine plus flatteuses que normalement, ce qui me convient. On peut d'ailleurs féliciter Canon de cette relative prudence. Tout juste pourrait-on souhaiter l'apparition de trois niveaux d'activation (*faible*, *moyen* et *fort*) car de nombreuses personnes trouvent son action un peu trop timide.

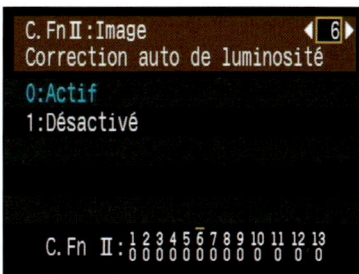

◄ Après m'être un peu méfié au début, j'ai finalement choisi de laisser la Correction Auto de luminosité activée en permanence (Fonction Personnalisée N°6). Elle ne dénature pas la nature des images et je trouve son action très subtile.

27. Réglez la Balance des blancs

Si la balance des blancs automatique fonctionne correctement, il est souvent préférable de basculer sur l'un des modes préréglés lorsque les circonstances l'exigent…

Le but du réglage de la balance des blancs est de restituer le plus fidèlement possible la couleur réelle des objets et des scènes photographiées en neutralisant la dominante de la source lumineuse qui les éclaire.

Le but du préréglage *Tungstène* est par exemple de refroidir l'image, afin de compenser la dominante orange de l'éclairage au tungstène (le filament des ampoules électriques à incandescence est en tungstène). Ne commettez pas l'erreur de penser que le préréglage *Tungstène* va appliquer la couleur orange de cette source lumineuse à l'image : c'est exactement le contraire ! Elle va la neutraliser…

Vous pouvez utiliser la *Balance des blancs automatique* dans de nombreuses situations. Mais il reste parfois indispensable de choisir l'un des *Préréglages de Balance des blancs* que nous allons détailler ci-après.

Il existe également une possibilité de générer une **Balance des blancs personnalisée** à partir d'une photo sélectionnée par vous-même. Sachez que l'EOS 40D (pas l'EOS 450D malheureusement) vous offre aussi la possibilité de régler précisément la balance des blanc en Kelvins, un raffinement qui intéresse généralement les photographes experts.

Cette image a été prise avec ► *un préréglage Lumière du jour qui permet de rendre fidèlement la dominante orange de ce coucher de soleil. On aurait d'ailleurs pu la renforcer davantage, avec le préréglage Nuageux qui est encore plus orangé (afin de corriger la froideur de la lumière filtrée par une épaisse couverture nuageuse).*

◀ *La même image telle qu'on aurait pu l'obtenir avec le préréglage Tungstène qui neutralise les dominantes oranges de la scène. Ce ne serait pas forcément une bonne idée d'utiliser ce préréglage pour une telle image. Le préréglage Tungstène a été conçu pour les scènes d'intérieur souffrant d'une dominante orange…*

▉ Le RAW, solution idéale pour la balance des blancs

Avant de rentrer dans les détails de ce chapitre, n'oubliez pas que pour tous les cas complexes, il existe une solution très simple afin de régler définitivement tous les problèmes de balance des blancs ! C'est encore une fois de travailler en format RAW.

Comme c'est le cas pour les problèmes d'exposition et le choix des *Picture Style*, rien n'est définitivement fixé dans le format RAW. Et vous aurez plus tard, tout le loisir d'appliquer et modifier au kelvin près la balance des blancs dans votre logiciel de traitement RAW.

Vous pourrez même réaliser ce réglage selon deux axes : orange bleu et vert violet, ce qui vous donnera des possibilités bien plus grandes que ce qu'offrent les modes de réglages de Balance des blancs de l'appareil. À la limite, les utilisateurs du format RAW peuvent se passer de lire tout ce chapitre !

▉ Balance des blancs : automatique ou préréglée ?

La **Balance des blancs automatique** (AWB) est le mode activé par défaut et employé par la majorité des utilisateurs qui n'ont jamais parcouru le mode d'emploi de leur reflex. Ce réglage tente de restituer la scène photographiée de la façon la plus neutre possible en compensant les dominantes anormales. Le résultat est le plus souvent satisfaisant, les reflex ayant fait d'énormes progrès ces dernières années. Il s'agit d'ailleurs du seul mode disponible dans les *Programmes résultats* (une fois de plus)…

Toutefois, les photographes confirmés évitent autant que possible ce réglage automatique car il prend en compte la totalité de la scène, y compris l'arrière-plan. Si la scène inclut différentes sources lumineuses ou si vous changez de cadrage ou de focale, la dominante de l'ensemble peut changer… Avec pour conséquence gênante que la couleur de votre sujet au premier plan risque de varier légèrement d'une image à l'autre.

Voilà pourquoi il est recommandé de préférer, à chaque fois que c'est possible, un des six **Préréglages de Balance des blancs** dont l'utilisation est extrêmement simple. Vous y accédez directement par le bouton **WB**.

Réglez la Balance des blancs

Balance des blancs automatique

La balance des blancs automatique ne se justifie réellement que si vous changez très souvent de type d'éclairage (passage de l'intérieur à l'extérieur, flash activé, flash coupé, etc.) et que vous craigniez d'oublier d'adapter vos réglages.

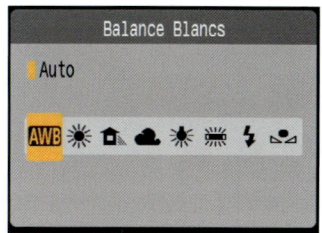

▲ *Écran de réglage de la Balance des blancs automatique. On peut la conseiller à tous ceux qui ne veulent pas réfléchir.*

Balance des blancs automatique ▶

Préréglage : Lumière du jour

Ce réglage restitue la température de couleur (environ 5 200 K) des objets photographiés sous la lumière solaire de milieu de journée. Vous pouvez l'utiliser comme balance standard, à condition de penser à en sortir si vous rentrez dans une pièce éclairée et éventuellement si vous travaillez au flash.

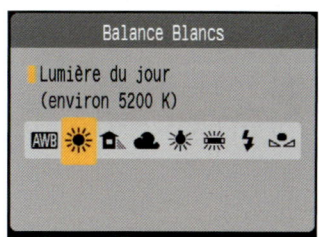

▲ *Écran de réglage du Préréglage Lumière du jour. Correspond sur l'EOS 450D à un réglage sur 5 200 K.*

Préréglage Lumière du jour ▶

Préréglage : Ombre

Ce réglage réchauffe assez fortement la température de couleur (autour de 7 000 K), afin de compenser la froideur d'une scène photographiée à l'ombre. Je ne l'utilise jamais même à l'ombre car je lui trouve la dominante beaucoup trop chaude.

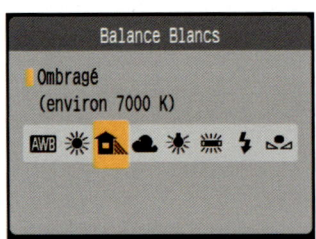

▲ *Écran de réglage du Préréglage Ombragé. Correspond sur l'EOS 450D à un réglage sur 7 000 K.*

Préréglage Ombre ▶

Préréglage : Nuageux

Ce réglage réchauffe légèrement la température de couleur (autour de 6 000 K), afin de compenser la froideur d'une scène photographiée par temps nuageux. Vous pouvez l'utiliser pour vos couchers de soleil, mais en plein jour, le résultat est vraiment chaud…

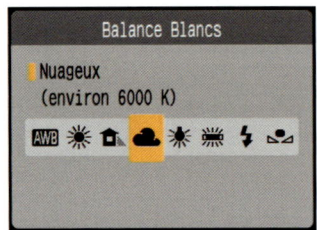

▲ *Écran de réglage du Préréglage Nuageux. Correspond sur l'EOS 450D à un réglage sur 6 000 K.*

Préréglage Nuageux ▶

Réglez la Balance des blancs

Préréglage : Tungstène

Ce réglage refroidit énormément la température de couleur (autour de 3 200 K), afin de compenser la chaleur d'une scène photographiée sous éclairage au tungstène (les ampoules électriques à incandescence). Vous pouvez éventuellement la détourner à des fins créatives…

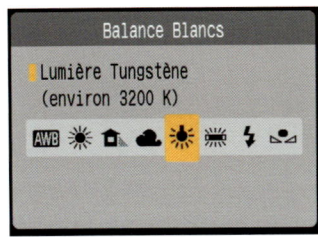

▲ *Écran de réglage du Préréglage Tungstène. Correspond sur l'EOS 450D à un réglage sur 3 200 K.*

Préréglage Tungstène ▶

Préréglage : Lumière fluorescente blanche

Ce réglage refroidit la température (qui vire au violet autour de 4 000 K), afin de compenser les dominantes d'une scène photographiée sous éclairage fluorescent (souvent verdâtre). Peu intéressant car en cas d'éclairages au néon ou mélangés, vous opterez de toute façon pour le format RAW.

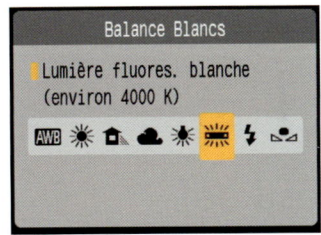

▲ *Écran de réglage du Préréglage Fluorescent. Correspond sur l'EOS 450D à un réglage sur 4 000 K.*

Préréglage Fluorescent ▶

Préréglage : Flash

Ce réglage réchauffe très subtilement la température de couleur (autour de 5 000 K), afin de compenser la froideur d'une scène photographiée au flash (lumière à peine froide). Dans ce cas encore, on préférera utiliser le format RAW, comme à chaque fois que la lumière manque ou devient difficile.

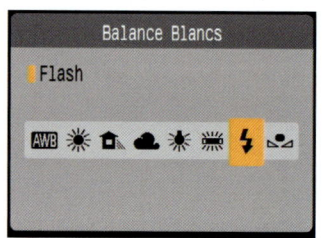

▲ *Écran de réglage du Préréglage Flash. Étrangement, aucune indication en Kelvin n'est donnée.*

Préréglage Flash ▶

Le préréglage en kelvins, tellement pratique…

Disponible sur l'EOS 40D, le Réglage en kelvins est pratique et malheureusement indisponible sur le Canon EOS 450D. Il permet de choisir une température de couleur de 100 en 100 K, ce qui est bien plus précis que d'utiliser un des six préréglages habituels… Si l'on aime les ambiances un peu chaudes, on peut par exemple se préparer un réglage à 5 600 K, une valeur intermédiaire entre le préréglage **Lumière du jour** (5 200 K) et **Nuageux** (6 000 K), ce dernier pouvant être jugé trop chaud pour une utilisation courante.

■ Balance des blancs personnalisée (mesurée)

La **Balance des blancs personnalisée** est très utile quand on ne connaît pas exactement la température de la lumière utilisée (par exemple si les sources de lumière sont mélangées) et que l'on désire tout de même restituer des blancs parfaitement neutres. C'est le mode le plus indiqué en studio…

Il suffit de photographier une surface uniforme blanche ou grise (en désactivant l'autofocus pour éviter qu'il ne s'égare dans tout ce blanc) et de choisir cette photo comme référence. Voici comment procéder :

1 Optez pour le Programme de prise de vue de votre choix et une Balance des blancs quelconque.

2 Photographiez une feuille blanche qui doit remplir le centre du viseur (désactivez l'autofocus au besoin).

3 Dans la seconde colonne des menus rouges, sélectionnez *B. blanc personnal* via la touche [SET].

4 Sélectionnez l'image de la feuille blanche grâce au **Joypad**, validez via la touche [SET] et sortez des menus.

Réglez la Balance des blancs

5 Appuyez sur **WB** (bouton de réglage de la Balance des Blancs) et sélectionnez *Personnalisé*.

Une fois la **Balance des blancs personnalisée** sélectionnée, l'appareil rendra neutre toute scène photographiée dans les mêmes conditions d'éclairage que la photo de référence.

Tant que l'image de référence n'est pas remplacée, elle servira à la **Balance des blancs personnalisée**, même si la carte est formatée. Il vous est évidemment possible de passer d'un mode de Balance des blancs à l'autre ; vous retrouverez la même **Balance des blancs personnalisée** à chaque fois que vous la sélectionnerez. Pour en changer, vous devrez recommencer toute l'opération.

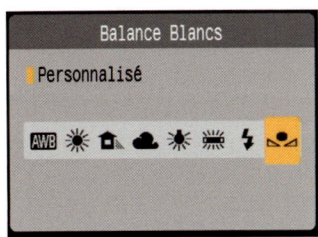

▲ *Écran de réglage de la Balance des blancs Personnalisée. La Balance des blancs Personnalisée se cale sur une image que vous avez préalablement réalisée sous une lumière donnée et qui a été sélectionnée grâce au Menu B. blanc personnal (seconde colonne des menus rouges).*

La Balance des blancs Personnalisée est plus adaptée à la prise de vue ▶
en studio que pour ce genre d'image…

▍Bracketing et correction de Balance des blancs

Comme pour l'exposition, vous pouvez pondérer manuellement les réglages de l'appareil et même effectuer un Bracketing de Balance des blancs (voir chapitre 26). C'est extrêmement simple à réaliser tant l'interface inventée par Canon est conviviale (elle a été copiée par d'autres fabricants depuis).

1 Allez dans la seconde colonne des menus rouges et sélectionnez : *Ecart br. Bal.*

2 Servez-vous du **Joypad** pour décaler le point central dans la direction de votre choix.

3 B signifie Bleu. A signifie Ambre. M signifie magenta. G signifie vert.

4 Pour ajouter un bracketing de Balance des blancs, utilisez la **Molette Principale** afin de le définir.

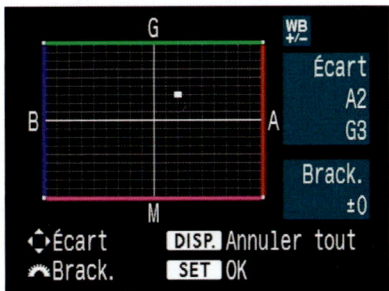

▲ *Comme pour l'exposition, l'EOS permet de pondérer manuellement les réglages de l'appareil et d'effectuer un bracketing sur la balance des blancs… Indispensable aux adeptes du JPEG qui refuseraient de s'encombrer du format RAW.*

La balance des blancs au secours de l'image sous-marine

Saviez-vous qu'il est possible de plonger très profond avec votre reflex numérique ? De nombreux fabricants de caissons étanches (Subal, Sea & Sea, Epoque, Aquatica, Ikelite, entre autres) développent des modèles créés sur mesure pour les modèles les plus courants. L'EOS 450D étant le modèle le plus vendu, vous trouverez certainement des modèles spécialement créés pour lui. Mais l'investissement est relativement important notamment pour les adeptes du grand-angle qui nécessitent de larges hublots… Solution moins encombrante et moins coûteuse, Olympus fabrique des caissons pour ses reflex E-410 et E-520. Rêvons que Canon en fasse autant un jour ou l'autre…

Quant aux plus audacieux, ils glisseront leur appareil dans un sac étanche Eva Marine. C'est la solution la moins chère, mais elle implique de prendre certaines précautions, notamment en ce qui concerne la profondeur et les risques de déchirure. Avec un de ces sacs, j'ai pu effectuer une dizaine de plongées de 40 à 50 minutes jusqu'à 10 m de profondeur, sans déplorer la moindre fuite. Un tel sac n'est pas conçu pour cela, mais l'appel des profondeurs fut le plus fort…

Grâce à sa gestion exceptionnelle de la balance des blancs, le format RAW est particulièrement adapté à la photo sous-marine. Autant dire qu'il est même obligatoire sous l'eau… Le problème qu'affrontent les photographes sous-marins étant qu'une partie importante du spectre lumineux est arrêtée par l'épaisseur de l'eau. Voilà qui explique la dominante bleue des images sous-marines…

Le traitement des fichiers RAW permet de remédier à ce problème, tout en gérant la montée du bruit numérique. L'utilisation du format RAW permet également de mieux exploiter les performances des capteurs numériques en haute sensibilité, qui savent mieux que les films capter le moindre rayon de lumière…

▲ Avec très peu d'éclairage à 25 m de fond, vous n'y auriez vu que du bleu si cette image avait été réalisée en argentique… Et encore, ce bleu aurait été extrêmement sombre ! Seul le format RAW permet de récupérer autant de nuances sur une image n'ayant reçu qu'un minuscule éclair de flash. Balade en scooter sous-marin au-dessus de l'épave de l'Augustin Fresnel que m'a fait découvrir le regretté Dominique Déramé animateur du Club des Heures saines à Bouillante en Guadeloupe.

◀ *Image sans flash à 25 mètres de fond. Seule une petite lampe torche éclaire le visage de ce moniteur du club des Heures saines. Le format RAW n'a pas perdu une miette des couleurs du corail qui a poussé sur cette sirène d'épave engloutie. Ce résultat n'aurait pu être obtenu en argentique, ni même en JPEG…*

28. Photos en voyage, conseils, astuces et réflexions

Est-ce le climat, est-ce le fait d'oublier le quotidien ou l'excitation de l'inconnu ? J'ai toujours eu cette impression qu'en voyage, les lumières sont plus belles, les couleurs plus rares, les gens plus singuliers et la vie plus intense ! Je ne réussis mes photos qu'en voyage, ou presque…

Si depuis quelques années mon métier de reporter m'a permis de voyager un peu, c'est bien la passion des voyages et de la découverte qui ont fait de moi ce photographe… En quelques pages, je vais tenter de vous livrer quelques astuces personnelles et conseils de terrain. Modestement, je vais également tenter de vous donner envie d'emmener plus souvent votre EOS 450D en voyage...

C'est pourquoi je commencerai volontiers cet article avec un conseil de bon sens un brin provocateur... Réduisez vos dépenses en objectifs professionnels, en écrans de grandes marques et en matériels haut de gamme... Et investissez à la place dans des billets d'avion ! Vous obtiendrez au bout du compte, de bien meilleures photos...

Il est en effet possible de réaliser des images de niveau professionnel avec votre minuscule EOS 450D et son optique en kit (dont la légèreté est si pratique en voyage), ainsi qu'avec les excellents EOS 400D, 30D ou 20D, stars d'avant-hier que l'on trouve d'occasion pour quelques centaines d'euros. Leurs performances, certes en retrait par rapport aux derniers modèles, ne vous empêcheront pas de vous trouver "au bon endroit au bon moment", de faire des rencontres, de tourner votre viseur dans la bonne direction et de cadrer correctement !

Le matériel se démode rapidement mais pas les souvenirs de voyage. Il me semble même que leur saveur se renforce avec le temps, ne me laissant qu'un seul regret ; ne pas avoir voyagé plus jeune à une époque où j'en avais tout le temps...

▲ En voyage, le plaisir et l'envie de photographier sont comme par magie, chaque matin renouvelé... Un sourire, un regard, ou un paysage rapportés du bout du monde ne se démodent jamais. Contrairement aux appareils qui ont servi à prendre ces photos...

Photos en voyage, conseils, astuces et réflexions

▰ Préparer son voyage, c'est déjà partir un peu

Préparer un voyage est toujours pour moi un grand plaisir... Et je voyage déjà un peu dans ma tête, au moment d'acheter les guides et les cartes précieuses, qu'il ne sera pas toujours facile de trouver sur place. Connaître parfaitement son itinéraire permet de faire rapidement face aux imprévus, de prendre les bonnes décisions sur les lieux à visiter, les endroits ou dormir... Pour cela, je fais un saut à L'Astrolabe, une libraire parisienne spécialisée dans le voyage ou au Vieux Campeur qui propose un large choix de cartes.

Sauf cas exceptionnels, je n'emporte au final qu'un ou deux guides (souvent le Routard et le Lonely Planet). Tous proposent des informations générales, de précieux conseils de savoir-vivre et surtout un petit lexique dans la langue locale qui dépannera de temps en temps...

▲ *Apprendre quelques mots peut s'avérer utile. Pas forcément pour se faire réellement comprendre, mais plus simplement pour établir le contact, ce qui est nécessaire avant de réaliser des portraits.*

Quelques recherches sur Internet me donnent une idée de ce qu'il sera intéressant de photographier et plus encore de ce qu'il sera intéressant d'éviter ! Il n'est pas obligatoire d'aller refaire pour la dix millionième fois le cliché que l'on trouve déjà dans tous les dépliants. Enfin, c'est à voir au cas par cas : il serait tout de même idiot d'aller au Pérou sans faire de photos au Machu Picchu...

Vous pouvez voyager en cherchant simplement à réaliser de belles images et en photographiant tout ce que vous croisez d'intéressant... C'est très plaisant, mais il ne ressort pas forcément grand-chose de ces déambulations. Par contre, en vous concentrant sur un thème particulier, vous passerez peut-être à un niveau supérieur. Si vous avez cette motivation, travaillez comme un auteur et préparez votre sujet autour de thématiques précises : minorités ethniques, architectures locales, parcs nationaux... Vous pouvez même vous intéresser à des sujets extrêmement pointus : une forme de pêche particulière, un animal protégé, un métier qui n'existe pas chez nous, la préparation du plat national et de ses variantes dans tout le pays...

Autant de centres d'intérêt qui vous inciteront à sortir des sentiers battus et seront le prétexte à faire de vraies découvertes, de chaleureuses rencontres et d'authentiques portraits… Vos photos raconteront une histoire et ne seront pas de simples clichés touristiques !

▲ Sur des lieux très visités comme le Machu Picchu ou le Taj Mahal, débrouillez-vous pour être parmi les tout premiers visiteurs très tôt le matin, afin d'échapper à la foule et disposer d'une belle lumière… Je garde d'ailleurs un magnifique souvenir de mon arrivée au coucher du soleil sur le Machu Picchu par le "petit chemin de l'Inca"… Et du lever du soleil le lendemain matin.

Quel appareil pour voyager ?

Il n'est pas toujours facile de décider quel appareil photo emporter en voyage. On est évidemment tenté de privilégier les "poids légers" et les "tailles mannequin"… Mais l'on apprécie guère de devoir faire des compromis concernant la prise en main ou la qualité du viseur !

Certains voyageurs se rabattent sur les APN compacts ou les bridges. En ce qui me concerne, il n'en est pas question, j'ai trop de choses à reprocher à ce type d'APN. En voyage, point de salut hors des boîtiers reflex, du moins si l'on veut faire des photos… Ramener des souvenirs, c'est autre chose.

C'est notamment la question du viseur sur laquelle il ne faut pas transiger. Le viseur est d'autant plus important en voyage que l'on fait souvent des photos toute la journée et que l'on est parfois contraint de garder ses lunettes de soleil sur le nez. Celui du 450D est acceptable, sans être exceptionnel.

Pour voyager, j'apprécie aussi beaucoup l'EOS 40D pour son excellent capteur CMOS de 10 mégapixels et ses caractéristiques équilibrées… Et bien évidemment l'EOS 5D (ou à son successeur) pour son viseur, sa qualité d'image, son capteur *full-frame*, sa fiabilité et ses performances en haute sensibilité qui font oublier l'absence de flash !

Photos en voyage, conseils, astuces et réflexions

J'emmène systématiquement deux boîtiers lorsque je pars pour un long voyage... Ainsi je ne crains pas les pannes (si l'un des deux tombe en panne, rien n'est perdu) et j'échappe au risque poussières en démontant moins souvent mes optiques.

▌ Quelles optiques pour voyager ?

Sur ces deux boîtiers, je monte deux zooms aussi complémentaires que possibles. Par exemple un **EF 16-35 mm f/2,8 LII USM** et un **EF 70-200 mm f/2,8 L IS USM** afin de varier plus souvent les points de vue et disposer d'une grande plage de focale sans sacrifier la qualité d'image... Les scènes intéressantes disparaissent aussi vite qu'elles apparaissent, ne vous laissant jamais le temps de changer d'optique.

Le large choix d'optiques chez Canon est un atout certain pour les voyageurs. Si je travaille de préférence avec de lourds objectifs Série L ouvrant à f/2,8, c'est surtout à cause du capteur *full-frame* très exigeant de l'EOS 5D. Sans lui, j'opterais certainement pour des optiques plus légères. Pour l'EOS 450D, préférez des optiques conçues pour les petits capteurs (EF-S ou DX) qui sont souvent plus légères (voir chapitre 20).

Le zoom **EF-S 17-85 mm f/4,5-5,6 IS USM** est une excellente solution intermédiaire mais je lui préfère l'**EF-S 17-55 mm f/2,8 IS USM** qui est encore meilleur (il mériterait presque le label Série L).

Si je dois voyager léger, je laisse mon **EF 24-70 mm f/2.8 L USM** à la maison et j'emporte à la place mon petit **EF 50 mm f/1.8 II**. Une increvable optique fixe en plastique, qui m'avait coûté moins de 1 000 francs (à l'époque) et qui dispose toujours d'une excellente qualité optique (je n'hésite pas à lui faire prendre tous les risques, mais je ne parviens pas à lui faire rendre l'âme).

Enfin, comment se passer du génial zoom grand-angle **EF-S 10-22mm f/3.5-4.5 USM** qui n'a pas de réels concurrents à l'exception du très pertinent Sigma **10-20mm F4-5,6 DC EX** ?

Travaillant le plus souvent en Canon, je regrette de ne pas disposer du fantastique **AF-S VR DX 18-200 mm f/3.5-5.6G IF-ED** stabilisé de Nikon. Hyper polyvalent, il peut se suffire à lui-même d'autant que sa qualité optique est très acceptable en regard des services qu'il rend ! Cherchez éventuellement l'équivalent dans les gammes Sigma, Tamron ou Tokina.

▌ Du côté des accessoires

Ne négligez pas les accessoires qui facilitent la vie du voyageur. En qui me concerne, j'emporte deux chargeurs (on les oublie parfois dans les chambres d'hôtel) et plusieurs batteries. Si je voyage loin de toutes prises électriques (trek d'altitude), je n'hésite pas à en charger 6 ou 7 dans mes bagages.

Je laisse les poignées grip à la maison car je les trouve encombrantes en regard des avantages qu'elles apportent en voyage. Elles ne me servent que pour le sport et par grand froid. Le trépied ; je m'en passe également... Cela fait ça de moins à transporter (j'en ai pourtant acheté un extra léger). Il faut dire qu'avec les performances des capteurs récents en haute sensibilité et la stabilisation qui se généralise, la profondeur de champ et la vitesse minimale sont de moins en moins un problème... Je me débrouille avec un mini trépied de poche en acier, ou simplement en calant mon appareil avec de petits cailloux. Je prends soin de relever préalablement le miroir et d'utiliser le retardateur pour déclencher...

Je n'oublie pas d'emporter du papier optique pour les lentilles et un mini kit de nettoyage du capteur, que je n'ai jamais eu besoin d'utiliser en voyage (sait-on jamais)... C'est à peu près tout, je ne me charge que de l'essentiel, car il reste encore à préparer les bagages "informatiques".

▌ Comment stocker ses photos en voyage ?

Voilà souvent la question que se posent les voyageurs au long cours... Pour simplifier, vous aurez le choix entre trois stratégies : partir les mains dans les poches en emportant un maximum de cartes mémoire, utiliser un disque dur videur de carte ou vous charger d'un ordinateur portable.

La première solution est envisageable si vous ne partez pas trop longtemps, d'autant que le prix des cartes mémoire chute d'années en années... Malheureusement, cette chute est compensée par la taille des images qui augmente elle aussi régulièrement ; les reflex gagnent quasiment 2 mégapixels tous les 18 mois ! Ce problème de poids devient d'autant plus préoccupant que le format RAW passe dans les mœurs et comme si cela ne suffisait pas, Canon et Nikon proposent maintenant des RAW sur 14 bits au lieu de 12 bits (en option chez Nikon) qui sont encore plus lourds.

> **Voyages**
>
> Si vous tenez à voyager sans ordinateur ni disque dur autonomes, évitez les boîtiers de plus de 10 ou 12 mégapixels et réservez le format RAW à 50 % de vos images environ (pour les lumières difficiles et les images très intéressantes). Mon avis est que les capteurs de plus 12 mégapixels sont vraiment inutiles et même un peu ridicules si l'on songe à l'exploitation qui sera faite des photos par la suite...

Le problème du stockage des images uniquement sur des cartes mémoire est que vous ne disposez d'aucune sauvegarde durant le temps du voyage... C'est alors qu'un disque dur autonome peut entrer en scène. J'avais utilisé un disque **PD70X** lors d'un voyage de 2 mois au Ladakh, il avait parfaitement fonctionné, mais je ne m'en servais que comme sauvegarde. Je ne suis pas un très grand fan de ces engins ; ils coûtent encore assez chers et leurs fonctionnalités sont encore trop limitées à mon goût. Le disque **Canon M80** a l'avantage d'utiliser des batteries accus BP 511 et de vous permettre de visualiser les RAW Canon.

Voilà pourquoi neuf fois sur dix, je me charge d'un ordinateur portable (un Mac évidemment), qui me permet d'éditer mon reportage à mesure de sa progression, de supprimer les images ratées, de réaliser des sauvegardes sur un disque externe et même de graver des DVD de sauvegarde ou des CD pour offrir quelques souvenirs au hasard des rencontres...

L'un des avantages de voyager avec mon ordinateur (sans oublier une ou deux batteries supplémentaires) est que dans avion, je peux préparer dans Expression Media ou Lightroom (soit l'un, soit l'autre) mes Groupes de mots-clés et de métadonnées pour chaque région traversée (je m'aide pour cela d'un Guide afin de respecter l'orthographe)... Il me suffira ensuite lors de chaque déchargement de carte (quotidiennement ou presque) d'appliquer ces groupes de métadonnées et de saisir quelques légendes rapidement. Faire ce travail à chaud permet un gain de temps énorme. Car les lieux, les gens et les événements sont encore frais, alors qu'une fois de retour 2 ou 3 semaines plus tard, tous les détails se sont envolés !

Voilà pourquoi je rêve d'un ultra portable performant et peu coûteux, capable de faire tourner ces deux logiciels (Expression Media étant de très loin le moins gourmand). Il est désolant que le **Macbook Air** d'Apple (version 1) soit handicapé par son unique port USB, sa batterie inamovible et son prix trop élevé. Pour faire mon bonheur il suffirait que l'on puisse y connecter simultanément un lecteur de cartes et un disque dur FireWire. Je suis impatient de découvrir les prochains **EeePC** d'Asus, **Wind** de MSI et **UMPC 2133** d'HP (lire la rubrique Ultra Portable de Macandphoto.com). À l'avenir, l'outil du photographe voyageur sera à chercher du côté de ces ultras portables accessibles et polyvalents (ils accèdent au Net et supportent toutes sortes de logiciel), plutôt que du côté des disques durs autonomes videurs de cartes.

Photos en voyage, conseils, astuces et réflexions

◀ Je profite des trajets en avion pour légender mes images avant d'oublier noms, détails et anecdotes… Les champs IPTC sont en quelque sorte mon carnet de voyage ! Je procède également à des sauvegardes et fais de la place sur mon disque dur en éliminant les images ratées…

❗ Sauvegardez, sauvegardez… Surtout en voyage !

Si vous voyagez plus de trois ou quatre semaines, prenez le temps de réaliser quelques sauvegardes en cours de route… La meilleure façon de voyager l'esprit tranquille est éventuellement de vous expédier par la poste une copie de vos images sur DVD. Vous pouvez également confier une enveloppe à la réception d'un grand hôtel, ou encore a des voyageurs retournant en métropole… Une autre solution consiste à déposer vos meilleures images sur un serveur FTP ou directement sur votre ordinateur connecté à distance. Encore faut-il pour cela trouver une connexion extra rapide, car passer plusieurs gigaoctets de cette façon est vraiment très long !

Améliorez vos prises de vue en 10 étapes

■ Préserver l'homme et le matériel du décalage horaire

Arrivé sur place, vous ressentirez peut-être les effets du décalage horaire. Pour un photographe, le *Jet lag* présente au moins un avantage, il aide à se lever tôt pour profiter des plus belles lumières… Du moins lorsque l'on voyage vers l'Ouest (Antilles, Amériques) !

Mais lorsque l'on part vers l'Est, le problème est différent, luttez contre le sommeil dès votre arrivée et résistez absolument à toute envie de sieste… Prévoyez si nécessaire un somnifère léger pour les premiers soirs, histoire de bien dormir et ne pas accumuler de fatigue. Il faut savoir se reposer lorsque l'on voyage, voilà pourquoi je préfère voyager moins souvent qu'avant, mais un peu plus longtemps afin de mieux en profiter.

Toujours à propos de décalage horaire, il est vital de modifier la date et l'heure de vos appareils au moindre changement de fuseau horaire, sans oublier de les synchroniser entre eux. Sans quoi vous aurez du mal à vous y retrouver lorsque vous demanderez un classement par dates de toutes vos images dans votre catalogueur. J'apprécie d'ailleurs l'option que propose Expression Media (iView Media Pro) lors de l'importation depuis une carte : *Mettre la date du fichier à la date de prise de vue…*

En cas de problèmes de dates de clichés, il sera toujours possible de modifier après coup les données EXIF de vos images mais c'est peu pratique et fastidieux… Si Lightroom et Expression Media peuvent s'en charger (plus ou moins), je préfère utiliser un petit logiciel gratuit existant sur Mac, ShootShifter, qui offre un peu plus de précision. Vous trouverez certainement l'équivalent gratuit sur PC.

■ Une fois sur place, par où commencer ?

Une fois arrivé sur place, il est toujours intéressant de recruter un guide, surtout au début du voyage lorsqu'on est encore un peu désorienté… La dépense vaut le coup, au moins pour quelques jours et vous pourrez vous concentrer sur vos photos ! Vous pourrez ensuite partir à la découverte du pays par vous-même, une fois que vous aurez appris quelques mots, acquis une notion des prix pratiqués (transports, repas, logements) et compris les us et coutumes du pays.

◀ *Pour quelques dizaines d'euros, vous ferez un heureux en embauchant un guide ou un porteur… Il sera à la fois votre interprète personnel, votre assistant efficace, votre modèle… Et c'est peut-être même un ami que vous laisserez à l'aéroport le jour du départ !*

Photos en voyage, conseils, astuces et réflexions

Dans le même ordre d'idée si vous faites un trek en montagne, renseignez-vous toujours sur le prix d'un porteur qui vous aidera à transporter plus d'objectifs et d'accessoires durant la journée et même éventuellement votre ordinateur (qui sera plus en sécurité sur son dos que sur celui des mules à qui il arrive parfois de drôles d'aventures)… À vous les joies du vidage de cartes à 4 000 m d'altitude, pendant la pause au col à midi. Avec un peu de chance, votre porteur vous invitera même dans sa famille pour un dîner traditionnel, une chance supplémentaire de passer un moment chaleureux et de réaliser des images authentiques.

▲ *Disposer de tous ses objectifs durant la marche grâce à l'aide d'un porteur, voilà qui est plus pratique que de devoir courir après ses mules, ses lamas ou ses chameaux (selon l'endroit). Ceux-ci marchent souvent loin devant, afin que le bivouac soit installé lorsque vous arrivez…*

Justement, rappelez-vous que les portraits sont aussi importants que les paysages… Si vous souhaitez vraiment dépeindre les endroits que vous traversez, vous devrez oser aller à la rencontre des autochtones pour les photographier. Mais rappelez-vous que l'on ne vole pas de photos, ceci est un autre métier.

Vous devrez dialoguer, comprendre, échanger et même séduire ! Selon les circonstances, votre amitié vous sera rendue (souvent) mais ceci n'est jamais certain. Rien n'est d'ailleurs jamais dû aux voyageurs, l'hospitalité n'est pas une obligation, ce qui la rend toujours plus touchante…

Les enfants font toujours craquer les photographes… Mais n'échangez jamais bonbons ou stylos contre une photo ! Dans certains villages pauvres, les enfants spécialisés dans le harcèlement des touristes rapportent plus à la maison que les adultes qui travaillent aux champs.

▲ N'achetez jamais une pose ou un sourire, n'encouragez pas un type de mendicité qui décourage l'économie locale et provoque la déscolarisation des enfants. Il existe d'autres moyens d'aider au développement des endroits que vous visitez. Renseignez-vous auprès de votre guide, des autorités locales ou religieuses, des ONG, des entreprises de commerce équitable, ou du consulat Français.

■ Une fois de retour

Pensez à partager vos images avec les personnes rencontrées sur le chemin, sans oublier vos guides locaux et porteurs. Du côté des logiciels, vous aurez l'embarras du choix pour trier et ajuster vos images, les présenter sous forme de *slide show*, de tirages, d'albums reliés, de galeries web (lire la partie 4).

Soyez également conscients de l'impact que les trajets en avion ont sur cette nature qui paradoxalement est souvent le but de nos voyages… J'ai récemment pris l'habitude de compenser les émissions de carbone causées par mes billets d'avion sur le site **actioncarbone.org**. Si cet article vous a donné envie de voyager, j'espère qu'il vous donnera aussi l'envie de faire ce minuscule geste pour l'environnement. À cette condition, voyagez sans entraves, tant que vous le pouvez et tant que cela reste possible…

Photos en voyage, conseils, astuces et réflexions

▲ *Pour de nombreux photographes, les voyages sont synonymes de rencontres… Il existe autant de façons de photographier que de voyageurs ; tout ce que vous venez de lire est donc à oublier d'urgence. À vous d'inventer votre façon de photographier en voyage,*

▲ *"Je reviendrai, avec des membres de fer, la peau sombre, l'œil furieux : sur mon masque, on me jugera d'une race forte. J'aurai de l'or : je serai oisif et brutal. Les femmes soignent ces féroces infirmes de retour des pays chauds. Je serai mêlé aux affaires politiques. Sauvé." Arthur Rimbaud, Une saison en enfer.*

4

Sur l'ordinateur. Visualisez, classez et stockez vos images

Faire de belles photos est une chose. Les stocker, les classer et les retrouver en est une autre… Dès l'importation de vos premières images, il est important d'adopter une stratégie d'archivage et de sauvegarde. L'ajustement et le traitement des photos viennent dans un second temps.

◀ *Grâce aux nouveaux logiciels d'archivage et de traitement tels qu'Adobe Lightroom et Aperture, il est possible de créer des "copies virtuelles" d'une image sans pour autant dupliquer l'original. Par exemple, cette photo en noir et blanc n'est qu'une interprétation d'un JPEG en couleurs à l'origine. Cette fonctionnalité libère votre créativité. En effet, un moins grand nombre d'obstacles s'opposent à la multiplication de variantes multiples…*
Canon EOS et zoom EF 16-53 mm f/2.8L USM. Mode Priorité vitesse, 60e de seconde, f/8. Sensibilité : 100 ISO.
Photo Vibert/Actionreporter.com.

Sur l'ordinateur. Visualisez, classez et stockez vos images

29. Organisation de votre photothèque

Le succès de l'organisation de votre "boîte à chaussures" virtuelle dépend d'une chose : votre logique et votre sérieux à respecter quelques règles simples. Sans oublier une certaine dose de bonne volonté et une attitude "100 % positive" face à l'outil informatique…

Les photographes numériques se plaignent à juste titre de passer plus de temps à trier leurs images sur l'ordinateur qu'à prendre des photos… Respecter quelques principes simples suffit pourtant à rétablir un certain équilibre, comme nous allons tenter de l'expliquer au cours des chapitres suivants. Pour autant, les photographes n'échapperont pas à l'informatisation croissante de leur passion. Mieux vaut essayer d'apprivoiser l'informatique et de s'y former, que se lamenter en regrettant l'époque des agrandisseurs et des tables lumineuses, époque qui de toute façon ne reviendra pas !

◀ Un équipement informatique performant et l'utilisation de logiciels modernes permettent aux photographes de perdre moins de temps à classer, noter, légender et rechercher leurs photos… Ils peuvent donc passer plus de temps sur le terrain ! Mais avant d'en arriver là, un long investissement personnel est nécessaire… La maîtrise d'un certain nombre de connaissances étant nécessaires pour amorcer un "cercle digital vertueux".

▌ Comment structurer votre dossier Images

Les méthodes de travail que je vais décrire dans les chapitres suivants ont fait leurs preuves au cours d'une expérience professionnelle de plusieurs années acquise dans des conditions très variées : reportage sur le terrain, gestion d'un stock personnel dépassant le téraoctet, mise en place de photothèques pour le compte d'agences ou de petites structures...

Avant d'opter pour un logiciel de gestion d'images, de nombreux utilisateurs stockent simplement leurs images dans une arborescence de dossiers et de sous-dossiers, située dans le dossier *Images* de leur ordinateur. Aucune raison d'abandonner cette méthode dans un premier temps...

Du moins tant que votre disque dur dispose de suffisamment d'espace libre, réclamé par votre système d'exploitation pour fonctionner confortablement. Les photographes très productifs devront anticiper ce problème et seront rapidement conduits à répartir leur stock sur un ou plusieurs autres disques.

De nombreux logiciels de gestion de photothèque (comme iPhoto, Aperture ou Adobe Lightroom) vous proposent d'importer vos images dans leur base de données centralisée (c'est souvent le choix par défaut) qui est souvent localisée dans le répertoire *Image* de l'ordinateur. Si cette méthode fonctionne, je ne l'apprécie pas beaucoup car elle est à double tranchant :

- **Pratique** : si vous ne gérez qu'une quantité modeste d'images et ne souhaitez pas compliquer les choses... C'est le cas des débutants et des photographes ayant des ambitions limitées en terme de stockage.
- **Contraignante et limitée** : dès que vous stockez des quantités importantes de photos. Complètement inadaptée donc, pour les passionnés qui produisent des images chaque semaine ou chaque mois.

Dans le second cas, les connaisseurs déporteront leur stock sur un disque spécialement dédié. Il sera alors plus facile de le sauvegarder ou de le déplacer si nécessaire sur un support encore plus grand.

Les novices, quant à eux, n'auront d'autre choix que d'apprendre à maîtriser ses notions et techniques nouvelles (ce n'est pas directement l'objet de ce livre qui se limite à quelques conseils généraux). Malheureusement, il n'existe pas d'alternative à la maîtrise du stockage et de la sauvegarde sur disque dur ; pratiques qui nécessitent quelques connaissances et une certaine méthodologie (lire chapitre 30).

▌ Un disque spécialement dédié au stockage photo

Grâce à ce second disque, les photographes productifs sont en mesure de dissocier le problème du remplissage de leur disque de stockage photo (qui survient toujours vite) et celui du disque hébergeant le système d'exploitation, les logiciels et le reste des travaux.

Deux solutions s'offrent à vous :

- Installer un second disque dur dédié à l'intérieur de votre ordinateur, ce qui est recommandé car les temps d'accès sont plus rapides. Cela implique évidemment de disposer d'une tour offrant des capacités d'extension.
- Connecter un disque dur externe en USB2, FireWire (ou tout autre type de connexion). Moins rapide qu'un disque interne, c'est la seule solution avec les ordinateurs portables dont les disques sont toujours trop petits.

Je vous recommande donc de vous organiser "à l'ancienne" sur la base d'une structure de dossiers thématiques que d'aucuns trouveront simplistes mais qui ne présentent que des avantages. Cette organisation sans prétention ne vous empêchera pas de profiter ensuite des outils avancés offerts par les logiciels de nouvelle génération : collections, collections intelligentes, recherches croisées, affichages sophistiqués...

Ces logiciels sont en mesure d'indexer des images stockées à l'emplacement de votre choix, y compris sur des disques externes... Ils vous permettent ainsi de créer des albums thématiques (*Best of Voyage* par exemple) qui indexeront des images situées dans des dossiers distants. Vous éviterez de déplacer des images ou de dépareiller des séries de prises de vue, ce qui se révèle toujours problématique.

Affichez les extensions de fichiers

Les ingénieurs qui ont un jour eu l'idée de masquer les extensions de fichier n'avaient pas imaginé que vous utiliseriez un jour un appareil numérique ! Et qu'il vous faudrait un moyen simple de distinguer les fichiers JPEG, des fichiers RAW (entre autres)... Il est urgent de corriger cela :

- Sur Windows XP, allez dans **Démarrer/Panneau de configuration/Option des dossiers/Affichage**. Décochez l'option *Masquer les extensions des fichiers dont le type est connu*.
- Sur Mac OSX, allez dans **Finder/Préférences/Avancées**. Cochez *Affichez toutes les extensions de fichier*.

Si vous modifiez le nom de vos images, il faudra penser à conserver leurs extensions (.*JPEG* et .*CR2*) sans en altérer la syntaxe ni oublier le point qui précède l'extension.

Où stocker les versions modifiées de vos images

Au risque de vous surprendre, je recommande de stocker vos images originales et vos images modifiées (recadrées ou retouchées) au même endroit : dans le même dossier pour être précis. Ou éventuellement dans un sous-dossier situé au même endroit que l'image originale (ce sous-dossier portant le même nom que l'originale sans l'extension)...

Ceci pour éviter la création de versions multiples de vos images, éparpillées aux quatre coins de l'ordinateur... Cela tourne vite au cauchemar ! Un des avantages de cette méthode est qu'en visualisant le contenu de vos dossiers par ordre alphabétique, vous retrouverez plus facilement toutes les versions d'une photo (puisque le début de leur nom est identique). Et vous ferez facilement la chasse aux doublons...

Vous compterez ensuite sur un **Album** (une **Collection** ou un **Catalogue** selon les nomenclatures des éditeurs) de votre gestionnaire d'images pour hiérarchiser, sélectionner et regrouper par thèmes les images présentes dans ce dossier... Sans avoir évidemment à les déplacer !

Renommer systématiquement vos images est inutile

Continuons ce tour d'horizon avec une question qui fait débat. De nombreux utilisateurs perdent leur temps à renommer systématiquement des milliers d'images, dès qu'ils découvrent que c'est possible... En dehors de quelques cas particuliers, je trouve cela plus ou moins inutile. Cet avis est d'ailleurs partagé par la plupart de mes collègues photographes professionnels, alors que les farouches partisans du renommage sont souvent des experts ou des passionnés d'informatique.

Au lieu de vous lancer systématiquement dans cette entreprise fastidieuse (de moins en moins pénible toutefois, grâce aux derniers logiciels), concentrez-vous plutôt sur l'attribution de mots-clés appropriés et de légendes. Cela prend également du temps et de l'énergie, mais cet effort vous sera vraiment très utile pour retrouver vos photos. Car les nombreux champs de métadonnées embarquent beaucoup plus d'informations que les 256 caractères d'un nom de fichier.

Si, malgré tout, vous deviez changer le nom de vos photos, je vous recommande d'éviter d'effacer complètement la syntaxe originale de l'image. Ajoutez seulement des suffixes avant l'extension de fichier. Si l'image originale se nomme _MG_0136.JPG, renommez-la _MG_0136_Martinique_06.JPG.

Jeter vos images ratées est inutile et même dommage

Autre conseil pratique fondé sur mon expérience qui risque de surprendre : je considère qu'il est plus ou moins inutile de jeter les images ratées. Plusieurs raisons à cela :

- Jeter les chutes sans se tromper prend du temps… Plus qu'il n'en faut pour prendre les photos ! Car toute suppression doit être réfléchie, je préfère donc consacrer ce temps à réaliser des photos. Si vous êtes un photographe chevronné, vous aurez intérêt à acheter des disques durs dont le prix ne cesse de baisser. Cela vous permettra de consacrer plus de temps à sélectionner et à vendre (éventuellement) vos images. Une photo bien vendue rapporte souvent plus que le prix d'un disque dur (environ 130 € pour un 1 To d'espace en juin 2008).
- La deuxième raison est liée à la logique de la planche contact. Il est toujours intéressant après quelques années, de revivre ses reportages dans l'ordre des prises de vue. Dans votre logiciel, il suffit de classer par dates pour vous retrouver sur le terrain. Mille petits détails que vous aviez oubliés vous reviennent en mémoire et souvent, vous découvrez des images que vous n'aviez pas vues lors du premier classement… Cette plongée dans le passé se révèle d'autant plus facile que vous n'avez pas renommé ou supprimé trop d'images.
- Enfin, les photographes ne sont pas toujours les meilleurs juges de leurs propres photos. Certains grands maîtres étaient connus pour ne pas sélectionner eux-mêmes les "points rouges" de leur production (terme qui désigne les images exceptionnelles dans le jargon photo)… Par ailleurs, dans vingt ans vous ne serez plus le même photographe. Votre culture de l'image aura évolué et vous verrez vos images d'un œil différent. Certains détails qui vous semblent anodins aujourd'hui pourraient prendre une valeur insoupçonnée…

Il peut évidemment m'arriver d'éliminer sur le terrain quelques images sur l'écran de l'appareil, afin de ne pas encombrer ma carte mémoire et accélérer son déchargement. La qualité des nouveaux écrans de 3 pouces facilite d'ailleurs cette démarche… Mais cela reste exceptionnel, je ne jette d'ailleurs que les images floues ou terriblement sous-exposées. Je garde les images surexposées car certaines récupérations miraculeuses sont possibles en format RAW… Dans tous les cas, je procède à ce nettoyage uniquement lorsque je suis bloqué dans un endroit où il n'y a rien d'intéressant à photographier.

Préservez toujours l'image originale

Respectez cette règle dès que vous recadrez ou retouchez une photo avec Photoshop ou n'importe quel éditeur d'image (nous ne parlons dans ce paragraphe que des éditeurs d'images classiques). Conservez toujours une version de votre image originale intacte, afin de pouvoir tout recommencer en cas de catastrophe.

Il faut en effet savoir que les enregistrements successifs d'une image JPEG dégradent petit à petit sa qualité et que les débutants font toujours beaucoup de bêtises lors de leurs premières retouches !

Choisissez donc toujours **Enregistrer sous** au moment de sauvegarder vos ajustements ou retouches. C'est indispensable lors de la première modification, puis facultatif lors des modifications suivantes car le fichier d'origine constitue une sauvegarde à partir de laquelle vous pourrez repartir… Au moment de créer votre nouvelle image, il est conseillé de ne lui ajouter qu'un suffixe devant l'extension. Il sera ainsi plus facile de retrouver l'original et les versions qui en découlent.

Si l'image originale se nomme _MG_0136.JPG, nommez sa version modifiée _MG_0136_MODIF.JPG.

Sur l'ordinateur. Visualisez, classez et stockez vos images

Cette habitude facilite l'utilisation des moteurs de recherche (celui du système ou de n'importe quel logiciel). Vous n'aurez qu'à saisir les premières lettres du nom de l'image pour en retrouver toutes les versions, y compris les déclinaisons spécialement créées pour le Web ou les mails, que vous pouvez nommer par exemple : _MG_0136_WEB.JPG.

Pas d'inquiétude en revanche si vous travaillez en format RAW. Quel que soit le logiciel utilisé, vous pouvez modifier vos RAW sans précaution car ce format possède la caractéristique de pouvoir toujours revenir à son état initial. En RAW, les ajustements sont obligatoirement non destructifs.

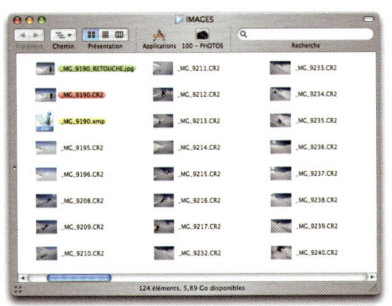

◀ Pour vous y retrouver, rangez de préférence vos images par ordre alphabétique (ou par date) et ne les renommez qu'à l'aide de suffixes (si nécessaire). Une première étape avant l'utilisation de logiciels sophistiqués… On remarque ici en rouge l'image RAW originale. En jaune, le fichier .xmp associé (créé par Lightroom, il embarque la description des réglages appliqués). Et en vert, la version exportée de l'image au format JPEG… Tout ce petit monde ne se quitte jamais !

En attendant de choisir votre logiciel de gestion d'images, vous pouvez ranger ▶ les photos par dossiers hiérarchiques… L'utilisation de préfixes à trois chiffres vous permet de placer les dossiers dans l'ordre qui vous convient le mieux (ce n'est qu'une suggestion). Je réserve l'utilisation des lettres capitales aux noms de dossiers et les minuscules aux noms de fichiers ! C'est tout bête, mais si utile au bout du compte, pour se repérer visuellement…

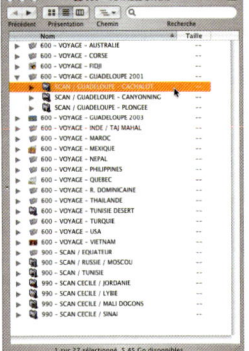

Organisation de fichiers : faites simple

Après plusieurs années de production et de stockage, le système de classement qui correspond le mieux à mes besoins est encore un simple classement thématique par dossiers et sous-dossiers. Cela donne par exemple *Voyages/Chine/Hong Kong/2006* ou encore *Voyages/Chine/Guilin/2007*.

À vous d'inventer le vôtre. Vous pouvez éventuellement l'envisager par date : *2007/Voyages/Chine*. Il est possible de faire évoluer votre organisation à mesure de l'évolution de vos travaux. Celle-ci ne doit pas être rigide au point de vous faire perdre du temps. Ce principe simple a l'avantage de rester compatible avec les navigateurs de fichiers comme Adobe Bridge et d'être adapté aux catalogueurs tels que Expression Media, sans oublier les logiciels utilisant une base de données (Aperture ou Lightroom). Tout le monde peut envisager ce genre de classement instinctif, avant d'avoir choisi un logiciel spécialisé.

Organisation de votre photothèque

Une nouvelle génération de logiciels qui préserve vos images

Les logiciels récents que sont Adobe Lightroom et Apple Aperture sont beaucoup plus prévenants que leurs prédécesseurs. Même avec des fichiers JPEG, les modifications apportées restent non destructives. Il s'agit d'une véritable révolution dans la façon d'appréhender la gestion d'une photothèque (lire le chapitre 32).

Plutôt qu'altérer vos fichiers d'origine, ces logiciels enregistrent tous les réglages dans une base de données ou dans de petits fichiers annexes (appelés *.xmp* dans le cas des logiciels Adobe)… Il vous est donc toujours possible de revenir à l'aspect original de vos photos et même après le redémarrage de l'ordinateur, un historique complet de toutes les actions reste accessible…

◀ *Adobe Lightroom et Aperture sont des logiciels tout en un, représentatifs d'une nouvelle génération de logiciels. Ils réunissent sous une même interface des fonctions de traitement des RAW et JPEG avec des fonctions de navigateur et de catalogueur gérant des collections (ou des Albums dans le cas d'Aperture). Ils peuvent indexer des images à distance, sans les déplacer, ce qui est la définition même d'un catalogueur.*

Adobe Photoshop ▶ est accompagné d'Adobe Bridge (navigateur de fichier) et d'Adobe Camera Raw (pour traiter les RAW) ; un trio qui restera longtemps incontournable. Car, si les logiciels de nouvelle génération offrent un fonctionnement plus flexible, ils sont encore loin de rivaliser avec leur ancêtre en termes de retouches avancées (pixel par pixel). Leur cahier des charges est très différent.

30. Équipement informatique et conseils de stockage

Vous n'aurez aucun plaisir à sélectionner, visualiser et ajuster vos images sur un ordinateur lent, sujet aux plantages ou aux virus. Pire, vous risquez de perdre vos données !

Ne négligez pas votre équipement informatique et persuadez-vous que les investissements consentis dans ce domaine pour profiter de vos images numériques seront également utiles dans d'autres domaines. Une configuration relativement ambitieuse est préférable pour remuer les dizaines de gigaoctets produits par les appareils de 12 mégapixels ou plus :

- **La mémoire vive (RAM)** : c'est d'elle que dépendront la navigation rapide et l'affichage de vos galeries photo. Mieux vaut compter sur 2 à 4 Go (512 Mo est très insuffisant et 1 Go un peu juste).
- **La carte graphique** : une carte de puissance moyenne suffit ; la photo est beaucoup moins exigeante que le jeu vidéo. Toutefois, certains logiciels en font un usage important si vous travaillez en double écran.
- **L'espace disque** : un disque de 80 Go est un minimum pour un portable. Comptez au moins 500 Go pour une machine de bureau. Les disques de 750 Go ou de 1 To n'ont rien d'exceptionnel en 2008.
- **Disques internes** : de préférence à une machine tout en un comme l'iMac qui n'accepte qu'un seul disque interne, les photographes choisiront une tour disposant de plusieurs baies…
- **Disques externes** : si vous avez opté pour un portable ou une machine non extensible, il est possible de stocker vos photos sur des disques durs externes, mais leur accès est beaucoup moins rapide.
- **Système d'exploitation** : au minimum Windows XP ou Mac OSX 10.4, oubliez Windows 98 et Mac OS9… Linux ? Pourquoi pas si vous le maîtrisez, mais de nombreux logiciels sont encore absents sur ce système.

Il n'est donc pas rare qu'un changement d'ordinateur soit motivé par l'acquisition d'un reflex de 10 mégapixels ou plus… Vous voilà prévenu, la photo numérique c'est 50 % de photo, mais surtout 50 % de numérique !

■ Portable, machine de bureau ou les deux

Voilà une question posant problème aux photographes qui sont souvent partagés entre leur désir de mobilité et les contraintes techniques imposées par la photo numérique : besoins d'affichage, de puissance et de stockage… La question sera facilement réglée pour les professionnels se déplaçant régulièrement ; ceux-ci auront besoin d'une station de travail et d'un ordinateur portable.

Contrairement à une idée répandue à une époque où les portables sont de plus en plus recherchés, je persiste à penser qu'une station de travail confortable reste l'investissement prioritaire pour un photographe. Car on n'achète pas un reflex de 12 mégapixels pour regarder ses images sur un minuscule écran de 15 pouces :

- S'il est un domaine où la taille de l'écran revêt une certaine importance, c'est bien la photo numérique. L'avantage de posséder une machine de bureau est de bénéficier de grands écrans (de 24 à 30 pouces), voire de doubles écrans… Dès 500 €, il existe d'excellents 24 pouces chez Dell, Samsung, ViewSonic ou Bellinea. Ils sont parfaitement adaptés au travail de l'image et leur calibration d'origine est acceptable (la calibration à l'aide d'une sonde reste toutefois conseillée). Lire notre rubrique écran sur sosphotonumerique.com.

- Les écrans des ordinateurs portables sont souvent difficiles à calibrer et leurs caractéristiques techniques décevantes, par ailleurs leur taille reste insuffisante (même 17 pouces). Rappelons que pour juger du piqué d'une image, il faut l'afficher à 50 % ou à 100 %. Seul un écran de 24 pouces affichant 1 900 pixels de large permet de visualiser la totalité d'une image de 10 mégapixels à la taille de 50 %.
- Il est évidemment possible de connecter un écran externe sur la prise DVI de votre ordinateur portable afin de travailler en écran étendu si votre carte graphique le permet. Optez autrement pour le mode Recopie vidéo.
- Même en y mettant le prix, la puissance et la fiabilité d'un ordinateur portable n'égalent pas celles des stations de travail. Les taux de retour en réparation des portables évolueraient selon les marques entre 5 et 10 %.
- L'achat d'un portable correspond souvent à un désir de mobilité. Dans les faits, nombre d'entre eux ne voyagent pas si souvent que cela et dorment sagement sur des bureaux. Mieux vaut investir dans de bons objectifs et dans des cartes mémoire dont le prix baisse régulièrement, avec quelques cartes de grosse capacité il est possible de se passer de décharger quotidiennement ses images...

Sauf cas particuliers, je vous conseille de choisir en priorité une machine de bureau puissante sur laquelle vous ajouterez autant de disques durs et de mémoire vive que nécessaire. Si vous êtes incapable de vous passer d'un portable (c'est mon cas), considérez ce dernier uniquement comme un complément de votre machine principale.

◀ Une station de travail avec son écran, son unité centrale et ses nombreux câbles est plus encombrante et moins esthétique qu'un portable... Mais vous disposez d'une énorme réserve de puissance brute et de capacités de stockage et d'extensions quasi infinies. Pensez-y... Ici un Dell Dimension, accompagné de son superbe écran 2408 WFP (c'est d'ailleurs le modèle que j'ai choisi de connecter à mon Mac Pro).

Oubliez CD et DVD : stockez vos images sur disque dur

Le stockage de vos images doit se faire sur disque dur et en aucun cas sur CD ou DVD qui sont des supports lents et peu fiables (moins fiables encore que les CD audio).

Voilà un fait avéré depuis plusieurs années : de nombreux photographes et même quelques agences regrettent amèrement le choix de ces supports optiques, en déplorant de 5 à 10 % de données illisibles au bout de quelques années. Mieux vaut donc utiliser au choix :

- **Disque interne** (station de travail) : éventuellement partitionné, ce qui a l'avantage de permettre de formater la partition stock sans effacer tout le système. Ou mieux : un second disque interne spécifiquement dédié au stockage.

Sur l'ordinateur. Visualisez, classez et stockez vos images

- **Disque externe** (portable) : si l'espace interne se révèle insuffisant et ne peut être augmenté. Optez pour un ou plusieurs disques de 3,5 pouces alimentés électriquement et connectés en USB2, FireWire 400 (ou mieux 800).
- **Disque raid** : uniquement pour les plus paranoïaques et les professionnels productifs car les systèmes RAID coûtent encore cher. Une certaine rigueur dans la stratégie de sauvegarde permet de s'en passer.

◀ Si vous utilisez un portable en tant que machine principale, la meilleure solution de stockage reste encore un disque dur externe (FireWire 400 ou 800), de préférence au disque dur interne (plus rapide mais souvent petit). Ne négligez pas de sauvegarder votre stockage principal sur un autre disque de même taille, car vos images ne sont pas en sécurité sur des CD ou des DVD (on ne le réalise malheureusement qu'en cas de désastre).

▍Un disque dur pour votre sauvegarde primaire

Votre stockage principal doit être régulièrement sauvegardé, notamment à chaque fois qu'un travail important est réalisé ou modifié. La meilleure solution est, là encore, de réaliser une **sauvegarde primaire** sur un disque dur (externe celui-ci) plutôt que sur CD ou DVD.

Au-delà de la sécurité et de la rapidité d'écriture, l'autre avantage des disques dur par rapport aux supports optiques est de vous permettre de mettre à jour vos sauvegardes aussi souvent que nécessaire, notamment en utilisant un logiciel de sauvegarde et de synchronisation. Si une seule image a été modifiée, il est inutile de graver tout un CD : une simple synchronisation du fichier concerné est suffisante. Un logiciel de sauvegarde et de synchronisation peut s'en charger automatiquement.

Si vous débutez ou produisez peu d'images, il vous est évidemment possible de réaliser votre sauvegarde primaire sur CD ou DVD. Mais vous comprendrez rapidement que graver des CD et des DVD est fastidieux et vous en viendrez à la solution du disque externe.

La dernière version de Mac OSX (Leopard 10.5) propose un logiciel de sauvegarde intelligent nommé Time Machine dont la simplicité d'utilisation soulève l'enthousiasme chez les experts comme chez les débutants. Après quelques mois d'utilisation de ce système, je considère qu'il justifie à lui seul de *switcher* sur Mac. En effet, cet outil assure en tâche de fond et en permanence une sauvegarde incrémentale de vos données sur le disque de votre choix (externe ou interne) :

- Afin d'assurer la sécurité de mon stock avoisinant 1 To, j'ai installé dans ma station de travail un disque de 1 To (Samsung F1 coûtant 130 € TTC).
- Ce disque est exclusivement dédié à cette sauvegarde, je peux l'extraire rapidement afin de le stocker dans un autre lieu et le remplacer par un autre. Je dispose ainsi d'un système de double sauvegarde déportée.

▌ L'atout maître de la double sauvegarde

Il est conseillé d'envisager rapidement une seconde sauvegarde, que par commodité nous appellerons **sauvegarde secondaire**. Autant que possible, celle-ci doit être stockée dans un lieu différent de vos données originales et de votre **sauvegarde primaire**.

Ainsi, en cas de désastre ou de cambriolage, tout ne disparaîtra pas en même temps… Il suffit de mettre à jour la **sauvegarde secondaire** deux à trois fois par an et des DVD peuvent éventuellement convenir pour cela. Du moins pour les photographes peu productifs.

Par nature, la photo numérique garantit de mieux préserver les images. Car celles-ci peuvent êtres dupliquées sans dégradation un nombre infini de fois et sans que le temps ne les altère… Encore faut-il prendre la précaution de les déplacer d'un support à l'autre, avant que leur technologie ne devienne obsolète. En ce sens, les disques durs offrent de meilleures garanties que les disques optiques ; il suffit de quelques clics pour copier un disque dur de 500 Go vers un autre plus vaste… Songez donc au temps nécessaire pour graver la centaine de DVD ou les 790 CD nécessaires à l'hébergement de ces 500 Go d'images !

Dernière solution intéressante, la sauvegarde automatique en ligne sur un serveur sécurisé, qui ne doit s'envisager qu'en complément d'une sauvegarde principale. Essayez l'offre payante d'Apple *.mac*, ou encore le logiciel **Mozy** une solution gratuite pour Mac et PC qui me semble intéressante (https://mozy.com/?ref=UFW8AC).

Malheureusement, deux obstacles limitent encore le développement de ce type de sauvegarde déportée : d'une part la lenteur des transferts de données, d'autre part le coût élevé de l'espace sur ces serveurs… Deux réalités encore peu compatibles avec l'encombrement exponentiel des images numériques.

▌ Stockez et sauvegardez lors de courts déplacements

Après avoir transporté d'énormes sacs durant des années, je préfère voyager léger… Aussi, lorsque je m'absente pour une période courte (jusqu'à quelques jours), j'évite de me charger de mon ordinateur. J'emporte à la place autant de cartes que possible (jusqu'à 24 Go en utilisant des capacités de 4 à 8 Go). Je conserve toutes mes images sur ces cartes que je considère comme mon **stockage principal**.

Dans le cadre de déplacements professionnels, il n'en reste pas moins indispensable de réaliser des sauvegardes… Car si les cartes résistent aux pires traitements (chutes, températures extrêmes, passages en machine à laver), le risque de les égarer ou de se faire voler ses bagages n'est jamais nul :

- Un disque dur videur de carte (Canon M80, par exemple) peut servir de sauvegarde primaire. Son large écran permet aussi de procéder à un premier éditing et de présenter les images si nécessaires.
- Emportez votre ordinateur en plus et vous disposerez d'une double sauvegarde. Mais alors, le disque dur autonome se justifie beaucoup moins car l'ordinateur peut piloter des disques USB ou graver des DVD.

À titre d'information, certains utilisateurs d'iPod de première génération ont rapporté avoir perdu des données en utilisant ce lecteur MP3 comme videur de carte. Sans qu'il me soit possible d'apporter des précisions à ce sujet, je vous recommande plutôt d'opter pour des appareils spécifiquement conçus pour cet usage.

Par exemple, le disque dur **Canon M80** qui présente l'avantage d'afficher les RAW Canon, ou les modèles très variés du Français *Archos*, ou encore les luxueux modèles d'Epson. Un secteur en développement rapide, mais qui devra affronter la concurrence naissante des ultras portables de type *EeePC*, *Wind* ou *UMPC 2133*, capables d'en faire beaucoup plus pour à peine plus cher.

▌ Stockez et sauvegardez vos photos en voyage

Lorsqu'il s'agit de voyager plusieurs semaines ou plusieurs mois, il devient plus difficile de se passer d'un ordinateur portable. Quelques précautions s'imposent et le sac des grands voyageurs se charge un peu plus :

- **Le stockage principal** : il réside sur le disque dur de votre portable (éventuellement sur une partition dédiée). Cela permet de décharger et formater régulièrement vos cartes, donc d'en emporter moins et économiser sur ce poste.
- **La sauvegarde primaire** : elle se fait sur un disque dur de 2,5 pouces qui ne quitte pas votre passeport et votre billet d'avion, le tout éventuellement protégé dans un sac de congélation éventuellement glissé dans une enveloppe à bulles. Mon disque externe contient même un clone bootable de mon système Mac OSX (lire paragraphe suivant) ; je peux retrouver mon environnement de travail en le branchant sur n'importe quel autre Mac s'il arrivait malheur au mien. Voilà un énorme avantage proposé aux grands voyageurs par le Système Mac OSX.
- **La sauvegarde secondaire** : elle peut se faire sur un second disque externe, que vous ne transporterez pas dans le même sac que l'ordinateur et la sauvegarde primaire. Les paranoïaques opteront pour un videur de carte autonome (plus cher). En cas de panne d'ordinateur, il sauvera la situation en offrant une solution pour décharger vos cartes.
- **Pour l'ordinateur** : une seconde batterie est pratique si vous voyagez loin de tout. Dans certains pays, un second boîtier d'alimentation est conseillé (ce composant est fragile et s'oublie facilement dans les chambres d'hôtel). Les bricoleurs penseront à emporter également les CD d'installation et de réparation de leur système d'exploitation.
- **Pour le boîtier** : selon les destinations, j'emporte de une à trois batteries par boîtier et deux chargeurs pour refaire le plein plus rapidement et ne pas risquer une panne. N'oubliez pas des adaptateurs électriques selon la destination et éventuellement une triple prise, afin de pouvoir brancher tout ce petit monde simultanément.

Les batteries d'ordinateurs et d'appareils photo conservent leur charge quasi pleine durant plusieurs semaines si elles sont inutilisées. En les économisant (exclusivement pour vider les cartes avec l'écran à faible luminosité), il est possible de rester autonome une dizaine de jours loin de toute prise électrique. Au-delà de deux à trois semaines d'utilisation, le recours aux panneaux solaires devient nécessaire.

◀ *Énorme avantage du disque dur autonome Canon M80, il est capable de visualiser les fichiers RAW Canon. Il utilise les mêmes accus BP-511 que les reflex EOS 40D, 30D et 5D, voilà qui simplifiera la logistique des photographes aventuriers, le problème récurrent de ce type d'appareil étant leur manque d'autonomie.*

▌ Et pourquoi pas un Macintosh ?

Rassurez-vous, ce paragraphe n'a pas pour but de vous convertir au Macintosh, mais seulement de vous apporter quelques arguments rationnels, afin de choisir en toute connaissance de cause entre Mac et PC…

Comme de très nombreux photographes, j'ai choisi d'utiliser un Mac car je trouve cette plate-forme plus adaptée à la photo numérique. Je suis convaincu que Mac OSX est un système d'exploitation au moins aussi efficace que Windows et surtout beaucoup plus sécurisant. Pour autant, tout n'est pas idéal dans le monde Mac et l'on n'est pas obligé d'adopter tout le matériel Apple. Je préfère par exemple éviter les écrans Apple et préfère les Dell (premier distributeur d'écran mondial) qui sont meilleurs et moins chers. J'utilise peu les applications d'Apple, notamment les applications photo et je préfère les logiciels d'Adobe, l'éditeur de Photoshop et de Lightroom qui reste le leader incontesté dans cette spécialité. N'étant pas un "Mac Maniac", vous aurez compris que j'ai suffisamment de recul pour conserver une opinion mesurée sur les produits Apple. À vous de vous forger votre propre idée, à l'aide de critères objectifs et en fonction de vos besoins.

Ne vous laissez pas influencer par certaines légendes qui entourent le monde Mac et encore moins par les vendeurs de grandes surfaces ou même de certaines enseignes spécialisées… Car leur seul métier est la vente, pas la photo ! En plus du fait qu'ils ignorent tout des avantages de Mac OSX, les vendeurs ne vous conseillent tel ou tel produit que pour obéir aux objectifs fixés par leur direction. Un grand magasin est donc vraiment le dernier endroit où se rendre pour demander conseil, pas seulement pour l'informatique mais plus généralement pour la photo. Je suis d'ailleurs systématiquement consterné des réponses que j'y entends à chaque fois que je m'y rends pour tester les vendeurs à propos des reflex ou du monde Mac.

Il circule tellement d'idées fausses à ce propos, qu'il me semble indispensable de faire un point historique. Il est vrai qu'avant l'arrivée du système Mac OSX, Apple a traversé une dramatique période d'incertitude entre 1995 et l'an 2000, qui a durablement dégradé sa crédibilité et son image de fiabilité. Ces problèmes ont été progressivement résolus après le retour de Steve Jobs à la direction de l'entreprise.

Cet homme visionnaire qui l'avait cofondée en 1976, a contribué à imposer des choix technologiques très ambitieux dont les utilisateurs tirent aujourd'hui le bénéfice. C'est notamment le système d'exploitation OSX qui a changé la donne et remis Apple sur les rails du succès qu'on connaît depuis quelques années (OSX est le descendant de Next qui a été développé sous la direction de Steve Jobs en dehors d'Apple et sur lequel est d'ailleurs né Internet). Selon les analystes, l'environnement Macintosh peut être considéré comme une solution d'avenir pour deux raisons concrètes, qui n'ont rien à voir avec le design des iMac ou le succès de l'iPod :

- **Le système d'exploitation** : Mac OSX est un système UNIX (comme Linux), plus léger, évolutif et moderne que le noyau de Windows. Il constitue une base solide sur laquelle tous les développements sont envisageables, par exemple l'iPhone qui utilise directement Mac OSX. Pendant ce temps, la lourdeur de Windows Vista déçoit un peu et de nombreux utilisateurs et constructeurs de PC lui préfèrent le vieux Windows XP, dont la commercialisation se prolonge.
- **Le processeur** : tous les Mac utilisent des processeurs Intel depuis mi-2006. Pour cette raison il s'est écoulé cette année-là le plus grand nombre de Mac vendus depuis la création d'Apple. Grâce à ces processeurs, la puissance de calcul des Mac n'a plus rien à envier à celle des PC. Une grande diversité de machines est envisageable, Apple pouvant utiliser les mêmes composants que le reste de l'industrie pour réagir rapidement aux attentes du marché.

Sur l'ordinateur. Visualisez, classez et stockez vos images

Ainsi, un rapport de l'institut Gartner indiquait dès novembre 2006 qu'Apple était devenu le quatrième constructeur de PC aux États-Unis avec une part de marché en progression de 6,1 %. Contrairement à une idée reçue, les Mac ne sont pas "beaucoup plus chers" que les PC à puissance et à qualité équivalentes.

Si une différence de prix subsiste bel et bien, elle n'est pas aussi énorme que vous l'imaginez. Simplement, il n'existe pas de Mac *low cost* capables de concurrencer les PC à prix cassé que l'on trouve en supermarché à moins de 400 € (c'est d'ailleurs pourquoi Apple perce particulièrement sur le marché des ordinateurs portables). Il convient de comparer ce qui est comparable, les Mac premiers prix sont en fait des machines de milieu de gamme comparées au reste du marché (prix en juin 2008) :

- **Mac Mini** (sans écran ni clavier) : de 499 à 699 €.
- **iMac** (le tout en un, écran plat 20 à 24 pouces) : de 999 à 1 918 €.
- **Macbook** (le portable best-seller à écran 13 pouces) : de 999 à 1 399 €.

Il est vrai que les utilisateurs de certains jeux vidéo ou de certains logiciels professionnels auront absolument besoin de Windows. Ils devront donc acheter un PC ou installeront Windows sur leur Mac qui est capable de faire tourner XP et Vista parfaitement. Mais ce que je trouve dommage, c'est que la plupart des gens mal informés ne choisissent un PC que par conformisme sans étudier l'hypothèse Mac…

Par ignorance, ils passent ainsi à côté de Mac OSX, un outil à l'efficacité formidable qui leur conviendrait peut-être aussi bien, ou mieux… Voilà pourquoi il me semble important de rappeler certains faits :

- Microsoft Office existe aussi sur Mac. Depuis de longues années, tous les documents Word, Excel et PowerPoint s'échangent de Mac à PC et inversement, comme la plupart des formats multimédias courants.
- Le Mac ne craint pas les virus. Il n'existe toujours aucun virus développé contre Mac OSX (juin 208), alors que 114 000 virus guettaient déjà les PC en 2005 (chiffre en constante évolution)…
- Le système Mac OSX est un système stable offrant une grande sécurité. Mac OSX intègre dans ses fondations un pare-feu qui le rend invisible sur le Net. Et vous ne perdez pas de temps à le sécuriser en permanence.
- Les Mac disposent de connexion FireWire 400 et 800 (deux fois plus rapide que l'USB2), ce qui n'est pas le cas de tous les PC. Ce point est important si vous envisagez de réaliser de nombreuses images…
- La connexion en réseau des Mac et des PC a beaucoup progressé. Il n'est plus nécessaire d'être informaticien pour connecter un Mac à un réseau PC. La connexion d'un Mac à tout réseau Wi-Fi est également instantanée.
- Windows XP et Vista tournent parfaitement et nativement sur Mac (les Mac sont des PC comme les autres). Apple propose même Bootcamp, un utilitaire d'installation facile de Windows sur Mac gérant le démarrage sous OSX ou Windows. Quant aux logiciels Parallels et VMware Fusion, ils autorisent l'utilisation simultanée des deux systèmes, le glisser déposer de l'un à l'autre, sans oublier la fusion des deux environnement et le mélange de leurs fenêtres !
- Fonctionnalité unique au Mac, gratuite et peu connue, il est très facile de cloner un Mac vers un disque externe afin d'en faire une sauvegarde parfaite. Mieux qu'une sauvegarde, un clone ! Si votre Mac était volé, il suffirait de cloner cette sauvegarde vers un nouveau Mac afin de retrouver instantanément votre environnement et vos données, avec tous vos paramétrages et préférence, jusqu'à la position de la moindre icône. Une flexibilité fantastique !

Il est important de vous faire une culture sur la question. Recherchez sur Internet et épluchez les études comparatives publiées par la presse informatique. Toutes concluent à la parfaite crédibilité des solutions Mac, au moins à égalité avec les solutions PC ainsi qu'à leur compatibilité avec le monde PC.

Équipement informatique et conseils de stockage

◀ Avec ses ports FireWire 800, son encombrement minimal, ses deux tailles d'écran (20 et 24 pouces), l'iMac est une machine tout en un peu coûteuse et relativement bien adaptée à la photo. Reste que les professionnels lui préféreront une tour, pour les raisons expliquées précédemment (modularité et puissance)… Et il est vrai qu'Apple, ne propose malheureusement pas de station de travail professionnelle bon marché.

Confrontation Mac versus Windows !

Visitez ce site exceptionnel qui confronte méthodiquement Mac OSX et Windows Vista (ainsi que XP) dans 920 domaines variés couvrant la totalité des utilisations d'un ordinateur. Cela va des fonctions de recherche aux logiciels fournis avec la machine, en passant par la sécurisation des données ou la facilité à se connecter en Wi-Fi… macvswindows.com (anciennement xvsxp.com).

■ Écrans panoramiques, sondes et calibrage

On assiste depuis 2006 a une démocratisation exceptionnelle des écrans LCD au ratio panoramiques 16/10. Les tailles les plus courantes sont ainsi passées de 20 à 22, puis à 24 pouces en deux ans seulement et l'on trouve en cette mi 2008, d'excellents modèles 24 pouces pour seulement 500 ou 600 €. Il serait vraiment dommage pour un photographe de s'en priver, car les images des reflex de 10 mégapixels s'affichent en quasi-totalité à la taille de 50 % sur ces 24 pouces, ce qui est idéal pour juger de leur netteté dans Photoshop.

J'ai personnellement l'habitude de m'équiper chez Dell (modèles 2407 WFP et 2408 WFP), car le premier constructeur mondial propose des rapports qualité prix exceptionnels avec des promotions régulières sur son site. Il est également possible de trouver votre bonheur chez de nombreux autres constructeurs, notamment dans le haut de gamme chez Nec, LaCie ou Eizo… Je n'hésite pas à commander mes écrans sur Internet, car il est toujours possible de se faire rembourser (sauf les 15 € de frais de port) si le produit ne convient pas ou présente un pixel mort.

Il n'est pas obligatoire pour les photographes d'investir dans des modèles "Art graphique", qui sont exceptionnels mais relativement coûteux. Des écrans plus accessibles comme les Dell peuvent convenir, à la seule condition d'être calibré à l'aide d'une sonde. Une sonde ne sert pas tous les jours et ne se dégrade pas facilement, les photographes auront donc intérêt à se grouper pour partager à plusieurs cet accessoire devenu indispensable. Il est en effet hors de question d'entreprendre sérieusement des retouches colorimétriques sur un écran non calibré (vous corrigeriez les dominantes de l'écran et non celles de la photo).

Certains écrans de nouvelle génération (2008) sont capables d'afficher un espace coloré *Wide gamut* proche de l'Adobe RVB, plus large que le traditionnel sRVB. C'est en théorie mieux... Mais la différence n'est pas facilement perceptible dans les logiciels gérant correctement les profils colorés ICC. Vous risquez par contre quelques surprises, si vous utilisez des logiciels et un navigateur Internet incapables de tenir compte du profil ICC des images et de l'écran. Les rouges vous sembleront anormalement saturés... Mais pas d'inquiétude : ni l'écran ni la photo ne sont en cause ; c'est juste le logiciel utilisé qui n'est plus à la page...

▲ *La sonde Spyder 3 de Data Color est l'une des dernières arrivées sur le marché. Elle permet de calibrer les écrans des portables, les écrans plats LCD de bureau (y compris les Wide gamut) et même les projecteurs informatiques.*

▮ Osez le double écran

Choisir un modèle d'écran raisonnable me permet d'en acheter deux afin de travailler en double écran. C'est extraordinairement confortable avec les logiciels récents capables de gérer ce type d'affichage (Aperture 2, Lightroom 2 et Expression Media 2). Je bascule mon second écran en mode Portrait, ce qui me permet de profiter de mes images verticales comme jamais auparavant (faites l'expérience d'afficher vos images verticales sur un modèle 24 pouces en mode Portrait et vous n'en reviendrez pas)... La version 2 de Lightroom est d'ailleurs particulièrement pratique pour cela, car il est facile d'intervertir la position de la vue grille et de la vue loupe, qu'il suffit de placer sur l'écran approprié selon qu'on regarde une image horizontale ou verticale.

Il est d'ailleurs un peu dommage que le ratio d'écran 4/3 soit en train de disparaître car ceux-là sont plus adaptés à l'utilisation en mode Portrait. Bientôt on ne trouvera plus que des modèles 16/10, y compris sur les ordinateurs portables, une mode lancée par Apple depuis plusieurs années.

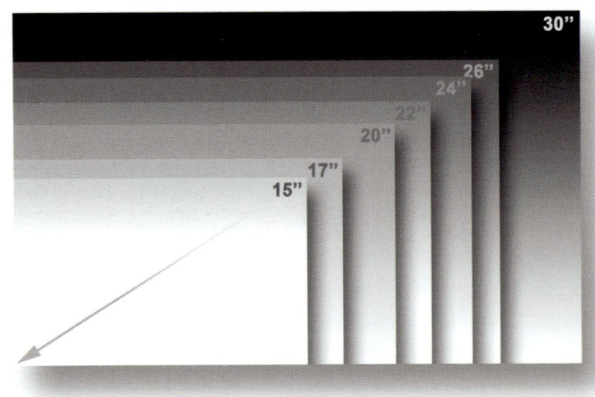

◀ *Tailles d'écran au ratio 16/10e comparées à l'échelle : des 15 et 17 pouces des portables, en passant par les 22 et 24 pouces qui sont le nouveau standard des station de travail, jusqu'aux 30 pouces popularisés par les fameux Cinema Display d'Apple.*

Équipement informatique et conseils de stockage

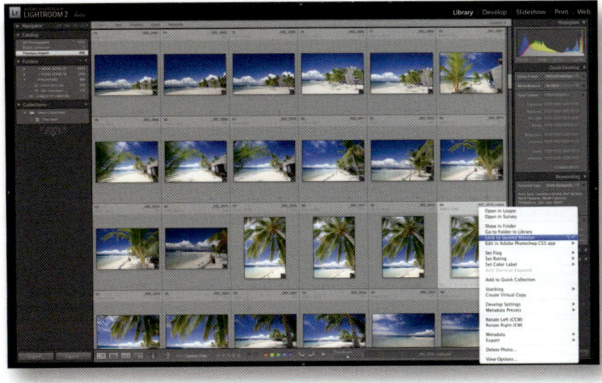

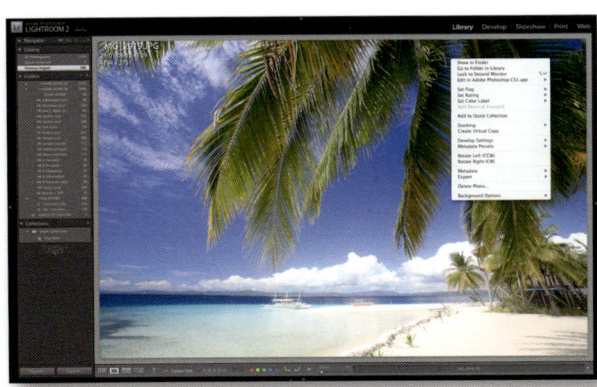

▲ L'affichage en double écran d'Adobe Lightroom est extraordinaire. La vue Grille bascule au choix de l'écran de gauche à droite, ce qui permet d'utiliser un second écran en mode Portrait pour afficher ses images verticales.

31. Les logiciels de gestion de photo classiques

Que vous travailliez en JPEG ou en RAW, vous aurez tôt ou tard besoin de trier votre production. Soit à l'aide d'un explorateur de fichiers, soit à l'aide d'un outil plus élaboré : un catalogueur d'image ou un logiciel tout en un capable d'assurer l'éditing et l'ajustement de vos photos.

Contrairement à une idée reçue, l'outil le plus utile au photographe n'est donc pas Photoshop mais plutôt un gestionnaire d'images. Car en numérique, on passe moins de temps à retoucher ses photos qu'à les classer, les rechercher et les sélectionner pour créer des collections, des diaporamas ou des pages web…

Connaître Photoshop est indispensable uniquement pour ceux qui entreprennent des retouches avancées (travaux par zones, déformations, montages) et vont au-delà du simple ajustement des photos (recadrage, réglage du contraste, de la valeur, de la balance des blancs, de la netteté)… Si la retouche sous Photoshop vous tente mais que le prix de ce logiciel vous effraie, Photoshop Element (sa version light) est beaucoup plus accessible, tout en conservant 95 % des fonctionnalités de son grand frère.

■ Explorateur de fichier ou catalogueur

De nombreux logiciels gratuits ou payants sont capables de vous assister dans l'organisation de votre photothèque. Jamais un secteur de l'industrie du logiciel n'avait connu une telle ébullition, chaque trimestre apporte son lot de nouveautés, les éditeurs s'intéressent de près à nos photos ! Pour tenter d'y voir plus clair, il est possible de définir trois catégories de logiciels, dont les frontières ne sont pas forcément étanches :

- Les navigateurs de fichiers. Ils permettent de visualiser (ou d'explorer) le contenu des dossiers. Ils ne savent créer ni albums ni sélections d'images référencées dans des dossiers distants, c'est là leur limite. Adobe Bridge est le représentant le plus avancé de cette famille qui compte un grand nombre de représentants.
- Les catalogueurs. Ils savent créer des catalogues (appelés aussi *Albums* ou *Collections*) indexant des images situées dans des dossiers distants ou même des supports externes (disques durs, CD, DVD et même serveurs). Portfolio et Expression Media (ex iView Media Pro) sont les représentants les plus connus de cette famille.
- Les tout en un de nouvelle génération. Arrivés plus récemment, Lightroom et Aperture combinent des fonctions de catalogage et de traitement des RAW et JPEG. Indéniablement, il s'agit de la voie royale pour rallier les utilisateurs de reflex… Nous les traitons en détail au chapitre suivant.

Cette classification n'est qu'une tentative de simplification et ne doit pas être prise au pied de la lettre, car certains logiciels n'entrent dans aucune de ces petites cases. Tous ou presque sont disponibles en évaluation gratuite, profitez-en pour les télécharger et comparer leurs fonctionnalités.

■ Expression Media : le catalogueur par excellence

Anciennement iView Media Pro, ce catalogueur disponible sur Mac et PC est l'un des meilleurs gestionnaires multimédias du marché. En plus des photos, il sait indexer les vidéos, les PDF, les sons, les polices, etc. Voilà certainement ce qui a poussé Microsoft à le racheter en 2006 pour l'intégrer à sa suite graphique

Expression. Face à une concurrence en ébullition, il reste le catalogueur le plus flexible et le plus réactif, mais n'offre pas d'ajustement avancé des RAW (seulement une conversion des RAW vers d'autres formats).

Son ambition est d'être un couteau suisse multimédia et son point fort est de générer une fois pour toutes des vignettes qui rendent la navigation extraordinairement rapide. Il est imbattable sur les configurations légères (même les EeePC), ce qui fait de lui une solution idéale en voyage. C'est aussi un bon choix pour ceux qui refusent d'investir dans une configuration informatique lourde…

Vous pouvez créer autant de catalogues que vous le souhaitez pour indexer des médias où qu'ils se trouvent, y compris sur des CD, des disques externes ou un réseau. Une caractéristique très appréciée des iconographes qui rend la gestion de média flexible en autorisant une grande créativité dans les sélections. Malheureusement, c'est aussi une souplesse qui désoriente paradoxalement les débutants qui négligent de se plonger dans le mode d'emploi (pourtant clair et gratuitement téléchargeable en français)… Expression Media se mérite ! Sa version 2 gère l'affichage en double écran et permet à plusieurs personnes de travailler ensemble en réseau, ce qui en fait l'outil idéal pour gérer la photothèque de petites structures.

Pour l'instant, les fonctions de retouche et de conversion RAW d'Expression Media sont insuffisantes et vous obligent à faire appel à un logiciel de traitement externe… Dans ce cas, le flux de travail n'est pas limpide pour qui travaille en RAW (c'est heureusement moins tortueux si vous travaillez en JPEG) :

- Après catalogage des RAW, il faut lancer les images sélectionnées (individuellement ou en lots) dans un logiciel de traitement de votre choix (c'est instantané grâce à un clic droit).
- Après ajustement, puis exportation dans un format qu'EM sache lire (TIFF, PSD, DNG, JPEG), il reste à importer les fichiers traités dans le catalogue (aux côtés des originaux, ce qui permet de les comparer).
- Le plus efficace est encore d'enregistrer les exportations au même endroit que les originaux (comme expliqué au chapitre précédent). Cela permet de les importer d'un clic, simplement en actualisant le catalogue.

Avec un peu d'habitude, cette petite mécanique devient automatique, mais reconnaissons que pour les débutants cela ne s'invente pas !

▲ *L'interface d'Expression Media est extraordinairement personnalisable. Il est intéressant d'ajouter vos applications préférées aux menus contextuels. Un clic droit sera alors suffisant pour ouvrir vos images dans Photoshop ou votre client mail pour les envoyer en un clic.*

Sur l'ordinateur. Visualisez, classez et stockez vos images

Adobe Bridge : l'explorateur de fichiers ultime

Le grand intérêt de Bridge est son intégration avec Camera Raw et Photoshop, tous trois faisant partie de l'Adobe Créative Suite 3. Leur utilisation combinée est redoutable lorsqu'il s'agit d'ajuster des milliers de fichiers RAW au sein d'un même dossier. Bridge dispose d'un nombre incroyable d'outils et sa version CS3 a fait de grands progrès au niveau de la vitesse... Le gain de temps autorisé par l'ajustement et la sélection des images au sein du même logiciel est énorme.

Bien qu'il atteigne un certain degré de perfection, Adobe Bridge reste malheureusement (et restera probablement) un navigateur de fichiers avec les limites inhérentes à ce type de logiciel. Il lui est toujours impossible de créer des albums ou des collections thématiques regroupant des images situées dans des dossiers distants (c'est le propre des explorateurs de fichiers). Voilà qui est gênant pour les photographes dont la principale activité est le classement (l'editing) bien avant la retouche.

L'absence de fonctionnalité de catalogage est la raison qui a poussé Adobe à développer Lightroom, nouvel outil intégré spécifiquement conçu pour les photographes (lire Chapitre suivant)... Les utilisateurs habitués à Bridge peuvent l'utiliser en partenariat avec un logiciel de catalogage : Lightroom étant évidemment le plus indiqué puisqu'il est 100 % compatible avec Bridge... Deux petits paramétrages sont conseillés pour mieux profiter de Bridge :

- Dans les préférences de Camera Raw, choisissez *Enregistrer les paramètres de l'image dans Fichiers ".xmp" annexes*. C'est indispensable pour que Lightroom lise les modifications effectuées par Bridge.
- Dans les préférences de Bridge, choisissez *Exporter automatiquement les mémoires caches dans les dossiers si possible*. Il s'agit juste ici d'accélérer l'affichage des vignettes (un oubli serait sans conséquence).

Aussi étonnant que cela puisse paraître, un flux de travail collaboratif entre Bridge et Expression Media est envisageable (quand on connaît ce dernier, on ne peut s'en passer) car ces deux logiciels communiquent bien... On passe de l'un à l'autre instantanément par simple clic droit et les métadonnées qu'ils écrivent restent relativement compatibles. Malheureusement, il n'en va pas de même pour la visualisation des fichiers RAW modifiés par Camera Raw, qu'Expression Media ne "voit pas". On s'en arrange en cataloguant les versions exportées au même endroit que les originaux. Mais ce flux de travail bicéphale n'est pas à la portée de tous. Voilà pourquoi l'avenir appartient aux logiciels tout en un comme Lightroom et Aperture.

◀ *Impossible avec Adobe Bridge de créer des albums ou des catalogues indexant des images situées dans des dossiers distants. Adobe Bridge reste un simple navigateur de fichiers mais le plus efficace de tous lorsqu'il s'agit d'ajuster et traiter un grand nombre d'images.*

■ Les autres logiciels de gestion d'image

Les autres logiciels de gestion d'image sont trop nombreux pour êtres cités. Voici donc une petite sélection (forcément injuste), rappelons que tous leurs éditeurs vous proposent de télécharger des versions d'évaluation gratuites :

- **Portfolio** : ce catalogueur ressemble à Expression Media. Il a l'avantage de disposer d'une version serveur web appréciée des agences photo.
- **Acdsee** : il offre sur PC un grand nombre de fonctionnalités dans une interface un peu touffue. Sa version Mac, non mise à jour, est sans intérêt.
- **Canon Image Browser** : l'outil basique de Canon. Peu d'intérêt, si ce n'est l'exportation vers Canon Image Gateway. Préférez Digital Photo Professional.
- **iPhoto** : facile pour les débutants et installé sur tous les Mac. Sa base propriétaire vous empêche de migrer vers un autre logiciel sauf Aperture.
- **Fotostation** : référence mondiale autrefois, il a bien du mal à séduire aujourd'hui car il n'a pas évolué et reste à la traîne de ses concurrents.
- **Photomecanic** : ce catalogueur américain à l'interface touffue est doté de nombreuses fonctionnalités mais ne dispose pas de version française.
- **Cumulus** : ce catalogueur puissant est orienté vers l'entreprise. Son interface peu engageante n'intéressera pas vraiment les particuliers.

Signalons que la plupart des logiciels de traitement RAW (lire chapitre suivant) disposent de navigateurs de fichiers. C'est le cas de Capture One, Nikon Capture NX, Canon Digital Photo Professional, DxO… Ils peuvent se révéler ponctuellement efficaces, sans êtres suffisants pour gérer une photothèque ambitieuse.

32. Les logiciels de gestion et de traitement des fichiers RAW

Vous aurez l'embarras du choix au moment de choisir un logiciel de traitement RAW, à condition toutefois d'utiliser un reflex dont les fichiers sont reconnus… Aucun problème en ce qui concerne les RAW de votre EOS 450D, que tous les éditeurs se sont empressés de supporter.

Tous les logiciels de traitement RAW ne reconnaissent pas systématiquement (ou pas immédiatement) tous les fichiers RAW. On touche ici à l'un des points d'achoppement de ce format, qui complique parfois le flux de travail de ceux qui aiment à sortir des sentiers battus… Car chaque fabricant possède son format propriétaire : Canon a ses *.cr2* (pour Canon Raw 2), Nikon, ses *.nef* (pour Nikon Electronic File), Olympus, ses *.orf* (pour Olympus Raw File), Sony, ses *.arw*, Pentax, ses *.ptx* ou ses *.pef*, Fuji, ses *.raf*, Sigma, ses *.x3f*…

Si les reflex les plus courants (notamment ceux de Canon et de Nikon) sont rapidement pris en charge par tous les éditeurs, les appareils plus confidentiels ne sont pas supportés aussi vite… Ainsi, il aura fallu attendre quinze mois pour qu'Expression Media lise et convertisse les RAW du Sony Alpha 100, Microsoft et Sony étant pourtant les acteurs majeurs que l'on sait. Difficile, dans ce cas, de savoir si la pierre est à rechercher dans le jardin du constructeur ou de l'éditeur. Autre cas particulier, il aura fallu près d'un an à Aperture pour lire et éditer les RAW au format DNG du Leica M8… La question des fichiers RAW continuera à se poser à l'avenir, à mesure que de nouveaux reflex arriveront sur le marché. Retrouvez plus d'informations sur le site de l'initiative Open Raw qui milite pour une ouverture de ces formats : **Openraw.org**.

Sur l'ordinateur. Visualisez, classez et stockez vos images

▊ Les logiciels de traitement RAW classiques

Après cette mise en garde qui ne devrait toutefois pas vous faire renoncer à la photo en RAW, commençons notre tour d'horizon par les logiciels de type classique... Ceux-là se concentrent uniquement sur leur mission d'ajustement et de conversion des RAW. Ils ne font qu'une chose et la font bien.

Ils ne disposent donc que de simples explorateurs de fichiers servant uniquement à lancer le développement de groupes de photos... Pas question ici de catalogues, d'albums, de collections intelligentes ou de fonctions avancées de gestion de photothèque. Quant à la gestion des métadonnées (mots-clés, légendes, champs IPTC divers), elle est souvent basique... Il n'en reste pas moins que ces "classiques" sont d'excellents *derawtiser*, à l'image de Canon Digital Photo Professionnal livré gratuitement avec votre EOS.

Dans le cas où vous souhaiteriez les intégrer à un flux de travail s'appuyant sur un catalogueur ou un explorateur de fichiers, vous auriez la possibilité de les lancer d'un simple clic droit depuis l'interface de votre gestionnaire d'image. Expression Media offre par exemple cette option grâce à son menu contextuel **Ouvrir avec** qui facilite l'articulation avec le *derawtiser* de votre choix (un menu qui a l'avantage d'être paramétrable, contrairement à celui de Bridge)... Passons rapidement en revue les forces en présence :

- **Canon Digital Photo Professional** : parce qu'il est offert avec tous les Canon EOS, ce logiciel est le premier moyen d'accéder aux fichiers RAW pour de nombreux photographes. Il offre certains raffinements intéressants, mais son interface et son ergonomie restent basiques. Sa dernière version inaugure toutefois une embryonnaire fonction de collection qui laisse espérer d'intéressantes évolutions. Canon-europe.com/support/software/dpp.
- **Adobe Camera Raw** : intégré à Photoshop, sa version 5 offre les fonctionnalités de traitement RAW les plus avancées du marché qu'il partage avec Lightroom 2 avec lequel il est compatible. Il permet des retouches localisées extraordinairement sophistiquées, le traitement des poussières, l'ajustement fin de la netteté et même la gestion de profils colorimétriques reprenant les styles d'image de nombreux reflex. Adobe.com/cameraraw.
- **Nikon Capture NX** : unique en son genre, ce logiciel (équivalent de Canon DPP en beaucoup mieux) propose la technologie U-Point, une fonction de retouche par zones. Jamais il n'avait été si simple d'ajuster la couleur du ciel ou de déboucher un visage (travaux qui demandaient des sélections compliquées dans Photoshop). Pas de .cr2 au programme, le logiciel prend en charge uniquement les JPEG, les TIFF et les RAW Nikon (.*nef*). Nikon.fr.
- **Capture One** : issu de l'univers des dos numériques, ce grand classique de l'éditeur Phase One conserve ses partisans inconditionnels de versions en versions. Il garde l'avantage de présenter (comme Lightroom et le Français DxO) une interface conçue logiquement selon une succession d'onglets proposant une chronologie de travail (une logique inverse de celle d'Aperture qui permet de tout faire à tout moment). Phaseone.com.
- **DxO** : très apprécié des photographes experts, ce logiciel 100 % français qui fonctionne sur Mac et PC donne des résultats impressionnants. Il corrige scientifiquement les défauts optiques des objectifs en s'appuyant sur des tables calculées pour chaque couple boîtier/objectif. Même si sa version 5 a beaucoup progressé, l'utilisation de machines puissantes reste recommandée car il mobilise d'importantes capacités de calcul. DxO.com.
- **Sylkipix Developper Studio** : ce logiciel japonais qui monte prend en charge de nombreux modèles de reflex, il est par ailleurs livré gratuitement avec les boîtiers Pentax. Encore une interface anthracite (une de plus), mais finalement assez sobre et efficace avec ses palettes semi transparentes. À vous de vous faire votre idée, la version d'évaluation gratuite pendant quatorze jours est téléchargeable pour Mac et PC. Silkypix.com.
- **Lightzone** : un des premiers logiciels avec Nikon Capture NX et la version 2 de Lightroom, capables de travailler les fichiers RAW par zones. Un cahier des charges encore très avant-gardiste en 2008, mais qui deviendra certainement la norme d'ici quelques années. Son interface

déroute au premier abord, mais les photographes curieux ne devraient pas hésiter à télécharger une version d'évaluation de ce logiciel. Lightcrafts.com.

- **Bible** : en dépit d'une interface très touffue, ce logiciel reste populaire auprès des photographes anglo-saxons. Il propose la gestion du double écran, un très grand nombre de fonctionnalités et une architecture de plug-in efficace pour lui ajouter des fonctionnalités (filtres PT Lens, Noise Ninja, Perfectly Clear). Il est également l'un des rares logiciels de traitement RAW à être disponible sur Linux, en plus du PC et du Mac. Bibblelabs.com.
- **Raw Developer** : développé exclusivement en anglais sur Mac par Iridient Digital, ce logiciel de traitement RAW peu coûteux est riche en fonctionnalités. Léger et efficace, il supporte un grand nombre de boîtiers. Comme d'habitude, il est possible d'en télécharger une version d'essai pour vous faire une idée. Iridientdigital.com.
- **Raw Photo Processeur** : développé exclusivement pour Mac ce petit logiciel gratuit (ou presque) prouve que tout est encore possible dans le monde enthousiaste des développeurs passionnés. Un grand nombre de reflex est supporté y compris les plus récents. Essayez-le, ça ne coûte rien… Raw-photo-processor.com.
- **UF Raw** : les utilisateurs de Linux ne sont pas oubliés, puisqu'il existe au moins ce logiciel libre et gratuit sous licence GNU. La liste de ses fonctionnalités n'est pas immense mais il a le mérite d'exister. D'autres logiciels existent, vous les découvrirez en visitant les forums dédiés à ce système d'exploitation. http://ufraw.sourceforge.net.
- **Raw Photodesk** : développé par un programmeur indépendant, ce petit logiciel qui fonctionne sous Windows XP ou 2000 est capable de prendre en compte de nombreux types de fichiers RAW. Il a l'avantage de ne coûter que 30 dollars ; cela prouve qu'il reste encore de la place pour la passion. Rawphotodesk.com.

Nous avons choisi de ne pas lister les nombreux logiciels livrés gratuitement par les fabricants de reflex. La plupart souffrent d'interfaces peu ergonomiques et proposent peu de fonctionnalités. Tout cela n'encourage guère à les utiliser ; c'est dommage car la qualité de leurs développements RAW est généralement excellente, chaque fabricant étant bien placé pour exploiter ses propres capteurs.

Il n'est donc pas interdit de les essayer, notamment pour comparer l'interprétation qu'ils font de vos images avec ce dont d'autres logiciels sont capables. En effet, seuls les logiciels édités par les fabricants des boîtiers sont théoriquement capables de décoder l'intégralité des informations embarquées par les fichiers RAW.

◄ *Adobe Camera RAW est l'un des derawtisers les plus efficaces grâce à ses traitements par lot et à son interface limpide par onglets successifs. Sa version 5 inaugure même les retouches localisées… Il est parfaitement compatible avec Lightroom et même avec les métadonnées (légendes, mots-clés, champs IPTC) récupérées depuis Expression Media (sous réserve que les préférences de ce dernier aient été bien réglées).*

Sur l'ordinateur. Visualisez, classez et stockez vos images

Canon Digital Photo Professionnal

Disponible sur Mac et PC, ce logiciel livré avec votre EOS est un excellent *derawtiser* mais un piètre explorateur de fichiers… Il partage pourtant avec Lightroom, Aperture et Picture Project (Nikon) une caractéristique précieuse pour les débutants : il n'altère pas vos fichiers RAW ou JPEG. Au lieu de cela, il enregistre vos réglages dans sa base de données et les applique uniquement lors de l'exportation des images.

Malheureusement, DPP ne propose que des fonctionnalités de gestion d'images trop limitées au sein d'une interface archaïque et peu ergonomique qui n'encourage guère à l'utiliser. Mieux vaut donc employer DPP en partenariat avec des catalogueurs spécialisés tels qu'Expression Media, Lightroom ou Aperture. Toutefois, sa dernière version est capable de gérer une collection d'images situées à des emplacements distants… C'est un début qui laisse espérer certains développements intéressants, mais cette collection unique est encore bien trop embryonnaire à l'heure où Lightroom et Aperture savent en créer autant que nécessaire et surtout proposent les collections intelligentes (affichage dynamique d'ensemble d'images répondant à des critères multiples), dont on ne peut plus se passer après les avoir essayés.

Ces lacunes de gestion d'image de DPP sont d'autant plus regrettables que la qualité de ses développements RAW est sans concurrence et qu'il reste le seul (par définition) à pouvoir exploiter nativement les *Picture Style* Canon. Voilà qui a d'ailleurs conduit Adobe à proposer dans Lightroom 2 et Camera raw 5, une émulation sous forme de profil imitant les *Picture Style* Canon (les Picture Contrôle Nikon et le rendu d'image de la plupart des grandes marques ne sont pas oubliés). Espérons aussi que Canon fasse évoluer son logiciel, en s'inspirant de ce qu'a su faire Nikon avec les U-Point de Nikon Capture NX… Quitte à le faire payer, ce qui n'est pas choquant en regard de la qualité d'un tel logiciel.

▲ Navigateur d'image très quelconque à l'interface dépassée, DPP est pourtant l'un des meilleurs derawtiser pour les .cr2 Canon (il ne dispose pas des retouches localisées de Lightroom). Il forme un couple relativement efficace avec Expression Media, ce dernier compensant ses carences en terme d'editing et de catalogage.

Les logiciels tout en un de nouvelle génération

Une nouvelle génération de logiciels est née fin 2006 avec l'arrivée d'Aperture et de Lightroom. Deux applications tout en un combinant dans un flux de travail intégré : gestion avancée d'images et traitement des fichiers RAW.

Nous allons nous attarder sur ces deux applications spectaculaires, car incontestablement, Apple et Adobe indiquent la voie à suivre à tout le reste de l'industrie… Il est probable que d'ici quelques années, de nombreuses applications reprendront les principes de fonctionnement et caractéristiques de ces deux logiciels.

RAW et JPEG sur un pied d'égalité

Première innovation dans l'organisation de ce flux de travail, vous pourrez utiliser les mêmes outils indifféremment pour les fichiers RAW et les JPEG sans altérer vos originaux. Voilà qui simplifie les choses pour les débutants et contribue à banaliser l'utilisation du format RAW qui devient moins intimidant.

Nous avons vu au chapitre 29 que Photoshop ne peut préserver la version originale d'un JPEG sauf à dupliquer le fichier (enregistrer sous). Comment se fait-il que ces nouveaux logiciels réussissent à ajuster JPEG et RAW sans les altérer ? Cela tient à la nature même des modifications qu'ils entreprennent :

- Pour les logiciels de nouvelle génération : les modifications sont limitées, il ne s'agit que d'ajustements de valeur, saturation, balance des couleurs, correction des poussières et accentuation. Notons toutefois que Lightroom 2 et Nikon Capture NX deviennent de plus en plus ambitieux avec des ajustements par zones de plus en plus sophistiqués… Mais ils ne déplacent pas les pixels et se limitent à des ajustements simples, qu'il est possible de décrire dans des lignes de code stockées dans des fichiers texte (*.xmp pour Adobe*) ou dans une base de données (pour Aperture).
- Pour Photoshop et les éditeurs d'images classiques : les modifications affectent l'ensemble des pixels, sont massives et illimitées. Retouches par zones, déplacement des pixels, déformations, Photoshop offre des milliers d'outils et autorise une infinité de combinaisons de modification. Il serait impossible de les décrire par des formules mathématiques, leur description ne peut donc qu'être enregistrée pixel par pixel dans un fichier image qui écrase obligatoirement l'ancienne version… Sauf à créer un nouveau fichier (enregistrer sous).

Les fichiers RAW sont par nature impossibles à altérer, c'est la raison qui a d'ailleurs contraint les éditeurs à créer ces applications non destructives d'un nouveau genre… Voilà un des avantages surprenants de ce format professionnel, qui paradoxalement est donc le plus adapté aux débutants.

Il est en effet possible de conserver l'historique intégral de toutes les modifications apportées aux images dès leur première ouverture. Comble du raffinement, cet historique est conservé même si l'on quitte le logiciel.

De la même façon, l'écriture des ajustements sous forme de fichiers texte rend possible la création d'autant de copies virtuelles de l'image que l'on souhaite sans jamais dupliquer le fichier original. C'est pratique pour essayer plusieurs rendus d'image et sélectionner le plus approprié à la fin. Autre idée d'utilisation de cette fonctionnalité, les images originales peuvent porter des annotations en français et des copies virtuelles d'autres annotations dans d'autres langues.

La conversion des RAW n'est plus obligatoire

Seconde innovation, vous n'êtes plus obligé de convertir préalablement tous vos fichiers RAW en vue de les intégrer à votre flux de travail ; c'est en effet le flux de travail qui vient aux fichiers RAW !

La conversion en JPEG ou TIFF (appelée aussi export) d'une partie des images ajustées et recadrées, ne sera réalisée qu'a posteriori... Si nécessaire, ponctuellement, en fonction des besoins ou même jamais ! De quoi réaliser de sérieuses économies d'espace disque, puisqu'une majorité d'images resteront en format RAW, dont le poids reste raisonnable compte tenu de leur potentiel.

Véritable révolution conceptuelle, toutes les opérations courantes s'effectuent maintenant directement avec les fichiers RAW : création d'albums, sélections thématiques, ajustements, recadrages, slideshow, impressions, exportation de galeries web et même exportation vers des services on-line...

Seules les retouches élaborées (qui sont moins du ressort des photographes que des retoucheurs et des graphistes) ne peuvent se passer d'allers-retours vers l'incontournable Photoshop... À cet effet, Lightroom comme Aperture proposent des raccourcis élégants et pratiques, de véritables passerelles ergonomiques qui contribuent à simplifier le flux de travail pour les débutants. La dernière version de Lightroom vous donne même accès à certains services de Photoshop tels que la création de panoramique (Photomerge) à partir de plusieurs images voisines, ou encore la création d'une image multicalque à partir de plusieurs photos.

Adobe Photoshop Lightroom : ergonomie parfaite et polyvalence extrême

Disponible sur Mac et PC, Adobe Photoshop Lightroom est la plus récente application tout en un destinée aux photographes. Pour l'anecdote, Adobe a opportunément renommé son dernier-né en capitalisant sur le nom Photoshop qui est universellement connu... Alors que Lightroom n'a techniquement rien à voir avec le vrai Photoshop faisant partie de la Creative Suite.

L'ergonomie de Lightroom est limpide et son interface reste fluide, y compris sur des machines peu puissantes. Lightroom doit cette fluidité à un très intelligent système d'aperçus que l'application peut construire et effacer à la demande (le système d'aperçu qu'Aperture a également adopté dans sa version 2 refaisant ainsi son retard en terme de réactivité). Toutefois, c'est encore Expression Media qui reste le catalogueur le plus fluide et le seul à s'en sortir sur les configurations extrêmement basiques.

Les phases de travail de Lightroom sont logiquement organisées en plusieurs modules : Bibliothèque, Développement, Diaporama, Impression et Export web. Rarement l'ensemble du workflow photographique n'avait été aussi bien structuré, ce principe chronologique d'une évidente simplicité est d'ailleurs commun à Capture One et à DxO... Dernier détail ergonomique, les habitués de Photoshop apprécieront de retrouver la plupart des raccourcis qu'ils ont laborieusement acquis après des années sur cette application.

Toutes les modifications de vos images RAW et JPEG sont documentées dans des fichiers texte .xmp à la façon de Camera Raw et de Bridge ; pas de base de données fermée donc, n'importe quel éditeur qui voudrait s'en donner la peine pourrait à l'avenir décrypter ces .xmp. Les ajustements réalisés dans Lightroom sont compatibles à 100 % avec Bridge et inversement. Vos images ainsi que l'ensemble de vos catalogues Lightroom (collections, annotations, copies virtuelles, etc.) peuvent également migrer sans difficulté de PC à Mac ou inversement (je l'ai vérifié)... Vous pouvez aussi exporter vos images au format DNG, ce qui garantit une interopérabilité relative avec d'autres logiciels tels que DxO ou Expression Media...

La version 2 de Lightroom constitue un exceptionnel bond en avant, en offrant pour la première fois des outils de retouches localisées très sophistiqués (incluant la netteté et un outil dégradé) qui opèrent directement sur les fichiers RAW (seuls Lightzone et Nikon Capture NX en étaient capable jusqu'alors)... Une gestion très avancée de l'affichage en double écran (apanage d'Aperture jusqu'à présent) est elle aussi au programme, ainsi qu'une architecture de plug-in travaillant sur les fichiers RAW et de nombreuses améliorations ergonomiques mineures. Tout cela fait de Lightroom 2 un outil exceptionnel, sans doute le plus intéressant mis à notre disposition jusqu'alors... Vous pouvez télécharger ici une version d'évaluation multilingue de Lightroom : Adobe.com/lightroom.

Les logiciels de gestion et de traitement des fichiers RAW

ℹ Le format DNG : à utiliser avec précaution !

L'initiative DNG proposée par Adobe consiste à offrir un format RAW ouvert dont les caractéristiques sont publiées, afin qu'il puisse être adopté par les fabricants d'appareils photo comme par les éditeurs de logiciels. Si Leica l'a adopté pour son M8 (ainsi que Pentax, Hasselblad, Ricoh et Samsung), c'est encore loin d'être le cas pour Canon, Nikon ou Apple dont les appareils et logiciels respectifs ne savent pas enregistrer de DNG.

Le DNG présente certains avantages, notamment celui de faciliter les transferts de fichiers RAW et de leurs réglages (à condition d'avoir été réalisés par des applications supportant le DNG) vers d'autres applications (qui doivent également prendre en charge ce format). C'est le cas d'Expression Media qui lit le DNG (sans l'éditer), ou encore de DxO, Lightroom, Camera Raw, Photomecanic, Portfolio, Cumulus, Paintshop Pro, Photo Album… Mais on constate qu'un RAW propriétaire (un *.cr2* Canon ou *.nef* Nikon), une fois converti en DNG pèse un peu moins lourd que l'original. Des informations ont disparu et vous perdez effectivement toutes chances de profiter des spécificités de votre RAW dans le logiciel du fabricant (*Picture Style* ou Nef optimisé, par exemple), ce qui est problématique.

Si vous tenez à utiliser le DNG, votre seul recours sera de prendre la précaution d'encapsuler le fichier RAW original dans le DNG lors de sa création par Lightroom, Camera Raw ou DNG Converter. Cette précaution me semble indispensable, car convertir à l'aveugle ses RAW en DNG sans conserver ses originaux est contraire au principe de précaution qui doit primer en photo numérique ! Cela se fait au prix d'un quasi-doublement du poids certes (il faut ajouter le poids du DNG au poids du RAW original) mais vous préservez ainsi la possibilité de récupérer (d'extraire) vos *.cr2* et *.nef* intacts… Et gardez l'option de les ouvrir à tout moment dans le logiciel proposé par le fabricant de l'appareil, le seul à savoir en tirer la substantifique moelle. Vous ignorez d'ailleurs tout des prodiges dont seront peut-être capables les version de Canon DPP ou Nikon Capture NX dans 5 ou 10 ans… Méfiance avec le DNG, c'est un outil pratique mais potentiellement destructeur ! Informations sur adobe.com/fr/products/dng.

▲ Lightroom propose de nombreuses innovations inédites, tout en intégrant le meilleur d'Adobe Bridge/Camera Raw… Sans oublier quelques fonctions de catalogage empruntées à iView Media Pro (devenu Microsoft Expression Media). Sa version 2 offre des fonctions très avancées de retouches localisées et d'intéressantes astuces ergonomiques, notamment pour la gestion du double écran parvenu à un degré de sophistication inégalé jusqu'alors.

Sur l'ordinateur. Visualisez, classez et stockez vos images

Apple Aperture : interface révolutionnaire mais exclusivement sur Mac

Aperture a fait l'effet d'une bombe lors de sa présentation publique fin 2006, tant son interface est apparue innovante et son principe de fonctionnement révolutionnaire. Comme c'est très souvent le cas avec les productions d'Apple, Aperture restera le logiciel qui aura montré la voie au reste de l'industrie… Et pas seulement au niveau de son design (certainement le plus agréable avec son affichage en double écran et son gris discret), mais bien au niveau de la technologie et de l'ergonomie…

Aperture facilite la création d'albums, de diaporamas, de pages web ou de livres magnifiquement mis en pages, tout cela directement avec vos fichiers RAW et JPEG qu'il reste possible d'ajuster à tout moment. Y compris lorsque vous évoluez (par exemple) dans l'interface de création de pages web. Les réglages tenant sur quelques lignes de code, vous pouvez préparer plusieurs versions d'une image sans en augmenter le poids et conservez l'historique des modifications apportées… Bien avant Lightroom, Aperture disposait des fameux albums intelligents qui affichaient des groupes d'images répondant à des critères multiples.

La version 2 d'Aperture a beaucoup progressé en réactivité et s'est ouverte aux plug-in créés par des éditeurs tiers. Mais avant d'adopter ces logiciels, vérifiez qu'ils travaillent sur le format RAW lui-même et pas sur un fichier TIFF, comme ce fut le cas du premier plug-in édité par Apple… Un signal bien étrange envoyé aux éditeurs, car une telle conversion en TIFF pèse très lourd et contredit la raison d'être du logiciel lui-même.

Reste qu'Aperture est disponible uniquement sur Mac OSX, voilà qui gênera les photographes prudents qui préfèrent conserver le choix des armes, notamment ceux qui rêvent d'un ultra portable peu coûteux (un videur de carte de Luxe) qu'Apple mettra peut-être du temps à proposer (à moins que la version 2 du MacBook Air)… S'engager dans un travail de plusieurs années d'archivage sur un logiciel mono plateforme est une décision qu'on doit réfléchir mûrement. S'il présente des atouts indéniables, sa base de donnée fermée inquiète : vos centaines d'albums minutieusement constitués, vos milliers d'images RAW patiemment ajustés, tout votre travail d'editing pourraient demeurer à jamais prisonniers du code propriétaire d'Aperture…

En effet, si vous souhaitez exporter vos collections d'images RAW avec leurs réglages vers d'autres logiciels sur PC ou Mac, vous devrez obligatoirement les convertir en TIFF… Cela se révèle être un énorme problème et le principe même du logiciel est alors invalidé. Vos photos perdront une grande partie de leur potentiel en même temps que le poids de votre stock explosera (un TIFF 16 bits pesant jusqu'à sept fois plus qu'un fichier RAW tout en étant moins qualitatif). Une solution pour sortir de cette impasse serait qu'Aperture propose enfin l'exportation au format DNG (le format RAW non propriétaire proposé par Adobe). Cela ne poserait pas de problèmes techniques, il s'agirait juste d'une décision d'ordre stratégique qui sera peut-être prise un jour ou l'autre par Apple. N'hésitez pas à télécharger la version d'évaluation gratuite d'Aperture : **Apple.fr/aperture**.

▲ Aperture offre quelques innovations et fonctions très intéressantes, notamment la gestion du double écran qu'il a été le premier à intégrer. Son ergonomie spécifique nécessite cependant un court temps d'adaptation et l'apprentissage de quelques raccourcis clavier… Sa version 2 est une invitation aux utilisateurs de iPhoto à évoluer vers un produit plus expert.

▌ Le début d'une nouvelle ère logicielle ?

Depuis 2006 et le foisonnement d'applications de traitement de fichiers RAW (Aperture, Lightroom, Nikon Capture NX, etc.), nous assistons certainement au bouleversement le plus rapide et spectaculaire jamais intervenu dans le monde de l'image digitale depuis l'invention du désormais légendaire Photoshop...

Photoshop... Un outil en constante évolution, dont le principe fondateur n'avait jamais eu besoin d'évoluer depuis sa naissance en 1987. Lorsque Thomas Knoll, un étudiant passionné de photo, écrit les premières lignes sur son Macintosh Plus d'un court programme sommairement baptisé Display. L'ancêtre de Ps n'avait pour but que de simuler des dégradés de photos monochromes sur un écran jusqu'alors incapable d'afficher des demi-tons ! Il est devenu depuis une impressionnante usine à gaz pour ceux qui n'ont jamais appris à l'utiliser... Il est en tout cas surdimensionné pour les photographes !

Au cours des 20 années suivantes, les formats PICT, JPEG, TIFF ou PSD ont régné sans discussion ni innovation sur l'univers des images numériques... Un univers qui ne réclamait d'ailleurs aucune innovation, tant les progrès restaient à faire du côté des machines et de leurs systèmes d'exploitation. En effet, abstraction faite des calques de réglage et des objets dynamiques, le principe de la description et de la modification des photos pixel par pixel n'avait jamais changé (bien que d'autres logiciels aujourd'hui disparus aient tenté d'explorer d'autres voies, sans succès commercial)...

Et voilà précisément où se situe le changement fondamental entré par effraction dans notre univers photographique... Grâce à, ou plutôt à cause de ces fichiers RAW non éditables, auxquels personne ne s'attendait vraiment ! Il y avait avant le RAW, désormais il y aura après... Les ajustements seront non plus écrits pixel par pixel, mais décrits de façon mathématique grâce à d'économiques lignes de code ! C'est le point qu'il faut comprendre :

- Un principe plus compliqué et plus gourmand en ressources de calcul, si l'on s'en tient au point de vue d'une seule image... Mais qui offre l'avantage de la réversibilité, de la légèreté et de la portabilité instantanée à des lots de milliers d'images (si nécessaire)... Nous n'en percevons pas encore complètement les répercussions futures.
- Heureusement, certaines conséquences pratiques sont plus immédiatement parlantes. Appliquer une courbe accompagnée d'une série d'ajustements sophistiqués à un millier d'images n'est pas plus long que de les appliquer à une photo unique ! Pensez au temps que cela prendrait s'il fallait réaliser cela pixel par pixel dans un logiciel classique tel que Photoshop, même en utilisant un très bon script. Ce travail se compterait en jours et non en secondes.
- D'autres conséquences pratiques sont encore plus spectaculaires, notamment la possibilité de conserver l'historique illimité des actions réalisées sur l'image... Ou celle de réaliser autant de versions d'une image que désiré pour un encombrement négligeable de quelques dizaines de kilooctets : le poids de quelques lignes de texte...

De cet accident de l'histoire numérique naîtront peut-être des concepts novateurs et spectaculaires. Les U-Point de Nikon Capture NX et les nouveaux outils d'ajustements localisés de Lightroom n'en sont que les prémices et nous ne sommes sûrement pas au bout de nos surprises...

On a d'ailleurs l'impression curieuse que cette révolution en marche n'a jamais été anticipée, ni provoquée par les éditeurs de programmes graphiques, mais qu'elle s'est bel et bien imposée à eux avec l'arrivée de la photo numérique. La demande des photographes s'est faite de plus en plus pressante et la nature si particulière des fichiers RAW a fait le reste. Ces milliards de fichiers d'une nature étrange générés par des millions de reflex numériques, dont il fallait bien faire quelque chose...

Sur l'ordinateur. Visualisez, classez et stockez vos images

> **Un remplaçant au JPEG et aux multiples formats RAW ?**
>
> Soyez prévenu ; pour suivre la course aux pixels, vous devrez sans doute changer d'ordinateur... À moins qu'un nouveau format innovant ne vienne bouleverser la donne du jour au lendemain. Premier pas dans cette direction : la normalisation du format Microsoft HD Photo par l'institution J.P.E.G. (*Joint Photography Experts Group*) sous le nom de JPEG XR...
>
> Deux tendances semblent se dessiner. D'un côté la photo professionnelle semble avoir pris son parti du format RAW, dont on constate avec inquiétude que le nombre de version croit de façon exponentielle. Leur utilisation implique la mise au point de logiciels assez intelligents pour les exploiter sans les convertir nécessairement. Malheureusement, l'utilisation du RAW est trop complexe pour le grand public et surtout pour les appareils multimédias : allez expliquer à un baladeur vidéo ou à votre media center qu'il faut associer un *.xmp* à votre *.CR2* ou à votre *.NEF* (pour citer les moins exotiques), afin de restituer correctement l'image corrigée sur votre ordinateur... Pour ces terminaux, le RAW c'est du Chinois !
>
> Dans le même temps, il semblerait qu'un autre pan de l'industrie s'adresserait au marché amateur ainsi qu'aux téléphones photo soit plutôt à la recherche d'un format de remplacement du JPEG qui ne s'en éloignerait pas trop... Histoire de ne rien changer à nos habitudes et d'éviter de mettre au point des logiciels spéciaux puisqu'il serait supporté par Windows et la plupart des systèmes d'exploitation. Voilà certainement l'ambition du JPEG XR. Parlerons-nous encore de format RAW dans 5 ans ? Rien n'est moins certain, tant il est vrai que la haute technologie a besoin de standards pour communiquer.

33. Nettoyage du capteur et upgrade de firmware

Bien que votre EOS 450D soit équipé d'un système antipoussière efficace, vous serez peut-être amené à pratiquer un nettoyage manuel du capteur de temps à autres, notamment si vous travaillez au cœur d'environnements poussiéreux.

Lorsque l'on aborde la question des poussières sur le capteur, il faut savoir raison garder ! Plusieurs générations d'appareils ont donné entière satisfaction sans être équipés du moindre dispositif antipoussière... Il convient donc de ne pas exagérer cette petite contrariété, d'autant que les poussières se manifestent et ne deviennent gênantes uniquement lorsque le diaphragme est relativement fermé.

Ainsi, lorsque l'on travaille à des ouvertures moyennes (en dessous de f/11 la plupart du temps), la majorité des poussières restent plus ou moins invisibles. Notons en passant que ces ouvertures modérées permettent de tirer le meilleur de vos objectifs, (lire à ce propos le paragraphe consacré à la diffraction au chapitre 17). Une raison de plus d'éviter de fermer exagérément le diaphragme, du moins pas au-delà de ce qu'exige la profondeur de champ nécessaire pour saisir votre sujet.

Plus généralement, rappelons que – sauf parti pris créatif (portrait à f/2.8 par exemple) – mieux vaut rester économe de vos moyens et fuir autant que possible les valeurs extrêmes. Attention à la fermeture extrême du diaphragme (diffraction), aux sensibilités trop élevées (bruit numérique) ou aux vitesses extrêmes (qui sont un gaspillage de profondeur de champ)... En photo, tout se paye d'une façon ou d'une autre.

Nettoyage du capteur et upgrade de firmware

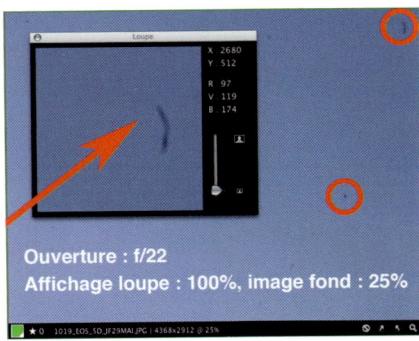

◀ *Sur cette image au diaph. fermé à f/22, la poussière est visible. Évitez si possible d'utiliser cette valeur extrême, à laquelle les optiques engendrent de la diffraction.*

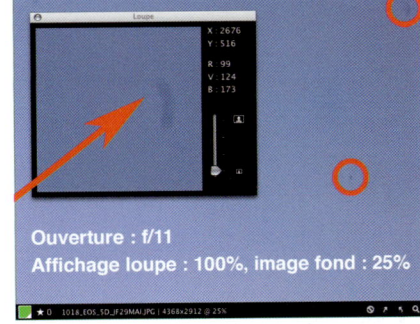

La profondeur de champ diminuant à f/11, les poussières ▶
deviennent floues. Sur un fond de paysage moins uniforme, celles-ci sont déjà beaucoup moins invisibles.

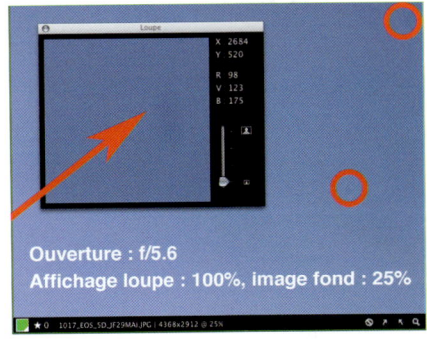

◀ *Il est quasi impossible de détecter les poussières dès f/5.6, une valeur moyenne souvent très utilisée qui offre généralement les meilleurs performances optiques…*

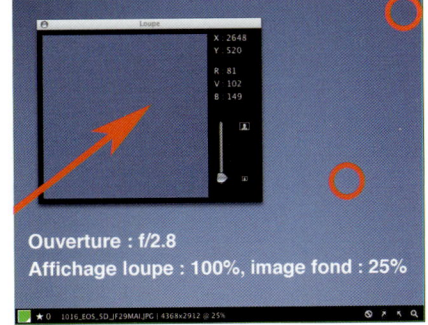

Entre les ouvertures f/4 et f/2.8 qui offrent peu de profondeur ▶
de champ, il devient impossible de détecter les poussières, même en cherchant bien…

303

■ Inutile de traquer la poussière à 200 %

Il faut donc ramener ce problème de poussières à de justes proportions... Je veux parler – également – de la taille d'affichage à laquelle ce sport à la mode est pratiqué: la chasse à la poussière !

De nombreux passionnés oublient que lorsqu'ils affichent leurs photos à 200 % sur un écran de 20 ou 24 pouces, cela revient à utiliser une loupe très puissante. Ce que l'on ne faisait jamais en argentique (pour mes diapos, je possédais deux compte-fils Schneider dont un x10 qui ne servait presque jamais)... Il est évident qu'à une taille d'affichage aussi énorme que 200 %, on repère certains défauts, normalement invisibles.

Aussi, pour évaluer les poussières (mais aussi le bruit numérique et la netteté de l'image), je vous recommande une taille d'affichage de 50 % qui est suffisante (et constitue déjà un agrandissement). Le mieux restant évidemment de réaliser un tirage à la taille finale désirée lorsque c'est possible...

Si votre niveau d'exigence est plus élevé (tirage A3), zoomez jusqu'à 100 % mais pas au-delà... De nombreux logiciels ne disposent d'ailleurs que de l'affichage à 100 % pour gérer le bruit et l'accentuation (mais à la taille de 50 %, seuls Photoshop et Nikon Capture NX en sont capables à ma connaissance).

■ Mieux vaut prévenir que guérir

Toujours est-il qu'en 2008, la lutte contre la poussière s'organise du côté des fabricants... Nous n'allons tout de même pas nous en plaindre, même si je persiste à relativiser l'ampleur du problème poussière.

Certains fabricants comme Canon, Nikon et Olympus ont opté pour des dispositifs vibratoires qui agitent à hautes fréquences le filtre passe-bas situé devant le capteur (Olympus est le leader de cette technologie qu'il a inventée). D'autres se contentent d'agiter (à fréquence plus basse) le dispositif de stabilisation optique, qui n'a pas initialement été conçu pour cela. Une astuce à l'efficacité discutable selon des tests réalisés par la presse spécialisée en 2007 (expériences qui n'ont malheureusement pas été renouvelées depuis).

L'autre façon d'échapper à la poussière est d'éviter de l'attirer ou de la produire. À cet effet, les pièces voisines du capteur de votre EOS 450D sont antistatiques et les pièces mobiles étudiées pour générer aussi peu de microparticules que possible, y compris les bouchons d'optique.

À vous de prendre également certaines précautions... Évitez les changements d'objectifs trop fréquents en atmosphère tourmentées (si les professionnels utilisent systématiquement deux boîtiers, c'est d'abord pour gagner du temps sur le terrain mais aussi un peu pour cette raison). Mieux vaut également mettre l'appareil hors tension, avant de changer l'objectif de façon à limiter l'électricité statique.

▲ Le filtre passe-bas de l'EOS 450D, chargé de décrocher les poussières lors de chaque mise sous tension. Sur les EOS, les dispositifs antipoussière sont parfaitement dissociés du stabilisateur embarqué dans l'objectif.

Nettoyage du capteur et upgrade de firmware

◄ *Affichage de l'écran durant le nettoyage. Ce processus s'interrompt lorsque vous appuyez sur le déclencheur et sa consommation est négligeable. Il est préférable de le programmer à l'arrêt de l'appareil si vous avez le choix.*

Du double face dans vos bouchons d'objectif ?

Une astuce surprenante se passe entre professionnels (même des techniciens Canon nous en ont officieusement parlé). Il s'agirait de placer du double face sur les envers de vos bouchons d'objectifs, les particules s'y colleront plutôt qu'à l'intérieur de la chambre reflex. Mais attention à ce que cette bonne idée ne se transforme en nid à poussières… Lorsqu'ils ne sont pas emboîtés à l'arrière de vos objectifs ou à l'avant du boîtier, protégez consciencieusement vos bouchons par des contre-bouchons afin de les garder parfaitement propres. Changez régulièrement ce double face, dès qu'il est sale.

▌ Le nettoyage manuel du capteur

En dépit de ces progrès et de toutes les précautions imaginables, vous n'échapperez pas à un petit ménage de temps à autre car les vibrations ne suffisent pas toujours à faire disparaître les plus grosses taches (qui ne sont pas toujours des poussières).

Avec mes boîtiers dépourvus de dispositifs antipoussière (Canon EOS 5D et 30D), j'évite de réaliser cette opération plus d'une fois par an (tout dépend évidemment de l'intensité de leur utilisation). Ce n'est pas qu'il soit techniquement difficile de nettoyer le capteur, mais ce n'est pas un travail passionnant… Et le risque d'ajouter plus de poussières que d'en enlever n'est pas nul. Il faut donc suivre une procédure rigoureuse :

1 Procurez-vous un kit ayant fait ses preuves, par exemple le liquide Eclipse et les tampons Sensor Swabs (vérifiez que le kit soit certifié par son fabricant pour votre modèle de reflex). Ces matériels sont relativement coûteux…

2 Effectuez préalablement une image de contrôle afin de visualiser les poussières sur l'ordinateur. Par exemple un fond blanc sans taches… L'AF désactivé, l'ouverture sur f/11 et la mise au point calée sur l'infini.

3 Placez-vous dans un environnement sans courants d'air ni poussières. Si vous portez des cheveux longs, attachez-les. D'une façon générale, veillez à ne pas faire tomber de particules dans la chambre reflex.

4 Utilisez des accus bien chargés, afin de ne pas risquer une fermeture inopinée de l'obturateur durant l'opération, ce qui serait catastrophique. La manipulation ne doit pas prendre plus d'une à deux minutes.

5 Préparez un tampon humecté d'une goutte de liquide. Relevez le miroir grâce au menu **Nettoyage du capteur**. Soyez précis et rapide sans vous précipiter. Mieux vaut maintenir le capteur vertical plutôt qu'horizontal.

6 Passez le tampon dans un sens avec une légère inclinaison, puis dans l'autre sens avec une inclinaison inverse. Il suffit d'appliquer les instructions précises livrées dans le mode d'emploi du kit.

7 Réalisez une image de contrôle après l'opération et comparez avec la précédente. Si les poussières sont peu visibles, renforcez éventuellement le contraste avec une courbe en S pour mieux les visualiser.

8 Si nécessaire, nettoyez à nouveau et refaites une image de contrôle. Une, deux ou trois fois… Archivez éventuellement les images de contrôle sous forme de calques dans un document PSD.

9 Si au bout de deux ou trois passages il reste encore des taches, ne vous énervez pas. Contentez-vous de la disparition des plus grosses et accommodez-vous des petites… Le mieux est l'ennemi du bien !

Si vous ne vous sentez pas capable d'effectuer le nettoyage vous-même, confiez votre reflex à un magasin ou à un centre de maintenance. Il vous en coûtera environ 20 € pour un simple nettoyage sans image test et jusqu'à 65 € pour un démontage en atelier avec une image test (prix du SAV Canon).

Il existe d'autres méthodes pour nettoyer votre capteur, notamment les pinceaux Sensor Brush de Visible Dust qui ont bonne réputation, ainsi que des loupes permettant de vérifier la propreté du capteur. Mais renseignez-vous avant d'essayer de nouveau produit ; ils sont bien souvent hors de prix. De nombreux passionnés livrent leurs expériences sur Internet, j'avais d'ailleurs fait part sur mon site de l'inefficacité totale d'un prétendu aspirateur de poussières, le Green Clean. Je vous le déconseille vivement et pas seulement à cause de son prix indécent…

Évitez l'utilisation de la poire soufflante dont le seul effet est de soulever les poussières qui ont tôt fait de se redéposer ailleurs. La bombe d'air comprimé est à proscrire également, mais l'on peut utiliser la bombe de CO_2 avec prudence pour nettoyer la chambre reflex. Tenez-la éloignée d'au moins 2 ou 3 cm du capteur.

▲ *Accédez au menu Nettoyage du capteur afin de relever le miroir et procéder à un nettoyage manuel. Effectuez cette opération très posément et tentez de ne pas ajouter plus de poussières que vous n'en enlevez !*

Pour conclure, ne soyez pas obsédé par ces petites taches qui affectent ponctuellement vos photos ; il n'y a guère que dans le ciel et sur les surfaces lisses qu'elles seront vraiment visibles. Dans la plupart des cas, mieux vaut nettoyer les images en lot grâce à un logiciel efficace, c'est beaucoup moins fastidieux que d'entreprendre un nettoyage physique du capteur…

Le nettoyage logiciel des poussières

Si, après plusieurs nettoyages automatiques ou manuels du capteur, il subsiste des taches sur vos photos, ne baissez pas les bras car tout n'est pas encore perdu… Il reste la correction logicielle automatique proposée par Canon Digital Photo Professional (même si personnellement, je ne l'utilise pas).

Voici la procédure à suivre, effectuez cette manipulation préalablement à la prise de vue :

1 Cadrez un objet blanc au 50 mm, la mise au point manuelle sur l'infini.

2 Sectionnez le menu **Effacement des poussières**, confirmez par [SET].

3 Validez par OK et prenez une photo en mode Av à f/22.

4 L'appareil établit une carte des poussières. Validez par OK.

Aucune photo n'a été écrite sur la carte, mais l'appareil ajoutera maintenant une cartographie des poussières à tous vos fichiers RAW et JPEG. Rassurez-vous, cela ne pèse quasiment rien, ces informations seront prises en compte lors du traitement des images par DPP (qui notons-le encore, est extraordinairement sécurisant pour les débutants puisqu'il ne modifie jamais l'original de vos images) :

1 Sélectionnez une image qui a bénéficié de la fonction *Effacement des poussières*.
2 Démarrez l'outil **Tamponnez** et cliquez sur **Appliquer effacement des poussières**.
3 Vous pouvez aussi procéder à des corrections manuelles avec l'outil **Tampon**.
4 Ou cliquez sur **Appliquer effacement des poussières à plusieurs miniatures** par le menu **Réglage**.
5 La particularité de DPP est que l'image originale n'est pas altérée (vous pourrez annuler vos corrections).
6 Pour obtenir un JPEG ou un TIFF corrigé, passez par **Fichier/Convertir et enregistrer**.

Adobe Camera Raw, Lightroom, Aperture et d'autres programmes modernes disposent également d'outils antipoussière efficaces. Nous n'en détaillerons pas l'utilisation ici, ce n'est pas l'objet de ce livre, mais la procédure est bien plus intuitive et il est également facile d'appliquer vos corrections à des lots d'images (ils ne savent toutefois pas exploiter la cartographie des poussières, réalisée par votre EOS). Il me semble à l'usage que l'antipoussière de Lightroom est le plus fluide et le plus efficace…

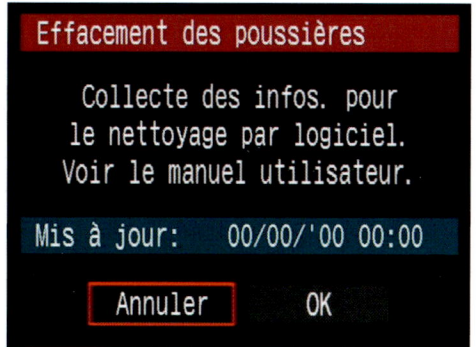

▲ *De nombreux appareils sont capables d'établir une cartographie des poussières du capteur, afin d'en faire une correction automatique logicielle par la suite… Mais ne négligez pas une petite vérification visuelle des résultats.*

◀ *L'outil Tampon de Digital Photo Professional n'altère jamais l'original et sait travailler sur les fichiers RAW et JPEG. Il a toutefois perdu beaucoup de son attrait depuis qu'Adobe Camera RAW, Lightroom et Aperture sont eux aussi dotés d'outils antipoussière.*

Sur l'ordinateur. Visualisez, classez et stockez vos images

■ La mise à jour du firmware de votre reflex

Ultime paragraphe pour conclure ce guide et achever de rassurer les moins "technoïdes" d'entre vous dont la passion est la photo et non l'informatique… La question de l'upgrade du firmware (programme interne du boîtier) est de celles que l'on évacue rapidement.

Rassurez-vous, il est possible de profiter de votre reflex sans effectuer la moindre des upgrades qui vous sont proposées. Au risque de surprendre, je ne me donne plus la peine de les effectuer depuis longtemps sur mes propres EOS, car je n'ai pas que cela à faire ! Au cours de la vie d'un boîtier, les fabricants proposent parfois une ou deux mises à jour du programme interne qui ne corrigent que d'infimes détails ou de minuscules bogues insignifiants pour 99 % des utilisateurs.

Seuls certains boîtiers aux fonctionnalités sophistiquées ont réellement besoin d'être mis à jour. Citons notamment les Canon EOS 1D mark III dont certaines séries ont connu de graves problèmes d'autofocus en AI Servo lors de rafales à 10 IPS (la mise à jour a permis d'améliorer leurs performances autofocus).

Donc, avant de savoir comment procéder, parcourez les informations (trop souvent en anglais) qui détaillent les améliorations et passez à la suite uniquement si vous êtes réellement concerné. Si un problème grave était détecté après la commercialisation du boîtier qui imposerait une mise à jour, vous en seriez probablement informé par le fabricant (à condition d'avoir enregistré votre appareil).

La procédure pour réaliser un upgrade de firmware est simple : il suffit de télécharger un fichier compressé puis de suivre les instructions très précises, souvent en anglais (ce qui tendrait à prouver que ces mise à jour ne sont pas vitales)… Après décompression, copiez les fichiers obtenus sur une carte. Le plus dur est fait et tout le reste se déroule ensuite dans les menus de l'appareil. Seule précaution importante : veillez à utiliser des accus bien chargés afin de ne pas risquer une panne d'alimentation.

◀ La mise à jour firmware se fait simplement après avoir copié sur une carte un fichier téléchargé sur le site du fabricant. Fréquentes sur les appareils professionnels, ce genre de mises à jour est beaucoup plus rare sur les boîtiers d'entrée de gamme.

Index

!
.xmp, 279
10,1 millions de pixels, 158
12 bits, 162
256 niveaux, 162
4 096 niveaux, 162
8 bits, 162

A
Accumulateurs rechargeables Canon, 55
Adaptateur secteur, 99
Adobe, 153
    Bridge, 292
    Camera RAW, 153, 294
    Lightroom, 279, 298
    RVB, 126
AE/AF, pas de verrou. AE, 132
AF pendant la visée directe, 131
AF/Verr.AF, pas de verr. AE, 132
Affichage, 112
    menu, 134
    réglages des fonctions, 120
AI Focus, 238
AI Servo, 237
Aj. données décis. origine, 134
Amplitude focale, 30
Apple Aperture, 279, 300
APS-C, 39, 234
APS-H, 51, 234
Arrêt auto, 123
Asahi, 22
Atténuateur des yeux rouges, 80, 85, 107
Autofocus, 23, 53, 131, 238
    collimateurs, 28, 118
    détectivité, 28
    faisceau d'assistance AF, 131
    mode Rapide, 208
    mode Visée Directe, 208
Automatisme total, 66
Autonomie, 24
Autumn Hues, 150
Avertissement, 116
    carte saturée, 118

B
Bague
    de mise au point, 112
    de zoom, 112
Balance
    des blancs, 253
    des blancs personnalisés (mesurée), 258
    des couleurs, 174
Baregraphe d'exposition, 204
Batterie
    Grip, 55
    LP-E5, 42, 59
Bible, 295
Boîtier professionnel, 32
Bornes instantanées, 97
Bouchon d'objectif, 192
Bouton
    AF/MF, 111
    déverrouillage de l'objectif, 111
Bracketing, 118
    d'exposition, 248
Bruit numérique, 23, 231, 234
Bubble Jet Direct, 99

C
Cadence, 131
    Continue, 241
    de prise de vue, 30
    moteur, 241
    Rafale, 242
    Vue par vue, 241
Cadrage, 172
Camera RAW Profil Editor, 153
Canon
    AE-1, 35
    Digital Photo Professional, 294, 296
    EOS 1D, 36
    EOS 1D mark III, 51
    EOS 1Ds mark III, 52
    EOS 30D, 26, 46
    EOS 400D, 40
    EOS 40D, 46
    EOS 450D, 41, 43
    EOS 5D, 48
    EOS 650, 35
    EOS D60, 36
Image Gateway, 98

M80, 283
Macro Lite, 90
Print Direct, 99
Pro Service, 37
T-80, 35
Capteur, 233
   APS-C, 40
   CMOS, 231
   d'extinction d'affichage, 110
   Full-Frame, 48
   One, 294
Carte
   CF, 24
   mémoire, 60, 266
   SD, 24
CCD, 31
CD, 92
Centrale Pondérée, 247
Changements de réglages de prise de vue, 114
Changer de qualité, 134
Clear, 151
CMOS, 9, 31, 234
Coefficient multiplicateur de focale, 10, 53
Collimateurs autofocus, 28, 118
Commutateur d'alimentation, 106
Compacts, 16
Compartiment de la pile, 109
Compatibilité, 55
Compression, 158
   JPEG, 160
Confort, 22
Connexions USB, 111
Construction du boîtier, 30
Contraste, 141, 174
Contrôle du flash, 224
Corbeille, 109
Correction
   auto de luminosité, 130, 252
   d'exposition du flash, 118
   de focale, 183
   Expo Flash, 134
   manuelle d'exposition, 248
   manuelle d'exposition du flash, 224, 248
   manuelle de la Balance des blancs, 259
Couches, 158
Courroie, 63
Course aux mégapixels, 163
Couverture du viseur, 54

D

Date et heure, 123
Décentrer, cadrer, déclencher, 235
Décharger vos cartes, 92
Déclenchement
   au second rideau, 224
   du flash, 111
   possible sans carte, 122
   sans carte, 59
   stroboscopique, 224
Déclencheur, 106
   touche verr. AE, 132
Déf.ut 1, 139
Déf.ut 2, 139
Déf.ut 3, 139
Définition, 25
   écran, 53
Détectivité de l'autofocus, 28
Diffraction, 163
DIGIC III, 41, 44
Digital Photo Professional, 94, 139, 161
Digital Print Order Format, 100
DISP, 60, 108, 134
Dispositifs antipoussière, 29
Disque dur, 283
   externe (portable), 282
   interne, 281
   raid, 282
   videur de carte, 266
DO, 185
Données EXIF, 268
DPOF, 100
Durée de revue, 122
DVD, 92
DX, 234
DxO, 294

E

E-TTL 2, 227
Écran LCD, 112
   On/Off, 134
Écrans panoramiques, 287
EeePC, 266, 283
EF, EF-S, 11
   EF, 185-186
   EF-S, 185-186
   EF-S 10-22mm f/3.5-4.5 USM, 12

EF-S 18-55 mm f/3.5-5.6 IS, 9, 180
Effacement, 65
    images, 65
    toutes les images, 92
Emerald, 151
EOS Utility, 94
Espace
    coloré, 138, 204
    colorimétrique, 122
    couleurs, 125, 162
    de stockage, 98
Etat LCD lors de l'allumage, 134
Exakta, 22
Exposition, 118, 129, 243
Expression Media, 266, 290
Extenders, 195

F

Faisceau d'assistance AF, 131
Fichiers
    JPEG, 279
    RAW, 127, 293
Fidèle, 139, 147
Filtres virtuels, 148
FireWire, 92
Firmware de votre reflex, 308
Flare, 200
Flash, 222
    cobra, 223
    contrôle, 224
    embarqué, 107
    pilotage sans fil, 31
Focale, 180, 185
    pratique, 185
Fonctions personnalisées, 54, 128
    n°5, 251
Format, 158
    4/3, 28
    d'image, 62
    DX, 49
    FX, 49
    JPEG, 204
    RAW, 19
Formatage, 92
    carte mémoire, 61
Foveon, 31
FuLL CF, 118
Full-frame, 49, 52, 234

G

Gestion de photothèque, 275
Griffe porte accessoires, 112
Guide des reflex numériques 2008, 26

H

Hautes sensibilités, 233
Hauteur, 55
Histogramme, 122, 249
Histoire des reflex Canon, 35

I

Ihagee, 22
Image, 129
    Browser, 94
    RVB, 158
Imprimer depuis l'EOS, sans ordinateur, 99
Installez l'objectif, 58
International Color Consortium, 126
Internet, 97
IS, 185

J

Joypad, 45, 59, 108
Joystick, 45, 108
JPEG, 62, 290
    + RAW, 62
    Large, 159-160
    Medium, 159-160
    moyenne qualité, 160
    Small, 159-160
    XR, 163

K

Kodachrome 64, 154
Kwanon, 35

L

Laboratoires photo, 97
Largeur, 55
Lecteur de carte externe, 92
Lentille frontale, 107
Lightroom, 153, 266
Lightzone, 294
Live MOS, 31
Live View, 128, 204, 206, 12

Logiciels, 94-95
    traitement RAW, 294
Longs télézooms, 194
Luminosité de l'écran LCD, 123

M

Macbook Air, 266
Macro photo, 89
Manuel, 218
Mégapixels, 21
Mémorisation d'exposition, 108, 118, 248
    au flash, 224
    du flash, 118
Memory Stick, 24
Menu, 59, 108
    Personnalisé, 130-131
Mesure
    évaluative, 246
    moyenne à prépondérance centrale, 247
    sélective, 246
    spot, 54, 247
Mise à jour du firmware, 308
Mode
    A-DEP, 212, 219
    Autofocus, 234
    automatiques, 16
    automatisme total, 16
    Av, 212, 216
    d'acquisition, 124, 241
    de mesure, 245
    M, 204, 212, 218, 222
    manuel, 104
    P, 212
    panique, 205
    Rapide, 132
    Tout Auto, 66
    Tv, 212-213
    Visée directe, 132
Molette
    arrière, 45
    avant, 106
    principale, 106
Mon Menu, 125, 130-131
Monochrome, 139
Mozy, 283
Multi flash sans cordon, 224
Multi zones, 245
Multiplicateur, 195

N

Netteté, 141, 175
Nettoyage
    du capteur, 302
    logiciel des poussières, 306
    manuel du capteur, 305
Neutre, 139, 143
Nikon Capture NX, 294
Nikon D200, 26
Nikon F, 22
Noir et blanc, 20, 148
Nombre d'images avec une batterie, 55
Non destructives, 279
Norme ICC, 126
Nostalgia, 152
Numérotation continue, 60

O

Objectif, 22, 180
    bouchon, 192
    Canon compatibles, 55
    EF, EF-S, 11
Occasion, 26
Œilleton du viseur, 110
One-Shot, 236
Optiques
    en kit, 30
    fixes, 197
Ordinateur portable, 266
Organisation
    de fichiers, 278
    de votre photothèque, 274
OSK-E3, 135

P

Paliers de réglage
    d'exposition, 129
    de sensibilité, 233
Paramétrage
    avancé, 120
    avancé des Picture Style, 141
    de l'appareil, 117
Pare-soleil, 200
Paysage, 139, 146
Penta miroir, 41, 44
Pentaprisme, 47

Pentax, 22
    K10D, 26
Personnalisation, 24
Petit capteur APS-C, 44, 46
Photo de voyage, 19
Photokina, 25
Photoshop, 290
Photosites, 23, 49, 163, 233
PhotoStitch, 94
PictBridge, 99
Picture
    Control, 139
    Style, 138
    Style Editor, 94, 139, 153-154
    Style Paysage, 73
    Style Portrait, 80
    Style sur Internet, 150
Pilotage sans fil de flashs, 31
Pixels, 158
Play, 109
PMA, 25
Poids, 55
Poignée, 55
    BG, 55
Point de vue, 172
Portable, 280
Portrait, 139, 145
    de nuit, 84
Post-traitement, 138
Poussières, 265
Premier reflex, 22
Priorité
    haute lumière, 42, 44, 130, 251
    ouverture, 104, 216
    vitesse, 104, 213
Prise de vue en Rafale, 241
Profondeur, 55
    de champ, 220
Programme
    de prise de vue Experts, 212
    Experts, 76, 140, 204, 252
    Flash annulé, 87
    Portrait, 84
    Rapproché, 90
    Résultat, 67, 140, 204
    Résultat Paysage, 73
    Résultat Portrait, 79
    Résultat Sport, 76

Q

Qualité
    d'image, 23
    de la visée, 27

R

Raid, 282
Rapidité de l'autofocus, 28
Ratio, 28
RAW, 62, 99, 127, 290
    RAW + JPEG, 99, 158-159, 161
    Raw Developper, 295
    Raw Photo Processeur, 295
    Raw Photodesk, 295
Rayons X, 19
Réactivité, 23
Réduct. bruit en ISO élevée, 130
Réduct. bruit longue expo, 129
Réduction du bruit numérique en haute sensibilité, 231
Reflex, 21
Réglage
    de prise de vue, 113, 120, 124
    de sensibilité ISO, 110
    dioptrique, 109, 235
Réinitialisation
    automatique, 60
    configuration, 121, 128
Résolution, 21
Restauration des réglages par défaut, 121
Retardateur, 42, 242
    suivi d'une rafale, 242
Retouche manuelle du point, 185
Revue des images, 115
Rotation auto, 123

S

Saturation, 141-142, 174
Sauvegarde, 92, 266
Sélecteur
    de mode, 106, 204
    de Stabilisateur, 112
Sélection du capteur autofocus, 108
Sélectionner et effacer, 66
Sensibilité
    ISO, 230
    maximale, 204
Série L, 185

Serveur FTP, 267
Services d'impression en ligne, 98
SET, 109
Speedlite, 226
    Speedlite EX, 226
SRVB, 126
Stabilisation, 11, 23, 181
Stabilité, 22
Standard, 139, 144
Stockage principal, 283
Style d'image, 10, 53, 140
Super téléobjectifs, 199
Sylkipix Developper Studio, 294
Synchronisation
    du flash à grande vitesse, 118
    haute vitesse, 224
    sur le premier rideau, 85
    sur le second rideau, 85

T

Taille
    de l'écran, 53
    de l'image en pixels, 28
    des images, 10, 53, 158
    du capteur, 10, 53
    poids, 27
Technologie CMOS, 11
Teinte couleur, 142
Télézoom, 192
Test de profondeur de champ, 31, 54, 111
Through The Lens, 223, 226
Touche
    à double fonction, 108
    d'impression, 99
    SET au déclenchement, 134
Tout effacer, 66
Traitements de surface, 200
Transfert direct, 96
Transmetteur STE2, 227
Trappe de la carte mémoire, 105
Travaux photo, 97
Tropicalisation, 30
TS-E, 185
TTL, 223, 226
Twilight, 152

U

UF Raw, 295
Ultra portable, 266
Ultra Sonic, 28
Ultra Sonic Motor, 185
Upgrade de firmware, 302
USB, 111
USM, 185

V

Velvia, 154
Verr. AE/Autofocus, 132
Verrouillage du miroir, 132
Virages, 148
Visé
    directe, 206
    LCD au Déc., 206
    Live, 12, 131
    reflex, 21
Viseur, 118-119
    couverture, 54
Visionnez vos premières images, 65
Vitesse
    d'obturation, 118
    synchro en mode Av, 129
Voyage, 261
Voyant d'écriture de la carte, 110
Vue par vue, 124, 241

W

Windows Media Photo, 163

Y

Yeux rouges, 80, 85, 107

Z

Zone
    Créative, 204
    de netteté, 220
    de netteté automatique, 219
Zoom
    arrière, 108
    avant, 108
    grand-angle, 190
    super trans-standard, 190
    trans-standard, 187

Notes

Notes

Notes

Notes

Notes

Aubin Imprimeur
LIGUGÉ, POITIERS

Composé en France par Jouve
11, bd de Sébastopol - 75001 PARIS

Achevé d'imprimer en août 2008
N° d'impression P 72395
Dépôt légal, août 2008
Imprimé en France